市町村税務
【昭和5年 再版】

松岡由三郎 序
堀内正作 著

地方自治法研究
復刊大系〔第二六一巻〕

市町村税務

〔昭和五年 再版〕

日本立法資料全集 別巻
1071

信 山 社

大阪税務監督局長 松岡由三郎閣下序

司税官 堀内正作著

市町村税務

大阪財務協會發行

序

大阪財務協會は曩に『市町村國稅事務通解』を刊行し、市町村に於ける稅務行政に裨益する所尠からさりしか、爾來十數年、稅制は屢次改廢せられ、取扱手續亦頻繁に變更せられたるに拘はらす、未た之れか改訂を見す、又寡聞にして他に絶好の解説書あるを知らす。

余大阪財務協會長として、管下堺稅務署長に曩の『市町村國稅事務通解』の著者司稅官堀內正作氏あるを幸とし、囑するに之れが改訂を以てす、以來閲月二三、遂に稿成り茲に『市町村稅務』と改題して、再ひ本協會の事業とし、刊行するに至れり。

繙きて閱するに、配列整然、更に地方稅を加へ、行文平易に、解說叮嚀に、索引指すか如く、氏の篤學にして始めて此の著ありと謂ふへし。

惟ふに國家公共團體の發達は、中央地方の稅務行政をして益復雜ならしめ、特に市町村に於て最も繁劇を極めつゝあり、本書か幸に市町村稅務當路者の伴侶となり、日常執務の參考ともならは啻に著者、協會の喜ひたるに止まらす延て邦家に寄與する所尠少ならさるへきを自負するものなり。

一言以て序となす。

昭和四年十二月

大阪稅務監督局長

松岡由三郎

私は先年本會の幹事として、市町村國税事務通解を公刊した、爾來十數年を過ぎ税制は幾度か改正せられ、取扱手續も種々に變更せられた、本會よりは屢々之れが改訂を促されたが、何分公務多忙なのと、他に少し調べて居ることがあるのと、今一つは折角改訂するからには最少し内容を充實せしめ、單に國税と謂はず、地方税をも網羅して、所謂市町村の税務は本書に依つて悉く處理し得ると謂ふ程度に迄進めたいとの理想もあつたからである。

扨愈々書いて見ると、夫れは矢張理想に過ぎなかつたので地方税のことは、どうも思ふ樣に出來ない、其理由は私が直接地方税事務に當らないからでもあるが今一つは地方税のことは、府縣每に、市町村毎に其の取扱ひが違ふからである、故に是等を悉く具體的に説明するは至難の業であり、去りさて、これを抽象的に説明するのみでは聊か物足りぬ感がある。そこで少々不徹底の嫌はあるが、地方税に關しては、各地通有さ認むる事項に對してのみ成るべく具體的に説明することに努め、以て其責を塞いだ譯である、いづれこれは更に自ら研究を重ねるさ同時に大方の叱正を待つて他日の完成を期したいさ思ふ、どうか其邊は特に御諒恕を願たい。

若し幸に本書の內容が幾分にても前刊に優る點があり、而も執務の參考ともなるならば、私の本懷これに過ぐるものがない譯である

著　者　識

はしがき

一　本書は、市町村税務の實際に當らむとするものゝ手引草たらしむるを以て目的としたものである、故に通俗平易を旨とし、理論を避けて、成るべく取扱の實際を描出するに努めた。

二　税法の條文中には、幾多の例外規定がある。併し例外を詳細に説明することは、初心者をして岐路深く導くものであつて却て本道の所在を忘れしむるの虞がある、故に本書は例外の説明を簡約にし大體の趣旨を了得せしむるに務めた。

三　市町村税務としては、地方税を先にし國税を次にすべき順序であるが、地方税の制度は多くは國税の制度に倣つたものであるから説明の便宜上國税を先にした。

四　又國税としても、現今租税の組織は、所得税を中樞とし、地租營業收益税を兩翼と爲せるもので所得税を先きに説明すべき順序であるが、これも地租は從來市町村と最も深い關係に立つものであるから、特に地租を先にした次第である。

五　地方税に關して各種の取扱方を説明したことは、諸君が研究上の便宜と、取扱上の參考までに掲げた譯である。故に各府縣の取扱が、之れと異つた場合には勿論府縣所定の手續に遵ふべきものなることを、特に申上げて置たい。

六　本書の內容に關し、市町村稅務に經驗の深い方々並專問家の眼から見れば、所說頗る幼稚な點が多いと思ふ。併しこれは本書の目的が左樣な稅制の奧深い硏究ではなく、實務に入らむとする者のほんの手引に過ぎないからである。故に若し此の他の硏究に關しては更に他日を期したいと思ふ。

市町村稅務

目次

國稅收納系統畧圖

第三編　地方稅

附錄

樣式目次

第二編　國稅

地　租

第一　地租に關する申請、申告調理例

所得稅

營業收益稅

地方稅の徵收

市町村稅の徵收

滯納處分

市町村稅務

第一編　總　說

第一章　市町村稅務の內容

凡そ租稅の事務は、稅務署、稅關、府縣、市町村に依つて取扱はるゝの外、他の官署に於ても極めて部分的に取扱はるゝ場合がある。又之れが監督方面としては、大藏省、內務省、稅務監督局、府縣等に存在せらるゝが、就中市町村の稅務ほどに、複雜、多端而も執行の困難なものは恐らくないと思ふ。

租稅は、之れを大別して、國稅と地方稅と爲し、國稅は更に、內國稅と關稅に、又地方稅は、府縣稅と市町村稅とに區分することが出來る、そして市町村の稅務は、單に市町村稅のみでなく國稅府縣稅の事務をも合せて取扱ふべきものであるから、苟も市町村の稅務を完全に、且圓滿に遂行するが爲には、市町村稅は勿論國稅、府縣稅の賦課、徵收手續、及是等各稅に通ずる一般的の槪念位は、どうしても習得せねばならぬ譯である。

私は此見地から、平素市町村の税務を想到する毎に、竊に驚歎措く能はざるものがある、曰く比較的少数の吏員を以て、此複雜困難なる而も山なす多量の事務を處理せらるゝの努力を。

茲に市町村税務の種類と分量とを説明するが爲には、左の圖解を用ふることが、極めて早判りすると思ふ。

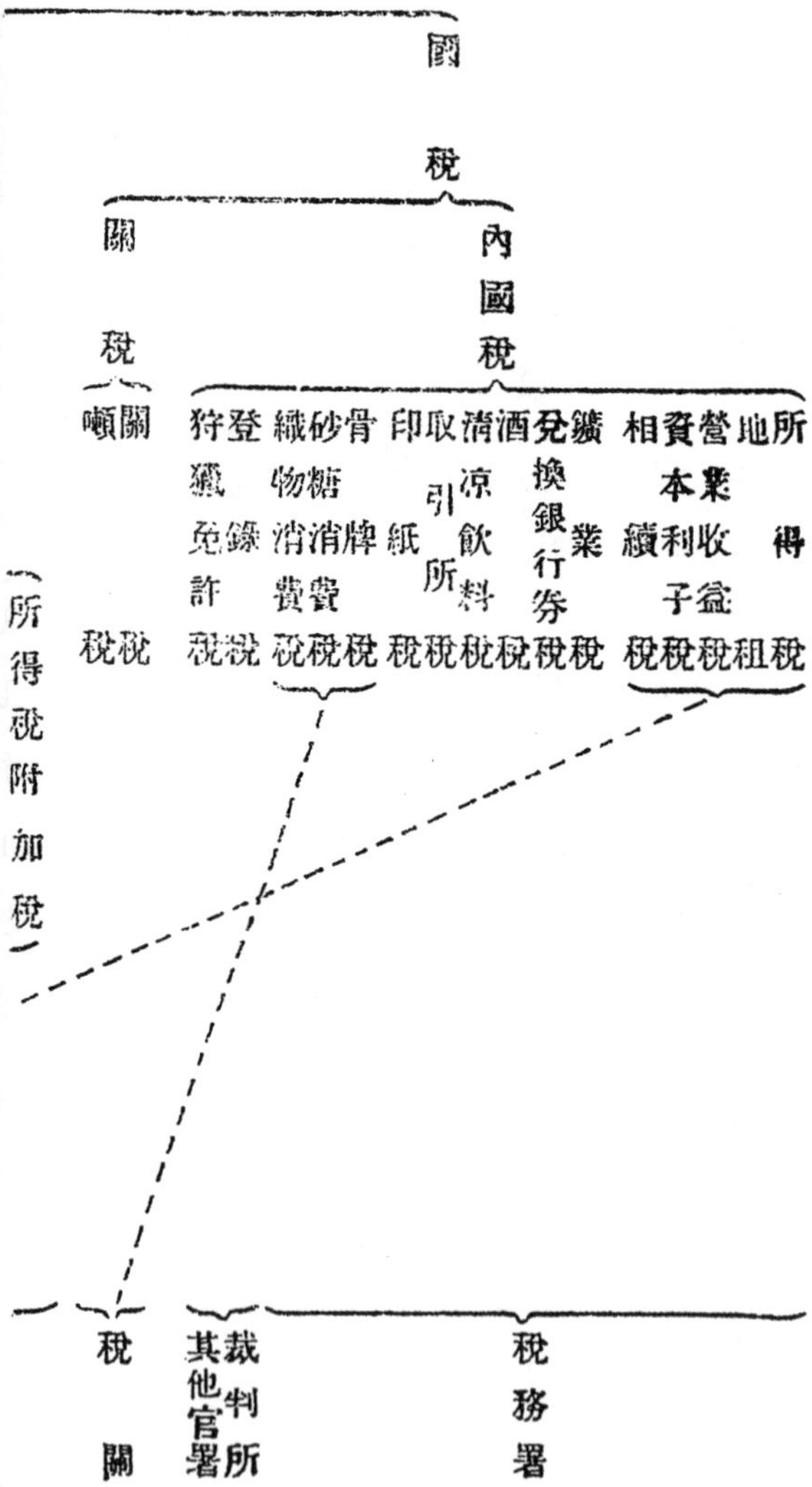

- 租税
  - 地方税
    - 府縣税
      - 國税附加税
        - 地租附加税
        - 營業收益税附加税
        - 鑛業税附加税
        - 砂鑛區税附加税
        - 取引所營業税附加税
      - 獨立税
        - 特別地税
        - 家屋税
        - 營業税
        - 雜種税
        - 都市計畫特別税
    - 市町村税
      - 國税附加税
        - 所得税附加税
        - 地租附加税
        - 營業收益税附加税
        - 鑛業税附加税
        - 砂鑛區税附加税
        - 取引所營業税附加税
      - 府縣税附加税
        - 特別地税附加税
        - 家屋税附加税
        - 營業税附加税
        - 雜種税附加税
      - 獨立税
        - 戸數割
        - 市町村特別税

府縣

市町村

備考

(1) 點線は部分的に事務を分擔するものを指す、

(2) 市町村以外の公共團體の租税は掲記を省く。

(3) 此表は税務の直接執行機關のみを掲げ、監督機關を省く、

(4) 此表は朝鮮、臺灣、樺太等の殖民地の諸税を省く

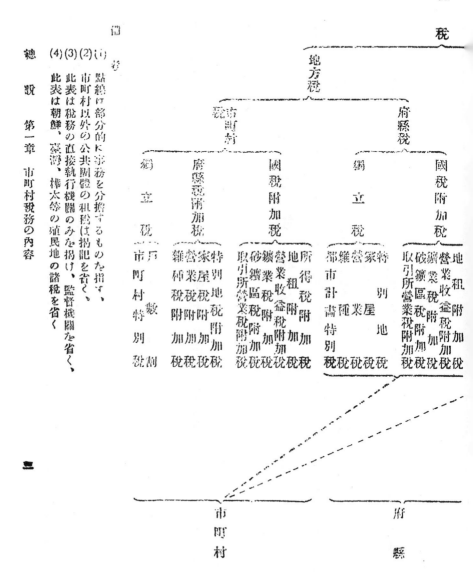

事務の分量に付ては、國稅の如く、單に徵收事務のみを分擔するものと、府縣稅の如く、賦課徵收事務の殆んど全部を取扱ふものとには甚しい差異がある、これ等の詳細は、各章下に於て細說したい。

現今市町村に於ける實際上の分課では、稅務又は財務課に於て豫算、決算の事務、又は稅外收入の事務をも取扱ふ向が多い、併し租稅以外の事項は廣き會計事務に屬するが故に、茲には唯租稅事務だけの說明に止めたい。

其他市町村稅務としては、納稅者と近接の關係上、又は事務共助の意味に於て、租稅に關聯せる幾多の事項に付囑托、依賴等を受くることが多いと思ふが、是等も市町村としての立場上、親切に處理せねばならぬ事柄である。

第二章　稅務法令

市町村稅務は、以上の如く其範圍が極めて廣汎であり、これに關聯せる法令も亦實に多種多樣であつて、これを一々列擧して說明することは到底其の繁に堪へない、故に茲には其重なる關係法令の目次と、之が發令年次とを揭げて適宜の研究に讓りたいと思ふ、唯一言すべきことは、凡そ租稅制度は、其根基が必ず法律規定に發するの一事である、即ち「帝國憲法第二十一條に、日本臣民は法律の定むる所に從ひ納税の義務を有す、又同第六十二條に、新に租税を課し及税率を變更するは法律を以て之を定むべし」とある、これは單に國の租税のみではなく、府縣税にも、市町村税にも共通の大原則である、勿論府縣税、市町村税に付ては勅令其他を以て制定する場合もある。併しこれとて其根基は府縣制、市町村制の明文に基くものであつて法律事項を勅令其他に委任せられた結果に外ならない、彼の明治十七年太政官布告第七號地租條則の如きは、憲法發布前の制定ではあるが、今日と雖法律と同樣の効力があるからである、勿論税制に伴ふ施行令又は取扱手續等を勅令以下にて規定することは當然で、これは法律の範圍內に於ける執行手續に外ならぬからである。

關係法令

第一　所得税

一所得税法	大正九、七	法	一一
一所得税法ノ施行ニ關スル件	大正九、七	法	一二
一所得税法施行規則	大正九、七	勅令	二二六
一所得税法施行細則	大正一〇、五	大藏省令	一四
一國債證劵及貯蓄債劵ノ利子所得税免除ニ關スル件	明治三八、二	法	一九
一國債ノ利子所得税免除ニ關スル件	明治四二、三	法	七

第二　地租

一地租條例	明治一七、三	布告 七
一地租條例施行規則	明治四三、一二	勅令 四四四
一地租條例第四條第一項第一號及第二號ニ依ル公共團體及期間指定ノ件	明治三八、五	勅令 一五九
一鍬下年期新開地免租年期、地價据置年期ノ延長ニ關スル法律	明治三四、四	法 三〇
一開墾地、開拓地、新開年期繼續ニ關スル件	明治三四、四	法 三一
一地租徵收ニ關スル法律	明治三七、四	法 一二
一東京府管內八丈島ノ地租ニ關スル法律	明治四四、一一	法 一
一地租、地租附加稅及段別割ニ關スル法規ヲ皇族所有ノ土地ニ適用スルノ件	大正 二、七	皇室令 八
一租稅ニ關スル法規ヲ王公族所有ノ土地ニ適用スルノ件	大正一五、一二	皇室令 一八
一舊慣ニ依リ永小作權者カ地租額負擔ヲ約シタル田畑ノ地租免除ニ關スル法律	大正一五、三	法律 四七
一災害地地租免除法	大正 三、二	法律 一
一災害地地租免除法施行方ノ件	大正 三、三	大藏省令 五
一水道條例	明二三、二	法 九
一砂防法	明治三〇、三	法 二九

一營業收益稅法施行規則	大正一五、九	勅令	三〇三
一貯蓄銀行法	大正一〇、四	法	七四
一鑛業法	明治三八、三	法	四五
一保險業法	明治三三、三	法	六九
第四　資本利子稅			
一資本利子稅法	大正一五、三	法	一二
一資本利子稅法施行規則	大正一五、三	勅令	三一
一資本利子稅法施行細則	大正一五、四	大藏省令	一六
第五　相續稅			
一相續稅法	明治三八、一	法	一〇
一相續稅法施行規則	明治三八、三	勅令	六八
第六　鑛業稅其他			
一鑛業法	明治三八、三	法	四五
一砂鑛區稅法	明治四三、三	法	九
一登錄稅法	明治二九、三	法	二七
一取引所稅法	大正　三、三	法	二三
一取引所法	明治二六、三	法	五
第七　國稅徵收			

一國稅徵收法	明治三〇、三	法	二一
一國稅徵收法施行規則	明治三五、四	勅令	一三五
一國稅徵收法施行細則	明治三〇、六	大藏省令	一〇
一市町村ニ於テ徵收スヘキ國稅種目	明治三〇、六	勅令	一九五
一國庫出納金端數計算法	大正五、一	法	二
一郵便官署ヲシテ歲入金ノ受入及歲出金ノ繰替拂渡ニ關スル事務ヲ取扱ハシムル件	大正四、一	勅令	六
一郵便官署ヲシテ歲入金ノ受入及歲出金ノ繰替拂チ取扱ハシムル件ニ關スル規程	大正四、一	大藏省令	一
一證券ヲ以テ歲入納付ニ關スル件	大正五、三	法	一〇
一歲入納付ニ使用スル證券ニ關スル件	大正五、一二	勅令	二五六
一證券ヲ以テスル歲入納付ニ關スル法律施行細則	大正五、一二	大藏省令	三二
一證券納付ニ關スル制限ノ件	大正五、一二	大藏省令	三〇
一國庫出納金端數計算法第二條ニ依リ課稅標準額計算上圓位未滿ノ端數ヲ切捨ツヘキ國稅指定ノ件	大正五、三	大藏省令	二
一會計法	大正一〇、四	法	四二
一會計規則	大正一一、一	勅令	一
一稅務監督局官制	明治三五、一一	勅令	二四一

一税務署官制	明治三五、一一	勅令	二四二

第八　地方税

一地方税ニ關スル法律	大正一五、三	法	四二
一地方税ニ關スル法律施行ニ關スル件	大正一五、一一	勅令	三三九
一地方税ニ關スル法律施行規則	大正一五、一一	內務大藏省令	
一地方税制限ニ關スル法律	明治四一、三	法	三七
一地方税制限ニ關スル法律第六條ニ依ル委任ノ件	大正九、八	勅令	二八二
一府縣制	明治三二、三	法	六四
一市制	明治四四、四	法	六八
一町村制	明治四四、四	法	六九
一府縣制施行令	大正一五、六	勅令	二〇〇
一市制町村制施行令	大正一五、六	勅令	
一府縣制施行規則	大正一五、六	內務省令	一八
一府縣税規則	各府縣ニテ制定		
一府縣税施行細則	同		
一府縣税取扱手續其他	同		
一市町村税ニ關スル規則其他	各市町村ニテ制定		

第三章　執務要諦

租税の賦課徴收が、國家、公共團體の財政と、國民經濟に、重要至大の關係あることは、敢て、多言を俟たない。租税の立法を、特に法律事項と限定された所以も、理由は此所に在る、故に之が執行に當つても、其關係の重大なるに鑑み、税法に基き最も適正に處理すべきことは、是又當然である。

元來、法は死物であつて、運用は、執行者其人に待つべきものである、即ち法令が如何に善美を盡せばとて、運用宜しきを得ざれば、良法も變じて惡法と化す、殊に租税の事務は、其性質上若しも執行の適正を缺かば、內は忽ち財政の紊亂と爲り、外は忽ち物議の因を釀し、往々にして重大問題を惹起するの虞がある、故に苟も税務の任に當る者は、國税、地方税を問はず、常に意を此點に用ひ、執行上萬遺憾なきを期せねばならぬ。

凡そ如何なる事務を行ふにも、先づ能く事務の性質を理解し、そして其事務に對する自己の立場と、責任とを自覺することが肝要である。これが所謂確固たる信念とも謂ふべきもので、此確信がなければ、仕事は常に不安であり、趣味も起らない。即ち此の確固たる信念こそ、執務の要諦と爲すべきもので、完全、圓滿なる成績は、之れに依つて初めて求め得る所以である。

私が、茲に殊更に執務の要諦として、以下數項の所感を述ぶる所以は、一に當務齋諸氏に對し、此確固たる信念の下に、趣味を以て事務に從事せられむことを希ふの老婆心からである、或は若輩柄が、餘りに釋迦に說法の樣で、却てお叱りを受けるかも知れぬが、其お叱りこそ、私の欣んでお受せんとする所である。

標語　理解なき執務は全く器械の如し

税務の壽命は永久である

(一) 税務は永久である　苟も國家の存在する限り、自治體の存置せらるゝ限りは、租税は永久に絕えない、勿論其間に租税の消長はある、併し國家が進步するに隨つて、自治體が發達するに伴れて租税は漸次に增加するものと觀ねばならぬ。若し夫れ租税が永久であるならば、税務の壽命も亦永久である、永久の税務に對しては、又常に永久に處するの準備と覺悟とが肝要である、年々の租税は年々に處理せられても、税務從事員は數年に交替されても、永久たるべき税務の壽命には、何等の變りもない譯である。即ち此見地に基き、税務の執行は、俗に所謂場當り仕事は、禁物である。場當り仕事は、兎角に其當面こそ立派であるが、夫れは到底永持ちのするものではない。税務執行は須らく眞摯なるべし、税務の執行は須らく着實、穩健なるべし、これが眞に税務の要諦を爲すものと思ふ。

納税思想の問題に至つても。徴税上、一人でも不平不滿を抱かしむることは、假へ其不平不滿が一時的であつたとしても、或は其人の終生が税務に一種の惡感を持つかも知れぬ、即ち永久の税務に對して永久の損害である、之に反して一人でも、税務の理解者を得ることは、永久の税務に對して、夫れ丈强い味方を得た譯である、是れは單に國の税務ばかりでなく地方税も同樣である。想ふて此處に到れば税務當局の責任は實に重且大なるものがある、之れと同時に其執行は、常に適實でなければならぬ、其取扱は、親切叮重でなければならぬ。即ち永久の税務には又常に永久に處するの準備と覺悟が肝要である。

法令を知らざる執行は盲人の杖なき旅行に等し

(二) 法令研究 税務の執行は、悉く法令の規定に依るべきものである、若しも其執行が法規の範圍を超越すれば、忽ち不法、不當となり、若し及ばざれば、過誤、怠慢となり。時に或は不正が起る故に税務に從事するものは、常に關係法令の研究に努め、之が適用上誤りなきを期せねばならぬ、法令を知らざるの執行は、恰も盲人の杖なき旅行に等しく、實に危險千萬である、併し法令の研究上、特に注意すべきことは、兎角に租税法令は殆んど强行規定であつて、他の行政法規の如く、處分上に自由裁量の餘地が尠い、これ等は、各條文の精讀と共に自然に了解し得る譯であるが、之れが執行上にも、此點注意せねばならぬ、又法令の解釋は、便宜又は類推を避け、成るべく嚴正解釋に從ふべきである、又餘りに精神解釋に偏し、成文を閑却するが如きことは、税政の性質上面白くないと思ふ。

(三) 認定の公正　租税公正の原則は、租税立法ばかりの問題ではなく、其執行上にも、當に然るべき原則である。税務の執行は、各人各種の經濟事實を認定し、これに法規を適用する事柄である。そして此の經濟事實の認定こそ、賦課徴收の根基を爲すものであるから、執行者は須らく理性を以て、最も適正に認定せねばならぬ。併し事實を法規に適用するに當つて、餘りに法規の末節に拘泥し而も一切の事情を排するが如きは却て法の常軌を脱するの虞がある。去りとて餘りに事情を顧ることは、往々にして弊害に陥り易いから、常に所謂中庸至適の認定に留意せねばならぬ。要するに税務の局に當る者は、餘りに情の人たらんよりは、寧ろ理性の人たれと謂ひたい。

(四) 經濟常識の修養　經濟界の盛衰が、直接、間接に租税の消長に影響することは、單に國家の租税のみでなく、府縣税、市町村税の場合も同樣である、殊に府縣税、市町村税は地方的の經濟事情に支配せらるゝことが一層に甚大である。税務の執行は、之が賦課と徴收とを問はず、常に各人、各種の經濟事實に直面して、迅速に處理すべき事柄であるから、若しも執行の任に當る者に經濟常識が欠如すれば個々の具體的事實に遭遇して、中正の判斷を誤ることが多い、故に税務當局者は、常に各種の經濟變遷に注意し、經濟大勢の推移に着目し、所謂經濟常識の養成に努めねばならぬ、これは個人としても利益な研究であるのみならず、職務上からも、極めて重要な事柄であると思ふ。

(五) 計數の正確　税務は廣き會計事務の一部を爲すもので、悉く金錢上の計數に關する事柄である、故に其計算は極めて正確であり、且之が算出の根基等は最も明瞭にせねばならぬ。若し此計算が粗雜であり、不正確であつたならば、內は往々にして會計の紊亂となり、外は納税者に對して尠からざる迷惑を及ぼすことがある。計算事務の要諦は、須らく綿密にして周到、而も細心の注意を拂ふにある、即ち計數は必ず檢算、念査を肝要とす、僅少なる省略が、却て大なる過誤違算の禍因であることを忘るな。

標語　急がは廻れ、校合と檢算

(六) 整理の速進　計數事務は、兎角に整理の澁滯と遲延とに依つて、種々の弊害が起り易い、是等は既往其事例に乏しくない、簿書の整理は、事實の發生毎に或は事件の終了毎に、必ず直に整理を怠つてはならぬ、假之微細の事項と雖、これを記憶に、存して時々の記載を省くが如きことは間違ひを生ずる基である、記憶は聽ては忘却となり、遂には當時の狀態を追想するの困難に陷り易い、殊に金錢上の事項は、往々にして疑惑を招くの虞があるから、此點は常に注意せねばならぬ、須らく事務を追ふべし、事務に追はるべからずである。

標語 事務を追へ事務に追はれな

時は金なり

(七) 期限期日の嚴守 時は貴重である、時は總てを支配し、總てを征服す、世の景氣不景氣も、謂はゞ時の問題である、此貴重なる時の觀念がどうも閑却され易い、稅務の執行は期限、期日に關する事項が多い、期限の遲速に依つて、財政上の利害となり、個人の損益となり、時には權利義務に至大な影響を及ぼす場合が尠くない、時の觀念は、個人お互としても今少しく自覺すべきであるが稅務の執行は特に其影響の甚大なるに鑑み、必ず期限期日を過つてはならぬ。

(八) 取扱上の便宜 事務の處理は、素より周到緻密でなければならぬ、併し徒に事務を繁細にし、納稅者をして冗煩の感を抱かしめ、又は納稅上時間を空費せしむるが如きことは、特に愼まねばならぬ、元來租稅は國民の私財を無償に提供せしむるものである、此點に於て、私は平素常に租稅立法の通俗化と、租稅行政の簡易化とを提唱するもので、稅務の取扱は、成るべく簡便に、而も親切叮嚀でなければならぬ、斯くして納稅者に租稅を馴致せしめてこそ、圓滿なる稅務の執行が出來得る譯である。

税務の執行は素より法規に基くものであるが、而し法規の範圍内に於て、取扱上の便宜を計ることは、爲政者として、當然に採るべき措置である。徴税の便宜上施設又は改善すべき事項は、着々として之が實行に努め、又納税者に接する場合の如きも、相當の禮節を守り、上下の別なく言語を愼み、最も親切に、最も叮嚀に事理を説明して、之が會得に努め、對手をして、毫も不快の念を抱かしむるが如きことなき樣留意せねばならぬ。

(九) 秘密の嚴守　凡そ税務は、國の税務たると、地方の税務たるとを問はず、常に國民の財産に對し、直接に職務を行ふものである、隨て業務其他の秘密に立入る場合が多い、又實際に之に立入らねば、事實の眞想を捕捉し難く、適正な税務執行が出來ない譯である。故に税務吏員には執行上多大の職權を附與せられてある、併し是等は各人の信用に關する重大な事柄であるから、苟も職務上知り得たる秘密は、最も嚴密に守らねばならぬ。又職務の性質上からも、自己を處するに常に廉潔を旨とし苟も他より指摘を受くるが如きことなき樣、注意せねばならぬ。

(十) 書類の編纂保存　帳簿文書は事實の寫眞である、即ち事實は之を其の儘に記帳すべきもので、後日の調査監督としては唯一の證據となる譯である、特に金錢上のことは簿書の整理を明確にし、其の編纂保存を大切にせねば、後日若も問題を生じた場合に其の證明が困難であり、不慮の疑ひを受くる場合も起るから、當務者は深く此點に注意せねばならぬ。

標語　簿書は事實の寫眞と知れ

(十一) **事務の合理化**　これは單に稅務のみの問題ではない。併し稅務としても相當に研究すべき當面の問題である。

近時盛に諸種の節約が宣傳されて居る、曰く消費節約、曰く時間節約、曰く勞力節約、曰く資本節約、曰く何、と私は敢て時潮に迎合せむとするものではない、併し節約とは、有形にも、無形にも、所謂冗を省き、之を有益に利用するを意味するもので、いつの世、如何なる方面に於ても、常に結構な事柄に屬するからである。

今之を工業界に例すれば、此等各種の節約が即ち勞力資本の餘裕を產み、之が能率の增進となり、機械器具の改良となり、軈ては生產の增加となる譯で、此節約と增進の爲には、どうしても事業を科學的、合理化せねばならぬのである、即ち工場の設備、機械の配置、作業工程の順序等悉くを合理的たらしめ、恰も水の流るゝが如く、次から次へと作業に少しの淀みをも生せしめないが肝要であると唱へられて居る。成る程此の淀みこそ順調なるべき作業の力を削ぎ、勞力の空費となり、機械の空廻となり、製品の不揃となつて遂には生産を停頓せしむるものである。私は此事柄を静かに吾人日常執務の上に、特に市町村税務の上に移して考へて見たいと思ふ。何となれば、市町村の税務には、往々之れに類し、同一形式にして而も多量の事務を、比較的短期間に處理せねばならぬ場合が尠くないからである。果して吾人並市町村の税務は其日常執務の上に於て、寸毫の無駄もなく所謂何等の淀みもなく執務することが出來ようか。又從來事務の組織が、左様に順序よく、秩序正しく仕組まれて居ろうか、若し夫れを不便と知り、これを手數と悟り、然も勞多くして益少しと合點しながら、敢て之を改善せず、唯先例に倣ふが如き事實はなかろうか、一例を擧ぐれば、此様式は斯くすれば、納税者の爲にも、取扱上にも、便宜であるが、其根基たるべき例規を調べることの面倒と、先例に斯くあるの故を以て、其儘に襲用せるが如き、又或は所要用紙の調製に當つても、今少し精密に計畫すれば斯程に過不足を生ぜざりしに、唯先例を基礎とせし爲、遂に所要の不足を告げ却て多大の費用と手數を要したるが如き、又之れと反對に年々多數の不用を繰返すが如き、所謂無駄な事實はなかろうか、若し假りにも以上の如き事實ありとせば、是等が即ち能率の空費であり、作業の停頓であつて、之を改善するに依つて、能力、經費の節約となり、更に此能力、手數を他に善用するに依つて、能率增進となる譯である、若し夫れ此種の實行上に付例規手續等に拘束せられ、直に實行の困難があるならば、宜しく意見を付して、之が改善を獻策するの必要がある、更角に上司の發する例規手續等は、各種事實の發生を想像し又は推測して制定せらるゝ場合が多く、之れを實地に應用し、實際に活用して、悉く的合すべきもの計りとは斷言し得ない、此點に於て事務を實際に知るものは實務家であり又事務の難易を實際に感ずるものも實務家である、所謂實踐躬行の貴い價値は此所に存する譯である、假りに之を發明の歴史に徴しても古來偉大なる發見は、必ず自己の職業に忠實なる研究心深い職工の手に成ることが多い、想ふて玆に到らば、實務家が眞に其理想を以て絶えず研究するならば、現在の事務と雖、絶對に改善の餘地なしとは謂ひ得ない、又能率にも此上の餘裕なしとは斷言し得ないと思ふ。若し夫れ能率の增進に多少の餘地ありとしても今日の事務は昔のお家流式ではなく、どこまでも科學的合理化の方法でなければならぬ。然も夫れが時々刻々に進まねば一般社會の事務と並行し得ない點である。

私は實務家諸氏に對し切に希望したい、事務に關する眞の改善は、必ずや實務家の考究に待つべく、同時に此方面に對し絶えず研究を願ひたいとの一事である。

(十二)　**待遇の昂上**　最後に一言したいことは待遇昂上の問題である。是れは或は直接の執務要諦とは謂ひ得ない。併し之れが爲に其能率を增進し、依つて以て適正なる税務の執行が出來得るとすれば、夫れが啻に大なる執務の要諦を爲すべきものと思ふ。

凡そ税務の日常事務は必ずや金錢上の計數に關し、兎角に地味である、これは其の性質上已むを得ざることゝするも、更に外部に對しても、又餘りに迎へられざる風がある、甚しきは嫌忌の念を以て向ふさへもある。其の罪果して何れに在りやは暫く別問題とし、而も其職務が財産上の利害に關する丈け、其の責任が重大である。

斯る事務の關係上、吏員の交替が比較的多いと思ふ。之れは或は吏員自らが他課に轉せむことを望み爲に新任者は下級者を以て税務に配すると云ふ風にもなる譯であろうが、然し苟も適實なる税務の執行は、當務者をして能く納税者の事情に精進せしめ、而も事務に熟練せしむることが肝要である、この故に弊害の存せざる限りは、吏員の交替は望ましくない。此點は特に市町村の税務に對して其感を深くする次第である。

勿論他の一般市町村吏員の待遇と雖、之を他の官公吏に比して今一段の昂上を希ふものであるが特に税務の從事員に對しては市町村の幹部に於かれても深く是等の事情と、責任の重大なるとに鑑み特別の考慮を煩したいと思ふ次第である。

第一編　國税

第一章　總説

第一節　租税の概念

市町村に於て徴收すべき國税は、地租、個人所得税、個人營業收益税、乙種資本利子税の四種である、此外相續税に就ては一部の事務を取扱ふものであるから是等の諸税に關しては、後章以下に於て詳説することゝし、茲には簡單に租税の概念と、各種國税の大様に付て説明を試みたい。

(一)租税の本質　租税の本質に關しては、從來學者に依つて種々に研究せられ、諸税未だ一定しない、曰く報酬説、保險説、社會政策説、義務説等である。

(一)報酬説は　租税は各人が國家より受くる利益に對する報酬なりと　(二)保險説は、租税は各人が享有する財産の安全を保つが爲に、其一部を支拂ふものなりと、(三)社會政策説は、租税は各人の不平等を匡正するが爲の負擔であると、(四)義務説は、一名當然説とも謂ふべく、現今多數に唱道せらるゝ説である、即ち國家は、國民に依つて組織せられ、國民は國家に依つて生存を全ふする以上は、國家の經費を負擔するは、當然の義務であると、以上各説に對する是非の研究は暫く後目に譲ることゝし茲に從來の各說等を綜合して租税の定義を下したい。

租税の定義　租税とは、國家及公共團體の經費に充つるが爲に、法律に依つて、收納する財貨である。

(一)　租税は、國家及公共團體の經費に充つるが爲である。國家公共團體は、其生存維持の爲に、多大の經費が必要である、租税は其必要費に充つるが爲であつて、租税は實に國家、公共團體の食料である、國家、公共團體は租税に依つて生存し、國家、公共團體の諸機關は、租税に依つて活動を續けて居る。國民が租税を納付することは、國家、公共團體に食料を供給するものである、隨て國家、公共團體以外には租税を收納し得るものはない。而して國家の收納が國税であり、公共團體の收納が、地方税である。併し國家と公共團體とは、一面より之を見れば、全體と其一部とに過ぎない。家集まつて部落を爲し、部落集まつて町村を爲し、市と爲り、府縣と爲り、遂に國家の大を爲す所以である。加之地方の自治權なるものは、元々國家の授權に依るもので、自治體は、國家行政の一部を司ると同時、其團體内の福利增進を目的とするものであるから、地方の改良は同時に國家の改良であり、地方の發達は、同時に國家の發達である、隨て茲に國税と謂ひ、或は地方税と謂ふも、是れは唯其課税主體を異にする體様上の區分に過ぎない譯である。

標語　租税は國の糧、納税は糧の提供

(二)　租税は、法律に依つて收納するものである。

租税は法律に依つて收納を要す。租税制度は法律を以てし、納税は、法律規定に基くものである、茲に收納とは、租税の賦課徴收を意味す、即ち現今我國の租税は、總て納付制度を採用し、此納付を收納すべきものであるから、茲に收納と定義し、殊更に强徴の語を避けた譯である、又此納付制度は我國の租税を研究し解釋する上に於て大に味ふべきことゝ思ふ。

由來租税の定義に付、多數の學者は租税は强制徴收なりと唱して居る、成る程租税の賦課徴收は權力の作用であり、又租税を納付せざるものに對し、滯納處分を行ふことは、慥に强徴である、併し租税は、元々國民の嫌がるものを、國家が無理遣りに取立つるものか、但しは又國民が自ら進んで其本分を盡すべきものか、之れが租税の本質に關する根本問題である。

國家は、我等の國家であり、町村は、我等の町村である、我等の租税は我等の納むべきものであるてう觀念を以てすれば、租税に嫌應の問題を生ずる餘地がない筈である、然り我等は、我等の爲に、進んで納税すべきものとすれば、之れが即ち租税獨特の性質であつて、强徴は必しも租税の特質ではなく、寧ろ强行法の通有たる法の威力を現實化するに過ぎないと說明するが妥當ではなかろうか、又帝國憲法に臣民の納税義務を規定し、租税制度を法律事項と定めたる所以は、元來最高無限たるべき國家の權力に對し、自ら之に制限を加へ、自ら之に條件を付したるもので、憲法に依つて納税義務が定まつた譯ではなく、寧ろ我等が進んで納付すべき範圍が、法律に依つて限界されたものと見るべきである、夫れを何んぞや窮屈な權利義務の觀念を以て說明せむか爲に、或は義務に輕重、厚薄の差を設け、義務を目方に量る樣な苦しい解釋に陷るのである。何れ是等の研究に付ては更に他日を機したいが、要するに納税を以て一種の强徵と爲し、租税は常に國家が國民に無理强いするが如く思はしめ、又之を義務として恰も重荷を負はしむが如き觀念を抱しむることは、思想涵養上にも考へねばならぬことゝ思ふ。

(三) 租税は財貨の收納である。

租税は元々物納を主とした、併し近世の發達したる租税制度で、租税は金納を主とし、或る特殊の場合に限り他の財貨を以てするを認めた。現行税制中物納を認むるものは、府縣制、市町村制に於ける夫役、現品の制である、是れ茲に財貨と名稱した所以である。

標語
盡せ御國に、遵れ御法を
我ものと思へば輕し傘の雪

(二) **租稅の分類**　各種の租稅は、其の立て方、見方に依つて種々に區分することが出來る。例へば對人稅、對物稅、國稅、地方稅、收益稅、行爲稅、消費稅、生產稅、資產稅、交通稅、免許稅、奢修稅、從價稅、從量稅、直接稅、間接稅等である。併し其多くは學問上の區分に屬し、實際上には必要が尠い。唯直接稅と、間接稅との區分は租稅の立法上相當重大なる使命を持つものである。

直接稅とは、納稅者が同時に其租稅の負擔者たらしむべく立法さるゝものを謂ひ、例へば地租は地主が其收穫の內より之れを納むるの類であつて、多くの收益稅は此部類に入る。間接稅とは、納稅者が實際上の負擔者にあらずして、他に負擔者の存在すべき性質の租稅を謂ひ、例へば酒造稅は酒造家の納付すべき租稅なるも、其稅金は酒價に包含せしめて販賣するが故に、實際の負擔者は飲用者となるが如きを謂ふ、各種消費稅は此部類に入る。そして各種の租稅が納稅者から負擔者に移る狀態を指して租稅學上負擔の轉嫁と云ふのである。即ち此負擔轉嫁が果して法の理想するが如く直接稅は直に納稅者の負擔に歸し、又間接稅は之を消費者の負擔に移るやは時の經濟事情に支配せらるゝことが多く、直に夫れとの認定は困難である。

第二節　國稅の大要

國稅は、國の經費に充つるが爲に、國が賦課する租稅である。國稅は分つて、內國稅・海關稅とす、海關稅とは　外國貿易の貨物、又は外國より出入の船舶に對して、賦課する租稅を謂ひ、分つて關稅と噸稅と爲す。關稅は　單に租稅として國庫の收入に充つるの外、貿易上種々の使命を帶ふるものである。

內國稅は關稅が外國關係たるの對照上、之を內國稅と名稱せし迄で、普通に國稅とは、此內國稅を指すものである。

現今我國に於て國稅として賦課する租稅は、左の十八種である、此の外煙草鹽等の專賣益金中には租稅的性質を含むものあり又關餘。臺灣等の植民地にも各種の租稅が存在するが暫く此分を省く

所得稅

(イ)　所得稅　所得稅は、各人の所得に賦課する直接稅で、個人たると、法人たるとを問はず稅法に基き一定の所得あるものに課稅す。所得稅の課稅方法には、源泉課稅主義と、綜合課稅主義とがある。現行法は大體綜合課稅主義を採り、特殊の場合に限り、源泉課稅を用ひて居る。所得は之を三種に分ち第一種は法人所得、第二種は公債社債の利子等、第三種は個人の所得である、以上三種の所得は各其課稅方法、稅率等にも差異がある。

所得稅は、現今我國の租稅中、直接稅の中樞を爲すもので、其收入も租稅中の首位を占めて居る。元々所得稅は一種の名譽稅とも唱せられ、稅法實施の初期には、所得三百圓を以て資格の最低限とせられた。併し當時は未だ一般の經濟程度も低く、せめて所得納稅の資格でもあらばと、

多數に羨望されたものである、夫れが最低四百圓となり、五百圓となり、八百圓となり、千圓となつた樣に、遂に現行法の如く千二百圓を以て、課稅の最低限とせらるゝに至つたものである。而も今日の經濟狀態では千二百圓位の所得がなければ到底人並の生活も出來ぬと思はしむる程で全く我國に於ける急劇なる經濟狀態の發達には驚かざるを得ない。

地租

(ロ)　**地租**　地租は、土地に賦課せらるゝ直接稅で、地主の納むべき收益稅である。土地には田、畑宅地等の地目を付し、地價を定め、これを標準として地租を納む。地價は之を賃貸價格に改正すべく先年政府に於て調査せられたが未だ實施されない。

營業收益稅

(ハ)　**營業收益稅**　營業收益稅は、營業の收益に對して、賦課する直接稅である。收益は法人と個人とに分ち、計算方法及稅率を異にす。

資本利子稅

(ニ)　**資本利子稅**　資本利子稅は、公債社債及預金の利子等に對し、賦課せらるゝ直接稅である。稅率は之を甲乙に分つ。本稅は大正十五年稅制整理に依りて、新設せられたもので、直接稅の體系を整頓せしむるの必要より生じたものである。茲に直接稅の體系とは、所得稅を中樞とし、之が補完稅として、農業者に課するに地租を以てし、商工業者に課するに營業收益稅を以てした。併し土地を有せず、營業を爲さず、公債預金等の資產に依つて生活するものには、從來所得稅を課するの外、何等課稅の途なかりし爲、地租、營業收益稅との權衡上、本稅を設けらるゝに至つた譯である。

相續稅 (ホ) 相續稅　相續稅は、相續開始の事實あるとき、相續人の受くべき相續財產に課稅する直接稅である。

鑛業稅 (へ) 鑛業稅　鑛業稅は、鑛業權者の鑛業に對して、課する直接稅である、鑛業も亦一種の營業であり、本來なれば營業收益稅を課すべきものであるが、其事業の性質が他の營業と異るのみならず元來地下の鑛物は、古來國有であつて之が發掘を個人に特許するものなるが故に、從來之れには鑛業稅として、特別の課稅を爲し、一般の營業稅を賦課せなかつた譯で、改正營業收益稅法に於ても之を除外されたのである。

鑛業稅は之れを鑛產稅と試掘鑛區稅、採掘鑛區稅の三種に區分す。

(1) 鑛產稅は、鑛業權者が、自己の採掘したる鑛產物に課するものである。但し金、銀、鉛、鐵の產出には課稅しない、これは此種の採掘を保護するが爲めである。稅率は鑛產物價格百分の一とし、前年中の產出額に對し。每年三月末日限一ヶ年分を徵收す。

(2) 試掘鑛區稅は、試掘の特許を得たる坪數を標準とし、鑛區一千坪に付、每年參拾錢の割合を以て、試掘期間の滿了まで、之を賦課す。

(3) 採掘鑛區稅は、採掘の特許を得たる坪數に對し　鑛區一千坪に付每年五拾錢の割合を以て之を賦課す。納期は毎年十二月中に翌年分を納付せねばならぬ。又試掘鑛區稅採掘鑛區稅は鑛物の產出如何に拘らず、鑛業權の存續期間中は、毎年賦課せらるゝものである。

(4) 砂鑛區稅　砂鑛區稅は、獨立の稅制を爲すもので鑛業法に依る鑛業權の分類ではないが、性質の類似するものであるから茲に說明を便とす、即ち砂鑛區稅は砂金の採取に對し採取權者に課する租稅である。

稅率は、河床、砂鑛區域一町毎に年額參拾錢、河床にあらざるもの砂鑛區域一千坪毎に年額參拾錢

取引所稅

(ト) 取引所稅　取引所稅は、取引所の營業に對して課する取引所稅と、取引員又は會員（會員組織の取引所）に對して、課する取引稅とである。

取引所營業稅と、取引稅とは、其稅の性質が異ふ。即ち取引所營業稅は、取引所に對する特別の營業收益稅であり、取引稅は、賣買取引の貨物の移動に對する交通稅である。

(1) 取引所營業稅は、株式會社組織の取引所に對してのみ課稅せられ、會員組織の取引所には課稅がない。

課稅標準は賣買手數料、收入金額であつて、稅率は、收入金の百分の十五とし、毎月分を翌月末日までに納付せねばならぬ。

2) 取引税は、取引員又は會員が、其賣買各約定金高を標準として納付す。

税率は第一種甲乙、第二種甲乙第三種に分ち、萬分の〇、六以上萬分の二、五迄である。

兌換銀行券發行税

(チ) 兌換銀行券發行税　本税は、兌換銀行券發行者の納付する租税である、內地に於て兌換銀行券を發行し得るものは、日本銀行のみで、所謂紙幣である。

兌換券の發行には、第一正貨準備、第二保證準備、第三制限外發行の三方法がある、但し發行税を課するは第二、第三、の場合のみに限る、即ち此場合、日本銀行は無利子の債券を發行すると同樣に利益が多いからである、税率は、第二の場合、一ヶ月平均發行高に對し、一ヶ年千分の十二半、第三の場合は一ヶ年百分の五を下らざる割合を以て、課税し、其割合は其時々大藏大臣之を定む。

狩獵免許税

(リ) 狩獵免許税　本税は狩獵免許を受くる者に賦課する免許税で、國税中唯一の免許税である。

税率は之を左の三階級に分つ、

一等(甲種免狀乙種免狀共)	所得二百圓以上を納むる者又は其家族	五十圓
二等(同　　)	所得税を納むる者又は其家族	三十圓
三等(同　　)	一等及二等以外の者	十五圓

狩獵の免許は警察官署に屬し、本税は收入印紙を以て、警察官署に納付す。

酒造税

(ヌ) 酒造税　俗にお酒の税である。酒造家に對して其製造石數に應じて、賦課するものである。此税は、酒造家より國庫に納付するが、其税金を酒造家の懐から出しては堪らない、即ち税金を酒代に込めて販賣するのが例で、結局は飲用者が負擔する譯であるから、租税學上所謂間接税に屬し、且消費者に課税するを目的とするものなるが故に、消費税の部門である。

酒造税は、我國の消費税中最も古い租税であり、且其税額も間接税中の第一位を占め、財政上重要の地位を爲すものである。

酒類は之を清酒、濁酒、白酒、味淋、燒酎の五種とし、種類に依つて其税率を異にす。税率は清酒、白酒、味淋、燒酎は一石に付四十圓、濁酒は一石に付三十六圓である、但し酒精分の度數が高くなるに從つて、税率が上る譯で、前記税率は其最低を示したものである。

酒造家の製造石數は、税務署が檢査して査定するもので、一々容器に付き尺度を計り、石數を算出するもので最も嚴密、正確なものである。

税金の納期は一ヶ年分を四期に分ち、四度に分納す。

酒類は一般には自由の製造を許さない。之が製造を爲すには、免許を受けねばならぬ。又清酒の製造石數は三百石以上との制限規定がある。

(ル)　麥酒税

麥酒税　ビールにも酒類と同樣に税金が課かる、麥酒税は、一石に付貳拾五圓である、麥酒の製造者が納めるが、これも如才なく麥酒代に含めて、販賣せられるもので、結極はビール黨の負擔である。

本税は、毎月分の査定高に依つて翌月之を納む。

酒精及酒精含有飲料税

（オ）**酒精及酒精含有飲料税**　酒精又は酒精を含有する飲料には、其酒精分の度數に應じて、一石に付四拾貳圓以上の税を課す。

酒類及麥酒には酒精分を含むが故に此酒精含有飲料に包含する筈であるが、これには前説明の如く、夫々課税せられてあるから、茲には是等を除きたるものを謂ひ、アルコール、葡萄酒の類を指すものである。

酒精又は酒精含有飲料を製造するには、政府の免許を受けねばならぬので、自由の製造は禁止されてある。

清涼飲料税

（ワ）**清涼飲料税**　清涼飲料税は、大正十五年税制整理に當り酒類、麥酒の増税を行はれた均衡上本税を起すを相當として新に設けられた租税で、酒造税と等しく消費税である。

税法に於て、清涼飲料とは炭酸瓦斯を含有する飲料を謂ひ、其含有料は全重量の萬分の五以上とせられて居る。又同一の飲料に酒精分と瓦斯分とを含むものは、何れに從ふべきやの問題を生ずるが故に、酒精分百分の一以上を含む清涼飲料は、酒精含有飲料税法に依つて支配することゝし、清涼飲料としては、取扱はないことになつて居る。

清涼飲料稅は、清涼飲料の製造を營業とする者より、其製品の種類に從ひ、石數に應じて之を徵收す。

第一種　玉ラムネ　壜詰のもの、　一石に付　金七圓
第二種　其他　壜詰のもの、　一石に付　金拾圓
第三種　壜詰以外のもの、　炭酸瓦斯使用量　一瓩に付　金參圓

清涼飲料稅は、製造者の申告に基き、毎月分の移出高に應じて翌月之を納む。

（カ）砂糖消費稅　砂糖消費稅は、砂糖を課稅の目的物として課する間接稅である、砂糖は內地にも相當に生產されるが、臺灣、南洋からも輸入される、故に稅法は是等の各場合を豫想して、規定されて居る。即ち砂糖、糖蜜、糖水を內地で消費するの目的を以て、內地の製造場か又は稅關、保稅地域から、引取る者には、其種類數量に應じて消費稅を課する旨を規定す。消費稅の納稅は砂糖の引取人である、故に之を引取稅とも藏出稅とも謂ふ。

砂糖は、其品位に依つて、之を五種に分ち、第一種は更に之を甲乙丙に區分し、稅率は百斤に付壹圓より拾圓まで七階級に分たる。品位は　砂糖の色相を和蘭の標本に對照して、決定する譯である。

糖蜜、糖水も、砂糖に準じ糖分の含有量を標準として、數階級に分ちて稅率を定む。

砂糖消費税は、引取の時々納税すべきものであるが、税金に相當する擔保を提供すれば、六ヶ月以内の徴收猶豫を受くることが出來る。

織物消費税

(ヨ) 織物消費税　織物消費税は、綿織物以外の織物に對して、從價一割の割合を以て課する間接税である。これも砂糖消費税と等しく、製造場又は税關・保税倉庫より、織物を引取るとき、引取人に課税せらる。

舊税法では、總ての織物に對して課税されてあつたが、大正十五年税制整理に依つて綿織物の課税を廢止せられ、此以外の織物に對してのみ課税されること、なつたのである。綿織物以外の織物とは絹織物麻織物毛物金糸織物の類である。

織物消費税も、砂糖と同じく、織物引取の時々納税すべきものであるが、擔保を提供すれば、三ヶ月以内の徴收猶豫を受くることが出來る。

登錄税

(タ) 登錄税　財産上の權利に付、官署の帳簿に登記又は登錄を受け、又は法律上の資格等に付、登錄を求むる者に課する交通税である。

登記、登錄を受くべき權利の種類は、頗る多い、又其税率も異ふ、詳細は登錄税法に付て研究されたい。

登記、登錄の事項は多數の官署に渉つて居る。故に本税を取扱ふ官署は多方面である。納税の方法は登記、登錄の申請書に印紙を貼用して納付するが普通の例である。此場合納税者は、印紙税の如く消印を要せない。

印紙税

（レ）　印紙税　印紙税は、財産權に關する證書、帳簿を目的物として賦課するもので、證書、帳簿の作成者が、作成の時に、印紙を貼用して納付する租税である。印紙税賦課の目的は、財産權の移動に依つて、生ずる財産價格の増加に對し、課税せむとする趣旨で、租税學上は、交通税に屬するものである。

印紙税法第一條には、財産權の創設、移轉、變更、消滅、追認、承認を證明すべき證書、帳簿云々と規定せられ、讀むからに六ヶ敷法律語のみで、素人判りがしにくい。併し苟も法律としては斯程に規定せねば間違ひを生ずる譯で、どうも已むを得ない。

併し印紙税法は、其關係が甚だ廣い、殊に商工業を營むものには日常必須な規則であり、市町村當局としても、往々質問を受く場合あるを以て、稍詳細に説明して置たい。

第一に説明したいことは、印紙税は、他の租税の樣に申告又は調査に依つて、税額を定め、納税の告知を爲したる後、納付するが如きものとは全然其性質が違ふの點である。即ち納税者が證書、帳簿を作成する時、自分で税を決めて、自分で之に相當する印紙を貼つて消印を施し、夫れで納税を了する譯である。

此方法は、印紙税の如き時々に多數に發生する課税事實に對し、普通の手續を採ることは、至く不可能なるが故に、官民相互の便宜上から斯樣に規定された譯であるが、一面より之を觀れば印紙税の納付は、納税者自身に任せても間違ひがなからうと、餘程納税者を信用した思ひ切つた税法である、此點は一般納税者としても、大に味はねばならぬ事柄である。

印紙税は、證書、帳簿の種類に依つて、大體之れを三通りに區分が出來る。

(一) 記載金高に應じて税額を定むるもの。

(二) 證書帳簿の種類に依つて税額の一定せるもの、

(三) 印紙税の納付を要せざるもの、

(一) 證書の記載金高に應じて税額を定むるもの。

(イ) 不動産、鐵道財團、軌道財團又は船舶の所有權移轉に關する證書。

(ロ) 消費貸借に關する證書。(金錢借用證書の類)

(ハ) 請負に關する證書。

(ニ) 運送に關する證書。

(ホ) 傭船契約書。

以上(イ)から(ホ)までの證書は左の割合に依つて其證書一通每に、印紙を貼用すること、

記載金高　拾圓以上五拾圓以下のもの	貳錢
百圓以下のもの	參錢
五百圓以下のもの	拾錢
千圓以下のもの	貳拾錢
壹萬圓以下のもの	五拾錢
壹萬圓を超ゆるもの	壹圓
記載金高なきもの	參錢

(二)證書帳簿の種類に依つて、稅額の一定せるもの。

(イ)委任狀　一通に付　稅額　貳錢　(ロ)約束手形　一通に付　稅額　參錢

(ハ)爲替手形　同　參錢　(ニ)銀行預金證書　同　參錢

(ホ)產業組合又は同聯合會の發する貯金證書　同　參錢

(ヘ)產業組合聯合會、重要輸出品工業組合同聯合會又は輸出組合の發する出資證券　同　參錢

(ト)船荷證券　同　參錢　(チ)運送貨物引換證　同　參錢

(リ)倉庫證券　同　參錢　(ヌ)保險證券　同　參錢

(ル)株券　同　參錢　(ヲ)債券　同　參錢

（ワ）相互保險會社の發する基金證券　同　參錢

（カ）株式申込書　同　參錢　（ヨ）社債申込書　同　參錢

（タ）地上權永小作權又は地役權に關する證書　同　參錢

（レ）使用貸借、賃貸借、雇傭、寄託又は定期金に關する證書　同　參錢

（ソ）信託行爲に關する證書　同　參錢　（ツ）無盡に關する證書　同　參錢

（ネ）定款又は組合契約書　同　參錢　（ナ）權利の變更に關する證書　同　參錢

（ラ）追認又は承認に關する證書　同　參錢　（ム）物品切手　同　參錢

（ウ）受取書　同　參錢　（ヰ）質權抵當權に關する證書　同　參錢

（記載金高拾圓未滿及營業に關せざる受取書を除く）

（ノ）（イ）より（ヰ）まで以外の證書　同　三錢

（オ）預金通帳　一冊　（一年以内の附込）　同　參錢

（ク）預金通帳以外の總ての通帳　一冊　（一年以内の附込）　同　五錢

（ヤ）判取帳　一册　（一年以内の附込）　同　五拾錢

（三）印紙稅を要せざる證書帳簿。

（イ）官公署又は官公署に職を奉ずるもの、職務上發する證書帳簿。

(ロ)國庫金の取扱に關する證書。
(ハ)慈善又は公共事業の爲めの寄附に付官公署に提出する證書。
(ニ)小切手。
(ホ)産業組合出資證券又は貯金通帳又は住宅組合の發する出資證券。
(ヘ)記載金高拾圓未滿の約束手形爲替手形。
(ト)貯金通帳、積金通帳又は積金證書。
(チ)産業組合又は同聯合會の發する貯金證書にして記載金高拾圓未滿のもの。
(リ)記載金高壹圓未滿の物品切手。
(ヌ)賣買仕切書。
(ル)物品又は有價證券の賣買契約證書。
(ヲ)送狀。
(ワ)記載金高拾圓未滿若は金高記載なきもの又は營業に關せざる受取書。
(カ)主たる債權の證書に併記したる擔保契約書。
(ヨ)手形及證券の裏書又は之に併記したる受取書。
(タ)株券又は債券に記載したる讓渡の證明書。

(レ)手形の引受及保證。
(ソ)手形又は證券の拒絶證書。
(ツ)手形又は證券の複本及謄本。
(ネ)農業倉庫證券又は聯合農業倉庫證券。
(ナ)質札又は質物通帳。
(ラ)勤務通帳。
(ム)乘車券乘船券又は各種入場券。
(ウ)稅法第四條第一號乃至第五號及同三十一條の證書にして記載金高拾圓未滿のもの。

以上各種の內委任狀、受取書、通帳、判取帳、其他日常自己の業務に最も關係深き證書帳簿の印紙稅は常に暗記し置くが肝要である。

印紙稅は、其證書帳簿に印紙を貼用し、消印を施すに依つて納稅を了するものである、即ち是等の證書、帳簿を作成したときは、必ず印紙の貼用を忘れてはならぬ。

又一時に多數の證書を作成し、一々印紙を貼用するの手數ある場合、例へば債券、株券等を發行するが如きは現金を納付して、用紙に稅印の押捺を受くることも出來る。印紙稅を納むべき證書帳簿に印紙を貼用せざるときは處罰せらる、此處罰に付ては、其違犯の意思如何を問はない、言ひ換れば其違法行爲が故意、過失、怠慢等の原因如何に拘らず、啻違犯の結果さへあれば處罰せらるゝものであるから、納稅者は常に是等の點に付注意せねばならぬ。

骨牌稅

（ソ）骨牌稅　かるたには、一組に付五拾錢、麻雀には一組に付參圓の骨牌稅を課せらるゝ、これは製造者が、印紙を貼用して納稅するのである。いろはかるた其他學術用の骨牌には課稅されない。

骨牌を製造するには、政府の免許を受けねばならぬ。

左に參考の爲最近我國の歲計狀態を揭げて置く、

國の歲出　昭和四年度豫算

租

科目	金額（千円）	割合（百分率）
所得稅	二〇二、六六四	（二三）
地租	六三、六二〇	（七）
營業收益稅	五三、七八五	（六）
資本利子稅	一五、八二〇	（二）
相續稅	二五、九五一	（三）
鑛業稅	五、六五二	（一）
兌換銀行券發行稅	四、九三六	（一）
酒稅	二三四、六二六	（二六）

國の歲入　昭和四年度豫算

各省別	金額（千円）	割合（百分率）
皇室費	四、五〇〇	一
外務省	二一、二二一	一
內務省	二一六、三五四	一三
大藏省	三八六、六六二	二二
陸軍省	二三二、〇七七	一三
海軍省	二六八、〇六〇	一五
司法省	三七、一一三	二
文部省	一四三、三二五	八

税	清涼飲料税	四、〇〇八	—
	砂糖消費税	八二、七九七	（九）
	織物消費税	三九、八七八	（五）
	取引所税	一一、三四三	（一）
	關税	一四四、八四〇	（一六）
	噸税	二、一九九	—
	計	八九二、一二四	（一〇〇）五〇
印紙收入		八六、二四七	五
官業及官有財產收入		四八八、五四九	二八
公債金		九一、二〇一	五
前年度剩餘金繰入		八一、五六三	五
其他		一一三、一二四	七
合計		一、七五二、八一六	一〇〇

備考　（　）内ハ租税ノミノ百分率トス

農林省	六二、八六四	四
商工省	一二、九〇九	一
遞信省	三六三、二〇八	二一
拓殖省	四、五一一	—
計	一、七五二、八一六	一、〇〇

備考　大藏省所管中ニハ國債整理基金繰入二八三、四一七千圓ヲ含ム
遞信省所管中ニハ年金及恩給一四三、八〇〇千圓ヲ含ム

第二章　各　稅

第一節　地　租

第一款　地租の概要

地租の意義

地租は、地主の納むべき租税である。茲に地主とは、必しも土地の所有者のみでなく、土地の所有者、又は之に準ずべき土地の收益者を含むものである。即ち國家は國民をして土地より生ずる收益の一部を國用に供せしむるの目的を以て、土地を課税物件とし、收益を標準として、土地の收益者に賦課する租税を、地租と謂ふのである。茲に收益とは、單に土地より生ずる天產物のみでなく其の小作料たると、地代、賃貸料たるとを問はない、又其收益は必しも現實に收得の存することを必要とせない、土地が利用せらるゝに依つて、收益すべき狀態にあれば足るものである。例へば自家用の邸宅敷地は現實には何等の收益を得ないが、之を他人に貸付くるときは、相當の地代を得べきものであるから、宅地は總て地租を課する譯である。

地租は、土地より生ずる收益を以て、課税の基本と爲すべきもので、租稅學上所謂收益稅に屬し且其負擔が直接納税者に歸すべきものなるが故に、直接税の部類に入る。

沿革

地租は、歴史上最も古い租税であつて、何れの國、何れの時代に於ても、課税せざる所はない、而も往古は租税制度未だ發達せず、私有財產制度も確立せざるが爲、土地は悉く國の所有なりとの觀念に基き、國民は之が使用の故を以て、其產出物の一部は國用に貢献し來つたもので所謂小作料にもあらず又租税にもあらざるが如き變體なものであつた。併し近世社會の進步に伴ひ、國民に完全なる所有權を認むると同時に、地租も亦純然たる租税の性質を備ふるに至つた譯である。

我國地租制度の起源に付ては、史籍の判然せるものを得ないが、既に文武帝の大寶令中には、整然たる地租制度があり。以來歴代の朝廷、何れも地租を徴收せざるはなく、現今と雖、地租は補完税として營業收益税と共に、歲入上相當の地位を占むるものである。

地租の賦課、及徴收の方法は、時代に依つて異り、初期時代は、單に土地の面積のみを標準とし中世に在つては、土地の產出物を標準とし、現今に至つては土地の收益を標準とし、土地の面積に應じて之が地價を定め、定率の地租を徴收するものである。而して明治の初年頃は、各般の租税制度が姑く德川時代の遺訓を踏襲せし爲、地租も亦舊慣に依つて徴收せられた。然し其賦課方法が、甚だ區々であつて、負擔に著しい輕重があつたから、明治六年上諭を以て、地租改正條例を布告せられ賦に厚薄の弊なく、民に勞逸の偏なからしむべく、土地の地押調査を行ひ、各筆の面積を改測して地價を定め、米納を改めて金納と爲し、年の豐凶に依つて、地租を增減せざる等、初めて完全なる地租制度の基礎を作り、更に明治十七年布告第七號を以て、現行の地租條例を公布せられ、其後租率等に部分的の改正を加へたる外其儘今日に及んだ譯である。

然し現行の地租條例は、何分にも明治十七年太政官布告と言ふ、今より五十餘年も以前の規定であり地價の設定に付ても、當時の石代米何圓何拾錢を以て收穫に乘じ、之を還元したもので、今日の米價とは殆んど比較にならない、其後宅地だけは明治四十三年に於て地價修正を行はれたが、之れとても其後に於ける都會地の發展等、地方的に著しき不權衡を生じたるを以て、大正十五年稅制の大整理と共に、現行の地價を賃貸價格に改正すべく、土地賃貸價格調査法を發布し、爾來二ヶ年の歲月を費して之が全部の完成を告げた譯であるが、時の政府の方針で今日まで實施の運とならない。

土地賃貸價格調査

地租の徵收方に付ては(一)現行法の如く土地の收穫より還元して地價を定むるもの、(二)土地の賣買時價を以て地價と爲すもの、(三)土地の收益即ち賃貸價格を標準とするものとがある、大正十五年土地賃貸價格調査法は第三の方法に依つたもので、收益稅としては最も理想に近いものである。

納税者

三） 納税者　地租は土地の收益者に對して賦課する租税で、左に揭ぐる者より之を徴收す。（條例一

一　質權の目的たる土地に付ては質權者。

二　百年より長き存續期間の定めある地上權の目的たる土地に付ては地上權者。

三　其の他の土地に付ては所有者。

茲に質權者、地上權者、所有者と稱するは、何れも當該納期初日に於て土地臺帳に記名せられたものを謂ふ、故に往々實際の權利者と一致せない場合がある。

課税物件

課税物件　地租課税の目的物は土地である。即ち封建時代は檢見の法に依り、每年收穫の狀況を檢分し、其結果に依つて地租を徴收したのであるが、現行法は、定額課税の主義を採り、收穫の豐凶に依つて地租を增減せないことゝなつた。

課税標準

課税標準　地租の課税標準は、地價である。地價とは土地の面積に應じて其收益を基準として價格を定め、土地臺帳に揭げられたる價格を謂ふ、現今土地臺帳に揭げらるゝ地價は、明治六七年頃の收益狀態に基き、當時の石代に依つて設定されたもので、其後田畑は明治二十二年と、明治三十一年に、これが修正を行ひ又宅地は明治四十三年に修正されたものであるが、既に數十年を經過し

て、今日の賣買時價とは著しい差異がある譯である。

租率

租率　地租は、左の税率に依つて、毎年之を賦課す。（條例一）

宅地　地價百分の二箇半
田畑　地價百分の四箇五
其他の土地　地價百分の五箇半

北海道に於ける宅地以外の土地は當分左の税率に依る。

田畑　地價百分の三箇二
其他の土地　地價百分の四箇

標語　お初穂を先づ税金に取つて置き

納期

地租の納期　地租の納期限は左の區分に基き、土地の種目に依つて、二期又は四期に分納す。
（條例一二）

一　宅　地

第一期	其年七月一日より	同　七月三十日限	地租額二分の一
第二期	翌年一月一日より	同　一月三十一日限	地租額二分の一

二　田

第一期	其年十二月十六日より	翌年一月十五日限	地租額四分の一
第二期	翌年二月一日より	同　二月末日限	地租額四分の一
第三期	翌年三月一日より	同　三月三十一日限	地租額四分の一
第四期	翌年五月一日より	同　五月三十一日限	地租額四分の一

三　其他の土地

第一期	其年九月一日より	同　九月三十日限	地租額二分の一
第二期	其年十一月一日より	同　十一月三十日限	地租額二分の一

特別の事情ある地方で、前項の納期に依り難いものは、勅令を以て特別納期を定めらる、北海道沖繩縣等の地租は此特別納期に依る。

地租事務

地租事務　玆に地租事務とは、地租の賦課徵收及地籍事務の總稱であつて、土地の異動、納稅者の變更等、苟も地租に關係する一切の事項は、悉く地租事務として整理する譯である、地租事務は從來の沿革上市町村とは最も關係が深い、卽ち國家は地租事務に付、市町村に對して多量の事務と責任とを負はしめてあるのみならず、市町村自體としても之を整理するの必要が尠くないからである、例へば市町村には土地臺帳、地租名寄帳、地圖等を備へて、之が整理を爲し各人の納稅額は市町村でなければ確定せない譯である。

要するに、地租は土地を以て課稅の目的物と爲し、土地は又市町村自治の限界であり、領域であるから、市町村に於ける地租事務は市町村自體としても忽諸に附すべからざる重要事務である。

第二款　土地の類別

土地は、其權利主體に依つて、之を官民有の區別せらる、官有地は又之を四種に區分せらる、も是等は原則として地租公課を課せない。

民有地は、地租を課する土地と、地租を課せざる土地とに區分せらる、地租を課する土地を有租地と謂ひ、地租を課せざる土地を免租地と謂ふ。

(一) 有租地

有租地は、これを左のの二類に分つ。(條例三)

第一類地 田、畑、宅地、塩田、鑛泉地。

第二類地 池沼、山林、牧場、原野、雜種地。

(二) 免租地

免租地は、之を地租條例の規定に依つて免租せらるゝものと、他の特別法に依つて免租せらるゝものとに區分す。(條例四)

詳細は左の圖解に依るが便である。

以上の外、小地主にして自作農を爲すものゝ免除規定がある、これは項を別つて説明したい。

- 有租地
  - 第一類地
    - 田
      - 田　水田にして養水の利に因り稲を植ゆるもの、但し稲作の前後に豆、麥、菜の類を栽培するもの或は蓮、及慈姑の類を植へ又は魚類を養成するものをも含む
      - 未定地　川縁、湖水縁の土地で年柄に依り全部又は一部に植ゆる等作付不定のもの
      - 沼田　地質瘠薄なる深泥の田地
      - 流作田　従前流作場又は大縄場と稱へ地方に依つて其名稱を異にするも作は不定の地
    - 畑
      - 畑　陸田として穀類、菜蔬、三草、四木の類を栽植する土地であるが尚實地の形狀と其植物の如何とを斟酌して地目を定むべきものである
      - 未定畑　未定田に同じ
      - 流作畑　流作田に同じ
      - 切換畑　山林の樹木を切拂ひ又は燒拂ひ鍬入を爲すもの
      - 燒畑　山林の樹木を燒拂ひ畑作を爲すもの
      - 山畑　山巓山腹の畑であつて地質最も磽确の地
    - 宅地
      - 宅地　(一)建物の敷地(二)庭園地(三)居住業務を行ふに必要な土地(四)建物及敷地の維持に要する土地又は邸宅の風致若は風水防の爲にする樹木の成育地(五)前各號の通路敷地等所謂屋敷地
      - 堂宇敷地　佛像を安置せる觀音堂、藥師堂、地藏堂等の如き建造物ある一山境內であつて官有でない土地
      - 社寺境內　府縣社、郷村社の現境內であつて官有又は當該社の所有でないもの又は府縣社郷村社でない神社寺院の境內であつて官有でない土地
    - 塩田
      - 塩田　田畑の如き形で潮水を引き之を撒布し塩分を採取する地
      - 塩田畑　塩田に同じ
      - 塩溜　製塩に供する潮水を溜め置く地
      - 製塩所　潮を煎て塩と爲す所即ち塩竈のある地
      - 未完塩濱　其構造未完で塩田の名稱を附し難きもの
    - 鑛泉地
      - 溫泉　溫泉の湧出する地
      - 冷泉　冷泉の湧出する地
    - 池沼
      - 池沼堀　水溜の地で天然と人工の別なく又収利の有無を論ぜない耕地の灌漑に供するもの
      - 井戸敷　の但し一類地中に介在若は新設したる堀井戸敷を除く
      - 養魚地　魚鼈の類を養成して収利を得るもの
      - 水車溝　水車に疏通する水路但し地中に埋設したるものを除く

（蓮池（蓮を植へ収利を得る地

民有地

- 第二類地
  - 山林（崖地、竹木雑生地、櫨山、藪、柴草山、萱山、石山、杉檜山、薪炭材山
  - 牧場（秣場、牧場
  - 原野（蘆生地、草生地、芝地、萱野、柴生地、野地
  - 雑種地（網干場、鰯干場、潟地、舟揚場、荷揚場、造船所、流木置場、布晒場、物置場、土揚場
    稲干場、海岸砂地、土取場の類

免租地

- 條例によるもの
  - 公用の土地
    - 府縣、市町村其の他勅令を以て指定する公共團體に於て公用又は公共の用に供する土地
      但し有料借地を除く
    - 府縣市町村其他勅令を以て指定する公共團體が公用又は公共の用に供するものと定めたる其所有地但し壹ケ年内に公用又は公共の用に供せざるものを除く
    - 指定公共團體（水利組合、町村組合、學校組合、及其區、市町村内の區、沖繩縣の區、及區内の部、北海道地方費、北海道の區、及區町村内の部、北海道土地組合、（三十八年勅令一五九）
  - 社地（府縣社地、郷村社地、招魂社地但し有料地を除く
  - 墳墓地
  - 用悪水路、溜地、堤塘、井溝
  - 鐵道用地、軌道用地、運河用地、
  - 保安林
  - 公衆の用に供する道路
- 特別法に依るもの
  - 水道用地
  - 砂防用地
  - 郵便電信電話専用地
  - 公共の用に供する飛行場用地
  - 私立學校用地
- 期限付のもの
  - 造林地（荒廢に属したる森林に付、新に造林したるもの三十年以内（森林法一二）
  - 荒地（有租地の天災に罹り地形を變したるもの又は海嘯の爲潮水浸入し作土を損害したるもの
    十五ケ年以内、免租繼年期十五年以内（川海湖成のもの二十年以内）
  - 低價地（荒地免租年期明に至り原地價に復し難きもの七割以下の地價を低下し十五年以内
  - 新開地（官有の水面を埋立又は干拓し民有に歸したるもの六十年以内、延長年期十年以内

第三款　土地異動

茲に土地異動とは、天災地變等に依つて、土地自體の形狀に變動を生ずる場合ばかりでなく、人爲的の變動に依つて、土地の用途を變へ、又は名稱を變更するが如き行爲をも包含す、例へば從來地租を課せざりし土地を、地租を課する土地と爲し、又は地租を課したる土地を、地租を課せざる土地と爲し、或は地目變換、開墾、荒地等、地租の課税上に關係する一切の變動は、悉く土地の異動と稱するものである。

一地租に關する申請、申告書調理例

申請、申告名	申請、申告義務者	期限	
有租地成、免租地成申告	土地所有者又は納税義務者	有租地免租地となりたる時より	三十日以内
土地分割、合併申告	土地所有者	分割、合併の時々	
地目、地類變換申告	土地所有者又は納税義務者	變換したる時より	三十日以内
地目變換地價据置年期申請	同	其の時々	
開墾申告	同	着手したる時より	三十日以内
開墾成功申告	同	成功したる時より	三十日以内

無屆開墾成功申告開墾鍬下年期申請	同	其の時	
開墾廢止及目的變更申告	同	廢止又は變更の時より	三十日以内
開墾年期、開拓年期、新開免租年期延長申請	同	年期滿了後	六十日以内
開拓鍬下、新開免租年期申請	同	民有に歸したる時より	六十日以内
荒地免租、再荒免租年期申請	同	其の時々	
荒地免租繼年期申請、荒地免租年期明變換起返申告			
川海湖成申告			
低期年期申請	同	年期滿了後	六十日以内
低價年期明變換起返申請			
原地に復せさる低價年期明申告			
造林地免租年期申請	同	其の時々	
砂防地々租免除又は輕減申請	同	制限せられたる時より	三十日以内
反別、地圖誤謬訂正申請	同	其の時々	
土地臺帳住所氏名誤謬訂正申請	同	其の時々	

同　異動申告	同	同
自作農地租免除申請	同	每年六月中（新に事實を生したるときは其時々）
災害地々租免除申請	土地所有者又は納稅義務者	被害現狀の存する間
納稅管理人申告	納稅義務者	其の時々
土地臺帳謄本下付申請		申請人及申請時期に制限なし

凡例

一　申請申告にして地價を修正し又は設定すへきものなるときは近傍類地に比準し其の地價を見積り尙別紙樣式の測量圖を添付すること

二　數人共　に係る土地の申請申告は共有者連署すること

三　法人又は無能力者の申請申告に在りては代表者又は法定代理人署名すること

四　社寺の所有に係る申請、申告には社司、住職の外檀家又は信徒總代三名以上連署すること

五　土地所在地と申請申告者の住所を異にするときは氏名の傍に住所を記載すること

六　所有者又は納稅義務者死亡失踪したるものにして相續人より申請申告する場合は「何某相續人」と肩書すること

七　樣式の地主とある所には土地所有者又は納稅義務者名を記載すへきものにして所有者以外のものにありては「質權者」又は「地上權者」と肩書すること

八　宅地に在りては樣式の反別欄に坪數を記載し（反）町金欄はは百坪當地價金を記入すること

九　期限の定めあるものは其の期限内に書類を提出せさるときは免租其の他の特典を受くることを得ざることあり或は無届として制裁を受くべきものなるを以て必ず其の期限を誤らざる様注意すること

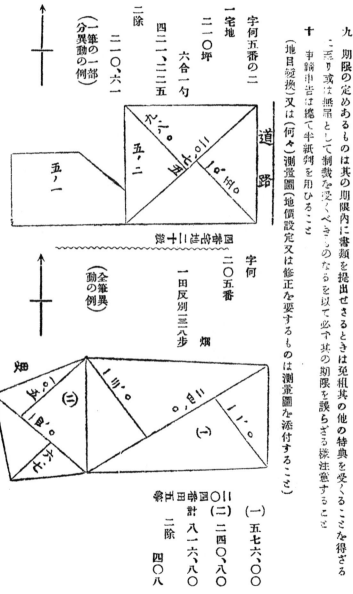

十　申請申告は總て半紙判を用ひること

（地目變換）又は（何々）測量圖（地價設定又は修正を要するものは測量圖を添付すること）

字何五番の二
一宅地
二一〇坪　六合一勺
四二一、二二五
二除
二一〇、六一
（一筆の一部分異動の例）

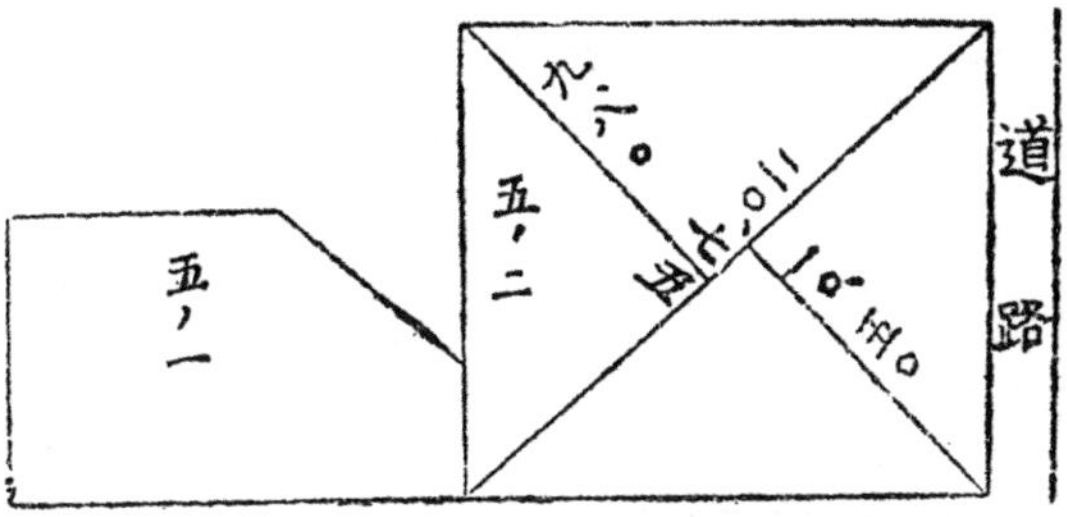

四番宅地二十坪

字何
二〇五番
一田反別一三一八歩　畑
（全筆異動の例）

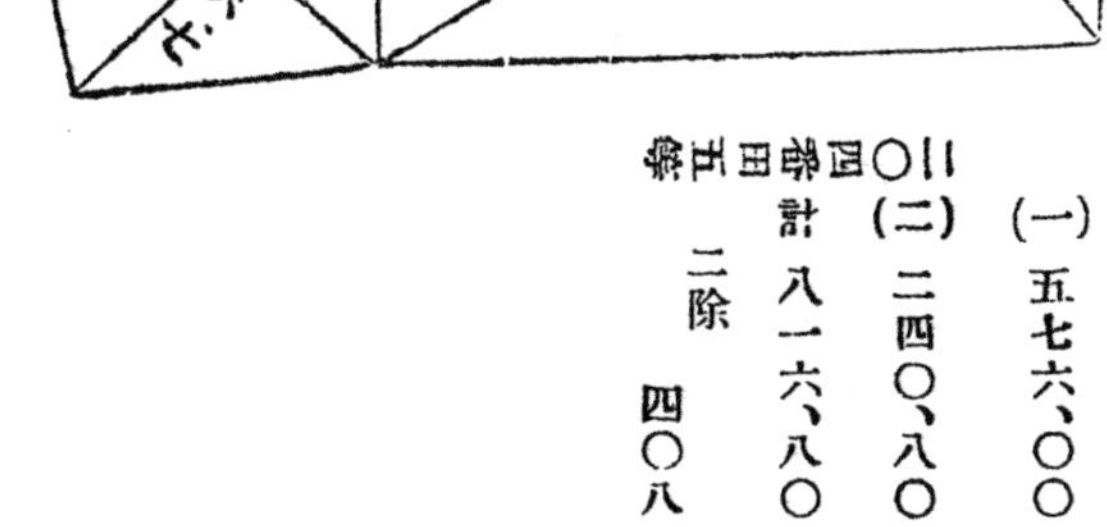

(一)　五七六、〇〇
(二)　二四〇、八〇
計　八一六、八〇
二除　四〇八

二〇四番田五等

備考

一　異動地の周圍に道路又は溝渠あるものは其の道路溝渠を記載すること

二　異動地の周圍に在る土地の地番地目を記載すること

分割地形圖

字何五番

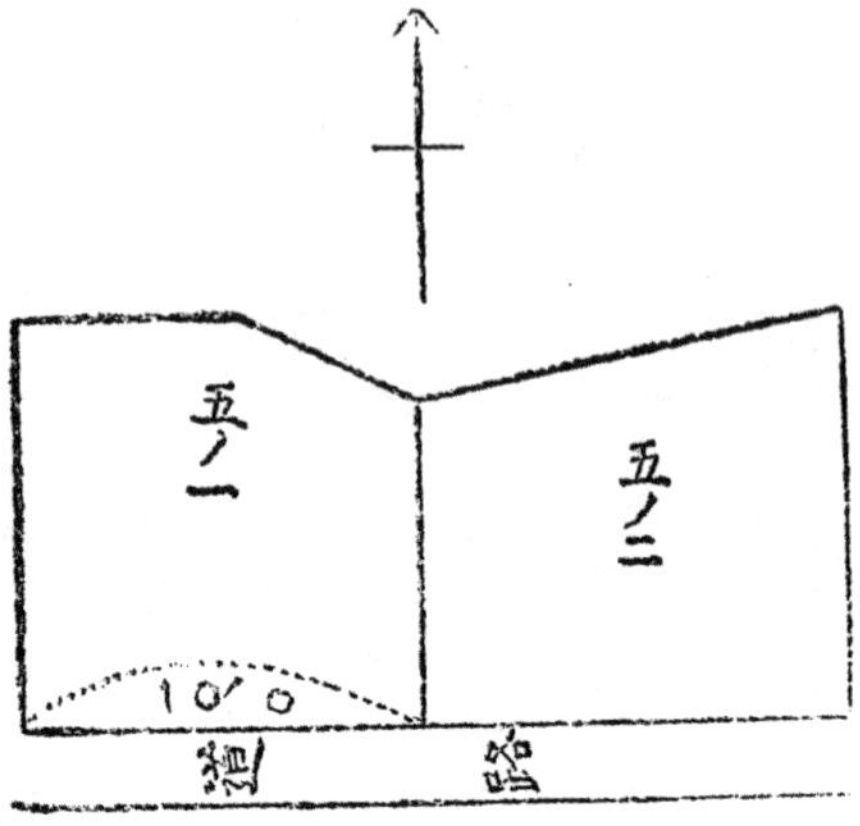

字何十三番の三

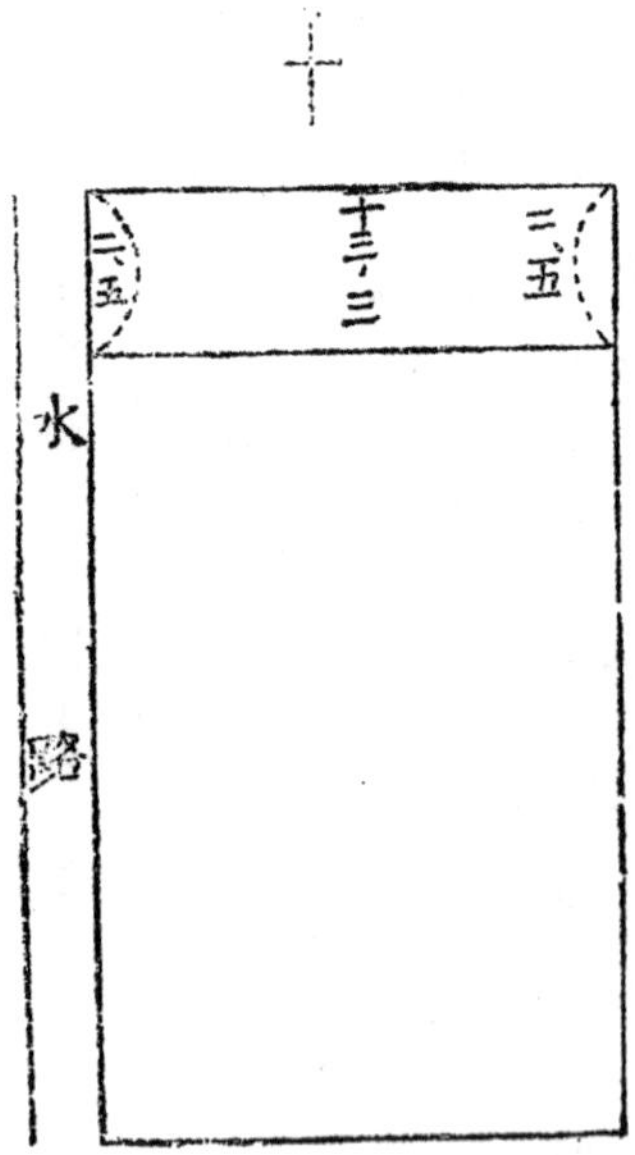

（軌道敷成分割の例）

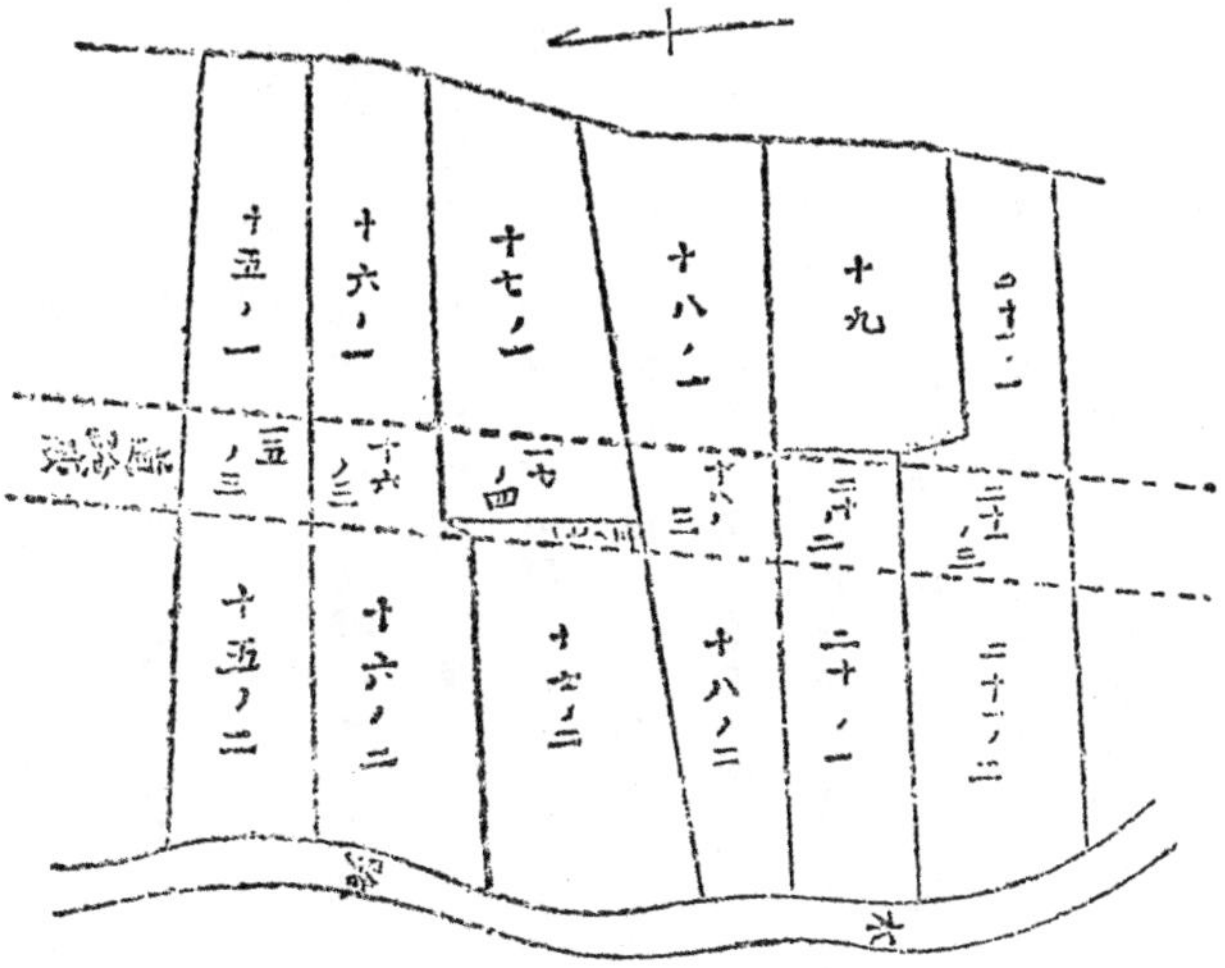

備考

一　分割申告には必す地形圖を添付すること但し反別に増減あるものは測量圖を添付すること

二　分割すへき一方の土地の境界點の間數を記載すること但し境界點か屈曲等に依り明かなる場合はこれか記入を要せす

三　道路、水路又は軌道敷地等となる爲め他の地番に連續して分割を要するものに在りては成るへく各地主連署し式の如く一區域毎の地形圖となすこと若し連署申告し難きときは式の如き形狀圖を添付すること

第一項　有租地成と免租地成

地租を課せざる土地を、地租を課する土地と爲すを、有租地成と謂ひ、官有地の拂下、下渡又は免租地の使用廢止の如き類である。

地租を課する土地を、地租を課せざる土地と爲すを、免租地成と謂ひ、從來の有租地を學校用地其他の公共用地と爲すが如き類である。

有租地成、免租地成等の事實が發生せしときは、地主は三十日以内に其旨稅務署長に申告せねばならぬ、併し其事件に付、豫め政府の許可を受け、又は豫め申告せしものは、其許可の出願、又は申告を以て此種の申告ありたるものと看做して、更に申告の手續はいらない。

左の場合は、地主は其旨稅務署長に申告を要す。(條例施規一三)

(イ)　地租を課する土地を、用惡水路、溜池、堤塘、非溝、水道用地、鐵道用地、運河用地、若は公衆の用に供する道路と爲したるとき、又はこれが供用を廢止したるとき。

(ロ)　地租を課する土地を、公用若は公共の用に供し、又は之が供用を廢止したるとき。

(ハ)　地租を課する土地を、地租條例第四條第一項第二號の規定に依り、公用若は公共の用に供すべきものと定めたるとき、又は一年内に公用若は公共の用に供せざるとき。

第一號式（有租地成申告樣式）

（△印ハ赤書以下同シ）

昭和何年何月何日

何府縣何郡市何町村大字何

地主　氏　名　㊞

何稅務署長殿

有租地成申告

（測量圖添付ノコト）

何郡市何町村大字何

字	地番	地目	段別又ハ坪數	地價	等級	反金	摘要
何々	一〇ノ一	△道路	△〇四一八	円			△何年何月何日使用廢止
		田	〇四一八	四三三三	五	九二、〇〇	同字三〇番地ニ比準

（イ）地番。官有地拂下等に依つて、新に地番を附すべき土地を生じたるときは、其地番は稅務署長に於て之を決定すべきものであるが、當該大字（小字每に地番を付したる地方は小字）の最終番を追ひ、其の次番を付す、若し最終番を付するが爲に、接續地と著しき間隔を生じ取扱上不便あるときは、土地分割の例に準じて、接續地の枝番を付するも妨なく、又從來地番の存置せる土地なれば、其元地番に依るが便宜である。

(ロ) 地價。地價は其地の現況に依つて税務署長が設定すべきものであるが、地主は申告の際隣地其他に比準し申告書に適宜の記入を爲すべきである。

(ハ)、地租。地價を設定したるときは、其設定の日以後に開始する其年分の納期分より地租を徴收すべきものである。

第二號式　(免租地成申告樣式)

昭和何年何月何日

何府縣何郡市何町村大字何

地主　氏　名　㊞

何税務署長殿

免租地成申告

何郡市何町村大字何

字	地番	原地目	反別又ハ坪數	地價	免租地目	摘要
何々	五	畑	町〇四〇三	円六二七	道路	何年何月工事着手
何々	一三ノ一	田	〇九二五	三三一	學校敷地	何年何月供用

地租　免租地成の場合に於ける地租は、其申告又は主管廳よりの通知が、税務署に到着するか、又

は税務署に於て其事實を認めたる後に開始する納期分より免除せらるべきものである。

第二項　土地分割、合併

土地の一筆とは、土地臺帳に一筆立、即ち一行に記載するの意味を以て、番號を付し一葉の地劵を交付したることより生じたる言葉であつて、現今は既に地劵も廢止されてあるから、土地臺帳に地番號を付して登錄せられたるものが、一筆と謂ふのである。

土地の分割とは、一筆の土地を區分して、獨立の數筆と爲すを謂ひ、合併とは、數筆の土地を合せて一筆と爲すを謂ふ。

第一　土地分割

一　一筆の土地の一部分が、左の各號の一に該當する場合は、分割の手續を要す。(條規施二)

(一)　別地目と爲すとき。

(二)　地租を賦課する土地にして、地租を賦課せざる土地と爲すとき。

(三)　地租を賦課せざりし土地にして、地租を賦課すべき土地と爲すとき。

(四)　所有者を異にするとき。

(五)　質權の目的と爲すとき。

(六)　百年より長き存續期間の定ある地上權の目的と爲すとき。

(七)　行政區劃を異にするとき。

二　土地臺帳中、一筆の外書又は內書の墳墓地、其他別地目と爲すべきものあるときは、異動の時々分割すべきこと。

三　申告。土地を分割するときは、地主は其時々稅務署長に申告を要す。

(イ)　地番。一筆の土地を分割して、數筆と爲すときは、當初番號に一、二、三の符號を付し、若し本番に符號あるときは其一筆には元番を存し、他の各筆には本番最終の符號を追ひ、順次符號を付すること。

宅地にして戶籍番號等の關係上、元番に符號を付するの不便あるときは、元番を其儘とし、其他を前項に準じ符號を付するも妨なし。

(ロ)　反別。分割地の反別又は坪數は、其一方(二筆以上に分つときは一筆のみを殘し他の各筆)を丈量し、之を臺帳登錄の反別又は坪數より控除し、其殘額を一方の段別又は坪數と爲すこと、若し特殊の場合にて分割の結果、段別に增減を生ずるときは、誤謬訂正の手續を爲すこと。

(ハ)　地價。元地の地價を、各筆に分配して地價と爲すこと、地價を錢位に止めたる結果生ずる差額は、分割地の狀況に應じ、相當に分配して元地價を增減せない、但し一筆地の全地價が、壹錢未滿なるときは、各筆共切上げて壹錢と爲すべきが故に、此場合は元地價より增加するも已むを得ない譯である。

分割地の地價は、原地價を分割段別に按分して定むるを原則とするも、若し分割の爲兩地に優劣の差あるときは、原地價の範圍內に於て等差を付し、分配するも妨ない、此場合は申告書摘要に算出の根基を詳記すること。

地價を按分するに當り、一筆地內にある畦畔の如き所得なき部分は、之を控除したる段別に應じて、地價を算出すること、此場合には申告書摘要に控除したる段別種目を附記すること。

第三號式

（土地分割申告樣式）

昭和何年何月何日

何府縣何郡市何町村大字何

地主　氏　名　㊞

何税務署長殿

土地分割申告

（地形圖添付ノコト）

何郡市何町村大字何

字	地番	地目	段別又ハ坪數	地價	等級	摘要

何々	△五	△畑	△〇七〇九	一一二七	三
分割	五ノ一		〇三〇六	四八九	三
	五ノ二		〇四〇三	六三八	三

備考

一　分割ノ爲兩地ニ優劣ノ差アルトキハ原地價ノ範圍內ニ於テ等差ヲ付シ兩地ノ地價ニ分配スルモノトス此場合ニハ申告書摘要欄ニ其算出ノ根基ヲ掲記スルコト

二　地價ヲ按分スルニ當リ一筆內ニアル畦畔ノ如キ所得ヲ生セザル部分ノ土地多キトキハ之ヲ控除シタル反別ニ應シ其地ノ地價ヲ算出スルコト此場合ニハ申告書摘要欄ニ其控除シタル反別及種目ヲ掲記スルコト

三　諸年期地ヲ分割シタルトキハ摘要欄ニ其ノ事項（例セバ何年何月荒地何年迄免租年期）ヲ朱記スルコト

第二　土地合併

一　土地が、接續して同一の地主に屬するときは、合併して一筆と爲すが便宜である。併し土地の小字を異にする場合は、直に合併の手續は出來ない。

二　各種の年期を有する土地と、年期を有せない土地、又は年期の同一でない土地は、合併することが出來ない。

三　數筆の土地を合併して、一筆と爲すときは、合併前の地番中首位にあるものを、合併地の地番と爲すこと、但し宅地にして戸籍等の關係上、之を不便とする場合は、合併地番中の便宜の地番を存するも妨ない。

四　申告　土地を合併するときは、地主は其旨を稅務署長に申告すること。

（イ）反別　反別は丈量を爲さず、被合併地との合計段別を以て、合併地の段別と爲すこと。

（ロ）地價　前號に同じ。

（ハ）等級　等級の異る土地を合併したるときは、合併前の各等級を併記すること。

第四號式　（土地合併申告樣式）

昭和何年何月何日

何府縣何郡市何町村大字何

地主　氏　名　㊞

何稅務署長殿

土地合併申告

何郡市何町村大字何

字	地番	地目	段別又ハ坪數	地價	等級	摘要

何	△六	△宅地	△二五	△三七五〇	△二〇
	△七	△同	△八七	△二六一〇	△二〇
合併	六	同	三三	六三六〇	二〇

第三項　地目變換、地類變換

（イ）　地目變換とは、第一類地中、又は第二類地中の各地目を變換するを謂ひ、例へば田を畑に、山林を原野に、變換するが如き類である。（條例一〇）

（ロ）　地類變換とは、第一類地を、第二類地に變換するを謂ひ、例へば田地を山林に、又は畑地を原野に、變換するが如き類である。（條例一〇）

（ハ）　地目變換又は地類變換を爲したるときは、地主は、三十日內に、其旨を稅務署長に申告せねばならぬ。

地目變換又は地類變換を爲したる土地は、直ちに地價を修正し、地租は其年分より修正地價に依つて徵收せられる、但し其年分の元地に對する地租の納期が開始した後の地價修正であれば、翌年分から修正地價に依つて徵收せられる。

（二） 地目變換を爲すに當り、開墾に等しい勞費を要するものは、地主は地目變換着手の日から三十日内に、其旨を稅務署長に申請し、地價据置年期の許可を受くることが出來る、地價据置年期は四十年であつて四十一年目の地價修正までは、原地價に依つて地租を徵收せらるゝものである。

第五號式 （地目（地類）變換申告樣式）

昭和何年何月何日

何郡市何町村大字何

地主 氏 名 ㊞

何稅務署長殿

地目（地類）變換申告 （測量圖添付）

何郡市何町村大字何

字	地番	地目	段別	地價	等級	反金	摘要
△何	△二〇五	△畑	△ 一三五	△ 三八			
		田	一三八	四三五二	五	三、〇〇	同字何番地ニ比率段別二十三歩增
△何	△五ノ一	△田	△ 二八一九	△ 八五五八			
		山林	三九二〇	一四八	六	五〇	同字何番地ニ比率段別一畝一歩增

備考
地目變換地價据置年期申請ハ開墾鍬下年期ノ例ニ依ル

第四項　開　墾

開墾とは、第二類地に勞費を加へて、第一類地と爲すを謂ふ。例へば山林に勞費を加へて、田と爲し、原野を宅地と爲すの類である、開墾は、土地を改良して生産力を增加するものであるが、これには勞力と資本が必要であるから、一定の期間は原地價の儘で地租を徴收し、期間が過ぎてから、地價を修正することになつて居る。(條例一六)

開墾は、地主が任意に出來る事業である、併し森林法に依つて開墾の制限せられた地域內の開墾を爲すには、豫め地方廳に申請し、其許可を受けねばならぬ。

(イ)　普通の開墾　開墾せむとするときは、地主は着手の日から三十日內に其旨稅務署長に申告を要す、但し森林法等他の法律に依つて許可を要するものは其出願を以て申告と見做さる。

普通の開墾は、着手の年より二十一年目に、其成功の部分に對して地價を修正せらるゝ規定であるが、二十一年目に成功せない部分は、成功の度每に地價を修正せらるゝのである。(條例一六)

(ロ　十年以來に成功し得ない開墾。十年以內に成功せない見込の開墾を爲さむとするときは、地主は稅務署長に申請し、四十ヶ年の開墾鍬下年期を受くることが出來る、此場合は四十一年目に至つて、地價を修正せらるゝ譯である。

開墾を廢止したるとき、又は開墾の目的を變更したるときは、地主は三十日內に、其旨を稅務署長に申告を要す、又開墾が成功したときは、成功の日より三十日內に稅務署長に申告すべきである、此場合は其年より成功の地目で地租を徵收せられるが、地價を修正する迄の間は、地目を組替へるのみで、地租には增減せない。

（ハ） 地類變換後、五年內の開墾。地類變換後、五年內に開墾したる土地は、其成功したる部分每に、直ちに地價を修正せらる。

（ニ） 無屆開墾。無屆で開墾したものは、現地目に依つて直ちに地價を修正し、其地租の增差額は發覺の日から三ヶ年間を遡つて追徵される。

第六號式 （開墾申告様式）

昭和何年何月何日

何郡市何町村大字何

地主　氏　名　㊞

何稅務署長殿

開墾申告

字	地番	地目	段別	地價	開墾目的	着手ノ時
何	二〇	山林	町 五八一五	円 九〇	田	何年何月
何	三八	原野	二〇四〇六	一五三	畑	何年何月
何	五〇	同	五〇一八	五一	宅地	何年何月

第七號式（開墾鍬下年期申請 地目變換地價据置年期申請樣式）

昭和何年何月何日

何郡市何町村大字何
地主　氏名　㊞

何稅務署長殿

開墾鍬下（地目變換地價据置）年期申請

何郡市何町村大字何

字	地番	地目	段別	地價	目的地目	年期
何	二五	山林	〇五二五	三	田	何ヶ年

何	二六	畑		〇八〇五		一〇〇八	宅地	何ヶ年

第八號式（開墾成功申告樣式）

昭和何年何月何日

何郡市何町村大字何

地主 氏名 ㊞

何税務署長殿

開墾成功申告（測量圖添付）

字	地番	地目	段別	地價	等級		摘要
					段	金	
△何	△二三	△原野	△ 五〇一八	△ 五二	—		△昭和何年着手
		田	五二〇〇	一四七六八	三	二八、四〇	字何五十一番ニ比準段別一畝十二歩增
△何	△二八	△原野	△ 一〇四〇六	△ 五三			△昭和何年着手
	內						
	二八ノ二	△原野	△ 四二〇九	△ 三			
		畑	四二〇九	五七五三	八	一三、六〇	同字二十七番ニ比準

一部成功ノ例

	二八ノ一	原野	六三一七	三	殘地

第九號式（無屆開墾成功申告樣式）

昭和何年何月何日

地主　何郡市何町村大字何
氏名　㊞

何稅務署長殿

無屆開墾成功申告（測量圖添付）

何郡市何町村大字何

字	地番	地目	反別	地價	等級 反金	摘要
何	五〇	△山林	△町五八一五	△円八八	—	昭和何年着手
		畑	六三一七	六七三二	一〇 一〇、六〇	同年成功同字五十六番ニ比率反別五畝十二歩增
何	二八	△原野草生	△一四〇六	△三三	—	
	內					
	二八ノ二	原野	四三〇九	三	—	昭和何年着手

一部分成功屆出ノ例

	畑	四二〇九	五七五二	三、六〇〇	八	昭和何年成功同字廿七番比率
二八ノ二	原野草生	六一二七	三二		三	残地

第十號式　（開墾廢止申告樣式）

昭和何年何月何日

何郡市何町村大字何

地主　氏　名　㊞

何税務署長殿

開墾廢止申告

何郡市何町村大字何

字	地番	地目	段別	地價	摘要
何	二五	山林	町三三一五	四三	何々ヨリ開墾廢止
何	三〇	原野	〇七一五	二	何々

第五項　開拓地、新開地

一、官有地を開拓して民有と爲したる土地は、民有となつてから、六十日内に税務署長に申請し、二十ヶ年の開拓鍬下年期を受くることが出來る、此場合は先づ開拓前の素地に相當する地價を定めて、二十一年目までは原地價に依つて地租を徴收せられる。

二、官有の水面を埋立て、又は干拓して民有と爲したる土地は、民有となつてから六十日内に税務署長に申請し六十年の新開免租年期を受くることが出來る。

三、開拓地に對して、鍬下年期を與へ、又新開地に對して免租年期を與ふることは、開墾と等しく土地の生産を増加するもので、國益上奬勵すべきのみならず、これには尠からざる勞力、資本を要するが爲である。（條例一六）

第十一號式　（開拓鍬下年期申請様式）

昭和何年何月何日

何郡市何町村大字何

地主　氏名　㊞

何税務署長殿

開拓鍬下年期申請

何郡市何町村大字何

字	地番	地目	反別	地價	等級 反金	摘要	年期

何	△三八	△草山	△三二町五〇〇〇〇	円	—	△昭和何年何月豫約拂下	
		田（元地目山林山）	三二五〇〇〇	四七三二五	五 一、五〇〇	同字三十番ニ比準	何ケ年
何	三九	△草山	△七〇〇〇〇		—	△同上	
		田（元地目山林山）	七〇〇〇〇	一〇五〇	五 一、五〇〇	同上	同上

第十二號式（新開免租年期申請樣式）

昭和何年何月何日

何郡市何町村大字何

地主 氏名 ㊞

何税務署長殿

新開免租年期申請

何郡市何町村大字何

字	地番	地目	反別	假地價	摘要	目的地目	年期
何	五七八	新開地	一五町七八一五	△二三円六七	昭和何年何月拂下字何番ニ比準反（町）金何程	田	何ケ年
何	五七九	同	二二六四二七	△三三四七	同	田	同

何	五八〇	同		三五五〇三	△五二八三	同	田	同

第六項　荒地

荒地とは、土地が山崩、川缺、押堀、石砂入、川成、海成、湖水成等の如き天災に罹つて、地形を變したる場合を謂ふ。此場合は、地主の申請に依つて、或る期間地租を免除せらるゝものである。

海嘯の爲に、湖水が浸入して作土を損したるときも、其狀況に依つて、荒地と同樣の取扱を受くることが出來る。

(イ)　荒地免租年期　荒地となつた土地は、地主より稅務署長に申請して、被害の年より十五年以内の免租年期の許可を受くることが出來る、而して其年期明に至れば、原地價に復すべきものである。

(ロ)　免租繼年期　荒地免租年期明に至るも、尙荒地の形狀を存する土地は、免租年期滿了の後六十日內に稅務署長に申請し、更に十五年以內の免租繼年期の許可を受くることが出來る、其年期明に至り原地價に復すべきことは前同樣である。

川成、海成、湖水成で免租年期明に至つて、原形に復し難い土地は、免租年期の滿了して後六十日以內に稅務署長に申請し、更に二十年以內の免租繼年期の許可を受くることが出來る、其年期明に至つて原地價に復することは前同樣である。
（ハ） 川成、海成、湖水成　川成、海成、湖水成の土地が荒地免租繼年期明に至つても、尙原地目に復せず、又他の地目にも復せないときは、川、海、湖とし官有地として處理せらる。
（ニ） 變換起返荒地免租年期明、荒地免租繼年期明に至つて、其原地目に復せず、他の地目に變せし土地は、現地の狀況に適する地目に依つて地價を修正せられる。此場合は、年期が滿了して後六十日以內に稅務署長に其旨申告せねばならぬ。
（ホ） 低下年期　荒地免租年期明繼年期明に至つて、其土地の現況が尙原地に復し難い場合には、年期滿了の後六十日內に稅務署長に申請し、十五年以內七割以下の地價低下を受くることが出來る、其年期明に至れば原地價に復す。
低價年期明に至るも、尙原地價に復し難い土地は、其現況に應じて、地價を修正せらる、此場合も年期滿了の後六十日內に稅務署長に其旨申告を要す。
（ヘ） 再荒　荒地免租年期中、繼年期中低價年期中再び荒地となつた場合は、新に荒地免租年期を許可せらるゝものである、此場合は前に許可せられた殘年期は消滅に歸す。
（ト） 荒地に關する各種の年期中に於て、土地の形狀に變更があつても、地目又は地類變換或は開墾とはならない。

第十三號式（荒地免租年期申請樣式）

昭和何年何月何日

何郡市何町村大字何

地主　氏　名　㊞

「又ハ地主　氏名　外何名」

何税務署長殿

荒地免租年期申請

何郡市何町村大字何

字	地番	地目	反別	地價	摘要	年期	地主
何	三七一	田	〇七一九	二六八	何川洪水川成	何ヶ年	氏名㊞
何	三七二	畑	一五〇〇	三三五	土砂入	何ヶ年	氏名㊞
何	三九五	田	一八〇九	二八〇〇	川欠	何ヶ年	氏名㊞

右何年何月何日ノ洪水又ハ何々ニヨリ荒地トナル

備考

一 荒地成等一時多數地主ノ申請ハ本樣式ノ如ク連名スルモ妨ナシ（以下樣式同シ）
一 造林地免租申請モ本樣式ニ準ス但シ摘要欄ニハ植樹ノ時種類等ヲ記入スルコト

第十四號樣式（荒地免租繼年期申請樣式）

昭和何年何月何日

何郡市何町村大字何
地主 氏 名 ㊞

何稅務署長殿

荒地免租繼年期申請

何郡市何町村大字何

字	地番	地目	反別	地價	元年期	繼年期
何	三七一	畑	町 〇七一九	二 六八	自何年 至何年 石砂入免租 自何年 至何年 繼年期	何ヶ年
同	三七二	同	一五〇〇	三 九五	同 同	同
同	三九五	同	一八〇九	二八 〇〇	同 川欠免租 同	同

第十五號樣式（荒地免租年期明變換起返申告樣式）

昭和何年何月何日

何郡市何町村大字何

地主　氏　名　㊞

何稅務署長殿

荒地免租年期明變換起返申告（低價年期明變換返申告、原地價ニ復セサル低價年期明申告）（測量圖添付）

何郡市何町村大字何

字	地番	地目	反別	地價	等級 反金	摘要
何	△二五	田	△町二八一八	△円六五七八	一〇	
	内					
	二五ノ二	田	△一三〇六	△二八〇六		
		畑	一三〇六	三八一二	五 一五、五〇	同字五番ニ比準
	二五ノ一	田	一六一二	三七七三	一〇	復舊

第十六號式　（川）（海）（湖）成申告樣式

昭和何年何月何日

何郡市何町村大字何

何税務署長殿

地主氏名㊞

川（海）（湖）成申告

何郡市何町村大字何

字	地番	地目	段別	地價	年期
何	三九五	畑	町一五〇二	一五八〇	何ケ年
同	三九六	畑	〇九一五	一四五四	何ケ年
同	三九八	田	一三一五	三八二〇	何ケ年

第十七號式（低價年期申請樣式）

昭和何年何月何日

何郡市何町村大字何

地主氏名㊞

何税務署長殿

低價年期申請

何郡市何町村大字何

字	地番	地目	反別	地價	低減地價	摘要
何	三七一	畑	町〇七一九	円二六八	円八一八	△自何至何免租年期 自何至何年三割低價
同	三七二	同	一五〇〇	三九五	一六〇七	△同 同
同	三八五	同	〇八〇九	三七〇	八八九	△同 同

第七項　造林地、砂防地、其他

（イ）造林地　森林法實施以前から、荒廢に屬したる土地を、造林せしときは、地主は稅務署長に申請し、其造林したる部分に限り、三十年以內の造林免租年期を受くることが出來る。

（ロ）砂防地　砂防法に依つて、一定の行爲を禁止又は制限せられたる土地は、地主の申請に依つて地租の免除を受くることが出來る。

（ハ）私立學校用地　私立學校の校舍、寄宿舍、圖書館其他敎育上必要なる建物の敷地並に運動場實習用地等は、稅務署長に申請し、地租の免除を受くることが出來る。

（ニ）開墾、開拓の鍬下年期、新開免租年期又は地目變價地價据置年期の許可を受けた土地が、其年期明に至るも、事業成功又は地味が熟成せない場合は、地主の申請に依つて更に各十年の以內の年期の延長を求めることが出來る。

式第十八號（砂防地地租免除申請樣式）

昭和何年何月何日

何郡市何町村大字何

地主 氏名 ㊞

何稅務署長殿

砂防地地租免除申請

何郡市何町村大字何

字	地番	地目	反別	地價	摘要
何	三九五	畑	町一五〇三	一五円八〇	昭和何年何月何日指定
何	三九六	畑	〇九一五	一四五四	同

第八項 誤謬訂正

土地臺帳、地圖等の記載事項に誤謬あることを發見し、これが訂正を求めむとするには、左記各號に依つて、稅務署長に申請し、許可を受けねばならぬ。

（イ）　反別又は坪數の訂正を申請せむとするには、誤謬の原因を詳記し、隣接地主が其境界に異議なきことの同意を求めて申請書に連署を要す。

既往に於ける丈量上の段別又は坪數に多少の差異あることは免れない事實である、故に土地臺帳面と僅少の差異あるもの、如きは誤謬とは認められない。大體左の標準以上の差異でなければ誤謬訂正の申請は出來ない、但しこれも地押調査當時の地方の情況に依つて、同一には言へない譯である。

宅　地　　百分の五
其他の一類地　　百分の十
第二類地　　百分の二十

段別又は坪數の訂正に伴ひ、地價も當然に更正すべきであるが畦畔又は厓地の如き無所得地が量入しあらざりし爲に訂正を求むる場合は、地價は訂正されない譯である。

（ロ）　地圖の訂正を申請するには、誤謬の原因を詳記し、關係地主の連署を要す、但し御料地又は國有地に關係せる場合には關係官署の證明が必要である。

（ハ）　住所氏名等の訂正を申請するには、其事由を詳記し、尚左記書類の添付を要す。

（一）　公證又は登記を經たるものは其書類

(二) 公證又は登記を經ざるものは戸籍謄本又は抄本

(三) 其他誤謬の事實を確認し得べき書類

(ニ) 從來民有地として使用收益せる土地が、土地臺帳に登載せられざりしことを發見したるときは行政廳よりの拂下事實を證明するか又は裁判所の判決を受けた後でなければ、登載を求むることが出來ない、但し地租改正當時既に民有に編入せられたる確證あり、唯土地臺帳に登錄洩なること明なるものは、關係書類を添付して登錄方の申請が出來る。

第十九號式　(段別誤謬訂正申請樣式)

昭和何年何月何日

何郡市何町村大字何

地主　氏　名　㊞

何稅務署長殿

段別誤謬訂正申請　(測量圖添付)

何郡市何町村大字何

字	地番	地目	段別	地價	等級	反金	摘要
何	一五	田	△〇七二七	△二七六五	△三	△二三、〇〇	

	三二五	四三二五	三	明治何年丈量誤謬何々

墨書ノ通訂正

右ノ土地ニ對スル境界ニ付異議無之候也

隣地主　氏　名㊞

同　　氏　名㊞

第二十號式（地圖誤謬訂正申請様式）

昭和何年何月何日

何郡市町村大字何

地主　氏　名㊞

何税務署長殿

地圖誤謬訂正申請

何郡市何町村大字何

字	地番	地目	摘要
何	一	田	何々ノ際何々ニ依リ誤謬
同	二	同	同

同	三	同	同

字限地圖ハ別紙甲圖ノ通ナルモ實地ハ乙圖ノ通

右土地ニ對スル境界ニ付キ異議無之候也

隣地主　　氏　　名㊞

（甲圖（誤謬圖）乙圖（訂正圖）ヲ添付スルコト）

第二十一號式（土地臺帳住所氏名誤謬訂正申請様式）

昭和何年何月何日

何郡市何町村大字何

地主　　氏　　名㊞

何税務署長殿

土地臺帳住所（氏名）誤謬訂正申請（戸籍謄本添付「又ハ何々」）

誤謬ノ住所（氏名）　何々

訂正ノ住所（氏名）　何々

誤謬ノ原因　何々

郡市町村	大字	字	地番	郡市町村	大字	字	地番

何郡町村	何	何	一	二五	何郡町村	何	何		三五
同	同	同		二七	同	同	同		三九
同	同	同		二八					

第九項　耕地整理

耕地整理は、土地の交換、分合、開墾、地目變換、其他區劃形狀の變更、湖海の埋立、干拓若は道路、堤塘、溝渠、畦畔、溜池等の變更、廢置又はこれに伴ふ、灌漑、排水設備等の工事を行ふ特殊の事業であつて、其施行地に對する地租事務も亦特別の取扱に屬し、頗る複雜なるが故に茲には之を省略したい。唯一言すべきことは、耕地整理地域に於ては、一般の土地異動事項と雖特別の取扱を受くるものである、例へば耕地整理地域內では、其工事竣工に至る迄、地目變換を認めず、又分合等の場合にあつても、整理組合長の同意を要する等、種々手續上に差異がある。

第十項　災害地

一　府縣の全部、又は一部に亘る災害、又は天候不順に因つて、作物が收穫皆無に歸した田畑には其年分に限りて、地租を免除せらる。（大正三法災害地地租免除法）

二　地目變換、若は開墾成功の申告ある土地、又は耕地整理工事完了を告げ、地價配付の申出ある土地であつて、其成功地目が、田畑なるときは土地臺帳面の地目に拘らず、其元地の地租を免除せらる。耕地整理地は左の方法に依る

（イ）換地の全部に被害あつたときは、現地租額に相當する金額

（ロ）換地の一部に被害あつたときは、其部分に相當する地價を見積り、其見積地價と換地全部に配賦すべき地價との割合に依つて算出したる地租額

三　災害地の免租を受けむとするには、被害現狀の存する間に於て、其事實を證明し、税務署長に申請すること。

四　免除の申請を爲すには、收穫皆無の事實を證明するに足るべき作毛を存置すること。但し豫め税務署の承認を受けた場合は、格別である。

五　免除申請地の被害調査中は、地租の徴收猶豫を求むることが出來る。又免租せられたる地租は他の總ての法律上の納税資格中には控除せない。

第二十二號式　（災害地地租免除申請樣式）

昭和何年何月何日

何郡市何町村大字何

地主氏名㊞
「又ハ地主氏名外何名」

何税務署長殿

災害收穫皆無地地租免除申請

何郡市何町村大字何

字	地番	地目	反別	地價	平年收穫高	作物ノ種類	減收程度	地主
何	二五	田	〇八一五	二八四〇				氏名㊞
同	三〇	同	〇八〇三	二三四三				氏名㊞（何郡市町村大字何）
同	四五	畑	一三三	一九三五				氏名㊞

被害ノ原因

一　何年何月何日何々ノ災害ニ依リ何々

第四款　自作農地租免除

地租を納むべき者が、其住所地の市町村內、及隣接の市町村內に所有する田畑の地價合計額が、同居家族の分とを合せて二百圓未滿なるときは、其內自作して居る土地に限つて、地租を免除せら

る。但し此免除を受くるものは、個人のみであつて法人には免除されない。(條例一三ノ二)

此免除規定を設けられた理由は、營業税收益に於ては免税點の規定があるに拘らず、地租に免税點の規定なきことは、商工業者の負擔と農業者の負擔とに權衡を得ないと謂ふ理由と、今一つは小地主たる自作農の保護奬勵を爲すと謂ふ社會政策から起つたものである。

茲に隣接市町村とは陸地つづきの市町村を謂ひ、河川、湖沼を挾む場合でも、事實上普通に自作し得る程度の近距離であれば、隣接市町村と認める。

住所とは、民法所謂生活の本據を謂ひ、同居家族とは、同一戸籍内にある同一經濟の生計者を謂ふ。

免除を受くる要件は、第一に自己及同居家族の分とを合せて、其所有田畑の地價合計額が二百圓未滿なること、第二は自作して居ることである、隨つて所有田畑の地價が合計額二百圓以上の場合は、自作地であつても絶對に免除されない、又二百圓未滿の場合でも、小作に附してある土地は、免除されない。

地價が二百圓未滿なるや否、又同居家族なるや否、及自小作の區分は、各納期開始初日の現在に依つて定むべきものである。

尚地價の計算上に就いて、災害地地租免除法に依つて其年限り地租の免除を受けたる田畑の地價は、現在地價に算入し、荒地年期中の地價は除算せらる。

大字有、部落有、區有又は神社、寺院の所有田畑は、其部落民又は社司、住職等が耕作する場合でも免除されない。

自作小作の區分、其他に付ては、往々疑問が生じ易いから茲に數項の說明を加へて置く。

一、田畑の區分は、土地臺帳に掲げた地目に依ること。

二、土地臺帳の地目は、田畑とあるも、其現況が宅地其他田畑以外の地目であれば、自作地とは謂へない。

三、所有者相互に土地を交換して耕作して居る土地は、小作料の授受なき場合に限つて、双方自作地として取扱はる。

四、一筆の一部分を自作し、一部分を小作に付した土地は、其全部を自作地と認めない。

五、別居せる戶主又は家族の土地を別居の戶主又は家族が耕作する場合は、自作地とはせないが同居の戶主又は家族の土地を同居の家族、又は戶主が耕作するは自作として取扱ふこと。

六、自作もせず、小作にも附せず、其儘に放棄してある土地、又は燒畑切替畑等で目下耕作せないものは、自作地として取扱ふこと。

七、共有地は共有者各個人の土地と區別して別個の納税者として取扱ふこと。

八、同一共有者の共有する田畑は（共有者が全部同じ場合）之れを合算して地價二百圓以上なるや未滿なるやを決定すること、若し共有者が一人でも別人であれば、別個の納税者として區別せらる。

又共有者の全部が、同居家族なる場合は、共有者個人の田畑と合算して、地價二百圓未滿なるや否やを定むること。

共有地は、共有者の一人又は數人が、自作して居れば、自作地として取扱はるゝも、一筆地の一部分を小作に付した場合は、其土地全部を自作地と認められない、共有者の一人が法人であるか、又は共有者の全部が同一市町村に住所を有せざる場合は、其共有地に對しては共有者の一人若は數人が自作して居ても、免除されない。

九、民法施行前から引續き有する永小作權で、その永小作權設定の當時、舊來の慣習に依つて小作料の外その田畑の地租を永小作權者が負擔する契約の土地に就ては、自作地免税に關して永小作權者を所有者と看做すのである。

免除手續　免除を受けむとするものは、毎年六月中に免除を受けむとする土地の所在、地番地目、段別、地價を一筆毎に記載し（隣接市町村の分共）自己の住所地の市町村長を經由して税務署長に申請せねば免除されない。

自己所有地の全部を免除申請する場合は、一筆毎の記載を省き、其地目別合計段別、地價を記入して申請するも妨ない。

七月以後に新に免除を受くる要件を備ふるに至つた場合、例へば左の如きときは、次の納期開始迄に申請して免除を受くることが出來る。

一、田畑の地價二百圓以上のものが、賣却其他の事由に依つて地價二百圓未滿となつたとき。

二、買得、有租地成其他に依つて、新に地價を得たとき。

三、小作に付した土地が、自作地となつたとき。

第二十三號式　（自作農地租除申免請）

昭和何年何月何日

住所

氏名　㊞

税務署長殿

地租條例第十三條ノ二ニ依ル自作農地租免除申請

郡市	町村	大字	字	地番	地目	段別	地價	備考
						町	円	

合計			

右地租條例施行規則第十八條ニ依リ及申請候也

第五款 其　他

第一 納稅管理人

地主が、其土地所在地の市町村に住所又は居所を有せないときは、地租に關する納稅其他の事項を處辨せしむる爲に、其市町村內に住所ある者を納稅管理人と定め、管理人と連署で其旨を其市町村長に申告せねばならぬ。

第二十四號式（納稅管理人申告樣式）

納稅管理人申告

私儀何市町村ニ於ケル地租ニ關スル納稅其他ノ事務ヲ管理セシムル爲何某ヲ納稅管理人ト相定メ候ニ付連署ヲ以テ申告候也

昭和何年何月何日

何郡市何町村大字何
地　主　氏　名　㊞
何郡市何町村大字何
納税管理人　氏　名　㊞

何市町村長殿

第二　土地臺帳謄本

土地臺帳の謄本を請求せむとする者は、其請求書に土地一筆に付、手數料金拾錢の割合を以て、收入印紙を貼付し、税務署に申請すること。

土地臺帳謄本手數料は、假令官公署の請求と雖、之を無料とはせない、但し耕地整理組合の分は無料である。

土地臺帳謄本は、郵便を以て請求することが出來る、此場合は返信料に相當する郵便切手を添付すること、又場合に依り口頭を以て、請求することも出來る。

書式第二十五（土地臺帳謄本下付申請樣式）

昭和何年何月何日

住所

氏名 ㊞

何稅務署長殿

土地臺帳謄本下付申請

手數料 一筆ニ付 拾錢 收入印紙

何郡市町村

大字	字	地番	
		、、、、、、、、、、、、、、	何筆
		、、、、、、、、	何筆
		、、、、、、	何筆
		、、、、、、、、、	何筆
		計	何筆

第三　土地檢査と罰則

(一) 土地の檢査は、稅務官吏之を行ふ。稅務官吏に於て必要の場合は地主に對して土地に關する事項を質問することが出來る、此場合地主は其質問に對し誠實に答辯せねばならぬ。

(二) 土地を欺隱して、地租を逋脫するものは、四圓以上四十圓以下の罰金又は科料に處せられ、且現地目に依つて地價を定め、發見の日より三年間遡つて地租を追徵せらる。

(三) 地租を課せざる土地を、地租を課すべき土地と爲し、之が申告を爲さゞるものは、三圓以上三十圓以下の罰金又は科料に處せられ、且現地目に依つて地價を定め、發見の日より三年間遡つて、地租を追徵せらる。

(四) 地目變換、地類變換、開墾等の申告を爲さゞるものは、一圓以上一圓九十五錢以下の科料に處せらる。

(五) 借地人又は小作人が、地租條例に違犯するときは、地主を罰し、若し地主が、其情を知らさるときは、借地人又は小作人を罰す。

(六) 以上各號の所爲に依つて地租條例に違反した者が、其旨を自首したるときは、其罰金科料を免せらる。

第六款　土地の丈量

(一) 地價を定め、又は地價を修正するには、先づ土地の面積を丈量して、段別又は坪數を定め、然

る後其地價を算出す、是れを地盤丈量と謂ふ。（條例六）

（二）地盤の丈量は、測板を以て測量し、距離の實測は、總て水平に測定すること。

（三）段別又は坪數の計算方

（イ）丈量は曲尺を用ひ、六尺を間と爲し、方一間を以て歩と爲し、三十歩を畝と爲し、十畝を段と爲し、十段を町と爲す、但し宅地は、方一間を坪と爲し、坪の十分の一を合と爲し、合の十分の一を勺とすること。

（ロ）間數は一間の十分の一（六寸）を分と爲し、分の十分の一（六分）を厘と爲す、斯くして測量の際、宅地は厘未滿を切捨て厘位に止め、其他の土地は五厘に止め、五厘に滿ざる端數、及五厘を超過する端數は切捨つ。

（ハ）面積計算に際し、其積算上宅地は勺未滿、其他の土地は歩未滿を切捨つるを原則とするも、一筆の總面積が歩未滿であれば、勺位まで計算すること。

（四）畦畔、小徑の類は、之を本地段別に量入すべきものであるから、從來一筆の外書とせるものは異動の時々に、之を本地に量入すること。

第七款　地價の設定と修正

(一)、地租條例に所謂地價とは、地租の課稅標準として、土地臺帳に掲げたる價格を謂ふ。故に實際上の賣買價格とは、必ずしも一致しないのみならず、前に說明せし如く今より數十年前即ち改租當時の收穫米と、當時の石代とを以て、還元せられたものであるから、今日とは格段の相違である、勿論宅地に就ては明治四十三年に地價修正を行はれたが、之れとて今日とは狀況が違ふ。

(二)、從來地價を付せざる土地に對し、新に地價を定むることを、地價設定と謂ひ、例へば有租地成の如き場合である、又地目地類の變換、開墾等の異動に依つて、地價を更正することを、地價修正と謂ふ。(條例七)

(三)、地價設定、又は修正を爲さむとするときは、近傍同一地目の土地にして狀況同じきものを選み之を比準地と爲し、其割合を以て其地の地價を算出す、若し適當なる比準地を得難い時は、土地の所得を審査して、地價を設定せねばならぬ。

(四)、比準地は、左の各號を比較して選定すること。

(イ) 耕地は、地味の肥瘦、耕耘の難易、水利運搬等の便否が類似せるもので、成るべく改租の際に地價を定めたものなること。

(ロ) 宅地は、地利の便否、商業の繁閑、需給の關係、賃貸價格の類似せるもので、成るべく宅地地價修正法第三條第一項但書の制限を受けぬものなること。

(ハ)其他の土地は、前二項に準して、状況の類似せること。

五、比準地の割合に依る地價の算出方

(イ)比準地の屬する等級の段町金、宅地は百坪當地價を其土地の段別又は坪數に乘ずること。

(ロ)若し比準地の地價が、其等級の段(町)金を以て算出したものでなければ、比準地の段別を以て、其地價を除し、錢位を四捨五入して反(町)金を定め、之を其土地の段別に乘ずること。

(ハ)前二項に依つて、算出した結果、一錢未滿の端數を生じたるときは、之を切捨て錢位に止む但し地價全額一錢未滿なるときは、一錢とすること。

第七款　整　理

第一項　帳簿、書類

地租は、市町村設備の地租名寄帳其他の簿書に基き、一人別の納額を確定すべきものであるから之に關する諸帳簿は常に整頓を期し、取扱上誤謬なきを期するは當然である。

地租事務に關して、市町村に設備すべき帳簿は、大體左の通りである。

土地臺帳

地租名寄帳（合計の部は別に合計簿として別册とするが便宜である）

共有地名簿
自作農地租免除臺帳
年期地臺帳（各種の年期地別に口座を設け整理すること）
地　　圖

第一　異動整理

一　土地の異動は、總て地租の徴收に關係するものであるから、異動に關する申請、申告書類は、可成市町村を經由して提出せしむること。

二　市町村に於て、土地に關する申請、申告書を授受したるときは、左記事項を調査し、直に税務署に送付すること。

（イ）申、申告書記載の事項は、土地臺帳、地租名寄帳及地圖に對照して、符合を認むること。
（ロ）申請、申告書記載の地番、反別、地價等の調理は、前述の異動地取扱方に適合するや否やを精査すること。
（ハ）書類は申請、申告調理側に照して、相違の點なきや否やを調査すること。

二、申請、申告書類を税務署に送付するには、別に添書を用ゐず、書類の欄外に經由印を押捺し、町村長、主務者、これに認印して調査濟の證と爲すこと。

三、左の場合は、直に土地臺帳、地租名寄帳、地圖、其他關係簿書の加除訂正を爲すこと。

(イ)税務署より、納租者異動通知(登記濟通知)又は納租者に對する指令書の送付を受けたるとき

(ロ)税務署より、土地異動通知を受けたるとき。

(ハ)納税管理人の申告ありたるとき。

四、左の場合は、徴租の便宜上、特に一定の時期に於て整理するを可とす。

(イ)地價の設定であつて、其設定後開始する納期に於て、前年分地租を徴收すべき場合は、前年分地租の納期が全部終了した後にて總ての整理を爲すこと。

(ロ)地價修正であつて、其年に係る一部の納期開始の爲、翌年分より修正地價に依り徴租すべきものは、其年分地租の納期全部經過後に於て、整理するを可とす。

五、登記濟通知書中に、土地臺帳、地租名寄帳と符合せざるものあるときは、左の各號に依り取扱ふこと。

(イ)土地臺帳に符合せざるもので、單に通知の誤謬と認めらるゝものは、其旨税務署に照會すべきも、登記者の誤謬に基くものは、當事者に對して、登記更正方を注意すること。

(ロ)税務署に於て「不突合加除未濟」の印あるものは、市町村土地臺帳、及地租名寄帳の訂正を

爲さずして、追て稅務署の通知に基き、加除すること。
(ハ)　舊所有者氏名、又は段別等の相違で、單純なる誤記と認むるものは、便宜諸帳簿を訂正し、其旨直に稅務署に照會すること。
(ニ)　地租の納期開始初日までに、登記濟通知書が、稅務署に到達せざりしものに付ては、當該納期に於ける納租者の訂正を爲さゞること。（稅務署の到達日付は接受印に依りて判別すること）
(ホ)　相續の場合、相續人が未登記土地の所有權保存登記を爲したるときは、其保存登記濟通知書に依つて、整理すること。
六、土地異動通知が、納期開始後に到達したるときは、之を調査し其納期より徵租又は免租すべきものなれば、納期開始前到達のものと同じく、總ての帳簿を加除して現在額をも更正すること、尙賦除租の分界に付不明なるものは、稅務署に照會すること。
七、地租名寄帳の末尾に記載すべき合計額は、加除の便宜上、之を別冊とし「地租名寄帳合計簿」として、土地の異動及現在額を調理し、且其合計額を確實ならしむる爲、每年一月一日現在市町村合計額を報告し、稅務署土地臺帳の集計額と照合を求むること。
八、地租に關する異動整理は、土地臺帳、地租名寄帳、（同合計簿）地圖、其他の順序に加除するが便宜である、仍各種の加除が了へたら、必ず校合檢算を行ひ、正確を期すること。

九、地租に關する書類の整理を了へたときは、左の整理印を押捺して、整理の事績を明かに爲し置くこと。

月日	種目	認印
	土地臺帳訂正	
	地租名寄帳訂正	
	合計簿記入	
	地圖訂正	
	何々	

十、自作農地租の免除に關し、地主の住所が隣接市町村間に在るときは、各人別田畑の地價合計金額を、免除申請期限までに、其住所地の市町村長に通知すること。（條例施規一九）

前項の通知事項に異動を生じたるときは、田畑の各納期の開始前に、之を住所地の市町村長に通知すること。（同第二項）

十一、隣接市町村内の田畑に付、地租免除の申請を受け之が調査の結果、免除すべきものなるときは、住所地の市町村長は、其旨を田畑所在の市町村長に通知すること。（條例施規二〇）

前項の通知事項に異動を生じたるときは、同樣通知すること。（同第二項）

第二十六號式（他管居住者田畑地價額通知書）

年　月　日　　　　市　町　村　長

住所地　市町村長宛

他管居住者田畑地價額通知書

貴市町村内ニ住所ヲ有スル者ノ當市町村内ニ於テ有スル田畑ノ地價額左記ノ通及通知候也

地價額 田	地價額 畑	地價額 計	住所氏名	續柄

備考

一、續柄欄ニハ戸主世帶主又ハ其ノ家族關係ヲ記載スルモノトス

二、當初通報後異動ヲ生シタルモノニ付テハ本樣式ニ準シ通知スルモノトス但シ當初通知ニ係ル地價額二百圓以上ニシテ異動ノ結果尙二百圓以上ナルモノニ付テハ異動通知ヲ省略スルモノトス

三、通知元市町村別「イロハ順」ニ編綴シ免稅申請アリタル場合ノ索引ニ便ナラシメ置クモノトス

第二十七號式（他管田畑地租免除事項通知書）

年　月　日

市町村長

市町村長宛

他管田畑地租免除事項通知書

當市町村內ニ住所ヲ有スル者ノ貴市町村內ニ於テ有スル田畑ノ地租免除スヘキモノ左記ノ通及通知候也

字	地番	地目	反別	地價	摘要	戸主家族ノ別	所有者名
			町	円			

備考

一、當該土地所在ノ市町村內ニ於ケル田畑ノ全部ニ付免稅スヘキモノナル場合ニ於テハ單ニ氏名ヲ通知スルヲ以テ足ル

二、當初通知後異動シタルモノニ付テハ本樣式ニ準シ增減事由ヲ摘要欄ニ簡明ニ揭記スルモノトス

第二 土地臺帳

土地臺帳は、土地一筆每に字名、地番、段別、地價及權利者の住所氏名を登錄せる地籍簿であつ

て、土地の現状及沿革を明かにし、人事の戸籍簿と等しく、頗る重要簿書である。
土地臺帳は税務署に設備せられ、尚市町村にも設備して整理すべきものである。
一、市町村の土地臺帳は、別紙樣式に依つて記載すること。
二、土地臺帳は、總て地番順に一册の紙數凡そ二百番を標準として、編冊すること。
三、有租地成等で、新に登錄すべきものは、地番の順序となるべき箇所に挿入すること。
四、地目、段別、地價に變更ある土地異動は、總て沿革事由を記入したる後、現在の地目、段別、地價欄に朱線を施し、次欄に記入すること、但し地租條例第十七條施行規則第五條等に依つて地目を組替へたる場合は、左の取扱に依る。
(イ)　地目は元地目に朱線を施し、新地目を右傍に朱記すること。
(ロ)　宅地と他の地目とに係るときは、其段別又は坪數を換算して、右傍に墨書し、元段別又は坪數は朱線を施すこと。
(ハ)　新地目の税率が同一ならざる爲、地價を定めたるときは、其地價を右傍に墨書し、元地價に朱線を施すこと。
五、分割の場合は、元地の用紙に符號の最首位にある分割地を記入し、其他の分割地は、別紙に記載して、符號の順序に依つて挿入すること。

六、合併の場合は、合併地の地番となしたる元地番の用紙に合併地を記載し、其他の元地は字、地番、地目、段別、地價の欄を抹消すること。

七、所有者の住所は、其土地と同一府縣內のものは、其府縣名、同郡市內のものは 其郡市名、同町村內のものは、其町村名同大字內のものは其大字名を省略すること。

八、沿革事由欄は、左の區分に依つて記載すること、但し△印は朱書とす。

有租地成	昭和何年何月何日官有地拂下(何々)地價設定
免租地成	△昭和何年何月何日道路成(何々)除租
分割	昭和何年何月何日分割ニ付二、三ヲ附シ別紙ニ掲記ス
合併	昭和何年何月何日何番ト(何番ヘ)合併
變換地	昭和何年何月何日地目(地類)變換地價修正
地目變換地價据置年期地	昭和何年何月何日許可何年ヨリ何年マテ地價据置年期田「何」ニ地目變換 昭和何年何月何日許可何年ヨリ何年マテ地價据置年期延長 昭和何年何月何日地目變換地價修正
開墾地	昭和何年何月申告「許可」田「何」ニ開墾 昭和何年何月申告目的地目畑「何」ニ變更 昭和何年何月何日開墾成功地價更定(年期中成功シタル例) 昭和何年何月何日開墾成功地價修正

一　昭和何年何月屆開墾廢止

開墾鍬下年期地
昭和何年何月何日許可何年ヨリ何年マテ開墾鍬下年期田「何」ニ開墾
昭和何年何月何日許可何年ヨリ何年マテ開墾鍬下年期延長
（目的地目變更、開墾成功、廢止等ノ記載ハ開墾地ノ例ニ依ル）

開拓地
昭和何年何月何日許可官地拂下地價設定何年ヨリ何年マテ開拓鍬下年期
昭和何年何月何日許可何年ヨリ何年マテ開拓鍬下年期延長
昭和何年何月何日開拓成功地價修正

新開地
△昭和何年何月許可何年ヨリ何年マテ新開免租年期
△昭和何年何月許可何年ヨリ何年マテ新開免租年期延長
昭和何年何月年期明地價設定

荒地
△昭和何年何月許可何年ヨリ何年マテ荒地「再荒」免租年期
△昭和何年何月許可何年ヨリ何年マテ荒地免租繼年期
昭和何年何月復舊「川、海、湖成」
昭和何年何月屆變換起返地價修正

低價地
昭和何年何月許可何年ヨリ何年マテ低價年期
昭和何年何月復舊「變換起返地價修正」「原地價ニ復セサル爲メ地價修正」

造林地
△昭和何年何月許可何年ヨリ何年マテ造林地免租年期
昭和何年何月復舊

耕地整理地
昭和何年何月耕地整理地竣功地價配賦

（整理地區内ノ土地全部ニ右ノ如ク記載シ之ヲ朱抹シテ竣功地ハ全部地番順ニ新調スルモノトス）

誤謬訂正　昭和何年何月許可反別「地番」「地目」「地價」誤謬訂正

土地臺帳樣式

字何　第何番ノ一　何等

一田反別一反歩

此地價金三拾圓

此地租金

何縣何郡何村

何某

△印ハ朱書

公認事由			
地券書替年月日	事由	國郡市町村名	所有者氏名
昭和何年何月何日	賣買	何縣何郡何村	甲某
昭和何年何月何日	質權設定	△何縣何郡何町	△乙某
昭和何年何月何日	質權消滅	何縣何郡何村	甲某
昭和何年何月届	住所異動	何縣何郡何町	甲某

沿革

地目等級	反別	地價	内反別名稱	外反別名稱	沿革事由
田三等	一〇〇〇	五〇、〇〇			昭和何年何月何日溜池廢止地價設定 昭和何年何月何日分割ニ付本番ノ一、二トス
田三等	五〇〇	二五、〇〇			昭和何年何月何日何番ト合併
田三等	一〇〇〇	五〇、〇〇			昭和何年何月地目變換地價修正
畑五等	一〇〇〇	二〇、〇〇			△昭和何年何月許可何年ヨリ何年迄荒地免租年期 昭和何年何月許可何年ヨリ何年マテ低價年期
畑低價	一〇〇〇	三、〇〇			昭和何年低價年期明復舊
畑五等	一〇〇〇	二〇、〇〇			△昭和何年道路成除
道路	一〇〇〇				

備考　次行ニ改記スル場合ハ前ノ地目等級反別地價ヲ朱消スルモノトス

第三　地租名寄帳

地租は、當該納期初日に於ける地租名寄帳現在額に依つて、徴收すべきものであるから、名寄帳の整理は最も正確を要し、且整理に澁滯なき様注意せねばならぬ。（明治二七、二大藏省訓令一一）

一　地租名寄帳は、別紙甲、乙樣式に依つて整理すること。
二　甲號帳簿は田、畑、宅地及雜地（田畑宅地以外の土地）の四科目に區分し、各納期每に、現在額を整理すること、但し前納期後異動なきものは、重て現在額を掲記せざるも妨なし。
三　地租納稅者にして、其土地所在と同一府縣內のものは其府縣名、同郡市內のものは其郡市名、同町村のものは、其町村名の記入を省略すること。
四　納稅管理人あるものは、地租納稅者の左傍に其住所氏名を朱記すること。
五　家督相續、若は遺產相續、及改姓名又は納稅管理人、交替等のときは、便宜之を更正すること。
六　地目の欄は雜地租中の每地目を記入し、其他は記入を省略すること。
七　地租の欄は、現在額を整理する場合に於てのみ記入すること。
八　賣買其他總ての異動は、增は黑書、減は朱書すること。
九　乙號帳簿は、北海道地方稅、府縣稅、市町村稅等を徵收する場合に於て、其納期每に宅地及其他の土地の二科目に區分し、整理すること、但し他の帳簿等に依り明瞭なる事項は、之を省略し、又は本簿を設けざるも妨なし。
十　耕地整理法第十六條に依つて、一定の期間負擔又は利益を受くべき金額、及砂防法に依つて輕減せらるゝ地租額に對する地價額は、當該土地の地價欄の左傍に記載し（利益を受け又は輕減せらる丶ものは朱書）置き、地租の徴收を爲すときは、地價の合計額に加除すること。

十一　都市計畫法及特別都市計畫法に依る土地區劃整理地であつて、耕地整理法第十六條に該當する土地あるときは、前號に準じ整理すること。

十二　地租條例第十三條の二に依つて地租を徴收せざる田畑に付ては、各筆毎の摘要欄に「自作」と朱書すること、但し同一人の田又は畑の全部に付、地租を徴收せざる場合は、各筆毎の記載を省略するも妨なし。

十三　永小作地にして、地租條例第十三條の二に依つて地租を徴收せざる田畑に付ては、前號に準じ「永小作」と朱書整理すること。

十四　前二號の田畑で、地租條例第十三條の二に該當せざるに至つたときは、「自作」又は「永小作」の記載を抹消すること。

十五　地租條例第十三條の二に依つて、地租を徴收せざる田畑あるときは、現在額の次に「不徴收額」の行を設け其段別、地價の合計額を朱書し、更に其次に「差引額」の行を設けて整理すること。

十六　地租條例第十三條の二に依る田畑地價の合計金額貳百圓未滿なりや否の調査に付ては、別に帳簿を設け整理すること。

十七　各科目毎に地租名寄帳の末尾に段別地價地租の合計を付し、異動ある毎に之を整理し、之に依つて稅務署に地價地租の報告を爲すこと、但し別に集計簿を設くるが便宜である。

十八　毎冊の卷首に、地主の索引を付するを可とす。

十九　災害地地租の免除に係るものは、一筆毎に記入せず現在額の摘要欄に其地價合計額を記載して、現在額より控除したる殘額に對し、地租を算出すること。

地租名寄帳樣式　　△印ハ朱書

地租名寄帳

何市役所
何郡
何町（村）役場

（甲號）

田之部

△
何縣何郡市町村大字何々番地　何之誰
納稅管理人　大字何々番地　何之誰

現在額及異動	大字	字番號	地目	反別	地價	地租	摘要
買得	何	何 一		町 、〇一〇〇	円 五、〇〇	円	何年何月何日何ノ誰ヨリ
同	同	同 二		△三年四月五日併合 、〇二〇〇	一〇、〇〇	・	同

同	同	同 三		△三年四月五日分割	、〇三〇〇	一五、〇〇		同
同	同	同 四		△三年六月一日賣却	、〇四〇〇	二〇、〇〇		△同 甲某へ
同	同	同 五		△三年六月一日賣却	、〇五〇〇	二五、〇〇		△同 乙某へ
同	同	同 六		△三年六月一日賣却	、〇六〇〇	三〇、〇〇		△同 乙某へ
同	同	同 七		△三年六月廿日地類變換	、〇七〇〇	三五、〇〇		同
同	同	同 八		△三年八月一日荒地成	、〇八〇〇	四〇、〇〇		同
同	同	同 九		△三年八月一日荒地成	、〇九〇〇	四五、〇〇		同
低價地	同	同 一〇		△三年八月十日復舊	、一〇〇〇	二五、〇〇		何年何月何日許可
四年一月一日現在額		一〇筆			、五五〇〇	二五〇、〇〇	一一、二五	
△分割					△ 、〇三〇〇	△ 一五、〇〇		△四月五日通知
分割		同 三ノ一		△三年四月五日合併	、〇一一五	七、五〇		
同		同 三ノ二		△三年四月廿日免租地成	、〇一一五	七、五〇		
△合併					△ 、〇三一五	△ 一七、五〇		△四月五日通知
合併		何 二			、〇三一五	一七、五〇		「自作」ニ「永小作」

四年四月十五日現在額		一〇筆			、三五〇〇	二五〇、〇〇	一一、二五	
免租地成					△、〇一一五	△七、五〇		△四月廿日通知
四年五月一日現在額		九筆			、三三一五	二四二、五〇	一〇、九一	
△賣却					△、〇四〇〇	△二〇、〇〇		△六月一日甲某へ
△賣却					△、一一〇〇	△五五、〇〇		△六月一日乙某へ
有租地成		何二		△四年六月十日質入	、一二〇〇	五四、〇〇		六月一日地價設定 △丙某へ
質取		同三			、一五〇〇	八二、五〇		六月五日何某ヨリ
△質入					△、一二〇〇	△五四、〇〇		△六月十日丙某へ
△地類變換					△、〇七〇〇	△三五、〇〇		△六月廿日山林へ
地目變換		何三		△四年十二月十日反別訂正	、一六〇〇	八八、〇〇		六月廿日畑ヨリ
開墾成功地價修正		同四			、〇三〇〇	一二、〇〇		六月廿五日原野ヨリ
無屆開墾成功		同五			、〇四〇〇	一六、〇〇		同上
△荒地成					△、一七〇〇	△八五、〇〇		△八月一日許可
荒地復舊		同六			、〇五〇〇	二〇、〇〇		八月十日通知

荒地變換起返		同 一七		、〇六〇〇	二四、〇〇		八月十日地價修正
△低價復舊				△、一〇〇〇	△二五、〇〇		△八月十日通知
低價復舊		同 一〇		、一〇〇〇	五〇、〇〇		同
買得		同 一八	△四年八月廿日耕地整理竣功	、一二〇〇	四八、〇〇		八月十五日伺之誰ヨリ
△耕地整理竣功				△、一二〇〇	△四八、〇〇		△八月廿日通知
耕地整理竣功		同 一八		、一〇〇〇	五〇、〇〇		同
同		同 一九		、〇五〇〇	二五、〇〇		同
四年十二月一日現在額		一一筆		、七八二五	三九〇、〇〇	一七、五五	
△反別訂正				△、一六〇〇	△八八、〇〇		△十二月十日許可
反別訂正		同 一三		、二一〇〇	一一五、五〇		同
四年十二月十五日現在額		一一筆		、八三二五	四一七、五〇	一四、九六	△内地價 六〇、〇〇 災害免租地

（乙號）

計

何之誰

現在年月日	反別	地價	地租	府縣稅	市町村稅	摘要
何年何月何日現在額	、、、、、、	、、、、、、	、、、、、、	、、、、、、	、、、、、	
何年何月何日現在額	、、、、、、	、、、、、、	、、、、、、	、、、、、、	、、、、、	

地租名寄町集計簿樣式

第一號帳　田ノ部

種目	段別	地價	地租	筆數	備考
四年一月一日現在額	一三三、四五〇六町	四三〇、二〇八、二〇円	円	一、五四三	
有租地成	一、二五〇〇	三八七、五〇		一七	
△免租地成	△、一三〇〇	△三六、三〇		△二	

分割	—	—		三	
△合併	△ —	△ —		△ 二	
四年一月十五日現在額	三四、五八〇六	四三、五五九、四〇	一、九六〇、三五	一、五六一	
△賣買	△ 二、五八〇〇	△ 八二五、六〇		△ 三七	△四月第二號帳へ
賣買	一、二四一〇	三八七、八六		一六	四月第二號帳ヨリ
同	一、三三一〇	四三七、七四		三	同　第三號帳ヨリ
地目變換	、一五〇〇	三二、五〇		二	同　畑ヨリ
四年四月十五日現在額	三四、七三〇六	四三、五八一、九〇	一、九六一、二六	一、五六三	
△地目變換	△ 、〇八二四	△ 二八、八〇		△ 一	△四月宅地へ
四年五月一日現在額	三四、六四二三	四三、五五三、一〇	一、九五九、九五	一、五六二	
開墾成功地目組替	、一三〇〇	、三八		三	六月原野ヨリ
開墾年期明地價修正	—	四五、一三		—	六月地價修正
開墾成功地價修正	、〇九一八	二七、八〇		二	同　原野ヨリ
開墾鍬下年期明地價修正	、〇五〇〇	一五、〇〇		一	同　山林ヨリ

新開免租年期明地價修正	、一三〇〇	四二、〇〇		二	同　地價修正
△荒地成	△、九五一〇	△二八五、〇〇		△三	△八月許可
荒地復舊	一、二五〇〇	三七五、〇〇		一七	八月通知
荒地變換起返	、〇八二〇	二四、六〇		一	同　畑ヨリ
低價年期許可	、一〇〇〇	一五、〇〇		一	八月許可
低價復舊	—	一四、〇〇		—	八月通知
低價年期明地價修正	、〇三〇〇			—	八月地價修正
△同	△—	△三、〇〇		△—	△同
反別誤謬訂正	、一三〇〇	三六、〇〇		—	△
△地目誤謬訂正	△、〇七〇〇	△一五、六〇		△一	△八月畑へ
△地租輕減地成	△—	△六〇、〇〇			△八月許可
耕地整理竣功	二、八七一〇	一、三〇		—	八月通知
△同	△—	△—		△三〇	△同
△耕地整理法ニ依リ利益ヲ受クル地價	△—	△八〇、〇〇		△—	△同

四年十二月一日現在額	三八、四七〇〇	四三、七〇五、六〇	一、九四九、七四	一、五四七	△内地價 災害免租地 三八五、〇〇
△地租算出違算			△ 、三五		△十二月整理
賣買			、〇三		同
四年十二月十五日現在額	三八、四七〇〇	四三、七〇五、六〇	一、九四九、五二	一、五四七	△内地價 災害免租地 三八五、〇〇
△不徵收額	、、、	、、、	、、、	、、、	
差引額	、、、	、、、	、、、	、、、	

第五　自作農地租免除臺帳

自作農地租免除臺帳は地租名寄帳凡例に依つて調製整理すべきもので、地主の住所、氏名、市町村別の地價、同居家族別金額等を詳記すること。

一　樣式は別紙の如く、住所地市町村及其隣接市町村に於ける田畑地價の合計金額貳百圓未滿なるや否を調査するを以て目的とす。

二　此の調査は地租條例施行規則第十八條の申請ある者のみに付、調査を要すべく此申請がなければ、免除されない譯である。

三　同一人にて其住所地及隣接市町村内に於ける田畑の一部に付て、施行規則第十八條の申請あつたものは、事故欄に、其旨記載すること。

四　納期開始十五日前の現在額を掲ぐること、但し異動を生じたるものに付ては、其時々加除すること。

五　此臺帳は、連年繼續して使用すること。

六　免除臺帳には、別に田畑の地番、段別、地價を連記したる一人別補助簿を設け、整理するが便宜である。

自作農地租免除臺帳

（表中△印ヲ付セルハ朱書）

何市町村大字何番地

何　ノ　誰

其ノ同居家族ノ分

摘要 市町村名	田畑地價額 戸主（世帯主）	家族誰	家族誰	家族誰	ヽヽヽ	合計	事故欄
自村	五〇、〇〇					五〇、〇〇	一部申請甲村
甲村	一〇、〇〇					一〇、〇〇	
乙村		二〇、〇〇	五〇、〇〇			七〇、〇〇	
丙村	四〇、〇〇					四〇、〇〇	内何圖永小作地

	丁村				二〇、〇〇		二〇、〇〇	家族誰分永小作地
	計	一〇〇、〇〇	二〇、〇〇〇	五〇、〇〇〇	二〇、〇〇		一九〇、〇〇	
增	自村	五〇、〇〇					五〇、〇〇	何月何日買得
△減	△乙村			△三〇、〇〇			△三〇、〇〇	△何月何日賣却ノ旨異動通知
△減	△丁村				△二〇、〇〇		△二〇、〇〇	△何月何日永小作權讓渡ノ旨異動通知
何月何日現在額		一五〇、〇〇	二〇、〇〇	二〇、〇〇			一九〇、〇〇	
、、、								

例示

（表中△印ヲ付セルハ朱書ノ部）

田ノ部	何市町村番地　何　某						
現在額及異動	大字	字／地番	地目	反別	地價	地租	摘要
		イ　一		町一〇〇〇	五〇〇〇		自作
		ロ　二		一五〇〇	七五〇〇		
		ハ　三		〇五〇〇	二五〇〇		自作

何年何月何日現在額				三〇〇〇	一五〇 〇〇			
不徴收額				△一五〇〇	△七五 〇〇			
差引額				一五〇〇	七五 〇〇			
自作地減				五〇〇	二五 〇〇			（自作地ノ減少シタル場合）
差引額				二〇〇〇	一〇〇 〇〇			

第六　地　圖

各市町村には、字限地圖を設備し左記各號に依つて常に之が整理を要す。

（イ）左の場合には地圖の訂正を爲すこと。

（一）字名の改稱、又は字區域の變更ありたるとき。

（二）地番の新設又は變更ありたるとき。

（三）土地の分割又は合併ありたるとき。

（四）地目の變更ありたるとき。

（五）其他地圖の訂正を要すべき異動。

（ロ）字限地圖の訂正は、掛紙に字名、方位、河川、道路等を轉載したる上、異動の地形、地番、地目、等級を登載すること。

（ハ）前項記載の土地が、更に異動を生じたるとき、又は掛紙の設備なき地方は前項の方法に依らず左の如く取扱ふこと。

（一）異動は、總て掛紙を貼付し訂正すること、但し單に地目、地番、等級の訂正に止まるものは元地番、地目、等級を朱抹し訂正すること。

（二）地番の新設變更、地目の變更、等級の變更等の場合は、原圖中に新地番、等級を傍書し、原地番、地目、等級を抹消訂正すること。

（三）荒地開墾等は地圖の訂正を爲さず、其地圖に荒地は赤、開墾は黃の色紙を貼付し、成功又は年期明處分濟のとき、除去すること。

（四）土地異動は、總て稅務署の通知を待つて整理し、常に實地と符合を期すること。

（五）等級の記載なきものは、異動の時々成るべく朱書記入すること。

（ニ）一筆の區劃が狹少し、訂正事項を記入し難き場合は、符號を附して餘白に記載するも妨げなし

（ホ）字限地圖は、市町村の書類のみに依つて訂正し難き場合あるを以て時々稅務署の書類又は地圖と照合して整理すること。

第七　共有地名簿

共有地名簿は土地臺帳整理の際同時に整理すること。

共有地名簿

大字名		字名		地番			
登記年月日	事故	持分	所有者住所氏名	登記年月日	事故	持分	所有者住所氏名

第八　書類編纂

一　地租に關する書類は、左の區分に依り、編纂整理すること。

(一)　地租に關する例規書類。

(二)　土地異動(申請申告書類)

(三)　土地異動通知書類(稅務署よりの通知の分。)

(四)　土地登記濟通知書類。
(五)　自作農地租免除申請書類。
(六)　地租納額報告書類。（自作農地租免除申請報告書）
(七)　地租に關する往復書類。
(八)　參考書類。

第二項　地租の調理と納額報告

一　地租は、納税者毎に同一市町村内に於ける同一地目（地目は同一でなくとも税率及納期の同一なるものは歳入科目に依る、例へば山林原野雜種地の如きは、雜地租として徴收す）の納期開始當時の地價合計に、税率を乘じて算出すること。（明治三七、法一二）
二　地租の算出上、壹錢未滿の端數ある場合は、左の區分に依つて整理すること。
(一)　地價に租率を乘じ、一年分の地租を算出したるとき、壹錢未滿の端數は、之を切捨つ、但し全額壹錢未滿のものは壹錢とす。
(二)　右に依つて定まつた税額を、更に納期數を以て除し、各納期分税額を算出したる場合も、(一)と同様の取扱である。

以上の如く算出して、各納期の合計を爲したる稅額が、年稅額と符合せないことは、法律の結果であるから毫も差支ない。

三　地租を算出し了つたときは、之を集計して地價の合計額に稅率を乘じて、算出したるものと對比し、其差額が相當なりや否、又一人別算出に誤謬なきや否を精査すること。

四　地租の賦課額確定したるときは、各納期開始の十五日前に地價地租の總額、並に當該納期の納額を、稅務署長に報告すること。

五　自作農地租免除額の報告は、前項地價地租額報告中に當該欄を設けて兼用するも妨なし、但し毎年田畑地租の各第一期分に於ては免除田畑の段別筆數及人員の合計を附記すること。

六　以上の報告後納期開始までに、土地の異動又は計算の誤謬等に依つて地價地租の異動を生じたるときは、其時々遲滯なく報告すること。

七　報告の員數は、地租名寄帳合計額に依つて登載し、納額は國稅金收納簿の集計額と對照符合せしむること。

第二十八號式　（地價地租報告樣式）

年　月　日

何市町村長　印

何稅務署長宛

昭和何年第何期分地價地租報告書

摘要＼區分	科目	地價	地租	乘算不足額	納額	乘算過不足	納稅人員	備考
四年十二月一日現在額	田	三〇、〇〇〇 〇〇	一、三五二 〇〇	二、〇〇	三三七 五〇	△、五〇	一〇〇	
「法第十三條ノ二ニヨル免除額」		外 一、〇〇〇 〇〇	四五 〇〇		二 三〇	△、〇五		

附記　免除段別……筆數……人員……

備考

一、本書記載ノ員數ハ凡テ地租名寄帳集計簿（地租名寄帳一册每集計ヲ合計シタルモノ）ニ依リ登載シ納額ハ國稅金收納簿集計額ト符合スルモノトス

二、地價ニ對スル地租ノ乘算過不足ハ報告面地價額ニ租率ヲ乘シ算出シタル地租（錢位未滿ハ一錢ニ止ム納額亦同シ）ト對照シ其ノ一人別集計地租（報告書記載ノ員數）ノ多キモノヲ過トシテ黑書シ其ノ不足額ハ朱書スルモノトス

三、地租ニ對スル納額ノ乘算過不足ハ報告面地租額ヲ法定納期數ヲ以テ除シタル額ト對照シ地租ノ例ニ倣ヒ記載スルモノトス

四、法第十三條ノ二ニヨル地租免租額ハ別途報告ヲ要スルモ便宜本報告ニ附記スルモ妨ケナク此場合ハ様式ノ如ク段別筆數人員ヲモ記入スルモノトス

年　月　日

何市町村長

何稅務署長宛

第二十九號式（自作農地租免除額報告様式）

地租條例施行規則第二十一條ニ依ル報告書

區分	段別	地價	地租	第何期分相當額	徵收人員	備考
	町	円	円	円		

第九款　新地租法案要綱

政府では近く地租條例を改正して地租法を制定せらるゝの意嚮がある如く、或は今期議會にも提出されるかと思ふが果して何時から實現されるかは未定である、併し其改正の主要點は、現在の地價制度を賃貸價格制度と爲し、之に伴ふて租率が變更される位のもので、從來地租事務の取扱方としては左程の變革はないと思ふ、何れ改正法發布の曉には本書の說明にも幾分變更を要する譯であるが、茲に地租法案の要綱として報導せらるゝ大藏省案を掲記して、他日の參考に供したい。

第一　地租の課税標準は、現在の地價を賃貸價格に改正す、此賃貸價格は大正十五年土地賃貸價格調査法に依つて調査したるものを以て賃貸價格とすること。

註（大正十五年土地賃貸價格調査法に依る調査は、大正十五年四月一日現在を以て調査したものであるから、其後に於ける土地の異動に付ては、適當に加除して賃貸價格を定めることゝなる

であらう）

第二　現在の地租條例を廢止し、新に地租法を制定すること。

註（現行各種の稅法中地租條例だけが、明治十七年太政官布告と言ふ樣な憲法發布前の制定であるから、其名目だけでも早く改正するの必要があつたのである）

第三　地租の稅率は、各地目を通じて百分の四半とすること。

註（地價を賃貸價格に改正しても現在地租の總額を餘り增減せない範圍で行はれるとの評である併し夫れは全國的の總額であるから、地方別、個人別に地租の增減を生ずることは當然免れない）

第四　地租の納期は大體現在通りであるが、唯從來と異る點は田租第一期を現在十二月十五日から一月十五日までとあるを一月一日から同三十一日までとすること。

註（從來田租の第一期分だけは月の中途が納期となつてゐて大變不便であつた）

第五　自作農の免稅點は現在地價貳百圓とあるを賃貸價格貳百圓に改正すること。

第六　課稅標準及び稅率の改正に依る負擔の激增を緩和するため、新地租額が現在地租額の四倍半を超ゆる土地に付ては、四倍半を超過せざるやう賃貸價格を制限すること。

註（これは個人別の負擔激增を緩和するの趣旨で、一筆每の地租の租額が賃貸價格に改正せられ

た結果、四倍半を超過すればこれを四倍半に止めると言ふのである）

第七　賃貸價格を一般的に改訂するまでの期間に於ける異動地に付ては調査委員會に附議することなく、類地比準に依り税務署長に於て其賃貸價格の設定又は修正を爲すこと。

註（これは第一の註にも說明せし如く、既に大正十五年四月一日現在として、確定せるものある以上は、其後の異動を類地比準で、賃貸價格を付することは當然であつて、改租以來五十年間も此方法で遂行した譯であるから、これが爲に殊更に、調査委員會を設くるの必要はないと思ふ）

第八　開墾、地目變換其他土地の異動に依り賃貸價格の設定又は修正を爲すに當り必要と認むる場合の外、地盤の丈量を省略する方針を以て改正を加ふること。

註（從來土地異動の場合には多くは地盤の丈量を必要とした、これが爲に土地の申請、申告が面倒となつて、素人には出來ない場合が多く隨て手續を遲延すると云ふ傾きがあつた、即ち改正法は成るべく手數を簡便にするが爲に斯く改正せらるゝものと思ふ）

第九　各種の年期は大體現行通とすること。

註（即ち各種の諸年期は現在の規定と變更がない譯である）

第十　賃貸價格の設定又は修正を爲したる土地に付ては其翌年より設定又は修正の賃貸價格に依り

地租を徴收すること。

第十一　年期明地（例免租年期地、開墾又は地目變換の年期など）に對する賃貸價格の設定又は修正は年期滿了の年に於て之を爲すこと。

以上改正の曉には、地方稅附加稅、耕地整理の規定にも多少の改正が伴ふことゝ思ふが、未だ是等の具體案が發表されないから、詳細は他日の機會に讓りたい。

扨愈々之れが實行された曉には、稅務署、市町村備付の土地臺帳、地租名寄帳の地價額は全部之を賃貸價格に更正せねばならぬ、勿論これは一時的ではあるが何分多數の筆數であるから、相當手數のかゝることを覺悟せねばならぬ。

第二節　所得稅

第一款　稅の概要

所得稅の意義

所得稅は、各人の所得に課する租稅であつて、各人の所得に對し、其金額を標準とし、一定の所得ある者に、賦課する直接稅である。玆に各人とは法人、個人の總稱であつて、學者の所謂單一經濟主體のことである。

所得税法には、所得の定義を明かにしてゐない、故に所得の意義は之を税法全般の規定から求めねばならぬ。普通に所得とは、各人收益の總稱であつて、其收益が一時的であると、繼續的であると又營利的であると、非營利的であるとを問はない。併し所得税法の所得は、斯る廣い意味の所得でなく、各人が資産の運用、又は勤勞の結果に依つて、得たる收入から、大體の必要經費を控除したる殘額を謂ひ、仍且非營利的一時の所得には課税しない。

近時租税學の發達に伴ふて、租税制度は、各人の負擔能力、即ち擔税力に應じて課税するを以て税の理想とせらるゝに至つた、此點に於て所得税は、各人の所得に對して課税するものであるから最も能く此理想に適合するものと謂はねばならぬ。我國に於ても最近所得税を以て中心租税とせられたことは、全く此精神に基くものである。

擔税力の見方、即ち負擔程度の定め方は、餘程六ケしい問題である、併し各種の收入から、必要費及最低生活費を控除したる殘額に對し、其幾部を負擔せしむることは、租税の納付に依つて、左程に個人經濟の基礎を傷けない譯で、現行所得税法が、總收入より必要費を控除し、又課税の最低限を定め、更に扶養其他の控除規定を設けられたことは、此點に理由するものである。

所得稅の區分

所得稅法は、所得を左の三種に分ちて課稅す。

第一種所得

第一種所得

甲　法人の普通所得。

乙　法人の超過所得。

丙　法人の淸算所得。

第二種所得

第二種所得

甲　公債社債、又は銀行預金の利子、又は貸付信託の利益。

乙　稅法施行地外の者が、稅法施行地の法人より受くる配當金、利息、賞與、分配其他の諸給與。

第三種所得

第三種所得

第二種に屬せざる個人の所得。

以上各種の內、第一種、第二種は稅務署の直接取扱に屬し、第三種所得稅は市町村に於て徵收すべき租稅である。勿論市町村に於ては第一種所得稅と雖、之が附加稅として府縣稅等を徵收すべきものであるから、全然關係なしとは謂ひ得ないが、茲には最も關係の多い、第三種所得稅に付、說明を加へたい。

納稅者

納稅者　所得稅法施行地內に住所を有するか、又は一年以上居所を有する個人にして、一箇年千貳百圓以上の所得ある者は、第三種所得稅を納めねばならぬ。

所得稅法の施行地域は、主として內地であつて、朝鮮、臺灣、樺太及小笠原島、伊豆七島には施行されない。

課稅最低限

所得高千貳百圓とは、一人のみの所得でなく一家の所得を合算するもので、若し同居の家族に所得があれば其所得をも合せて、千貳百圓に達すれば　納稅資格を有する譯である。(稅法一、二〇)

茲に同居家族とは、同一戶籍にして、且同居の事實あるを謂ひ、同一戶籍內と雖、別居せるものは、合算しない、又同居の事實あるも、戶籍を異にするものは、是又合算しない。

次に內地に住所居所を有せざるも、內地に資產又は營業を有するか、或は他に利益の存在するものは、其所得に對してのみ、所得稅の課稅を受けねばならぬ。

所得の計算方に就ては、次に詳說するが、茲に特に注意したいことは、普通に純益又は利益と謂へば、一切の生計費を差引いた剩餘を指すものであるが、所得稅法の所得は、個人の經常的の收入から、其收入を得るに直接必要なる經費のみを控除するもので、家事に關聯せる生計費は、所得の計算上には控除せない、此點は特に誤解なき樣にしたい。

第二款　所得の計算

所得の計算方は、所得の種類に依つて種々に區分せらるゝもので、少し面倒な樣であるが、原則としては一定期間の實績に依つて、計算する所謂實績課稅主義である。唯前年の中途、又は本年に入つて、新に就職するとか、或は開業するとか、又は貸家、貸地等を買求めたとか、賣却するとかの異動ある場合に限つて、其年の豫算に依ることになつて居る。(稅法一四)

各種所得の計算方を、今少しく具體的に説明すれば、

(一)　非營業貸金利子、及第二種所得に屬せざる公債、社債、及預金の利子は、前年中の收入金額を其儘に所得金額とすること。

非營業貸金とは金貸業者でない者の貸金を謂ひ、又第二種所得に屬せざる公債、社債及預金利子とは、稅法施行地外に於て支拂を受くる公債、社債、預金利子、及內地に於ける銀行預金以外の預金利子を指すもので、例へば會社の使用人が其會社に預金して、利子を受くるが如き類である。

山林所得

（二）山林所得　山林の所得は、前年一月より十二月迄の收入金額から、其收入を得るに必要なる經費を控除したる金額を以て、所得と爲すこと。

山林の所得は、立竹木の伐採に依る所得のみでなく、地床と共に賣却せし場合と雖、其立毛の所得を見積つて計算すべきものである。其他山林より生ずる松茸筍等の副產物も、當然山林所有となるものである。

所得を得るに必要なる經費とは、苗木の植付當時から伐採又は賣却迄の必要經費であつて、若し中途で他より買求めた場合の如きは、其買入代金は控除し得る譯である。

賞與金

（三）賞與金　賞與金、又は賞與の性質を有する給與は、前年の三月から其年の二月迄の收入金額を所得として計算すること。但し此分は、勤勞所得の控除規定に依つて、所得總額壹萬貳千圓以下なれば、一割、又は二割を控除したものが、所得金額となる譯である。

前年の三月から、其年二月迄の收入金額と云ふのは、其金額を現實に受取つた時期でなく、收入することの確定した時期を指すものである。例へば二月の株主總會に於て、賞與を受取ることに確定し、三月以後に現金を受取つた場合でも二月末日迄の收入金額として、計算するのである。賞與の性質を有する給與とは、確定して請求するの權利はなくとも、慣例等從前の實績から見て常に支給さるゝものと推定の出來るものを謂ふ。

配當金

(四)　配當金　會社から受くる利益、利息の配當金、又は剰餘金の分配は、前年三月より其年二月迄の收入金額から、其十分の四を控除したるものを以て、所得と計算すること。

以上(一)より(四)迄の所得は、純然たる實績課税であつて、假令本年に入りて會社を退職するとか、又は株券を賣却するとか、其收入がなくなつた場合でも、前記期間内に收入した金額に依つて、所得を計算するのである。又賞與金以外の所得は、假へ本人死亡のときでも、相續人の所得と看做して、課税されることになつて居る。

俸給、給料

(五)　俸給、給料、其他の給與　俸給、給料、歳費、年金、恩給、退隱料、及此等の性質を有する給與は、前年中の收入金額に依ること、但し前年一月より引續いて支給を受けないものは、其年の豫算に依る。

引續いて支給を受けない例は、新に就職又は退職等の場合であつて、左の豫算方法に依る。

(イ)　前年中退職のものは、本年所得には豫算せない。

(ロ)　前年中途より就職したる者は、本年一月より十二月迄全年分を、豫算して計算すること。

(ハ)　本年所得の決定前に退職したる者は、其退職迄の所得を計算すること。

(ニ) 本年新に就職したる者は、其就職の時から十二月迄の分を計算すること。

又俸給、其他の給與は、賞與金と等しく勤勞所得に屬し、所得總額壹萬貳千圓以下の者には、一割乃至二割の控除を爲したる金額を、所得として計算するのである。

手當、宅料、交際費等の名目を以て支給されるものでも、豫め支給額の定まつたものは、俸給給料の性質を有するものとし、又支給額の定めなきものは、賞與の性質を有するものとして計算するのである。

其他の所得

(六) 其他の所得　其他の所得とは、前記五號以外の所得を指すものであつて、其種類は頗る多い、茲に重なる項目を揭ぐ。

(イ) 各種商工業の所得。

(ロ) 土地の所得(山林を除く。)

(ハ) 貸家の所得。

(ニ) 鑛業所得。

(ホ) 牧畜漁業等の所得。

(ヘ) 醫師、辯護士、文士、俳優、其他庶業の所得。

(ト) 勞力の所得。

(チ) 雜業の所得。

以上各種の所得は、前年中の總收入金額から、收入を得るに直接必要なる經費を控除したる金額を、所得として計算すること、但し前年一月から本年所得決定當時迄、引續いて持つて居ない資産、營業又は職業の所得に就ては、其年の豫算に依つて計算す。豫算に依る所得の計算方法は大體俸給の場合と同樣である。

必要經費

必要經費　所得を得るに必要の經費として、控除し得るものは、直接必要のものに限る、隨て家事上の費用は勿論、之に關聯する費用は、控除せない譯である。如何なる費用が、必要であるか否かは、所得の種類に依つて一樣でない、故に之を具體的に説明することは、困難であるが、茲に其大體を列擧し、他は常識的の判斷に任せたい。

(一) 資産又は營業所得に共通のもの。

(イ) 其所得の基因である資産の買入、又は營業資金に要する負債の利子。

(ロ) 場所、物件の修繕費、又は借入料。

(ハ) 同資産に附したる保險料、又は公課。

(ニ) 雇人の給料、又は食費。(家事の爲を除く)

(二) 田畑所得に付、特に必要なるもの。

(イ) 種子、肥料の購買費。

(ロ) 牛馬飼養料。

(ハ) 水利灌漑費。土地に對する公課。

(ニ) 其他雜費。

(三) 營業所得に付、特に必要なるもの。

(イ) 仕入品の原價、又は原料品の代價。

(ロ) 業務に係る公課。

(ハ) 其他の雜費。

信託財産の所得

信託財産の所得　信託財産から生ずる所得は、其所得を受取るべきものが、其財産を所有せるものと看做し其所得を計算すること、其の計算方法は前說明と同一である。金錢の貸付信託に付ては、第二種として課税はらるゝから、第三種には課税されない。

第三款　所得控除金

勤勞所得の控除

(一) 勤勞所得の控除

勤勞所得とは、所得の計算方第三及第五の賞與金、俸給、給料、歳費、年金、恩給、退隱料及此等の性質を有する給與を指すもので、所得總額(合算家族共)が壹萬貳千圓以下であれば、其所得中の勤勞所得から、次の金額を控除し、其殘りが課税所得となる譯である。

一　所得總額六千圓以下なるときは、　勤勞所得の二割

二　所得總額六千壹圓以上壹萬貳千圓以下のもので

イ　勤勞所得以外の所得が、六千圓以下なるときは

(a)　勤勞所得以外の所得と合せて六千圓に達する迄。　勤勞所得の二割

(b)　勤勞所得以外の所得と合せて六千圓を超ゆる部分。　勤勞所得の一割

ロ　勤勞所得以外の所得が六千圓を超へるとき。　勤勞所得の一割

扶養控除

(二)　扶養家族の控除

所得金額(同居家族の分共)參千圓以下のものは、其年三月一日現在に於て、同居せる戸主、家族中左記各號に該當の者あるときは、一人に付百圓宛の割合を以て所得金額から、控除を受くることが出來る。

(イ)　年齢十八歳未滿の幼者。

(ロ)　年齢六十歳以上の老人。

(ハ) 不具癈疾者。

以上の控除を受くるが爲には、毎年三月十五日迄に所得金額の申告と同時に、控除者の氏名、年齡、又は不具の事由及納税者との續柄等を記入したる控除申請書を稅務署長に提出せねばならぬ。若し此申請を爲さゞれば、控除の特典に浴することが出來ない。

二人以上の同居所得者ある場合に、此控除申請を爲すには、誰の所得から、何程控除されたいと云ふことを、申請書に明示すべきであるが、若し其記入がなければ、稅務署長が適當に控除額を按分することゝなる。

不具癈疾者とは、心神喪失の常況にある者、聾者、啞者、盲者、又は不治の疾病、傷痍に依つて常に介護を要するが如き者を指す。

老幼不具者の申請は、納稅者自身の場合でも控除される譯である。

(三) 生命保險料の控除

保險料控除

所得納稅者が、自己又は家族、或は其相續人を保險金の受取人として、生命保險の契約を爲したる場合には、前年中に拂込んだ保險料金額を契約した人の所得金額から控除せらるゝのである。但し保險契約者一人に付最高貳百圓を限るが故に、貳百圓以上の拂込を爲したる場合と雖、貳百圓に止め、又拂込金が貳百圓以下なれば、其拂込金額に依ることは勿論である。

生命保険料の控除は、勤勞所得や、扶養控除の如く所得金額に制限がないから、何人でも控除を受くることが出來る。

保険料控除の申請も、毎年三月十五日までに、所得の申告と同時に保険會社名、保険の種類、保険金額、保険金受取人の住所氏名、及保険契約者との續柄、前年中に拂込んだ保険料金等を記入して、控除の申請を出さねば、控除の特典がない譯である。

以上勤勞所得の控除、扶養控除、生命保険の控除を爲したる結果、一家族の所得金額が、千貳百圓に達せないときは、納税の資格がない。

所得計算方一覽

所得種目	計算期間	控除額	摘要
一營業に非ざる貸金の利子並第二種の所得に屬せざる公債社債及預金の利子	自前年一月至同十二月	ナシ	實績に依る全額を所得額とす
二山林所得	同	必要經費	實績課税
三賞與又は賞與の性質を有する給與	自前年三月至其年二月	一割乃至二割	勤勞所得の法定控除にして且實績課税とす
四法人より受くる利益若は利息の配當又は剰餘金の分配	同	四割	法定控除にして且實績課税とす
五俸給、給料、歳費、年金、恩給退隱料及此等の性質を有する給與	自前年一月至同十二月	一割乃至二割	勤勞所得の法定控除にして原則としては實績に依るも豫算の例外規定あり
六前各號以外の所得	同	必要經費	原則としては實績なるも豫算の場合あり

特別控除金			
一同居家族の扶養費	其年三月一日現在	一人に付百圓	申請控除にして申請せざれば控除なし
一生命保険料	前年中拂込	貳百圓以下	同上

第四款 非課稅所得

個人に屬する所得中には、其所得の性質、又は產業奬勵其他の政策上、課稅されないものと、納稅者の申請に依つて免稅されるものとがある。

第一 所得稅法に依つて、課稅されないもの（法一八）

(一) 軍人從軍中の俸給及手當。

從軍中とは、陸海軍の戰時給與規則に依つて支給を受くる場合である。

(二) 扶助料、及傷痍疾病者の恩給、又は退隱料、

(イ) 扶助料とは、官吏軍人の遺族が政府より支給を受くるもの。

(ロ) 傷痍疾病者の恩給、又は退隱料とは、公務の爲の傷痍疾病者が、政府より支給を受くるもので、其原因が傷痍疾病に依るものに限る。

府縣市町村、又は營利會社等に於て、條例其他の規則を設け、支給さるゝ場合でも、其趣旨は

同一であるから之に含むものと解するが相當である。

(三)　旅費、學資金及法定扶養料

學資金とは、學生が勉學の爲、父兄其他より受くる學費を謂ひ、法定扶養料とは、法律に依つて扶養せねばならぬものが支拂ふ生計費の類である。

(四)　郵便貯金、産業組合貯金、銀行貯蓄預金の利子。

是等は、勤儉奬勵の主旨から、課税されない譯である。

(五)　營利の事業に屬せざる一時の所得。

營利の事業に屬せざる一時の所得とは、會社の解散等に依つて受くる解散手當とか、相續に依つて讓受けた財産であるとか、利益のあることを豫期せず又將來繰返すことの出來ない所謂一時的の所得を謂ふものである。

(六)　日本に國籍を有せざる者の税法施行地外に於ける資産、營業、又は職業より生ずる所得。

第二　其他の法律に依るもの。

軍事救護法に依る給與の類である。

第三　納税者の申請に依つて、一定の期間免税するもの。

(一)　勅令を以て指定せられたる重要物産の製造業より生ずる所得。(法一九)

所得税法施行規則第十三條に依つて規定せらるゝもので第一號から第九號までの各種の製品である。

免税の期間は開業の年及其翌年から三年間である。

(二) 殖民地に於て、所得税を免除する製造業より生ずる所得。

(三) 一定の能力を有する設備を以て營む製鐵業の所得。

此免税期間は開業又は設備の翌年より十五ヶ年である。

以上三種の所得に付免除を受くるが爲には毎年三月十五日までに、所得の申告と同時に、免除の申請を税務署長に提出せねばならぬ。

第五款　税　率

税率は、所得金額の増加するに隨つて、高率になる。即ち所得金額を千貳百圓以下の金額から、四百萬圓を超へる金額まで最低「百分の〇、八」最高「百分の三十六」まで二十階級に區分せらる、そして其計算方法は、各階級を超過する部分の金額毎に順次高い税率を適用して加算し行くもので此方法を稱して、超過累進税率と謂ふ。

税率計算例

茲に一例を擧げて所得金額参千五百圓に對し、何程の税金を納めねばならぬかを計算すれば、税額九拾五圓六拾錢となる譯である。

計算例

階級	所得金額	稅率	稅額
千二百圓以下の金額	一、二〇〇圓	百分の〇、八	九、六〇
千二百圓を超へ千五百圓以下の金額	三〇〇圓	百分の二	六、〇〇
千五百圓を超へ二千圓以下の金額	五〇〇圓	百分の三	一五、〇〇
二千圓を超へ三千圓以下の金額	一、〇〇〇圓	百分の四	四〇、〇〇
三千圓を超へ五千圓以下の金額	五〇〇圓	百分の五	二五、〇〇
計			九五、六〇

第三種所得稅率表

所得	千二百圓以下の金額	百分の〇、八
同	千二百圓を超ゆる金額	百分の二
同	千五百圓を超ゆる金額	百分の三
同	二千圓を超ゆる金額	百分の四
同	三千圓を超ゆる金額	百分の五
同	五千圓を超ゆる金額	百分の六、五
同	七千圓を超ゆる金額	百分の八
所得	一萬圓を超ゆる金額	百分の九、五
同	一萬五千圓を超ゆる金額	百分の十一
同	二萬圓を超ゆる金額	百分の十三
同	三萬圓を超ゆる金額	百分の十五
同	五萬圓を超ゆる金額	百分の十七
同	七萬圓を超ゆる金額	百分の十九
同	十萬圓を超ゆる金額	百分の二十一

同　二十萬圓を超ゆる金額　百分の二十三
同　五十萬圓を超ゆる金額　百分の二十五
同　百萬圓を超ゆる金額　百分の二十七
同　二百萬圓を超ゆる金額　百分の三十
同　三百萬圓を超ゆる金額　百分の三十三
同　四百萬圓を超ゆる金額　百分の三十六

第三種所得税額速算表

算出方法	税額ヲ算出セムトスル所得金額ニ本表ノ「乘率」ヲ乘シタル金額ヨリ當該欄ノ「控除額」ヲ控除シタルモノカ税額ナリ	
所得金額	**乘率**	**控除額**
自　円　至　円	所得金額百分	円
……………1,200	0,8	0
1,201…………1,500	2	14.40
1,501…………2'000	3	29.40
2,001…………3,000	4	49.40
3,001…………5,000	5	79.40
5,001…………7,000	6,5	154.40
7,001……… 10,000	8	259.40
10,001……… 15,000	9,5	409.40
15'001……… 20,000	11	634.40
20,001……… 30,000	13	1,034.40
30,001……… 50.000	15	1,634.40
50'001……… 70,000	17	2,634.40
70,001………100 000	19	4,034.40
100,001………200,000	21	6,034.40
200,001………500,000	23	10,034.40
500,001…… 1,000,000	25	20.034.40
1,000,001…… 2,000,000	27	40,034.40
2,000,001…… 3,000,000	30	100,034.40
3,000'001…… 4,000,000	33	190,034.40
4'000,001 ………………	36	310,034.40

此速算表を用ふれば簡便に税金を計算することが出來る、

前の例に依つて所得金額三千五百圓に何程の税金がかゝるかと云ふと、此の表三千圓より五千圓迄の乘率百分の五を、其所得金額に乘じ控除額七十九圓四十錢を差引いた殘り九十五圓六十錢が税金となる譯である。

山林所得の税率

山林所得の税率　所得税率の適用方に、一つの例外がある、即ち山林所得丈けは、他の所得とは區分して、税率を適用するのである。そして山林所得は、其所得を五分した金額に、前述の税率を適用した金額を更に五倍したものが、山林所得の税額となる譯である。

例へば山林所得貳萬圓に對して何程の税金になるかを計算するには、次の樣に六百參圓となり、若し其人に山林以外の所得が、更に貳萬圓あるとすれば、合計千五百六拾五圓六拾錢の税額となる

山林所得の税額計算例

20.000圓÷5=4.000圓　山林所得は五分して税率を適用す

4.000圓×.05−79.40=120.60　五分したものを速算表に依る税率を適用して算出したる金額

120.60×5=603.00　同上金額の五倍即ち税額である

同一人にして、山林所得と、山林以外の所得とある場合は、前述の如く各別に計算した税額を合計して總税額とするのである、扨山林所得丈を何故斯く面倒に計算するかと謂ふに、山林の所得は年々に收益を得るものでなく、五年、十年、甚しきは數十年目に一度位しか所得がない譯であり、

且夫れが相當に纒つた大金として收入するのであるが、此金高を以て直に稅率を適用するときは山林所得の納稅者に氣の毒であるのみならず年々に所得を收めて居る納稅者との權衡を失するが故に、五分した金額の低い稅率を適用し、これを五倍する譯である。

同居家族の稅率。同居家族の所得金額は、合算したる金額に依つて、稅率を適用し、此合算稅額を按分して、各人の稅額とすること。

第六款　所得申告手續

所得申告と控除申請。

一家族を合せ所得千貳百圓以上ある者は、每年三月十五日迄に、所得の種類、所得の生ずる場所及金額を詳しく書いて所轄の稅務署長に申告せねばならぬ。(法二一五)

又家族の扶養控除並に生命保險料の控除を受けたい者は、前記所得の申告と同時に控除の申請をせねば、控除を受くることが出來ない。(法二一五)

勅令に指定せられたる重要物產の製造を爲す者が、其製造より生ずる所得の免除を受けむとするには、所得申告と同時に免除の申請をせねば、免除を受くることが出來ない。(施規一五)

所得の申告及控除申請の用紙は、稅務署で多數に印刷して直接又は市町村役場の手を經て、配布する樣に取扱はれて居るが、納稅の義務ある者は、此用紙の配布がないから申告の義務がないなどと誤解しては大間違ひである、これは成るべく納稅者の便宜の爲に送付するに外ならぬ譯で、若し配布を得なかつた時は、申告期限前に、其旨を申出で、用紙を貰ふことを忘れてはならぬ。

標語　申告と時計の針は正確に

所得の申告、及控除申請の樣式に付ては稅法上特に定まつたものがない、茲には大阪稅務監督局で現今用ひられて居る分と他局の分とを參酌して揭記した譯であるから、實際配布される用紙と必しも一致して居らぬとかも知れぬ。

第一號式　（第三種所得及乙種資本利子申告書樣式）

昭和何年分　第三種所得 乙種資本利子　金額申告書

何月何日提出

何稅務署長殿

現住所　何府縣何郡市町村大字何々番地

申告は三月十五日限

税務署への希望	何々　何々
本籍地	何府縣何郡市町村大字何々番地（又ハ現住所ニ同ジ）
前年納税地	何府縣何郡市町村大字何々番地（又ハ現住所ニ同ジ）
商號屋號	何々屋
電話番號	何々何番

所得者 職業	續柄	氏名	印	所得事項 所得額 勤勞所得	其の他所得	計	勤勞所得の控除	扶養家族の控除	生命保險料の控除	差引所得金額	資本利子金額
呉服商	戸主（又ハ世帯主）	何年何月何日生 某	㊞	—円	一、〇三〇円 内山林四〇〇	一、〇三〇円 四〇〇	—円	二〇〇円	—円	八三〇円 内山林四〇〇	一〇〇円
會社員	其の長男	何年何月何日生 某	㊞	一、九〇〇	一二〇 —	二、〇二〇 —	三八〇	一〇〇	六〇	一、四七〇 —	五〇
	〃	年月日生			〃					〃	
	〃	年月日生			〃					〃	
	〃	年月日生			〃					〃	
合計				一、九〇〇	〃 一、一四〇 四〇〇	三、〇四〇 四〇〇	三八〇	三〇〇	六〇	〃 二、三〇〇 四〇〇	一五〇

扶養家族に對する控除申請書

名	生年月日	職業	申請者との續柄	不具癈疾の事實
某	慶應元、一、三	呉服商	戸主（又ハ本人）	

名	生年月日	職業	申請者との續柄	不具癈疾の事實

某	大正一五、一、一五	無職	孫	
某	明治一〇、二、八	無職	弟	盲目
計	三人控除額	三〇〇圓		

右控除額は某より二〇〇圓某より一〇〇圓控除相成度（又は所得の多額なる者より控除相成度）

記載は　誠

生命保險料の控除申請書

保險會社又は郵便局の名稱	保險會社又は郵便局の所在地	保險の種類	保險金額	保險契約者の名	保險金受取人 名	保險金受取人 契約者との續柄	前年中に拂込みたる保險料
何々生命保險株式會社	何市何町何々	養老	一、〇〇〇	某	某	長男	五〇
何々郵便局	何郡何町何村何々	終身	三〇〇	某	某	孫	一〇

所得 資本利子 金額の內譯

所得の種類	所得の生ずる場所	所得の基本員數	收入金額	必要經費	所得額	資本利子金額	所得者の名	備考
非營業貸金	何々登記所（又何地何々）	元金 一、〇〇〇円	一〇〇円	—円	一〇〇円	一〇〇円	某	債務者 何地何某分五〇円 同 何地何某分五〇
山林	何府縣何郡何町村何々	杉 何十本	五〇〇	一〇〇	四〇〇	—	同	
田貸付	何府縣何郡市何町村何	何反何畝歩	一〇〇	二〇	八〇		同	

實　　に

貸家	何郡市何町村何々	何戸	三六〇	六〇	三〇〇		同	家屋稅何程何々何程何々
呉服販賣	何郡市何町村何々	小賣一、五〇〇	一、五〇〇	一、二五〇	二五〇		同	何々何程何々
計			二、五六〇	一、五三〇	一、〇三〇	一〇〇		
給料	何々會社	月一〇〇	一、二〇〇	—	一、二〇〇	—	某	總所得六千圓以下ニ付二割控除スベキ分
文官恩給	何郵便局		二〇〇	—	二〇〇	—	同	同
賞與	何々會社		五〇〇	—	五〇〇	—	同	同
配當	何々會社	舊二〇株	一〇〇	四〇	六〇		同	法定控除四割
預金	何々會社	預金五〇〇	五〇	—	五〇	五〇	同	
計			二、〇五〇	四〇	二、〇一〇	五〇		
合計			四、六一〇	一、五七〇	三、〇四〇	一五〇		

申告書記載方に就いて

納税者

◇同居家族の所得高を合計して一ケ年千二百圓以上の人は、所得税を納めねばならぬ。

◇所得高とは生活費まで差引いた「遣ひ殘り」の純收入をいふのではなく、次のやうに計算するのである。

所得の計算方

◇配當金　銀行會社の配當金は、前年三月から本年二月までの收入高のうち十分の四を差引いた殘り即ち收入の六割を所得高とすること。

◇賞與金　官公吏、會社員、店員等の受ける賞與金も、配當金と同じく前年三月から本年二月までの收入高により、收入高そのまゝを所得とする。（勤勞所得の控除は後に述べる）

◇山　林　前年一月から十二月までの收入高から必要經費を差引いたものを所得高とすること。

◇貸預金　營業に非ざる貸金の利子（貸金營業者の分は營業所得の計算方による）及銀行預金以外の預金利子は前年中の利子收入高そのまゝを所得高とすること。

以上の配當金、賞與金、山林及貸金預金利子の所得は全く前年の實蹟によるのであるから、たとひ本年は株劵を賣却したり役をやめたりしてその收入が無くなつた人でも前記期間内に於ける實收入額を計上せねばならぬ

◇俸給給料　官公吏、會社員、教員、議員、軍人などの俸給給料、歲費、年金、恩給、退隱料等、賞與金以外の諸給與は、すべて前年中の收入高そのまゝを所得高とすること。（之も後に述べる勤勞所得の控除はある）

前年中途から又は本年新に就職した人は本年の豫算で計算すること。

◇田　畑　貸地、貸家等の所得は、前年中の小作料、地代、家賃等の收入高から公課、修繕費其他の必要經費を差引いて所得高とする、尤も前年の中途から又は本年新に取得した此等の財產から生する所得については前年分によらず本年の豫算で計算する。

◇商工業　商業工業等營業の所得は、前年中の賣上高又は其の他の收入高から營業費を差引いて所得高とする之も前年中途又は本年の新規開業者は、本年の豫算で計算する。

◇庶　業　醫師、辯護士、文士、畫家、大工、左官、藝妓、師匠、その他あらゆる職業（給料で働く人は別）の

所得は前年中の收入から業務上の費用を差引いて所得高とすること。
之も中途から開業した人は豫算によることは商工業等と同樣である。
仍ほ以上列記した以外の所得は商工業庶業に準じて計算すること。

勤勞所得の控除

◇勤勞所得　と云ふのは前に述べた俸給々料等の諸給與と、賞與金との所得を云ふのである。
所得總額　勤勞所得と其の他の所得との合計で（同居の一家族の合算額）一萬二千圓以下の人で勤勞所得のある人は、

一、所得總額六千圓以下の人は
　そのうち勤勞所得の……………………………………二割
二、所得總額六千一圓以上一萬二千圓以下の人は
(1)　勤勞所得以外が六千圓以下のときは
　(イ)　勤勞所得以外の所得と合せて六千圓に達するまでの勤勞所得の……………二割
　(ロ)　同　　六千圓を超ゆる勤勞所得の……………………一割
(2)　勤勞所得以外が六千圓を超えるときは
　勤勞所得の……………………………………一割
を差引いて、その殘りを課稅する所得高とするのである

申告期限

◇所得の申告は毎年三月十五日迄に、稅務署に提出すること。

◇期限に後れると次に述べる二つの控除の特典がなくなる。

二つの控除申請

◇家族扶養費の控除　これは一家族の所得總額三千圓以下の人に限る。本年三月一日現在で同居してゐる戸主家族のうち、年齢十八歳未滿の幼者、年齢六十歳以上の老者、又は不具癈疾者のある人は、申請すれば、その老幼者不具癈疾者一人につき百圓づゝを所得から控除される。

◇生命保險料の控除　自己又は同居家族若はその相續人を保險金受取人とする保險契約をして居る人は、昨年中に拂込んだ保險料二百圓迄に限り、所得から控除される。

◇控除の申請　右の二つの控除を受けるには三月十五日迄に所得の申告と同時に申請せねば控除されない。

乙種資本利子金額の申告

○前記の所得納税義務ある者でその所得の中に、非營業の貸金又は預金の利子がある場合は、その利子に對し資本利子金額の申告を要するが故に所得申告書下欄の資本利子金額欄に其金額を記入して申告すること。

第七款　所得の決定

第一項　決定手續

決定手續

所得の決定は、毎年各人の申告に依るの外、税務署にあつては、更に各種の材料を蒐集して、周到綿密なる調査を遂げ、これを所得調査委員會の調査にかけて後、各人の所得金額を決定し、其旨を納税者に通知する手續に爲つて居る。若しも調査委員會閉會後に於て、決定に脱漏あることを發見せられたときは、翌年の調査委員會にかけて決定せらる。勿論納税者から其旨を申告すれば、税務署では直に之を決定することゝなつて居る。

所得調査委員會

第二項　所得調査委員會

個人の所得は、所得調査委員會の決議に依つて決定するが原則である。調査委員會は各税務署所轄毎に、之を置き　若し其税務署所轄内に、市制地があるときは、特別に市部の調査會を置くことが出來る、併し特別に置く場所は大藏大臣之を定む。（法二八）

（イ）調査委員の定數は七人とし、特別の事由ありと認むるときは、大藏大臣に於て之を增減せらる。（施二五）

（ロ）調査委員は、各選擧區に於ける所得納税者中、一定の資格ある者が、之を選擧するのである、又調査委員を選擧するときは、之と同數の補闕員を選擧し、欠員を生じたる時々、補充せらる。

（ハ）選擧區は、調査委員會を置くべき區域に從ひ、其投票及開票に關する事務は、市區町村長、又は戸長に於て之を擔任す。（法三二）

調査委員選擧

調査委員選擧　調査委員を選擧し、又は調査委員に選擧せらるゝことを得る者は、左の要件を具へねばならぬ。（稅法三二）

(1) 選擧區域內に住居すること。

(2) 第三種の所得又は個人の營業に付、其年法定期限迄に、所得金額又は純益金額の申告を爲し且其決定を受けたること。

(3) 選擧人名簿に登錄せられたること。

(4) 左の各號の一に該當せざること。

(イ) 無能力者。

(ロ) 破產、若は家資分散の宣告を受け、復權せざる者、又は身代限の處分を受け、債務の辨濟を了へざる者。

(ハ) 國稅の滯納處分を受けたる後、一年を經ざる者。

(ニ) 六年以上の懲役、若は禁錮の刑に處せられ、又は舊刑法の重罪の刑に處せられたる者。

(ホ) 六年未滿の懲役、又は禁錮の刑に處せられたる者で、其刑の執行を終り又は執行を受くることなきに至る迄の者。

(ヘ) 所得稅法第七十四條乃至第七十六條、又は營業收益稅法第二十八條乃至第三十條の規定に依り、處罰せられたる後五年を經ざる者。

(5) 其年分の所得金額、及純益金額の決定前に選擧を行ふ場合には、前年第三種の所得又は個人の營業に付納稅せしことを以て、其年の所得金額の決定又は純益金額の決定と看做さる。

(6) 相續の場合は、被相續人の爲したる納稅又は申告が、相續人に效力を及ぼす。

選擧事務

選擧事務 選擧事務は、稅務署長の事務と、市町村長の事務とに、區分することが出來る。

(1) 稅務署長の事務

(イ) 稅務署長は、選擧期日(投票の日)を定めて、之れを市區町村長に通知せねばならぬ。(法三三) 此通知の期日に就ては、法文に規定がない、併し市區町村長は選擧期日前二十日を期とし、選擧人名簿を縱覽に供せねばならぬから、少くとも夫れ以前に通知するの必要がある。

(ロ) 選擧期日前三十日を期とし、其日の現在に依り選擧人名簿を調製し、其副本を市區町村長に送付すること。

(ハ) 選擧關係者より選擧人名簿に付、異議の申出あるときは、其申立を受けたる日より、五日內に決定して、名簿の修正を要する者は、修正の手續を爲すこと。

(ニ) 市區町村長より、投票及開票に關する結果の報告を受けたるときは、選擧會を開いて、之を調査し當選者を決定すること。

（ホ）當選者には、其旨を通知すると同時に、其氏名を公示し、市區町村長にも通知すること。

市區町村長の事務

(2)　市區町村長の事務

（イ）稅務署長より、選擧期日の通知を受けたるときは、少くとも選擧期日七日前に、投票、及開票の日時、及場所を記載して、公示すること。（法三二）

（ロ）稅務署長より、選擧人名簿の副本を送付せられたるときは、選擧期日前二十日を期とし、其日より五日間、關係者の縱覽に供すること。

（ハ）投票用紙は、選擧の當日投票所に於て、選擧人に交付すること。

（ニ）投票、及開票には立會人を定めて、立會はしむること。

立會人は、投票區內に於て、選擧資格を有する者の內から、二人を選任すること。

（ホ）投票の効力は、立會人の意見を聽いて、市區町村長之を決定す。

（ヘ）投票の調査を終つたときは、直に左の事項を稅務署長に報告すること。

一　投票、及開票の日時、及場所。

二　投票、及開票の立會人の住所及氏名。

三　投票人、及投票の總數、並有効、無効投票の數。

四　投票を無効と決定したる事由。

五　被選擧人の氏名、及其得票數。

(ト)　投票は、其有効、無効に區別して、調査委員の任期間は之を保存すること。

(チ)　稅務署長より、當選人の通知を受けたるときは、當選人の氏名を公示すること。(法三九)

第二號式　(選擧人名簿様式)

何年何月何日現在調

所得調査委員及補缺員選擧人名簿

何稅務署長　印

正本　(副本何郡市何町村分)

(所得調査委員及補缺員選擧人名簿)　(用紙半紙判)

住居所	氏名	摘要

備考

一、名簿調製後之を修正したるもの及選擧當日迄に所得稅法第三十一條第一項各號の一に該當するに至りたるものは其事由及年月日を摘要欄に記載するものとす

第三號式（所得調査委員同補缺員選擧投票用紙）

所得調査委員「所得調査委員補缺員」選擧投票	何市町村役場ノ印
被選擧人	

備考

一調査委員ノ投票用紙ハ黑刷、補闕員ノ投票用紙ハ赤刷トス

第八款　納期及納稅地

納期　（一）納期　第三種所得稅は、年額を左の四期に分つて、徵收せらる。

第一期、　其年七月一日より三十一日限。

第二期、　其年十月一日より三十一日限。

第三期、　翌年一月一日より三十一日限。

第四期、　翌年三月一日より三十一日限。

稅金の徵收は、市町村に於て取扱ふものであるから、納稅者は市町村より配布せられたる納稅告

知書に依つて、指定の納期日までに、指定の納付場所に、必ず納付せねばならぬ。

〔標語〕兎角納期に明日はない

納税地 (二) **納税地** 茲に納税地とは、税金を納付する場所のみでなく、所得税に關する一切のことを處理する場所を謂ふ、所得税法に於て第三種所得税の納税地は、大體左の如く定めらる。

住所ある者は、　其住所地。

住所なき者は、　其居住地。

住所居所なき者は、　政府の指定したる場所。

併し、本人の意思に依つて、住所ある者でも、居所地を以て納税地とすることも出來る。此場合は毎年三月十五日迄に納税地の申告を居所地税務署長に提出せねばならぬ。

第四號式 (所得税納税地申告様式)

昭和何年何月何日

住所　何府縣何郡市何町村大字何番地

居所　何府縣何郡市何町村大字何番地

納税者　何　某　㊞

所得稅納稅地申告

昭和何年分所得稅ハ居所地ニ於テ決定相成度申告候也

住所、居所の移轉等に依つて、納稅地を變更すべき必要を生じたるときは、其旨を新納稅地稅務署長に申告せねばならぬ、又同一稅務署管內の移轉と雖、同樣である。

第五號式　(納稅地變更申告樣式)

昭和何年何月何日　何　某　㊞

何稅務署長殿

所得稅納稅地變更申告

舊納稅地(舊住所)　何府縣何郡市何町村大字何番地

新納稅地(新住所)　何府縣何郡市何町村大字何番地

(昭和何年第何期分迄舊納稅地ニテ納付濟)

右ノ通納稅地變更ニ付申告候也

納稅者が住所、又は居所を、稅法施行地外に移すときは、納稅管理人を定めて、其旨を納稅地稅務署長に申告せねばならぬ。

第九款　決定の誤謬と審査の請求

第三種所得税は、各人から提出する所得の申告、控除の申請に依るの外、税務署にあつては、別に各種の資料を集めて、調査を遂げ、更に所得調査委員會の調査にかけて後、決定するものであるが、何分多數の決定中には、間違つた決定も起らうし、又納税者に於て不服の場合もあらう。此場合納税者は如何なる手續を採るべきか。

決定誤謬

(一) 決定の誤謬　決定上の間違ひが明瞭なとき、例へば同名異人の所得が算入されてゐるとか、家族でない人を家族として合算決定をされたとか、又誰が見ても間違ひであることが明瞭なる場合は納税者は決定誤謬の訂正方を、税務署に申出て、これが更正を求むることが出來る。勿論此場合、税務署にあつても、自ら其誤謬あることを知つたときは、納税者の申出を待たず、更正するが當然である、然し一應正確なものと信じて、決定されたのであるから、矢張納税者の方から進んで申出づるが、更正上の徑路である。

決定の誤謬訂正を求むるには、其誤謬であつたことを、成るべく詳しく申出づるが便宜である。

審査の請求

(二) 審査の請求　税務署の計算には、誤謬はないが、其所得金額の見方に不服があるとか、或は法令の解釋に相違があるとか、税務署と納税者との間に意見の異る場合は、審査の請求に依つて再調査を求むることが出來る。

審査の請求は、所得の決定通知を受取つた日から、二十日以内に、税務監督局長に宛て、決定を

受けたる稅務署を經由して、提出すること。（法六〇）

稅務監督局長に於て、審査の請求を受けたるときは、これを所得審査委員會の審査に附して、決定す。審査委員會は審査の請求があつたからと謂つて其都度に開くのではなく、毎年一回開會するものであるから、審査の請求を爲したる場合と雖、其決定に至るまでは、最初の決定額に依つて、稅金を納めねばならぬ。但し審査決定の結果、過納となつたとき之が、還付を受くることは勿論である。

稅務監督局長の審査決定に對して、尙不服あるときは、更に大藏大臣に訴願するか、又は行政裁判所に出訴することが出來る。（法六六）

第六號式（審査請求書樣式）

昭和何年何月何日

審査請求人　何　某 ㊞

何稅務監督局長殿

昭和何年分第三種所得決定審査請求書

一請求人住所氏名　何々
一所得決定額　何程
一申立額　何程
一審査請求ノ理由及計算ノ基礎

別紙ノ通（不服ノ事由ハ成ルベク詳細ニ記載シ、且計算ノ根基ヲ明記スルコト、又證據トナルヘキ書類アルトキハ之ヲ添付スルヲ可トス）

右審査請求候條再査ノ上申出額ノ通更正相成度

第十款　減損更訂

個人の所得は、總て一定の期間內に於ける實績に依つて課税を受くるものであるが、其內非營業貸金、山林の所得、賞與金、會社の配當金を除いた他の所得、即ち税法第十四條第一項第五號第六號の所得であつて、其年に於ける實際の所得が、決定の所得額と著しい差のある場合、例へば所得の決定を受けたる後に營業を廢業するとか、會社の勤務を退くとか、又田畑の所得であれば水害に罹つて收穫が皆無になるとか、貸家を賣却するとかの事故に依つて、當初の決定額に對して二分の一以上所得額が減少した場合は、翌年の一月末日迄に、其由を税務署長に、申請することが出來る。減損更訂の事實が其年內に判明せるものは其年內と雖、豫め申請するを妨げない。（法六四）

此申請があつたときは税務署は、更に調査の上申請の如く二分の一以上の減損があれば實際の所得額に更訂して其更訂金額を納税者に通知す。

標語　税を追へ税に追はるな

第七號式　（減損更訂請求書樣式）

昭和何年何月何日

請求人　何　　某　㊞

何税務署長殿

昭和何年分第三種所得減損更訂請求書

一請求人住所氏名　何々
一所得決定額　何程
一更訂請求額　何程
一計算ノ基礎
何々　（別紙ノ通）（詳細明瞭ニ記載スルコト）

右更訂請求候也

第十一款　支拂調査の提出

第三種所得税として課税せらるゝ俸給、給料、歳費、年金、恩給、退隱料、賞與、若は此等の性質を有する給與の支拂を爲す者、又は配當金の支拂を爲す法人は、支拂調書を所轄の税務署に提出せねばならぬ。若し正當の理由なくして支拂調書を提出せざるか、又は不正の記載を爲したる支拂調書を提出せし者は税法に依つて處罰せらる。

期限内に支拂調書を提出したる者に對しては、其請求に依つて、記載事項一件一人毎に五厘の交付金を支拂はるゝこととなつて居る。（信託計算書の分は叁錢とす）

支拂調書の記載方、及提出期限は、左の通である。

賞與金	前年三月一日より十二月末日迄の分	一月末日限
	其年一月一日より二月末日迄の分	三月十五日限
配當金	支拂確定したる日より	三十日限
	無記名株式を有するものに支拂たる分	三月十五日限
俸給其他	前年一月一日より引續き支給を受くるもの	一月末日限
	其他の分	三月十五日限

第八號式　（俸給其他支拂調書様式）

昭和何年分俸給其他支拂（異動）調書

昭和　年　月　日

官公衙名法人代表者
其他支拂者　氏　　名　印

俸給給料（歳費年金恩給退隱料）		手當		賞與	摘要	支拂ヲ受クル者		
金額	計算ノ基礎	金額	計算ノ基礎			住所又ハ居所	官職名	氏名

円		
何手當 円		
何手當		
何賞與 円		
何賞與		

備考

一、俸給、給料、歲費、年金、恩給退隱料、賞與等ノ支拂調書ハ本様式ニ依ルモノトス

二、俸給、給料(歲費、年金、恩給、退隱料)及手當ノ金額欄ニハ左ノ金額ヲ記載スルモノトス

イ　前年一月一日ヨリ引續キ支給ヲ受クル者ノ分ニ付テハ前年中ノ支拂金額

ロ　前年一月一日後新ニ支給ヲ受クルニ至リタル者ノ分ニ付テハ本年分支拂豫算年額但シ本年一月一日以後調書提出迄ノ間ニ於テ支給ヲ受ケサルニ至リタル者ニ付テハ本年分支拂金額

ハ　轉勤等ノ場合ニ於テハ新支拂者ニ於テ轉勤前ノ支拂金額ヲモ記載スルモノトス

三　賞與又ハ賞與ノ性質ヲ有スル給與ニ付テハ調書提出當時在勤セサル者ノ分ヲモ記載スルモノトス

四　賞與ノ支拂確定月日ハ備考ニ記載スルモノトス

五　年金、恩給、及退隱料ニシテ代理受領ニ係ルモノニ付テハ其受領者ノ住所氏名ヲ摘要欄ニ記載スルモノトス

六　稅務署長ノ承認ヲ得タルトキハ本様式ト異リタル様式ニ依リ調製スルコトヲ得

第九號式(配當金支拂調書様式)

昭和何年何期分利益(利息)配當支拂調書

提出年月日

住所
何會社
代表者氏名㊞

一配當金總額　圓
　内　無記名株式ニ對スル分　圓
　同　第二種所得ニ屬スル分　圓
一株式數（出資金額又ハ其金）　舊株　株
　　新株　株
一一株ノ額面金額　圓
一　同拂込濟金額　舊株　圓
　　新株　圓
一配當率
一一株ノ配當金額　舊株　圓
　　新株　圓
一支拂金額ノ確定シタル年月日
　内譯　別紙ノ通

利益（利息）配當金額内譯調書

株式數（出資金又ノ基金）	配當金額	摘要	支拂ヲ受クル者	
			住居所	氏名

舊株 新株		円		

備考

一　摘要欄ニハ左記事項ヲ記載スヘキモノトス

イ　優先株ニ付テハ其優先權ニ基ク配當率ノ増加額

ロ　出資金額ノ割合ニ異ル持分計算ニヨリ利益ノ配當ヲナスモノニアリテハ其持分ノ割合

ハ　所得税法第十四條第二項ニ依リ利益ノ配當ト看做サルル金額ニ付テハ其支拂ヲ受クル者カ退社ニヨリ持分ノ拂戻トシテ受クル金額又ハ株式ノ消却ニ因リ支拂ヲ受クル金額

二　法人ニ支拂タル分モ全部記載スルモノトス

三　所得税法施行地ニ住所又ハ一年以上居所ヲ有セサル者ニ對スル内譯ハ別紙ニ記載シテ添付スルモノトス

四　無記名式株式ニ付テハ本書式ノ内譯ヲ要セサルモノトス

五　所轄税務署長ノ承認ヲ受ケタルトキハ本樣式ト異リタル樣式ニ依リ調製スルコトヲ得

自何年三月
至何年二月　無記名式株式利益（利息）配當支拂調書

提出　年　月　日

住所

何會社代表者氏名　印

所屬事業年度	株式數	配當金額	支拂月日	支拂ヲ受ケタル者 住所又ハ居所	支拂ヲ受ケタル者 氏名
	舊株 新株	円			

備考

利金又ハ利息ノ所屬事業年度別ニ小計ヲ附スルモノトス

第十二款　罰則

(一)　詐僞、其他不正の行爲に依つて、稅金を逋脫したる者は、脫稅高三倍の罰金に處せらる、但し裁判所に自首するか、又は稅務署に申出たるときは、稅金のみを追徵して、處罰されない。

(二)　正當の事由なくして、支拂調書又は計算書を提出せず、又は不正の記載を爲して提出したる者は千圓以下の罰金に處せらる。

(三)　所得の調查、又は審查に從事したる者が、正當の事由なくして、調查、又は審查に關し知り得たる秘密を漏洩したるときは、五百圓以下の罰金に處せらる。

第三節　營業收益稅

第一款　稅の概要

營業收益稅は、營業の純益に賦課せらるゝ直接稅である。茲に營業とは、利益を得るの目的を以て、繼續的に行ふ業務を謂ひ、其範圍は頗る廣汎である。又純益とは營業に依つて得る利益を謂ふ。營業收益稅は、元營業稅として課稅したるものを大正十五年の稅制整理に依つて收益稅に改正せられたもので、營業稅當時は、其課稅標準が賣上金とか、資本金とか、建物賃貸價格とか、從業者とか、所謂外形的の標準のみを用ひたる結果、其課稅が收益と比例しない場合が多く、純然たる行爲稅の形となり種々の非難があつた爲に、收益稅に改められた譯である、併し收益稅としては、其調査が外形標準に依るよりも一層の困難がある、又其調査が正確を得なければ、單に收益稅のみではなく、所得稅の課稅にも關係すること〻なつて、課稅技術が一層六ヶ敷なつた譯である。

收益稅は、法人と、個人とに依つて、其課稅率を異にし、其純益の計算方にも、差異がある、而して法人は稅務署の直接徵收に屬し、個人は市町村に於て徵收すべき國稅であるから、茲には主として個人營業收益稅に付說明したい。

第二款　收益稅を課すべき業體

營利を目的とする法人、所謂會社な業務の種類如何を問はず、總て收益稅を課せらるゝものであるが、個人は、左の十九種の營業に限つて營業收益稅を課せらる。（稅法二）

(一)　物品販賣業　普通に物品と稱せざる動植物の販賣をも含む、但し不動產の賣買は含まない。

(二)　銀行業　現今多くの銀行は會社組織であるから茲に銀行とは個人經營の分のみである。

(三)　無盡業　これも前と同樣である。

(四)　金錢貸付業　これは金貸を業とするものであつて普通は質屋である、併し質屋以外にも金貸を常業とするもの、又專門の營業でなくとも、相當に口數多く貸付を爲すものは本業として取扱はる。

(五)　物品貸付業　金錢以外の物品を貸付くる者で船、車、衣裳其他一般の動產を貸付くるものである。

(六)　製造業　瓦斯や、電氣を供給するものも、製造業として取扱はれ、又單に物品の加工修理等を爲すものも本業に含む。

(七)　運送業　運送の取扱を爲すものも、本業に含む。

(八)　倉庫業　倉庫を設けて貨物の保管を業とし、庫敷料を得る者である。

(九)請負業　土木建築の請負は、勿論勞力、人夫等の請負をも含む。
(一〇)印刷業　活版、石版其他の方法を以て、文書、圖畫の印刷を爲すものである。
(一一)出版業　書籍、文書、圖畫の出版を業とするものである。
(一二)寫眞業
(一三)席貸業　待合の如き類であつて、貸座敷業は含まない。
(一四)旅人宿業　下宿を含む。木賃宿は含まない。
(一五)料理店業
(一六)周旋業
(一七)代理業　一定の商人の爲に、商行爲を代理するもの、例へば保險會社の代理店の如き類である
(一八)仲立業　商行爲の仲立を爲すものである。
(一九)問屋業

課税標準と最低限

課税標準は營業の純益である。法人の營業には課税の最低限がないが、個人の營業純益は年額四百圓未滿なれば本税を課税しない。(税法九)

非課税營業

左に揭ぐる營業には、收益税を課税しない。(税法七)

(一)政府の發行する印紙、切手類の賣捌

(二) 度量衡の製作、修覆又は販賣
(三) 自己の採掘し、又は採取したる鑛物の販賣
(四) 新聞紙法に依る出版
(五) 税法施行地外に於て爲す營業
(六) 自己の收穫したる農產物、林產物、畜產物、水產物の販賣、又は是等を原料とする製造、但し特に營業場を設けて爲す販賣又は製造を除く。

又左に掲ぐる營業收益には、或期間內收益稅を課せない。

(イ) 勅令を以て指定する重要物產製造業の純益には　開業の年及其翌年より三年間
(ロ) 製鐵業奬勵法所定の純益は、設備完成の年及其翌年より十五年間

以上(イ)(ロ)に依つて收益稅の免除を受くるが爲には、法令の定むる期限內に、稅務署に免除の申請を爲すこと。

第三款　營業純益の計算

法人の純益は、各事業年度の總益金より、總損金を控除したる金額であつて、所得稅法の純益計算と同一である。

個人の純益は、前年中の總收入金額より、其收入を得るに付必要なる經費を控除したる金額である。即ち營業より生ずる一切の收入より、其收入を得るに直接必要なる經費を控除したる金額であるから、俗に言ふ營業の「儲け高」と見てよい譯である。尤も前年一月より引續き營業して居ない場合、即ち中途開業のものは、本年の豫算に依る。

同一人にして數種の營業を爲し、又は營業場が數箇所ある場合は、各營業又は各營業場の總收入金額及必要經費を總て合算したるものに依つて純益金を計算する譯であるから、各地に支店出張所があつても、總て住所地たる本店の收益に合算して課稅せらる。

要するに、この計算方は第三種所得に於ける所得の計算方と、大體同樣であつて、第三種所得中の營業の所得額と、營業收益稅の營業純益額とは、原則としては、一致すべきものである。

茲に所得稅と一致せざる二三の例を示す。

(一) 所得稅は、同一人の所得は、稅法施行地の內外を問はず、算入されるが、營業收益稅は、稅法施行地內の營業に限る。故に海外支店の營業には收益稅を課せない。

(二) 收益稅に限つて免稅せらる、印紙類、度量衡、鑛物、新聞紙法に依る出版等にも所得稅は課稅せらる。

(三) 收益稅の免稅點は、四百圓であり所得稅の免稅點は千二百圓である。故に營業純益が四百圓以上あつて、他の所得との合計が千二百圓に滿たざる者に對しては、營業收益税のみを課税し、又營業純益が四百圓未滿の場合でも、他の所得とを合して千二百圓以上の所得あるものは、其營業純益に對して、所得税の課税を受けることゝなる。

第四款　税率　納期

税率　營業收益税の税率は、左の比例定率税に依る。(税法一〇)

法人　純益金百圓に付　三圓六十錢

個人　同　二圓八十錢

地租控除　地租控除　個人の營業に於て、其營業用の土地に付、地租を納付したる場合は、其納付の地租額丈けは、個人の營業收益税から控除せらるゝことになつて居る。之は同一の收益に對して重複の課税を避くるの趣旨に外ならない。(税法一〇)

納期　納期は、年額を二分し、左の二期に徴收す。(税法二三)

第一期　其の年八月一日より三十一日限

第二期　其の年十一月一日より三十日限

納税地　納税地　舊營業税法では、同一人にして、數ケ所に店舗、營業場を有する者は、各別に課税する主義であつたが、營業收益稅は、各店舖、營業場を通じて、純益金額を計算し、營業者の住所地を管轄する稅務署に於て、課稅することゝなつた。若し住所なきときは、主たる營業場の所在地を以て納稅地とす。但し第三種所得稅を納むるものは、所得稅の納稅地を以て、營業收益稅の納稅地とする譯で、所得稅と營業收益稅とを各別の稅務署に於て、決定するが如き場合は生じない。（稅法二四）

又、舊營業稅法では、營業の廢業、繼續、相續等の場合に、夫々申告の規定があり、廢業の場合は其稅金も月割であつたが、收益稅は中途の廢業、繼續、相續の場合でも其稅額を變更せず、其一ヶ年を終りたる後に於て、減損更訂の手續を爲し得るの規定あるのみである、故に廢業其他の場合も、特に申告の必要がない。

納稅手續　法人の營業收益稅は、稅務署の直接徵收であるが、個人營業收益稅は市町村が之を徵收し國庫に送納すべきものであるから、納稅者は、市町村の納稅告知書に基き、指定の期日までに、指定の場所に納付せねばならぬ。

第五欵　申告申請

納稅義務ある個人は、每年三月十五日までに營業純益金額の申告、及地租控除の申請を稅務署に

提出せねばならぬ、若し期限内に純益金額の申告及地租控除の申請を爲さぬ者は、控除の特典に浴せない。（稅法一一）

又重要物產の製造を爲す者、及製鐵業にして免稅を受けむとする者も、三月十五日までに之が申請を爲さねばならぬ。申告、申請の樣式に付ては、稅法には別に一定して居ない、各稅務監督局では、便宜申告の用紙を印刷して、稅務署に配布し、稅務署は又市町村役場に依賴して、營業者に配布する等成るべく納稅者の便宜を計つて居られるが、これとて洩れなく配布し得る譯でないから、納稅の資格ある者は、稅務署又は市町村役場に就いて、用紙を受取り申告するが肝要である。

第一號式（營業純益金額申告書樣式）

昭和何年分營業純益金額申告書	何月何日提出
何稅務署長殿	
氏名印	何　某 ㊞
現住所	何郡市何町村大字何々番地
本籍地	何府縣何郡市何町村大字何々番地（又は住所に同じ）
前年納稅地	何郡市何町村大字何々番地（又は現住所に同じ）
商號屋號	何々屋　電話番號　何々何番
稅務署への希望	何々何々

申告は

三月十五日限記載は誠實に

營業場所在地	營業名	營業種目	總收入金額	必要經費	純益金額	備考
何市何町何通何町同何番地	物品販賣業	吳服太物	卸一六八、七五〇円 小賣五六、二七〇 雜收入一、七四〇	二〇三、〇六〇円	二三、七〇〇円	何々何々
何郡市何町何々何番地	製造業	洋家具	卸一六五、八四四 雜收入二、一六八	一三〇、九四三	三七、一〇〇	何々何々
何市何區何町何丁目何番地	金錢貸付業	金貸	一三、三五六	一、五五六	一〇、八〇〇	
計			四〇七、一三八	三三五、五三八	七一、六〇〇	
總純益金額			七萬千六百圓			

營業用土地に對する地租控除申請書

土地所在地 市町村	大字	地番	地目	坪數又は段別	地價	納付地租額	控除地租額	備考
何市町村	何町何々	二四五ノ六	宅地	八五、〇〇	四六〇、〇〇	一一、五〇	一一、五〇	
同	同	二四五ノ四	同	四二、〇〇	一二四、〇〇	三、一〇	三、一〇	
計				一二七、〇〇	五八四、〇〇	一四、六〇	一四、六〇	

申告書の記載方

純益の申告と地租の控除申請

◇營業の純益四百圓以上の人は、必ず三月十五日迄に純益金額の申告書を御出し下さい、期限に後れると地租額控除の申請をなし得る人でも特典がない。
◇申告書は第三種所得税を納むる人は所得税を納むる地の税務署へ其の他の人は住所地の税務署に提出すること。
◇營業專用の土地に對し前年中納めたる地租額は申請すれば營業收益税より控除される。

純益の計算

◇純益は前年中の營業の總收入（賣掛の如き未收入金と雖收入すべき權利の確定したるものを含む）から營業上の經費を差引たる金額である、若し前年又は本年中途で開業した場合には本年の收入金及經費を適當の方法で見込で計算す、又相續したる營業は被相續人の營業を相續人がして居たものと看做す。
◇銀行預金又は公債、社債利子の如き資本利子税を課せらるゝ資本の利子は純益には計算せない。
◇營業上の經費は仕入品の原價、原料品の代價、營業用の土地家屋、機械器具等の修繕費又は其の借入料營業場、營業用の物件及營業に對する諸税金、雇人の給料、製品費、商品等に對する火災保險料其の他收入を得るに必要なる支出である然し生活費とか又は生活費に關聯するものは純益計算の經費と認めない。
◇營業收益税額より地租額控除の申請を爲したるときは其の金額は純益計算上必要經費と認めない。
◇同一人で物品販賣業、製造業、問屋業と云ふ樣な具合に數種類の營業を兼營するとか營業場が二以上ある場合には各業、各營業場の純益は合計するのである。

第六款　調査及決定

(一) 個人の營業收益は、之を所得調査委員會の議に付したる後、決定するものである、即ち稅[illegible]は每年個人の營業に付、納稅義務ありと認むる者の純益金額を調査し、其調査書を作つて、之を所得調査委員會に提出す(稅法一四)

所得調査委員會は、所得稅法に依つて、組織せらるゝもので其調査及決議の方法は所得稅と同樣である。

(二) 稅務署長は所得調査委員會の決議に基き、(決議を不當と認むるときは政府決定)營業純益金額を決定して之を納稅者に通知す。(稅法一六)

同業組合諮問權

(三) 稅務署長は、同業組合其他の團體に對して營業收益稅に關する事項に付、諮問することが出來る。組合團體に於て、此諮問を受けたるときは、諮問事項に對する調書を作成して、指定せられたる期限までに、提出せねばならぬ。(稅法二六同施規一五)

帳簿檢査權

(四) 稅務官吏は、營業に關する帳簿物件を檢査し、及調査上必要の事項に付、營業者に質問することが出來る。(稅法二五)

第七款　審査請求と減損更訂

審査請求

審査請求　營業純益の決定通知を受け、其決定に不服ある者は、通知書の受領後、二十日以內に税務監督局長に對し、審査の請求が出來る。尙其審査決定に不服ある場合は、訴願又は訴訟を提起することが出來る。審査請求は決定を受けたる稅務署を經由すること。(稅法一七)

減損更訂

減損更訂　其年に於ける營業純益の實際額が、決定せられたる純益金額に比し、二分の一に達せなかつた場合は、翌年一月三十一日迄に、稅務署に申出で、減損更訂の請求が出來る。(稅法一九)

減損事實が、年内に判明せる場合は年内と雖豫め申出を妨げない。

此請求があつた時は、稅務署は更に純益金額を査覈し、若し申出の如く二分の一以上の減損あるときは、之を更訂して其旨を通知す。(稅法二〇)

第二號式　(審査請求書樣式)

昭和何年何月何日

審査請求人　何　某　㊞

何稅務監督局長殿

昭和何年分營業純益審査請求書

一請求人住所氏名　何々

一純益決定金額　何程

一申立額　何程

一審査請求ノ理由及計算ノ基礎

別紙ノ通（不服ノ事由ハ成ルベク詳細ニ記載シ且計算ノ根基ヲ明記スルコト又證憑ト爲ルヘキ書類アルトキハ之ヲ添付スルヲ可トス）

右審査請求候條再査ノ上申立額ノ通更正相成度

第三號式（純益金額減損更訂請求書樣式）

昭和何年何月何日

請求人　何　某㊞

何税務署長殿

昭和何年分營業純益減損更訂請求書

一請求人住所氏名　何々

純益決定額　何程

一更訂請求額　何程

一計算ノ基礎

何々（別紙ノ通）（詳細明瞭ニ記載スルコト）

右更訂請求候也

第八款　罰則

（一）營業收益税に關し税務官吏の檢査を妨げ又は虚僞の帳簿を提示したるものは百圓以下の罰金に處せらる。（税法二八）

(二)詐僞其他不正の行爲に依つて、稅金を逋脫したる者は、脫稅高三倍の罰金に處せらる。但し自首又は稅務署長に申出たるものは其稅金のみを追徵して處罰せない。(稅法二九)

(三)營業收益の調査又は審査に干與したる者が、其調査又は審査に依つて知り得たる秘密を正當の事由なくして、漏洩したるときは、五百圓以下の罰金に處せらる。(稅法三〇)

第四節 資本利子稅

◎資本利子稅の區分 ◎納稅者 ◎課稅標準 ◎稅率 ◎申告、決定、納期

資本利子稅の區分

(一)資本利子稅は、公債、社債又は預金等に依つて、利子を受くるものゝ納付すべき直接稅である公債、社債、預金等の利子に對しては、從來と雖既に源泉課稅の方法に依つて第二種所得稅として課稅せられ來つたのであるが、大正十五年法律第十二號を以て、更に本稅を設けられた。其理由は收益稅として地租、營業收益稅との權衡上、利子の收入は全く不勞の所得であつて勤勞等の所得よりも一層擔稅力が在ると云ふ見地から、課稅せらるゝに至つたものである。(稅法一)

(二)資本利子稅法によつて、課稅せられる資本利子は、甲、乙、二種に區分せられ、稅法施行地(主として內地のみであつて朝鮮、臺灣、樺太は施行地外である)內に於て、左記の利子を受くる者に課稅せらる。(稅法二)

甲種　公債、社債、產業債券、若は銀行預金の利子、又は貸付信託の利益

乙種　第三種の所得に付納稅義務を有する者（即ち個人）の營業に非ざる貸金、又は預金の利子

甲種の資本利子稅は、法人、個人の別なく、又內地に於ける住所居所の有無に拘らず、利子、利益を支拂ふ際に、支拂者が天引して徵收するものであつて、納稅其他の手續は、第二種所得稅と同樣である。

乙種の資本利子稅は、第三種所得稅の納稅義務ある者が、左記の資本に付、利子の支拂を受けたる場合に、其利子に對して課稅せらる。隨て第三種所得稅の納稅義務がなければ、單獨には乙種資本利子稅のみを納稅することがない、其代り乙種資本利子稅には課稅の最低限がないから、第三種所得稅の納稅者は、少額の資本利子に對しても、課稅を受けることゝなる。

以下は主として乙種の資本利子稅に付て說明す

(イ)　非營業貸金　これは金貸しを營業とせない人の貸金である、即ち貸金營業者の貸金利子に對しては、營業收益稅を課するが故に、資本利子稅を課せない。但し貸金の形式は擔保貸であると、信用貸であるとを問はない、全部課稅さるゝものである。

(ロ)　預金　銀行預金に就ては、甲種資本利子稅として、課稅せらるゝが故に、此預金は銀行預金

以外の、總ての預金を含むものである。

(三) 納稅者　第三種所得稅の納稅者、即ち內地に住所又は居所を有し、一ヶ年の所得金額千二百圓以上(同居家族を合算す)の者には、其資本利子金額に對して乙種の資本利子稅を課せらる

(四) 課稅標準　資本利子稅の課稅標準は、資本利子である、其算定方法は甲種は支拂を受くべき金額に依つて支拂の時々に課稅せられ、乙種は前年中の收入金額に依る、即ち前年一月一日より十二月三十一日までの期間中に收入し、又は收入すべき權利の確定したる利子金額を標準として、課稅せらる。茲に收入すべき權利の確定とは、例へば利子の支拂期日が到來し利子金額の確定せし場合の如きを謂ふ。

(五) 稅率　資本利子稅は比例稅であつて甲種、乙種共、資本利子金額百圓に付金貳圓の割合である。(稅法六)

(六) 申告、決定、納期　乙種資本利子稅の納稅義務ある者は、每年三月十五日迄に、資本利子金額を、所得稅納稅地の所轄稅務署に申告せねばならぬ。(稅法七)

稅務署長は前項の申告に依るの外、各種の資料を集めて、各人の資本利子金額調查書を作り、所得調查委員會の調查に付して決定し、之を納稅義務者に通知す。此手續は所得稅、營業收益稅の場合と略同樣である。(稅法八)

乙種資本利子税の納期は、營業收益税と同じく年税額を左の二期に分納す。そして此税金は、市町村が之を徴收して、國庫に送納すべきものであるから、納税者は市町村の納税告知書に依つて、指定の期日までに納付せねばならぬ。（税法一五）

第一期　其年八月一日より三十一日限

第二期　其年十一月一日より三十日限

第五節　相續税

第一款　税の概要

相續税は、相續の開始に依つて、財産を相續するものゝ納付すべき租税で、相續財産を目的とし相續人の受くる利益に對して、課税せらるゝ直接税である。

相續は、如何なる事實に依つて、開始すべきやに付ては、民法の規定に依る。そして民法上相續は分つて、家督相續と遺産相續の二種とす。

(イ)　家督相續とは、即ち戸主權の繼承を謂ひ、左の事實に依つて開始す。（民法九六四）

(1)　戸主の死亡、隱居又は國籍の喪失。

(2) 戸主が、婚姻又は養子縁組に因つて、其家を去りたるとき。

(3) 女戸主の入夫婚姻、又は入夫の離婚。

(ロ) 遺産相續は、家族の死亡に因つて、開始す。(民法九九二)

以上列擧せる原因事實の發生を以て、相續開始と謂ひ、其事實の發生したるときを以て、相續開始の日と爲す、相續税は、原則として相續開始の日の財産價格を以て課税せらる。又相續税は相續開始のときに於ける被相續人の住所地を以て、相續開始地と爲し普通の場合は、其住所を管轄する税務署に於て調査決定せらる。

第二款 相續財産、其他

相續財産

第一 相續財産 課税すべき相續財産は、税法施行地內に存在する左記の財産に限る。茲に所謂税法施行地とは、日本の內地を謂ひ、朝鮮、臺灣、樺太等の殖民地を除く。(税法二)

(一) 日本內地に存在する動産、不動産。

(二) 日本內地の不動産の上に存する權利。

(三) 前二號以外の財産權。

一年以內の贈與

一年以內の贈與、相續財産は、相續開始のときの現在に依つて、計算すべきものであるが、若し相續開始前一ヶ年內に、被相續人が財產の贈與を爲したるときは、其價格は相續財產に加算すべきものである。又被相續人が、相續開始前一ヶ年內に、其住所を稅法施行地外に移轉した場合は其住所は稅法施行地內に在るものと認めて課稅せらる。要するに是等の例外規定は共に脫稅を防止するの目的に外ならないのである。（稅法二、三）

第二　價格の計算　相續財產に對する價格の算定は、相續開始の時の時價を以て計算す。但し特殊の財產に就ては、特別の計算方法に依る。（稅法四）

（イ）地上權は、殘存期間に應じ賃貸價格の二倍乃至十二倍。

（ロ）永小作權も、同樣殘存期間に應じ賃貸價格の二倍乃至五倍。

（ハ）有期定期金は、其殘存期間の總額に依る。但し一ヶ年分の二十倍を超ゆるを得ない。無期定期金は、一年の定期金の二十倍の額。終身定期金は、目的とせらるゝ人の年齡に依り一年分乃至十年分の額。

條件付權利、信託利益より受くる權利、其他に付ては、稅務署長に於て適當と認むる價格に依る。（稅法五）

公共團體、慈善、其他公益事業に對して、爲したる贈與、又は遺贈は、相續財產に計算せない。（稅法三二）

課税價格

課税價格　相續税は、以上の相續財産中より、左の金額を控除したるものを以て、課税價格と爲す。（税法三）

(一)　公課、即ち税金のことである。被相續人に對して、納税義務が確定し、而も相續開始の當時未納に屬する税金を謂ふ。

(二)　被相續人の葬式費用、これは死亡に因る相續開始の場合に限るもので、被相續人の葬式執行の爲に支出したる金額を謂ふ。

(三)　債務、被相續人の負擔せる債務である。これは税務署長に於て確實と認めたるものに限る、從て債務額の控除を受くるが爲には、其債務存在の確實なることを立證するの必要がある。

課税最低限

第三　課税最低限　課税價格が、家督相續に付ては、五千圓、遺産相續に付ては、千圓に達せないものは課税せない。（税法六）

税法二十三條該當

第四　税法第二十三條該當　相續税法では、普通の相續以外に、相續と看做して、相續税を課する場合がある。即ち左に掲ぐる場合に於て內地に存在する不動産及船舶以外の財産に付、爲したる贈與の價格が、千圓以上なるときは、遺産相續を開始したるものと看做し課税せらる。要するにこれも脫税の防止規定である。

一　親族に贈與を爲したるとき。

二　分家を爲すに際し、若は分家を爲したる後、本家の戸主又は家族が、分家の戸主、又は家族に贈與を爲したるとき。

第三款　稅率、納稅者、申告

第一　稅率　稅率は家督相續と、遺產相續とに區分し、更に相續人と被相續人との續柄に依つて、之を三種に別ち、及課稅價格の遞增に隨つて、超過累進稅率を用ふ、即ち左表の通である。（稅法八）

又大正十五年三月以前に相續を開始せるものには、舊稅率を適用することゝなつて居る。

家督相續			
課稅價格	稅率		
	相續人カ被相續人ノ家族タル直系卑屬ナルトキ	相續人カ被相續人ノ指定シタル者民法第九百八十二條ニ依リ選定セラレタル者被相續人ノ家族タル直系尊屬又ハ入夫ナルトキ	相續人カ民法第九百八十五條ニ依リ選定セラレタル者ナルトキ
	（第一種）	（第二種）	（第三種）
五千圓以下ノ金額	千分ノ五	千分ノ六	千分ノ八
五千圓ヲ超ユル金額	千分ノ六	千分ノ七	千分ノ十
一萬圓ヲ超ユル金額	千分ノ七	千分ノ八	千分ノ十五
二萬圓ヲ超ユル金額	千分ノ八	千分ノ十	千分ノ二十
三萬圓ヲ超ユル金額	千分ノ十	千分ノ十五	千分ノ二十五

四萬圓ヲ超ユル金額	千分ノ十五	千分ノ二十	千分ノ三十
五萬圓ヲ超ユル金額	千分ノ二十	千分ノ二十五	千分ノ四十
七萬圓ヲ超ユル金額	千分ノ二十五	千分ノ三十	千分ノ五十
十萬圓ヲ超ユル金額	千分ノ三十	千分ノ四十	千分ノ六十
十五萬圓ヲ超ユル金額	千分ノ四十	千分ノ五十	千分ノ七十
二十萬圓ヲ超ユル金額	千分ノ五十	千分ノ六十	千分ノ八十
三十萬圓ヲ超ユル金額	千分ノ六十	千分ノ七十	千分ノ九十
四十萬圓ヲ超ユル金額	千分ノ七十	千分ノ八十	千分ノ百
五十萬圓ヲ超ユル金額	千分ノ八十	千分ノ九十	千分ノ百十
七十萬圓ヲ超ユル金額	千分ノ九十	千分ノ百	千分ノ百二十
百萬圓ヲ超ユル金額	千分ノ百	千分ノ百十	千分ノ百三十
二百萬圓ヲ超ユル金額	千分ノ百十	千分ノ百二十	千分ノ百四十
三百萬圓ヲ超ユル金額	千分ノ百二十	千分ノ百三十	千分ノ百五十
五百萬圓ヲ超ユル金額	千分ノ百三十	千分ノ百四十	千分ノ百六十

遺産相續

課稅價格	稅率 相續人カ直系卑屬ナルトキ（第一種）	稅率 相續人カ配偶者又ハ直系尊屬ナルトキ（第二種）	稅率 相續人カ其ノ他ノ者ナルトキ（第三種）
千圓以下ノ金額	千分ノ十	千分ノ十二	千分ノ十七
千圓ヲ超ユル金額	千分ノ十二	千分ノ十四	千分ノ二十

五千圓ヲ超ユル金額	千分ノ十四	千分ノ十七	千分ノ二十五
一萬圓ヲ超ユル金額	千分ノ十七	千分ノ二十	千分ノ三十五
二萬圓ヲ超ユル金額	千分ノ二十	千分ノ二十五	千分ノ四十五
三萬圓ヲ超ユル金額	千分ノ二十五	千分ノ三十五	千分ノ五十五
四萬圓ヲ超ユル金額	千分ノ三十五	千分ノ四十五	千分ノ六十五
五萬圓ヲ超ユル金額	千分ノ四十五	千分ノ五十五	千分ノ七十五
七萬圓ヲ超ユル金額	千分ノ五十五	千分ノ六十五	千分ノ八十五
十萬圓ヲ超ユル金額	千分ノ六十五	千分ノ七十五	千分ノ九十五
十五萬圓ヲ超ユル金額	千分ノ七十五	千分ノ八十五	千分ノ百五
二十萬圓ヲ超ユル金額	千分ノ八十五	千分ノ九十五	千分ノ百十五
三十萬圓ヲ超ユル金額	千分ノ九十五	千分ノ百五	千分ノ百二十五
四十萬圓ヲ超ユル金額	千分ノ百五	千分ノ百十五	千分ノ百三十五
五十萬圓ヲ超ユル金額	千分ノ百十五	千分ノ百二十五	千分ノ百四十五
七十萬圓ヲ超ユル金額	千分ノ百二十五	千分ノ百三十五	千分ノ百五十五
百萬圓ヲ超ユル金額	千分ノ百三十五	千分ノ百四十五	千分ノ百六十五
二百萬圓ヲ超ユル金額	千分ノ百五十	千分ノ百六十	千分ノ百八十
三百萬圓ヲ超ユル金額	千分ノ百六十五	千分ノ百七十五	千分ノ百九十五
五百萬圓ヲ超ユル金額	千分ノ百八十	千分ノ百九十	千分ノ二百十

相續税額速算表

算出方法　本表ノ課税價格ヲ超過スル金額ニ税率ヲ乘シテ得タル金額ニ當該欄内ノ税額ヲ加ヘタルモノカ算出スヘキ税額ナリ

課税價格	家督相續 第一種 税額	家督相續 第一種 超過金額ニ對スル税率	家督相續 第二種 税額	家督相續 第二種 超過金額ニ對スル税率	家督相續 第三種 税額	家督相續 第三種 超過金額ニ對スル税率	遺産相續 第一種 税額	遺産相續 第一種 超過金額ニ對スル税率	遺産相續 第二種 税額	遺産相續 第二種 超過金額ニ對スル税率	遺産相續 第三種 税額	遺産相續 第三種 超過金額ニ對スル税率
千圓	円 |	千分ノ |	円 |	千分ノ |	円 |	千分ノ |	一〇円	千分ノ一二	一二円	千分ノ一四	一七円	千分ノ二〇
五千圓	二五	六	三〇	七	四〇	一〇	五八	一四	六八	一七	九七	二五
一萬圓	五五	七	六五	八	九〇	一五	一二八	一七	一五三	二〇	二二二	三五
二萬圓	一二五	八	一四五	一〇	二四〇	二〇	二九八	二〇	三五三	二五	五七二	四五
三萬圓	二〇五	一〇	二四五	一五	四四〇	二五	四九八	二五	六〇三	三五	一、〇二二	五五
四萬圓	三〇五	一五	三九五	二〇	六九〇	三〇	七四八	三五	九五三	四五	一、五七二	六五
五萬圓	四五五	二〇	五九五	二五	九九〇	四〇	一、〇九八	四五	一、四〇三	五五	二、二二二	七五
七萬圓	八五五	二五	一、〇九五	三〇	一、七九〇	五〇	一、九九八	五五	二、五〇三	六五	三、七二二	八五
十萬圓	一、六〇五	三〇	一、九九五	四〇	三、二九〇	六〇	三、六四八	六五	四、四五三	七五	六、二七二	九五
十五萬圓	三、一〇五	四〇	三、九九五	五〇	六、二九〇	七〇	六、八九八	七五	八、二〇三	八五	一一、〇二二	一〇五
二十萬圓	五、一〇五	五〇	六、四九五	六〇	九、七九〇	八〇	一〇、六四八	八五	一二、四五三	九五	一六、二七二	一一五
三十萬圓	一〇、一〇五	六〇	一三、四九五	七〇	一七、七九〇	九〇	一九、一四八	九五	二一、九五三	一〇五	二七、七七二	一二五
四十萬圓	一六、一〇五	七〇	一九、四九五	八〇	二六、七九〇	一〇〇	二八、六四八	一〇五	三二、四五三	一一五	四〇、二七二	一三五

五十萬圓	二三、一〇五	八〇	二七、四九五	九〇	三六、七九〇	一一〇	三九、一四八	一一五	四三、九五三	一二五	五三、七二三	一四五
六十萬圓	三一、一〇五	八〇	三六、四九五	九〇	四七、七九〇	一一〇	五〇、六四八	一一五	五六、四五三	一二五	六八、二七三	一四五
七十萬圓	三九、一〇五	九〇	四五、四九五	一〇〇	五八、七九〇	一二〇	六二、一四八	一二五	六八、九五三	一三五	八二、七七三	一五五
八十萬圓	四八、一〇五	九〇	五五、四九五	一〇〇	七〇、七九〇	一二〇	七四、六四八	一二五	八二、四五三	一三五	九八、二七三	一五五
九十萬圓	五七、一〇五	九〇	六五、四九五	一〇〇	八二、七九〇	一二〇	八七、一四八	一二五	九五、九五三	一三五	一一三、七七三	一五五
百萬圓	六六、一〇五	一〇〇	七五、四九五	一一〇	九四、七九〇	一三〇	九九、六四八	一三五	一〇九、四五三	一四五	一二九、二七三	一六五
百五十萬圓	一一六、一〇五	一〇〇	一三〇、四九五	一一〇	一五九、七九〇	一三〇	一六七、一四八	一三五	一八一、九五三	一四五	二一一、七七三	一六五
二百萬圓	一六六、一〇五	一一〇	一八五、四九五	一二〇	二二四、七九〇	一四〇	二三四、六四八	一五〇	二五四、四五三	一六〇	二九四、二七三	一八〇
二百五十萬圓	二二一、一〇五	一一〇	二四五、四九五	一二〇	二九四、七九〇	一四〇	三〇九、六四八	一五〇	三三四、四五三	一六〇	三八四、二七三	一八〇
三百萬圓	二七六、一〇五	一二〇	三〇五、四九五	一三〇	三六四、七九〇	一五〇	三八四、六四八	一六五	四一四、四五三	一七五	四七四、二七三	一九五
三百五十萬圓	三三六、一〇五	一二〇	三七〇、四九五	一三〇	四三九、七九〇	一五〇	四六七、一四八	一六五	五〇一、九五三	一七五	五七一、七七三	一九五
四百萬圓	三九六、一〇五	一二〇	四三五、四九五	一三〇	五一四、七九〇	一五〇	五四九、六四八	一六五	五八九、四五三	一七五	六六九、二七三	一九五
四百五十萬圓	四五六、一〇五	一二〇	五〇〇、四九五	一三〇	五八九、七九〇	一五〇	六三二、一四八	一六五	六七六、九五三	一七五	七六六、七七三	一九五
五百萬圓	五一六、一〇五	一三〇	五六五、四九五	一四〇	六六四、七九〇	一六〇	七一四、六四八	一八〇	七六四、四五三	一九〇	八六四、二七三	二一〇

第二　納稅者　相續稅の納稅者は、普通の場合は相續人である。そして家督相續の場合は、相續人は必ず一人であるが、遺產相續の場合は同順位の相續人が二人以上あることが尠くない、此場合は數人の遺產相續人が連帶して納稅の義務を負ふ。

相續人未定等、特別の場合は遺言執行者、又は相續財產管理人が、納稅者たることがある。

第三　申告　相續人は、相續の開始を知りたる日より三ヶ月以内に、相續財産の目録、及相續財産の價格中より、控除を受くべき金額の明細書を税務署長に提出せねばならぬ。

遺言執行者、又は相續財産管理人は、就職の日より三ヶ月以内に同樣の申告を要す。（税法一二一）

若し期限内に申告を爲さゞるときは、税務署長は、期限を定めて申告方を催告し、其催告に對しても仍申告しないときは、税務署長は之を認定して課税價格を決定し、催告費用及税金の十分の一に相當する金額を徴收することが出來る。（税法一二二）

第一號式（相續申告樣式）

相續申告

昭和何年何月何日

相續人　何　某　㊞

何税務署長殿

被相續人		相續開始原因及年月日		相續種類	被相續人トノ續柄	相續人	
住所	氏名	年月日	相續開始原因			住所	氏名
				相續			

相續開始前一年以内ニ贈與シタル財産價格

財産所在地	種目	員數	單價	價格	受贈者	
					住所	氏名

記載方注意　相續人數人ナルトキハ各相續人住所氏名ヲ當該欄ヘ列記スルコト

相續財產目錄

財產所在地	種目	員數	單價	價格	備考

記載方注意　一、種目欄ニハ田、畑木造瓦葺二階建本家、土藏二階建倉庫、現金、米穀等ノ區分ヲ記載スルコト

相續財產價格中ヨリ控除セラルヘキ金額明細書

摘要	種類	金額	備考

以上差引課稅ヲ受クヘキ價格

記載方注意

一、控除セラルヘキ金額明細書中摘要欄ニハ公課、葬式費用、債務等ノ項目ヲ記載シ種類欄ニハ更ニ其ノ細別ヲ記載スルコト

二、同上債務其ノ他ハ成ルヘク之ヲ證明スルニ足ルヘキ書類ヲ添付スルコト

申告上の注意

一 相續人は相續開始を知りたる日より遺言執行者又は相續財産管理人は其の就職の日より三ヶ月以内に相續財産の目錄及明細書を添へ税務署に相續申告を爲すこと

二 相續財産とは凡そ左の如し

　一 不動産即ち土地、建物等

　二 動産即ち現金、米穀、商品、營業用の器具機械等

　三 不動産の上に存する權利即ち地上權、永小作權等

　四 前三號に掲けたるもの以外の財産權即ち貸付金、貯金、有價證券、商標權等

三 相續税は一時に納付すへきものなるも税金額百圓以上の場合には相當の擔保を提供し七年以内の年賦延納を求むることを得

四 相續開始前一年内に贈與を爲したるものありたるときは其の價額を相續財産價額に加算すること

五 左記の金額は相續財産中より控除せらる

　一 租税其の他の公課

　二 被相續人の葬式費用

　三 債務

六 公共團體又は慈善其の他の公益事業に對し爲したる贈與及遺贈並に永代借地權は相續財産價額中に算入するに及はす

第四款　調査決定

第一　調査と決定　相續稅の課稅價格は、納稅者の申告に依つて、稅務署長之を決定し、其旨を納稅者に通知す。但し其申告を爲さゞるとき、又は申告を不相當と認むるときは、稅務署長は、適當の認定を以て、之を決定す。（稅法一三）

以上の決定に對して、不服あるときは、通知を受けたる日より二十日以内に再審査を求むることが出來る。（稅法一四）

審査の決定に對して仍不服あるときは、訴願又は行政訴訟を提起することも出來る。（稅法一六）

第二　相續開始報告　相續稅の事務中、市町村の爲すべき事項は、相續開始の報告である。相續稅法では、市町村長をして、相續開始の事實ある每に、稅務署長に報告すべき旨を規定す。即ち稅法に於ては相續人、遺言執行者、相續財產管理人に對して、之が申告を命じてあるが、若し其申告を爲さゞる者あるときは、稅務署長は其の事實を知るの途なく、爲に課稅の目的を達し得ない處があるから常に是等の事實を知るの機會を有する市町村長をして、これが報告を爲さしむる譯である。（稅法一二）

要するに、稅務署の相續稅調査は此報告を以て、唯一の材料と爲すべきものであるから、市町村長は是等關係の重大なるに鑑み、所定の報告を怠らざる樣留意せねばならぬ。又相續開始報告は、事件の發生毎に時々提出すべき筈であるが、市町村と稅務署との協議を以て一定の報告期日を定めて、提出するも妨ない。

左に掲ぐる戶籍事項を受理したるときは、市町村長は、財產の有無に拘らず、總て報告せねばならぬ。

一　死亡又は失踪。
二　戶主の隱居又は國籍喪失。
三　戶主が婚姻、又は養子緣組の取消に因りて、其家を去りたるとき。
四　入夫婚姻に依り、女戶主が、戶主權を喪失したるとき。
五　戶主たる入夫の離婚。

以上各種の報告に關する脫漏を防ぐ爲には、戶籍登記順番號を記入し、又課稅上の參考として、被相續人の財產見積額を備考に記入して調査上の便を計る等は、各地一般の取扱となつて居る。

又稅法第二十三條該當者に對する課稅の必要上、分家を爲したる場合も稅法第十二條に準じて報告すべきことに稅務署、市町村間の協議を以て、勵行せる向が尠くない。

第二號式　（相續税法第十二條報告樣式）

昭和何年何月何日

何市町村長　印

何税務署長殿

相續税法第十二條ニ依ル報告

種類番號	第　號			
相續開始年月日及原因	昭和　年　月　日死亡（隱居）（入夫婚姻）			
家督相續遺産相續ノ別				
被相續人ノ氏名				
被相續人ノ生年月日	年　月　日生			
相續開始地（被相續人ノ住所）				
被相續人ノ本籍				
相續人ノ氏名及被相續人トノ續柄	氏　名	被相續人トノ續柄		
戸主ノ氏名及其ノ納税額				
被相續人ノ	田反別　畝	畑反別　畝	宅地坪數　坪	雜地反別　畝

所有財産	
家屋見積價格	円
其他動産見積價格	円

注意 一、種類番號ハ死亡隱居入夫等種類毎ニ受付タル番號ヲ記入スルコト
二、戸主ノ納税額ハ戸數割又ハ家屋税ニ付テノミ記載スルコト

第三號式（分家報告樣式）

昭和何年何月何日

何市町村長 印

何税務署長殿

分家報告（相續税法第十二條ニ準ス）

分家年月日	昭和　年　月　日	
本家戸主ノ氏名		
本家戸主ノ本籍地		
分家戸主現住所		
分家戸主ノ氏名及本家戸主トノ續柄	氏名	本家戸主トノ續柄
本家戸主ノ納税額		

分家者ノ現所有財産	田反別　畝	畑反別　畝	宅地坪數　坪	雜地反別　畝
	家屋見積價格　円	職業又ハ營業種目		
備考				

第五款　納税手續

第一　税金の免除　相續税を課せられたる後、五年以內に、更に相續を開始したる場合は、後の決定税額の內から、前の相續額に對する税金相當額を免除せらる。又七年以內に相續を開始したる場合は、同上の半額を免除せらる。（税法一〇）

第二　年賦延納　相續税は一時に納付するのが原則であるが、其税金額が百圓以上の場合は、税額に相當する擔保を提供して、七ヶ年以內の年賦延納を出願することが出來る。（税法一七）

擔保は、税務署長の確實と認むる納税保證人か、又は確實なる有價證券、土地、建物等を提供すること。

相續税の年賦延納を受けむとするものは、決定通知を受けたる後、三十日以內に其旨を申請すること。（税法一七）

第四號式　（相續稅年賦延納申請樣式）

相續稅年賦延納申請

一、相續稅金　　何程

延納期間　　何ヶ年

此擔保

別紙擔保提供書（納稅保證書）ノ通

右年賦延納御許可相成度申請候也

年　月　日

住所

亡何某家督相續人「遺產相續人」
遺言執行者「相續財產管理人」

氏名　㊞

何稅務署長殿

相續稅納稅保證書

參錢印紙貼付

拙者儀（又ハ拙者共連帶ニテ）昭和何年何月何日相續開始シタル何府縣郡市町村大字何々番地何某家督相續人（又ハ亡何某遺產相續人）ノ納付スベキ相續稅金ニ對スル年賦納稅ヲ保證致候也

年　月　日

住所

保證人　氏名　㊞

何稅務署長殿

備考

一、保證人ノ印鑑證明書ヲ添付スルコト

一、相續稅年賦延納願及相續稅納稅保證書ハ美濃紙ニ記載スルコト（各々別々ニ）

第三章　國稅徵收

第一節　徵收責任と交付金

第一　徵收責任

市町村は、國稅の事務に付稅務署と納稅者との中間に介在して之が徵收及送納の事務を管掌するものである。卽ち其市町村內に於ける地租、及勅令を以て命ぜられたる國稅を徵收し、及之を國庫に送付するの責任を負ふ。(徵收法五)(國庫金は日本銀行及其支店代理店又は郵便局に於て取扱ふ。)

茲に勅令を以て命ぜられたる國稅とは、左の三稅目である。

(一)　第三種所得稅。

(二)　個人營業收益稅。

(三)　乙種資本利子稅。

市町村は、法律に依つて徵收事務の執行を命ぜられたものであるから、其徵稅に當つては、納稅者をして能く其本分を盡さしめ、苟も納期を愆るが如きことなき樣、最善を致して納期內に全部の稅金を取纏め、納期後三日以內に國庫に送納するの責任がある。(徵收法施規五)

若し納期内に税金を納付せざるものあるときは、直に滯納報告を爲さねばならぬ、併し元來滯納報告なるものは、手段を盡すも到底徵收の見込なき場合の已むを得ざる方法であつて、何等の督勵又は注意を加へず直に滯納報告を爲すが如きことは、市町村として未だ十分の責任を盡したものとは謂へない。即ち市町村の徵收責任は、納稅者全部の納付を了せしめ、之を國庫に送納するを以て法の理想と爲すものである。

第二 國庫交付金

凡そ國家の事務は、行政の便宜上之を市町村に分擔處理せしむることが多い。國稅の徵收を市町村に管掌せしめたことも全く此趣旨に外ならない、即ち納稅者が多數であつて、直接稅務署の取扱となすよりは、市町村に取扱はしむるを以て、國家並に納稅者の爲にも便益多きを認めたからである。併し市町村は、これが爲に相當の手數と費用を要するが故に、國家は市町村に對し稅金徵收の費用として、其徵收金額の百分の三及納稅告知書一通に付金貳錢の割合を以て計算したる金額を市町村に交付する譯である。(徵收法五の二)

交付金は、以上の如く法律を以て其割合を定められたものであるから、市町村は假令其金額のみでは、徵收費用を償ふに足らざる場合と雖之が徵稅上必要の施設を爲すべきことは勿論であつて、多額の交付金をくるに拘らず適當の施設を爲さゞる如きことは交付金制度の趣旨に副ざるものと謂はねばならぬ、又市町村が多數の滯納者を出すことは、前記の責任上に於ても、非難あるのみならず、其滯納稅額に相當するだけの交付金を失ふの結果ともなり夫れだけ市町村の損失である。

交付金の支拂は、毎年度之を二回に區分し、自四月至九月分を前期とし、自十月至翌年三月分を後期として交付せらる。そして地租の納稅告知書發付數は稅務署では、其員數が不明であるから毎交付期に於て、市町村より其報告を受けて請求金額を確定することゝなつて居る。

第一號式（納稅告知書發付數報告）

年　月　日

何郡市町村長　何　某　印

何稅務署長殿

何年度自何月至何月納稅告知書發付數報告

稅目	納期	納稅告知書數	稅目	納期	納稅告知書數
田租	第一期	三五八	〃	〃	〃
畑租 雜地租	第二期	五二五	〃	〃	〃

宅地租第二期	二四五	、、	、、	、、
何々何期	、、	、、	、、	、、
、、、、	、、	計		、、、

備考　税務署ト市町村トノ協議ニ依リ地租以外ノ諸税ニ對スル納税告知書數ヲモ報告ヲ要スヘキ向ニアリテハ總テ之ヲ記入スヘルコト

第二節　徴收手續

第一項　納額通知

納額通知書

市町村に於て徴收すべき國税を徴收するが爲に、は先づ税務署長より市町村に對して税目、納期、金額、及納付場所等を指定したる納額通知書を發付す、是れが即ち徴收手續の開始である、そして市町村は、該通知に基き、之が徴收手續に着手す。但し地租の納額通知書に付ては税務署長は、市町村の納額報告に基いて納額通知書を發すべきものであるから、若し該報告が遲延すれば隨て納額通知書の發付も遲延することゝなつて往々徴收の時期を失するの虞があるから、市町村は地租の納額報告を遲延せぬ樣注意せねばならぬ。

減額通知書

税務署長の發したる納額通知書の金額に異動を生じたるときは、其増額に係るものは、更に納額通知書を發し、其減額に係るものは減額通知書を發し、其他金額に關係なきものは適宜の通知書を發すべきものである、但し地租の異動は市町村より稅務署に報告すべきものであるから、稅務署は之に對し改めて其異動額の通知書を發せない、市町村は異動報告と同時に關係諸帳簿に異動の整理を爲し稅金の送納は、異動を差引たる金額に依ること。

納額通知書は、地租を除く外別に一人別調書を添付すべきものであるから市町村は其調書に依つて收納簿に登載すること、但し豫め稅務署と協議の上、最初の納期分通知の際、各納期の納額をも記載し爾後は異動の分のみを通知する向もある、隨て此場合は各納期每に必しも一人別調書を添付しない。又地租は市町村備付の地租名寄帳に依つて一人別の納額を調理すべきものである。

第二號式　（納額通知書様式）

納額通知

第何號	何市何町何村分	
何年度	租稅	何稅（項）　何年何月何日限
大藏省主管	日本銀行（何支店代理店）又ハ何郵便局扱	

何年何期分

一金何程　何稅（目）

書

右通知候也

昭和何年何月何日

何税務署長

官 氏 名 印

備考

一 同一納期ノ畑租及雜地租ハ之ヲ並記スルコト

二 一人別納額ノ通知ヲ要スル場合ニ於テハ一人別納額調書ヲ添附スルコト但シ人員少キトキハ金額ノ左傍ニ記入スルモ妨ケナシ

三 税務署ニ於テ送付場所ヲ郵便局ニ指定スル場合ハ「何金庫扱」トアルヲ「何郵便局扱」ト記載スルコト

第三號式（減額通知書樣式）

減額通知書

第　號	何年度	何年何月何日限何市町村納
經常租税	何税	第何期分
大藏省主管	何税務署	日本銀行（何支店代理店）又ハ何郵便局扱

一金何程　何税

但何月何日付第何號納額通知書ノ内何々ノ事由ニ依リ減額

右通知候也

昭和何年何月何日

何税務署長　官 氏 名 印

第二項　納稅告知

納稅告知書

國稅を徵收せむとするときは、納稅人に對して、必ず納稅告知書の發付を要す、即ち市町村が、稅務署長より納額通知書を受けたるときは直に之を收納簿に登載し、金額其他の正確を認めたる上、納稅告知書を調製し、更に收納簿と對査、照合を遂げ、之を納稅人又は納稅管理人に發付するの順序である。

納稅告知書送達の方法は、使丁又は郵便に依る、これは各地方の情況に依つて何れを選ぶも差支ない。但し其送達は迅速、且確實でなければならぬ、何となれば納稅人は納稅告知書の送達に依つて始めて納稅の責任を生じ、納稅の準備を爲すからである。故に告知書の送達が其日附よりも遲延するとか又は納期切迫に至つて送達するが如きことは納稅者に尠からざる迷惑を蒙らしむることゝなるから取扱上注意せねばならぬ。

納稅人に於て、納稅告知書の受取を拒み、又は帝國內に住所居所を有せざるとき、若は住所居所共に、不明なる場合は、其書類の要旨を公告し、公告の初日より七日を經過すれば書類の送達と同一の効力がある、之を公示送達と謂ふ。(徵收法四の八)若し此手續を履まずして、滯納の報告を爲し稅務署に於て滯納處分を執行することあるも夫れは手續の缺陷として往々行政訴訟の問題となる場合がある。

納稅告知書に指定する納期日は、法定納期を記載するを本則とするも、市町村は法定納期に接近したる期日を定めて徵收期日と爲すが多數の例である、これは徵收の便宜に出でたるもので別段差支がない、そして現今各市町村の取扱は、大抵法定納期の五日乃至一週間位を限度とする納期を記載する向が多い。

第四號式（納稅告知書樣式）　用紙適宜縱四寸五分橫三寸五分二枚接續

納稅告知書

第　何　號　　何郡何町村大字何々番地　何　某　納

何　年　度　租　稅　　何　稅（項）

一金　何　程　　何年何期分　何　稅（目）

右何年何月何日限何役場へ納付

昭和何年何月何日　何市町村長　何　某　印

（割印）

領收

第　何　號　　何郡市何町村大字何々番地　何　某　納

何　年　度　租　稅　　何　稅（項）

證書

何年何期分

何　稅　(目)

一金何程

昭和何年何月何日領收（印）

（領收者氏名）印

備考

一　市町村ニ於テ稅金ノ取扱上必要アルトキハ領收證書ノ外別符ヲ附スルモ妨ケナシ

二　同一納期ノ畑租及雜地租ハ之ヲ竝記シ其ノ左傍ニ合計額ヲ揭記スルコト

三　收稅官吏本書ヲ以テ稅金ヲ領收スルトキハ明治二十六年大藏省令第三十二號ノ現金領收證書ヲ發行スルヲ要セス

四　收稅官吏本書ヲ以テ稅金ノ領收ヲ爲ストキ督促手數料延滯金ノ收入ヲ要スルモノアルトキハ科目金額ヲ竝記シ第九號書式ノ納付書ヲ省略スルコトヲ得但シ所屬年度ヲ異ニスルトキハ此ノ限リニ在ラス

五　收稅官吏ニ於テ領收ヲ爲ストキハ本書式納稅告知書中餘白ニ領收濟年月日ヲ記入シ檢印ヲ爲シ領收濟通知書ヲ省略スルコトヲ得

六　國稅ト同一納期タル北海道地方稅、府縣稅、市區町村稅ヲ併記セムトスルトキハ道廳長官又ハ府縣知事ノ認可ヲ得ルコトヲ要ス（大正二年大藏省令第一二號ヲ追加）

第三項　收納簿と集計簿

國稅金收納簿　隨時收入諸稅收納簿　國稅金收納集計簿

市町村に於て、稅務署より、納額通知書の送付を受けたるときは國稅金收納簿、又は隨時收入諸稅收納簿、及國稅金收納集計簿を調製して、之れに登載せねばならぬ。但し既に其稅額の確定したるものにあつては、豫め是等の帳簿を調製して徵稅の準備を爲し置くことが便宜である。又此種の帳簿樣式は大藏省令を以て定められたもので、妄りに變更を許さない。併し府縣知事に於て別に樣式を定めたるときはこれに準據すべきものである。

(一) 國稅金收納簿は、畑租、雜地租を除くの外、稅目の異る每に別冊に調製すべきものである。但し紙數僅少なときは便宜合綴して見出を付するも妨ない、又隨時收入の諸稅は別に隨時收入諸稅收納簿を設けて登載すべき規定である。

元來收納簿は、市町村に於ける國稅金徵收の原簿を爲すものであるから、其整理は最も正確を要す。隨て納稅告知書の發付に當つては相互に金額氏名等を照合し、又稅金領收の場合に於ても領收證原符との對照及領收日付の記入を誤らざる樣、特に注意すべきである。

(二) 國稅金收納集計簿は、各稅目、納期每に口座を設け收納簿の記載事項を集計して登記すべきもので、收納簿整理の際は、必ず本簿をも整理し其集計額は常に正鵠を要すべきものである。

第八號式　(第一號　國稅金收納簿樣式)

一　納期ノ一定スル國稅金ハ名寄帳及一人別徵稅元帳又ハ納額通知書ニ添付スル一人別調書ヨリ㋑印ノ如ク移記シ其ノ合計ヲ納額通知書ノ金額ト對照シ差違ナキヲ認メタル後納稅告知書ヲ作リ發付スルコト（四十三年大藏省訓令第一一號ニテ改正）

二　增額ノ爲追加納額通知書ヲ受ケタルトキハ㋺印ノ如ク記載スルコト但シ其ノ納稅告知書ノ發付ニ付テハ前項ニ同シ（同上）

三　減額ノ通知ヲ受ケタルトキハ㋩印ノ如ク朱記シ其ノ納稅告知書ヲ訂正スルコト（同上）

四　稅金ヲ領收シタルトキハ㊁印ノ如ク記載シ收入役認印スルコト（同上）

五　滯納者ノ報告ヲ爲シタルトキハ一人別ニ㋭印ノ如ク朱記スルコト（同上）

六　地租ニ關シテハ納期每ニ地租名寄地ノ地租額ニ依リ當該納期ノ納額ヲ計算シテ揭記スルコト（三十七年大藏省訓令第一七號ニテ追加四十年同第二九號ニテ改正）

七　地租ノ收納額ニハ末尾ニ每納期ノ租額合計ヲ附シ異動アル每ニ之ヲ整理シ之ニ依リ稅務署ニ地租ノ納額ヲ報告スルコト（同上）

第二號　隨時收入國稅收納簿

一　隨時收入ニ係ル國稅ノ納額通知書ヲ受ケタルトキハ㋑印ノ如ク記載スルコト但シ其ノ納稅告知書ヲ作リ發付スルハ第一號ニ同シ（四十三年大藏省訓令第一一號ニテ改正）

二　國稅金ヲ領收シタルトキハ㋺印ノ如ク記載スルコト

第三號　國稅金收納集計簿

一　本簿ハ日々收納簿ニ登記セシ金員ヲ集計シテ記載スルコト

二　納税告知書ヲ發セシトキハ㋑印ノ如ク記載シ増額ノ爲メ追加納税告知書ヲ發セシトキハ㋺印ノ如ク記載シ減額ノ通知ヲ受ケタルトキハ㋩印ノ如ク（其金額ハ納額ノ區ヘ）朱記スルコト（三十七年大藏省訓令第一七號四十三年同第一一號ニテ改正）

三　日々領收スル國税金ハ㋥印ノ如ク記載シ納額ヨリ領收證ヲ控除セシ差額ヲ未納ノ區ヘ記入スルコト（同上）

四　國税金ヲ金庫ヘ送付スルトキハ㋭印ノ如ク（金額ハ領收額ノ區ヘ）朱記スルコト（四十三年大藏省訓令第一一號ニテ改正）

五　滯納報告ヲ爲シタルトキハ㋬印ノ如ク（金額ハ納額ノ區ヘ）朱記スルコト

（別記）

（第一號）

昭和何年度

國税金收納簿

（本簿ハ畑租及雜地租ノ第一二期ヲ除ク外目毎ニ調製スヘシ但シ本簿ハ便宜之ヲ洋式ト爲シ又其紙數少キモノハ合綴シ見出ヲ付スルモ妨ケナシ）

何市（區）役所
何郡
何町（村）役場

備考

一　畑租及雜地租ハ第一樣式田租、第三種所得税ハ第二樣式宅地租、營業收益税、資本利子税ハ第三樣式ニ據ルコト

二　北海道地租、沖繩縣地租、鹿兒島縣下大嶋郡ノ內大島外十四嶋ノ地租及延納年賦ハ本號樣式ニ準シ適宜調製スルモノトス

第一（畑租、雜地租）

番號	氏名	第一期 畑租	第一期 雜地租	第一期 計	第一期 領收月日印	第二期 畑租	第二期 雜地租	第二期 計	第二期 領收月日印
一	何某	㋑ 二円五〇	㋑ 一円二五	三円七五	㊁何月何日領收㊞	㋑ ㋺ 二五〇 五〇	一円二五	四円二五	㊁何月何日領收㊞
二	何某	㋑ ㋩ 三〇〇 「一〇〇」	㋑ 一五〇	三五〇	㊁何月何日領收㊞	二〇〇	㋑ 一〇〇	三五〇	㋭「何月何日滯納報告ス」

「　」內ハ朱書

第二（田租、第三種所得稅）

番號	氏名	第何期 金額	第何期 領收月日印	第何期 金額	第何期 領收月日印	第何期 金額	第何期 領收月日印	第何期 金額	第何期 領收月日印
一	何某	㋑ 四円二五	㊁何月何日領收㊞	円		円		円	

第三（宅地收益、資本利子稅）

番號	氏名	何期分又ハ前半期分 金額	何期分又ハ前半期分 領收月日認印	何期分又ハ前半期分 金額	何期分又ハ前半期分 領收月日認印
一	何某	㋑ 一五円三〇	㊁何月何日領收㊞	円	

第九號式（隨時收入諸稅收納簿樣式）

（本簿ハ之ヲ洋式ト爲スコトヲ妨ケス）

（第二號）

昭和何年度

隨時收入諸稅收納簿

何郡

何市（區）役所

何町（村）役場

番號	氏名	稅目	納期	金額	領收月日印
一	大字何 某	何稅（目）	何月何日	㋑ 三三五 ㋺	何月何日領收 ㊞
二	大字何 某	何稅（目）	何月何日	㋑ 三〇〇 ㋺	何月何日領收 ㊞

第十號式　（國稅金收納集計簿樣式）

（第三號）

昭和何年度

國稅金收納集計簿

（本簿ハ毎納期各目隨時收入ハ項毎ニ區分シ合綴シテ見出ヲ附スヘシ但シ本簿ハ洋式ト爲スコトヲ妨ケス）

何市（區）役所

何郡

何町（村）役場

第一期地租

年月日	摘要	納額	領收額	未納額
何月何日	告知書發付	㋑ 八五三円二五	円	八五三円二五
何月何日	領收濟		㋺ 五三六一三	三一七一二
何月何日	「減額通知」	㋬ 「一二五〇」		三〇四六二
何月何日	領收濟		㋩ 三〇四六二	
「何月何日」	「日本銀行（何支店代理店）ヘ送付」		㋭ 「八四〇七五」	

第二期畑租

年月日	摘要	納額	領收額	未納額
何月何日	告知書發付	㋑ 八七〇円五〇	円	八七〇円五〇
何月何日	領收濟		㊁ 四八六三五	三八四一五
何月何日	增額ノ分告知書發付	㋺ 五八七		三九〇〇二
何月何日	領收濟		㊁ 三五七八七	三二一五
「何月何日」	「日本銀行（何支店代理店）ヘ送付」		㋭ 「八四四二二」	三
何月何日	「何外何人滯納報告ス」	㋬ 「三二一五」		〇

隨時收入地租

年月日	摘要	納額	領收額	未納額
何月何日	告知書發付	㋑ 一五円三五	円	一五円三五
何月何日	領收濟		㊁ 一二三五	三〇〇

年月日	摘要	納額	領收額	未納額
何月何日	同		㊁ 三 〇〇	〇
「何月何日」	「日本銀行（何支店代理店）ヘ送付」		㊭「一五」	

年月日	摘要	納額	領收額	未納額
	合計			
何月何日	告知書發付	㋑ 一、二五七円 八五	円	一、二五七円 八五
何月何日	領收濟		㊁ 一、一三五 二七	一二二 五八
何月何日	増額ノ分告知書發付分	㋺ 九七 二八		二一九 八六
何月何日	告知書發付	㋑ 一三三 五〇		三四三 三六
「何月何日」	「日本銀行（何支店又ハ代理店）ヘ送付」		㊭「一、一三五 二七」	
何月何日	領收濟		㊁ 二一五 二八	一二八 〇八
「何月何日」	「減額通知」	㋩「二 五五」		一二五 五三
「何月何日」	「日本銀行（何支店又ハ代理店）ヘ送付」		㊭「二一五 二八」	
「何月何日」	「何人分滞納報告ス」	㋬「一二五 五三」		〇

備考　郵便局ニ送付シタルトキハ「日本銀行（何支店代理店）ヘ送付」トアルヲ「何郵便局ヘ送付」ト記載スルコト

（參照）

明治四十三年四月大藏省訓令第十號ヲ以テ明治二十七年二月大藏省訓令第十一號市町村ニ備フヘキ諸帳簿様式中ノ改正ハ明治四十三年度分ヨリ之ヲ施行シ宅地租ニ關スル規定ハ明治四十四年分地租ヨリ之ヲ適用ス

第四項　收納方法

税金收納の方法は、現行の徴收規程に於ては別に定むる所がない、而して現今各地に行はるゝ方法は、一定の徴收期日を定めて出張徴收を行ふもの。市町村役場に出張納付を命ずるもの。指定の銀行に納付を命ずるもの。納税組合を設けて取纒め納付せしめるもの。大字の區長、惣代をして取纒めしむるもの。役場吏員が各納税者に就き集金を爲すもの等、各地方の情況と慣例とに依つて夫々其方法を異にする譯であるが、納期限の切迫に當つて未納者に對し注意督勵を加へ以て完納を期することは、一般の狀況である。

又市街地に在つては、郵便振替貯金に依る市公金取扱規則に依り、市内便宜の郵便局に於て税金の取扱を爲し得る途を設け、納税上の便宜を計れる向も尠くない。

市町村の國税事務は、法律上自治體の代表機關たる市町村長の責任であるが、現金の出納は收入役が其事務を管掌すべきもので、國稅金の收納に就ても他の公課と同樣、收入役の取扱に屬すべきものである。

國稅金は現金を以て納付するが本則である。但し有價證券を以て現金に代用して納付し得るの途が啓かれてある。其證券の種類左の如し。

(一)　國稅徵收法施行細則第七條に依り郵便爲替。日本銀行若は其代理店に宛てたる送金手形又は日本銀行若は其代理店に於て證明したる小切手。

(二)　明治三十八年二月大藏省令第七號に依り仕拂の開始したる國債證券及利札。

第五項　保管、送納

市町村が納稅人より稅金を領收したるときは、納稅人に領收書を交付し直に收納簿に領收濟の旨を記入す、但し每一日分を取纏めて記帳するは任意であるが、之を翌日に延長するが如きは誤謬を生ずるの因を爲すものである。斯くして收納したる稅金は、漸次送付書を添へ納額通知書に指定せられたる納付場所に送納せねばならぬ。又其送納期日は、遲くも納期限後三日を過ぐるを得ない。(徵收法施規五)

送付書　甲　乙

稅金送納前に於ける現金保管上の責任は市町村に存す、故に最も嚴正の方法に依つて保管の必要がある。若し保管上遺漏の點があつたならば或は不測の辨償責任を負ふ場合をも起るから、事情の許す限は、收納の漸次に送納し、保管上の危險を避くるが肝要である。

稅金送納に當つては、過不足等の違算なき樣、稅務署の納額通知書、及其後の異動を控除したる稅額と對照し、尙稅務署所在の銀行、又は郵便局に送納する場合は、送納に先ち、稅務署に於て其稅額を照合するを以て最善の取扱と思ふ。

第五號式甲　（送付書樣式）　用紙適宜縦四寸五分横三寸三分三枚接續

送付書

何年度　何市町村

大藏省主管　何稅務署　租稅　何稅（項）

一金何程

右送付候也

昭和何何年月何日

何年何期分

何稅（目）

（領收印）

納入

何年度　何市町村

大藏省主管　何稅務署　租稅　何稅（項）

濟書

一金何程　（印）

昭和何年何月何日納入濟

何年何期分

何税（目）

日本銀行（何支店代理店）印

（領收印）

領收請書

何年度　何市町村

一金何程　（印）

昭和何年何月何日領收

何年何期分

何税（目）

日本銀行（何支店代理店）印

備考

一　納入濟書及領收請用紙ノ金額年度科目等ハ總テ市町村ニ於テ記入スルコト

二　同一納期ノ畑租及雜地租ハ之ヲ並記シ其ノ左傍ニ合計額ヲ揭記スルコト

第五號式乙（郵便局送付ノ分）

用紙寸法各片 縦六寸 横四寸　輪郭寸法各片 縦四寸五分 横三寸三分

送付

第何號	何年度	何市（區）町村
大藏省主管	租税	何税務署

票傳

一金何程

何年何期分

何税（目）

領日
收附印

送付書

第何號 何年度 何市（區）町村

大藏省主管 租税 何税務署

一金何程

何年何月何日

何年何期分

何税（目）

領日
收附印

領收濟通

第何號 何年度 何市（區）町村

大藏省主管 租税 何税務署

一金何程

何年何期分

何税（目）

何郵便局出納官吏

知書

取纒郵傳局	何々郵便局	官　氏　名　印
		領收日附印

領收請書

第何號	何年度	何市(區)町村
大藏省主管	租税	何税務署

一金何程

何年何期分

何税(目)

「何郵便局出納官吏

官　氏　名　印

領收日附印

備考

一　送付傳票、領收濟通知書、領收請書用紙ノ金額、年度、科目及取纒郵便局名等ハ總テ市(區)町村ニ於テ記入スルコト

二　同一納期ノ畑租及雜地租ハ之ヲ竝記シ其ノ左傍ニ合計額ヲ掲記スルコト

三　用紙ハ下方ノ一邊ヲ著色(青)スルコト

第六項　督勵と施設

第一　徵税成績の擧否が、一に徵税當局の努力如何に存することは敢て多言を俟たない。市町村の

徴收すべき國稅の成績擧揚に就ても、市町村當局の熱誠に依つて納稅の督勵を行ふと、及各地の情況に適應せる各種の施設に待つべきことは勿論である。或は滯納處分の勵行に依つて、將來を戒むるの良策たるを主張する向もあるが、現今の狀態では其結果が却て面白くない。寧ろ事前に於て極力納稅督勵を加へ、懇篤に將來をも注意することが最も効果ある方法として、今尙一般に採用せらるゝ所である。

第二　納稅の施設に關し現今各地に行はるゝ事項は、頗る多いが大體左記要項の樣である。即ち之れが實行に際しては各地方の事情に應じて、宜しく取捨選擇の上最も有効の方法を行ふが肝要と思ふ。

第一　納稅に關する民間の組合

(イ)　納稅貯金組合

(ロ)　共同事業に依る納稅組合

(ハ)　納稅組合（貯金を爲さず專ら納期限内に納付を目的とするもの）

(ニ)　集金納稅組合

(ホ)　納稅管理會（他管に住所を有するものゝ爲に設くる會）

(ヘ)　公共組合（靑年團戶主會產業組合信用購買又は販賣組合等）の利用

第二　稅金徵收に關する施設
（イ）稅金收納場所の增設
（ロ）稅金收納時間の延長
（ハ）市町村吏員の出張徵收（出張徵收には當日必ず全部の收納を了するの慣習を養成すること）
（ニ）小切手、郵便振替貯金の收納
（ホ）區長、伍長、組長、總代等の稅金取纒
（ヘ）市町村に督勵外勤員の常設
（ト）納稅者相互の輪番取纒
（チ）軍團、官衙、會社、銀行等多數納稅者の集團せる團體に於て俸給仕拂の際稅金の取纒納付を爲すもの
第三　納稅上の注意、警告
（イ）納期限表、納稅袋、納稅告知書容器の配布
（ロ）納稅期日に於ける太鼓の合圖、擊柝、打鐘、振鈴を以てする注意
（ハ）納稅報知旗、完納旗の樹立
（ニ）出張徵收期日の告知

(ホ) 告知書の餘白に出張徵收の期日及注意事項印刷

(ヘ) 滯納者見込を稅務署長に通報し共力して督勵を行ふもの

第四　納稅の保證又は代納

(イ) 他管の納稅者に對する納稅管理會設置（これは第一(ホ)の管理會と同樣である）

(ロ) 寄留者に對する納稅保證方法

(ハ) 不在者等に對する隣保又は組合員の代納方法

第五　納稅心の涵養

(イ) 納稅者の家宅に就き納稅上の說明

(ロ) 多數集合の場合に於ける納稅講話

(ハ) 納稅標語納稅美談の募集及之が配布

(ニ) 納稅宣傳歌の作製

(ホ) 納稅宣傳劇の開演

(ヘ) 納稅に關する活動寫眞映畫

(ト) 小學生徒に對する納稅講話

(チ) 市町村吏員、市町村會議員等率先して納稅を了し他に範を示すもの

第六　納税成績の賞揚
（イ）納税成績の優良なる團體又は個人の表彰
（ロ）納税成績表の配付及掲示
（ハ）納税成績に依りて組長に慰勞金給與
（ニ）等級別の納税表彰旗、納税奬勵金附與
（ホ）納税上の功勞者表彰
（ヘ）表彰者を新聞紙其他にて公表
第七　滯納者に協定的制裁
（イ）未納者の氏名掲示（これは能く地方の狀況を考慮するの必要がある）
（ロ）督促に關する費用辨償
（ハ）違約金又は過怠金の徵收（組合又は申合規約に依る）
（ニ）組合事業に使役其他申合に依る協定的の制裁

納税管理人申告

第三　納税者が其管內に住所居所を有せざるときは、納税に關する事項を處理せしむるが爲に其管內に居住する者を以て納税管理人と定め、其旨を所轄税務署又は市町村役場に申告せねばならぬ、（徵收法四ノ六）處が近來此申告を爲さぬ人が多く徵税上にも種々の障害があるので、町村等に於て

斡旋し是等他管居住者の申合せで納税管理會などを組織して、相當成績を擧げ居る向もある樣である、これも慥に一方法であると思ふ。又税務署と市町村とが協力して本人に對し必ず納税管理人を置かしむることに努力することも必要である。

第七號式　（納税管理人申告樣式）

年　月　日

住所
納税人　氏　名　㊞
住所
納税管理人　氏　名　㊞

何税務署長（何郡何市町村長）殿

納税管理人申告

何地何市區町村ニ納税スヘキ地租（第三種所得税）（營業收益税）ニ關シ納税管理人選定致候ニ付連署ヲ以テ申告候也

會納税管理　（納税管理會）（規則）

何町村納税管理會規則

第一條　本會ハ何町村納税管理會ト稱シ當外ノ居住者ニシテ當町村ヨリ租税公課ノ賦課ヲ受クル者ヲ以テ組織シ會員ノ納税上ノ利便ヲ計リ納期内ノ完納ヲ期シ併テ納税手續ノ繁ヲ省クヲ以テ目的トス

第二條　本會ハ何町村役場内ニ設置シ會長一名、幹事何名ヲ置キ役員ハ無報酬トス
第三條　本會長ハ町村長其任ニ當リ幹事ハ收入役及何々員之ヲ擔當ス
第四條　本會員ハ毎年度納付スヘキ一ケ年分税金ノ總額即チ國税、府縣税、町村税其他公課ノ概算額ヲ會長ノ通知ニヨリ年度開始前ニ送金スルモノトス
但シ新ニ入會セシ場合ハ其際出金ヲ爲シ不足ヲ生シタルトキハ隨時會長ノ通知ニヨリ出金スルモノトス
第五條　會長ニ於テ概算金ノ送付ヲ受ケタルトキハ代納税金預リ書ヲ交付シ領收ノ通知ニ代フルモノトス
第六條　本會ニハ會員名簿、現金出納簿ヲ設備シ金錢ノ受拂及税金納付ノ事績ヲ明瞭ニシ現金ハ何町村納税管理會ノ名義ヲ以テ株式會社何々銀行ニ預入レ各種ノ徴税令書ハ直接會員ニ交付セスシテ本會之ヲ受領シ會員ノ預金中ヨリ支出シ會員ニ代リテ指定ノ場所ニ納税ヲ了シ税金領收證ハ年度終了ト同時ニ精算書ヲ添付シ會員ニ送付スルモノトス
第七條　本會員ニシテ將來ニ納税義務消滅ノ場合又ハ事故ノ爲退會シタルトキハ精算書ヲ作製シ剩餘金アルトキハ直ニ拂戻ヲ爲スモノトス
第八條　會員ノ預金ニ對スル金利ハ郵税其他ノ費用ニ充ツルモノトス

第七項　滞納報告

滞納報告書

市町村に於て納税告知書を發したる諸税は、納期限迄は其收納を取扱ひ、此間未納の虞あるものに對しては最善を盡して督勵を加へねばならぬが、尚止むを得ざる事情の下に滞納と爲りたるものあるときは、納期限後直に滞納者の住所、氏名、税目、納期、金額及滞納の事由等を詳記せる滞納

報告書を調製し、税務署長に提出を要す、斯くして市町村の收納簿、及同集計簿には式の如く滯納報告として整理すること。

滯納報告に當つては特に左の事項に注意すること。

(イ) 滯納報告額は、税務署通知の納額より異動に依る增減額を加除し、送納額を差引したる殘額と符合すること。

(ロ) 納税管理人あるときは其住所氏名をも記載すること。

(ハ) 相續の開始ありたるときは、其原因及相續人の氏名をも記載すること。

(ニ) 相續人曠缺の爲又は納税人所在不明等の爲、財產管理人あるときは、財產管理人の住所氏名を記載すること。

(ホ) 納税告知書を公示送達したるときは、「滯納の事由及參考事項」に公告月日、及其旨を記載すること。

(ヘ) 其他滯納の事由、及參考事項は、詳細に記載すること。

第六號式 (滯納報告書樣式)

昭和何年何月何日

何郡市町村長　何　某　印

何税務署長殿

昭和何年度第何期何税(目)滯納報告書

税額	事由	住所	氏名
一、〇〇〇	何々	何町村大字何々番地	何某
二、〇〇〇	何々	何郡市何町村大字何々番地 何町村大字何々番地	何某 管理人何某
計 三、〇〇〇			

備考

畑租、雜地租ニ付テハ税額欄ヲ畑、雜地、計ノ三欄ニ區劃シ記載スルコト

滯納報告書式ハ前揭ノ通大藏省ニ於テ定メラレアルモ市町村ト協議ノ結果左記用紙ヲ税務署ヨリ市町村ニ交付スルコトニナレル向アリ故ニ市町村ハ該用紙ニ記載提出スルコト但シ此ノ用紙ニ記載シタル滯納報告書ハ直ニ税務署ノ帳簿ニ充用スルモノニ付成ルヘク鄭重ニ記載スルコト

滯納報告書(甲)(滯納額整理簿充用)

何年何月何日

何市町村長　氏　名　印

昭和何年度何税務第何期分滯納報告書

番號	督促月日 指定月日	督促手數料 延滯金 滯納處分費	税額	滯納ノ事由及參考事項	顚末	住所 大字 字 地番	氏名

一〇〇〇円	〃〃〃		〃〃〃	〃〃〃	何　某
五〇〇	〃〃〃		〃〃〃	〃〃〃	何　某
三〇〇	〃〃〃		〃〃〃	〃〃〃	何府縣郡市町村番地 何某納税管理人 何　某
二〇〇	〃〃〃		〃〃〃	〃〃〃	何某相續人 何　某

第八項　過誤納金整理

國税過誤納金整理簿

市町村が、國税を國庫に送納したる後過誤納を發見したるときは、過誤納金整理簿を設けて其下戻請求、仕拂小切手の受領、現金の交付等、時々に之が整理を爲すべきものである。

第十一號式（過誤納金整理簿）

昭和何年度

國稅過誤納金整理簿

何市（區）役所
何郡何町（村）役場

備考

一　國稅金ヲ金庫ヘ納付シタル後過誤納ヲ發見シタルトキハ一人別ニ事由科目納期金額納人氏名ヲ記載スルコト

二　前項金額下戻請求月日仕拂命令受領月日現金交付月日ニハ市町村長若ハ代理者ニ於テ夫々認印スルコト

三　過年度ニ屬スル過誤納金ハ別ニ口座ヲ設ケ整理スヘシ但シ納期トアル欄ヲ元年度トス

國稅過誤納金

過誤納ノ事由	科目	納期	金額	納人	整理年月日		
					下戻請求	仕拂命令「又ハ下戻金」受領	現金交付

第三節　監督及協議

附　稅務協議會

第一　監督

市町村の一般事務に對する監督は、市制、町村制の明文に依つて第一次に府縣知事、第二次に内務大臣の權限であり、又財政方面に付ては大藏大臣の監督を受くるものであるが、特に國稅事務に關しては、別に市町村國稅諸帳簿監査規程があつて、（明治三十七年大藏大臣內訓第四九五九號）大藏大臣は隨時稅署長又は其代理官をして之が整理を監査せしむることゝなつて居る、即ち市町村は國稅事務に付府縣知事內務大臣の外、稅務署長の監査をも受ける譯である。

市町村の國稅事務に付、取扱上注意すべき事項は、大體左記要領である。

(一)　法令又は監督官廳の命令に基き、設備すべき國稅諸帳簿は常に之が完整を期すること。

(二)　諸帳簿の整理は常に滯滯なきを期し、其整理方法は成規の手續に背反せざること。

(三)　記載事項に誤謬なきを期するは勿論、關係書類の編纂、保存を嚴正にし、之が對照、符合を認むること。

其他法令上別段の規定なき事項と雖常に稅務署と協議して協力一致之が成績の擧揚に努むるが肝要である。

第二　稅務協議會

凡そ事務の成績を擧げしむるの方法としては、命令、監督の作用に依ることも素より必要な事柄ではあるが、更に夫れ以上に効果の大なるものは、指導、啓發の方法に依ることである、これは假令同一の事務を行ふに當つても、所謂受働的であるのと、自働的であるのとには、其氣分に格段の差が生ずるからである。近時監督廳の方針としても、一般に後者に依らむとするの傾向著しきものあるは、慥に時代順應の措置として欣ばしいことである。

税務署と市町村との關係は素より上級下級の關係ではない、そして從來各税務署と其管内の市町村とには大抵税務協議會が組織せられてある、併し以前の税務協議會は互に意思の疏通を計り、事務の打合を行ふ位を目的としたものであつたが、今日は斯る單純なる目的のみではなく、眞に協同一致の力を以て、税務行政の向上刷新を圖ると云ふ大方針に基き、協議會として各種の施設經營をも行はるゝに至つた。隨て其協議事項も單に國税のみではなく、府縣税、市町村税の事項をも研究せられ、且此會同には、府縣からも、税務監督局からも參加すると云ふ風に、所謂地方に於ける全税務の一團として意義あり、權威ある組織體を爲し、又其決議事項は着々之が實行に努むるの狀態となつた、而も此關係は先年郡制の廢止後一層其度を高めた樣に思はれる。又別に狀況を同ふする都市に在つては前記同樣の目的の下に税務監督局を區域とする都市協議會を組織せられ、又各税務協議會では更に、聯合協議會をも組織したい氣運もある樣で、現今各地の税務協議會は所謂圓滑なる税務の遂行上缺くべからざる行事の一となつたと同時に、將來益々發展の理想を持つものと思ふ。

何稅務署管內市町村稅務協議會々則

第一章　總　　則

第一條　本會ハ何稅務協議會（又ハ何稅務會、何稅務協會）ト稱ス

第二條　本會ハ何稅務署管內市町村長市町村役場稅務擔當者及何稅務署々員何々ヲ以テ組織ス

第三條　本會ハ稅務行政ノ昂上刷新ヲ圖ルヲ以テ目的トス

第四條　本會ノ事務所ハ何稅務署內ニ置ク

第二章　役　　員

第五條　本會ニ左ノ役員ヲ置ク

會長　一名　　評議員　何名　　幹事　何名　　顧問　何名

第六條　會長ハ稅務署長トシ評議員ハ何々何々顧問ハ何々何々ニ會長之ヲ囑託シ幹事ハ何稅務署各課長ヲ以テシ稅務署庶務課長ヲ以テ常任幹事トス

第七條　會長ハ會務ヲ總理シ顧問ハ會長ノ諮問ニ應シ若ハ意見ヲ陳述シ幹事ハ會長ノ命ヲ受ケ會務ヲ處理シ常任幹事ハ金錢並ニ物品ノ保管出納及其他ノ庶務ニ從事ス

會長事故アル時ハ上席幹事之ヲ代理ス

第三章　事　　業

第八條　本會ノ目的ヲ達成センカ爲ニ左ノ事業ヲ行フ

イ、稅務行政ニ關スル諸般ノ協議

ロ、稅務法規ノ研究

ハ、本會ノ目的遂行上功績顯著ナル會員ノ表彰

ニ、模範市町村ノ視察
ホ、稅務ニ關スル講習講演會ノ開催
ヘ、會誌(會報)ノ發行
ト、其他必要ト認ムル事項
第九條　會長ハ毎年一回會員中左記ニ該當スルモノヲ表彰ス
一、主管事務ニ對シ其ノ功績顯著ニシテ他ノ模範トスルニ足ルモノ
二、其他租稅徵收上顯著ナル功績アリタルモノ
第十條　表彰ハ表彰狀及副賞授與ヲ以テ之ヲ行フ
第十一條　各市町村長ハ表彰資料トシテ部內會員ノ勤務事績ヲ調査シ第九條各號ノ一ニ該當スト認メタルモノアルトキハ毎年三月中ニ其ノ事績ノ概要職氏名ヲ會長ニ報告スルモノトス
第十二條　會長ハ前條ノ報告ニ基キ擬彰候補者ノ功績ヲ審査シ顧問ノ意見ヲ參酌シ擬彰者ヲ決定ス
第十三條　第九條各號ニ該當シ表彰ヲ要スルモノアル時ハ定期開會ノ際ニ於テ之カ表彰式ヲ擧行スルモノトス
第十四條　本會ハ毎年一回春季ニ於テ(又ハ毎年春秋二回)開催シ其場所及期日ハ會長之ヲ定メ會員ニ通知スルモノトス但シ會長ニ於テ特ニ必要アリト認ムルトキ若クハ會員三分ノ一以上ノ要求アリタル時ハ臨時ニ之ヲ開催スルコトアルヘシ

第四章　經　費

第十五條　本會ノ經費ハ左ノ通リ毎會計年度ノ初メニ醵出スルモノトス
何　市　何　圓　各町村　何　圓

第十六條　常任幹事ハ其ノ年度經過後一ケ月以内ニ收支計算ヲ遂ケ會員ニ報告スルモノトス

附　則

第十七條　本會則ハ昭和何年ヨリ施行ス

税務協議會では、所謂圓滿協調の下に、各種の施設を行ふと同時に市町村國税事務規程等を設けて、取扱の統一と、事務の共助とを實行されて居る。市町村國税事務規程のことは別に説明するが、税務統計に關しても地租納額別人員表（毎年一月末日限税務署に報告）地租調定人員表（六月十日限）等は年々税務署より照會を爲さず、定期報告として事務規定中に規定せらるゝ向が多い。

第十二號式（地租納額別人員表様式）

地租納額別人員表　　税務署提出期限　毎年一月末日限

一萬圓以上	五千圓以上	二千圓以上	千圓以上	五百圓以上	二百圓以上	百圓以上	五拾圓以上	參拾圓以上	貳拾圓以上	拾五圓以上	備考
拾圓以上	七圓以上	五圓以上	三圓以上	二圓以上	一圓以上	九拾錢以上	貳拾錢以上	貳拾錢未滿		合計	

一、市町村土地名寄帳ノ一月一日現在各地目ノ合計ヨリ地租條例第十三條ノ二ニ依ル地租免除額ヲ控除シタルモノヲ揭クルコト

二、前項免除額ハ田畑各前年第一期分ノ状況ニ依リ一月一日現在ヲ推計シテ調理スルコト

三、共有ニ係ルモノハ一人トシテ計算シ尚其ノ件數及實際人員ヲ備考ニ掲クルコト
四、前年ニ對スル增減事由ハ特ニ著シキ增減アル階級ヲ除クノ外概ネ左記階級區分ニヨリ記述スルコト

千圓以上（自一萬圓以上 至千圓以上欄）　百圓以上（自五百圓以上 至百圓以上欄）　十圓以上（自五十圓以上 至十圓以上欄）

三圓以上（自七圓以上 至三圓以上欄）　一圓以上（自二圓以上 至一圓以上欄）　一圓未滿（自五十錢以上 至二十錢未滿欄）

五、左ノ事項ヲ備考ニ掲記スルコト
イ　地租條例第十三條ノ二ニ依リ地租ヲ免除セラレタル人員但シ左ノ如ク區分ス
1　免除ノ結果全ク地租ヲ徴收セサルモノ
2　免除ノ結果田畑以外ノ地租ノミ徴收ノモノ
3　田畑地租幾部免除ノモノ
ロ　本表中「一萬圓以上」ノモノアルトキハ一萬圓ヲ增ス每ニ區分シタル人員

第十三號式（地租調定人員表樣式）

地租調定人員表　　稅務署提出期限　每年六月十日

イ 田租	ロ 宅地租	ハ 畑租ノミ納ムルモノ	ニ 雜地租ノミ納ムルモノ	ホ 畑雜地租併納ノモノ	ヘ 畑雜地租併納ノモノ、內譯	
					畑租金額多キモノ	雜地租金額多キモノ

一、本表ハ會計年度ニ依リ調査スルコト

二、人員ハ納税告知書一通毎ニ之ヲ一人トシテ計算スルコト
三、(イ)ヨリ(ホ)ニ至ル各數ハ市町村交付金規程第三條ニヨリ報告シタル納税告知書發付數ト符合スルコト
四、(ヘ)合計數ハ(ホ)ノ數ト符合スルコト
五、畑雜地租ノ租額同シキモノニ在リテハ地價額ニヨリ、地租地價共ニ相均シキモノハ段別ノ廣狹ニヨリ其多キ方ニ記載スルコト

第三　國税事務調理期限

以上を以て大體市町村に於ける國税事務の説明を終へた譯であるが、茲に參考の爲、國税事務中重なる事項の月別調理期限を掲ぐ。そしてこれには更に府縣税、市町村税の事項をも列記せる期限簿と爲し、其處理濟月日及處理の顚末をも記入することが便宜である。

國税事務月別調理期限簿

件名	處理要旨	處理期限	處理濟月日	處理者印	市町村長檢印
四月ノ部					
田租第三期分	送納	三日限			
所得税第四期分	送納	三日限			
田租第四期分地價地租報告		十五日限			

附　自作農地租免除額報告 國税交付金資料報告		三日限
五月ノ部		
田租第四期分	告知書發付及徵收	自一日至三十一日間
六月ノ部		
田租第四期分	送納	三日限
自作農地租免除申請	取纏メ	六月中
自作農地租免除者相互通知	各市町村間	同
宅地租第一期分地價地租報告		十五日限
地租調定人員表	統計	十日限
七月ノ部		
宅地租第一期分	告知書發付及徵收	自一日至三十一日間
所得税第一期分	同	同
八月ノ部		
宅地租第一期分	送納	三日限
所得税第一期分	送納	三日限
營業收益税第一期分	告知書發付及徵收	自一日至三十一日間
乙種資本利子税第一期分	同	同

畑租雜地租第一期分地價地租報告 附 自作農地租免除額報告		十五日限
九月ノ部		
營業收益稅第一期分	送納	三日限
乙種資本利子稅第一期分	同	同
畑租雜地租第一期分	告知書發付及徵收	自一日至三十日間
十月ノ部		
畑租雜地租第一期分	送納	三日限
所得稅第二期分	告知書發付及徵收	自一日至三十一日間
畑租雜地租第二期分地價地租報告 附 自作農地租免除額報告		十五日限
國稅交付金資料報告		三日限
十一月ノ部		
所得稅第二期分	送納	三日限
畑租雜地租第二期分	告知書發付及徵收	自一日至三十日間
營業收益稅第二期分	同	同
乙種資本利子稅第二期分	同	同
田租第一期分地價地租報告 附 自作農地租免除額報告		三十日限
十二月ノ部		

畑租雜地租第二期分	送納	三日限
營業收益稅第二期分	同	同
乙種資本利子稅第二期分	同	同
宅地租第二期分地價地租報告		十五日限
一月ノ部		
田租第一期分	告知書發付及徵收	自十二月十六日至一月十五日間
田租第一期分	送納	十八日限
宅地租第二期分	告知書發付及徵收	自一日至三十一日間
所得稅第三期分	同	同
田租第二期分地價地租報告 附　自作農地租免除額報告		十五日限
地租納額別人員表	統計	末日限
二月ノ部		
宅地租第二期分	送納	三日限
所得稅第三期分	送納	同
田租第二期分	告知書發付及徵收	自一日至末日間
田租第三期分地價地租報告 附　自作農地租免除額報告		十五日限
第三種所得、營業收益、乙種資本利子額申告書用紙	納稅者ニ配布	

三月ノ部

田租第二期分	送納	三日限
田租第三期分	告知者發付及徵收	自一日至三十一日間
所得税第四期分	同	同
第三種所得、營業收益、乙種資本利子申告（納税者ヨリ提出ノ分）	税務署ヘ到達	十五日限

隨時ノ部

隨時收入ノ諸税	告知書發付、徵收及送納	各所定期限
課税又ハ徵收ニ影響スヘキ重大事項發生		發生ノ都度
各納期ノ地價地租額異動		時々
相續開始報告		時々又ハ税務署ト協定ノ期日
滯納報告		納期限ノ五日限
國税徵收法第四條ノ一ニ依ル繰上徵收事項ノ發生		時々

國稅金收納系統略圖

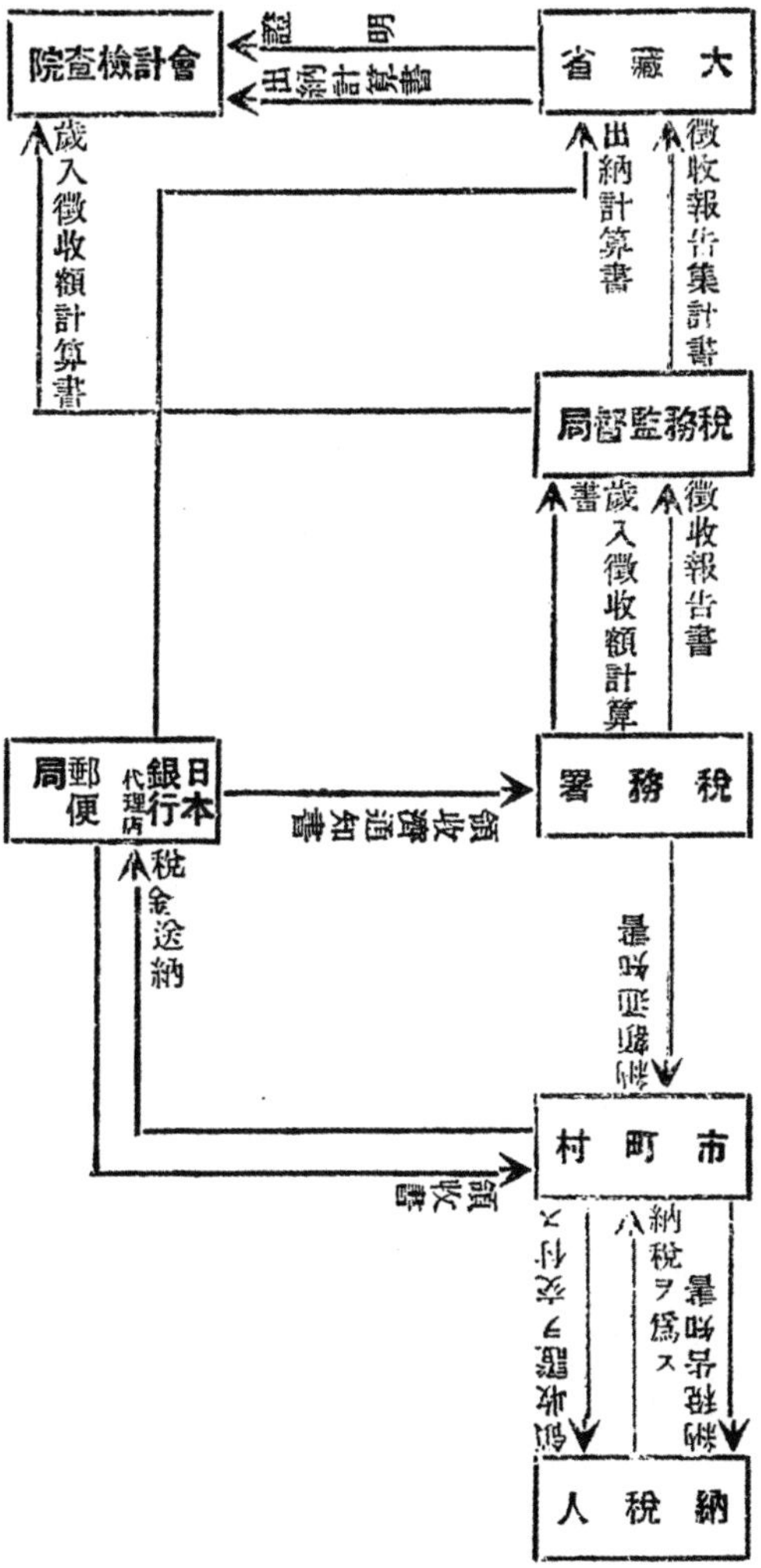

備考

此表は市町村の徵收する國稅金の收納系統を示したもので郵便官署と日本銀行との關係、郵便官署と國庫關係等に就ては複雜を避くる爲に省略した。

第三編　地方税

第一章　總　　説

第一節　地方税の意義

地方税とは、國の租税即ち國税に對する對照上の用語であつて、地方公共團體に屬する租税の總稱である。

地方税は、之を府縣税、市町村税、其他の公課に區分せらるゝが、現今其他の公課としては、水利組合、北海道土功組合、水害豫防組合の公課等、極めて僅少の範圍に屬するものであるから、地方税は之を府縣税と市町村税とに大別して差支ないと思ふ。

併し此兩税は、大體に於て共通の性質を持つものであるから、茲には地方税として、先づ兩税通有の事項を説明し、次に兩税の異れる點に付てのみ區分を設けて説明せむ。

地方税の意義

地方税の意義　地方税とは、地方公共團體が團體の經費を支辨するが爲に、其團體の區域に屬する人、又は物件、行爲に對して賦課する租税である。

（イ）地方税は地方公共團體の經費を支辨するが爲である。地方公共團體とは、府縣、市町村の如き自治團體を謂ひ、是等の自治體は、國の行政の一部を自己の事務として處辨するの外、其團體内の發達を計るを目的とするもので、之れが爲には諸種の施設を必要とし且多大の經費を要するものである。然るに是等の經費は、自治體固有の財産より生ずる收入、及手數料、使用料等の收入を以て支辨すべきことは勿論であるが、之れのみにては到底全部の費用に充つることが出來ないから、其不足額は、勢ひ各人の負擔に待つの外なく、是れが即ち地方税である。

（ロ）地方税は地方公共團體の租税である。茲に地方税とは、其租税を賦課徴收すべき主體が、地方公共團體なるが爲に、付せられたる名稱であつて、國の租税を、國税と稱するの關係から其對照上の用語として地方税と命名された譯である。

（ハ）地方税は、地方公共團體の區域内に於ける人、物件、又は行爲に對して賦課する租税である。地方公共團體は、一定の區域を限界として自治權を有するものであるから、其課税權も亦其團體の區域に限らるゝことは當然である、即ち地方税は其區域内の人、物件、又は行爲を以て、課税の目的として、賦課せらるゝ租税である。

第二節　地方税の沿革

附　改正地方税の大要

地方税制度の起原は、府縣制、市町村制等の自治制度が制定せられて初めて存立したものではない、明治十三年太政官布告第十六號地方税規則の如きは、古く自治制施行前に屬し當時既に地方別の費用を支辨するが爲に、各地の狀況に應じて地方税の賦課を許し、更に古き德川時代に於ても、幕府と各藩とに通ずる租税制度があり、第一地租（米納）、第二小物成、第三課役等であつて、地租には正租の外、口米永、及小租と稱する附加税があり、此附加税は、地方鄕吏の俸給、其他の費用に充てられたるもので、我邦地方税附加税の萠芽とも稱すべきものである。併し地方税制度が斷然國税と區分せらるゝに至つたのは、自治制確立の後であることは勿論である。

以來、國費、地方費共に著しく膨脹を告げ、税制は數次に變革せられたが、これは主として國税の整理であつて、地方税制は、唯僅に附加税制限に關する法律を制定せられた位で、他は矢張舊慣に遵ふの狀態であつた。然るに最近地方の發達は益々經費の增大を促し、之れに伴ふ諸種の特別税が亂設せらるゝ等、地方税制は殆んど混亂無系統の狀態に陷りたから、大正十五年税制整理と共に、地方税制にも之が根本的整理を行ひ、大正十五年法律第二十四號地方税に關する法律の發布に依りて略統一せらるゝに至つた譯である、即ち茲に其の當時地方税制の改正に關する說明として、議會に爲されたる內務當局の說明大要を揭ぐれば、略現行法の沿革を知り得ると共に改正法に關する大體の精神が判明することゝ思ふ。

大正十五年地方税制整理の大要（內務當局の說明）

(一)　府縣税として家屋税を創設し、市町村には之が附加税を賦課することゝした。

府縣税として、家屋税を新設の理由は、第一に國税の直接税體系を整備するに當り、一般所得税を中樞として、從來是れが兩翼たる補完税、即ち地租、及營業税に改正を加へて、之を存置することゝした外、同じく一般所得税の補完の目的としたる資本利子税を創設したのであるが、此の三税と併立して、收益税制の一部を組成すべき家屋税は、既に地方の一部に於て、好個の財源と爲せる實情に顧みて、之を地方税に委ね、國税としては創設しなかつたので、此の國税整理に對應して、直接國税の體系を補足する爲にも、一般的に施行する必要があると認めたのである。

第二の理由は、府縣税としての戶數割は、後に述ぶるが如く頗る不適當であるので、之を廢止することゝ爲し、其の結果府縣に於て收入が減ずるので、其の補塡の爲、家屋税を府縣一般に施行することゝしたのである。

最後に、第三の理由として、家屋稅は、土地營業と同じく、地方團體の施設、經營に依て、利益を享受するものであるに拘らず、現行地方稅に於ては、土地、營業に對しては相當の課稅をして居るのに、家屋に對しては未だ一般的に課稅する制度がないのである、即ち應益原則に照して地方に家屋稅を創設したのである。

家屋稅の課稅標準は、收益稅たる本質に鑑み、評定賃貸價格を以て課稅標準とすることゝ爲し府縣に家屋稅調査委員を置くことゝし、其の調査に依つて、府縣知事をして決定せしむることゝしたのである、然しながら施行の當初、其實施の圓滑を期する爲には、暫定的に一時市町村に配賦して、是が徵收を爲すことも許してあるが、此の方法は昭和四年度迄に限ることにしてゐる。家屋稅徵收の見込額は、約三千萬圓になる考である。

（二）戶數割は、府縣稅としては、是れを廢止し、市町村稅としての戶數割を創設した。

現行戶數割は、納稅義務者の資力を標準として賦課してゐるが、府縣の如き、區域の廣大なる團體に於ては、能く各人の資力を個々に付、調査し課稅することは到底不可能であるから、現行の制度に於ても、戶數割は、一旦是れを市町村に配賦することゝしてゐる。然るに市町村に配賦する結果として、同一府縣の構成分子たる各個人は、假令同一の資力を持つてゐても、其居住する市町村が異る爲に負擔額が異ふと言ふ樣な例になつてゐるので、今回の稅制整理に依り、戶數割は府縣稅としては是を廢止したのである。

然るに他面、市町村の樣な小團體に於ては、能く各人の資力を調査して公正なる負擔を爲さしむることが出來るし、且配賦に基く負擔の不均衡を惹起する樣な虞がないので、戶數割は、是れを市町村稅として獨立せしむることゝしたのである。戶數割の課稅標準は、納稅義務者の資力を目安とすべきことは從來と變ることはない。唯資力算定の標準中に、是れ迄は住家の坪數と謂ふものが入つて居たが、住家坪數は、家屋稅との關係上、是れを除くのが適當であると認め、是れを除外したのである。それから現に家屋稅を施行して居る所の市町村は、戶數割が市町村稅になつても、戶數割を施行し難い事情は、依然として從來と異ることがないので、斯の如き市町村に限つて戶數割に代へて、家屋稅附加稅の外尙所得稅附加稅をも賦課することを認めたのである。

(三)　府縣稅たる營業稅、及雜種稅の整理を斷行した。

現行府縣稅たる營業稅、雜種稅中には、往々細民に對し賦課するものが少くないので、是れが整理を行ふことは、社會政策上極めて緊要の事であるを認め、又其課目が徒に多岐に涉つてゐるので、國民負擔の關係を明確ならしむる爲にも、整理の必要を認め種目の制限、賦課の制限等、總て府縣稅たる營業稅、雜種稅に整理を加へたのである。

(四)　特別地稅を創設した。

府縣稅として特別地稅を創設し、市町村も亦其附加稅を課することを認めたのである。特別地稅を設けた理由は、地租に免稅點を設けた結果、免稅點以下の土地に對する地租附加稅は、當然消滅するので、それが爲地方財源に缺陷を生ずる事となる、而も他に之を補塡すべき好個の財源がない爲、茲に特別地稅を創設するに至つた所以である。

地租の免稅點以下の土地と雖、他の一般土地と等しく、地方公共團體の施設、經營の利益を享受してゐるものであるから、所謂應益原則に從ひ、一般土地の地租附加稅に代はる程度までは、負擔を爲さしむることが、寧ろ公正の觀念に合致するものと認めらる、斯の如く特別地稅は、地租附加稅に代るものであるが故に、納稅義務者、及課稅標準が、國稅たる地租と同樣であるべきことは言を俟たぬ。又其負擔の限度に於ても、之を他の一般土地の地租附加稅と同一程度以下に止めなければならぬと思ふ。

(五) 地租及營業稅の附加稅を改正した。

國に於ては、田、畑、地租に對し、一分減を行ひ、營業稅に對しても、亦若干の輕減を行ひたる結果、此の兩國稅の附加稅は、當然減收を見ること、爲るを以て、地方財政にそれだけ缺陷を生じ別に補塡の方法がないので、結局地租、及營業稅の納稅者の現在納めてゐる附加稅負擔の程度を變更しない範圍に於て、附加稅率を改正したのである。

(六)　市町村の所得税附加税は、之を府縣に委譲し、原則としては、市町村に所得税附加税を廢止することゝし、府縣の所得税附加税率を上引げた。

今回府縣は、戸數割の廢止に依りて、其税制の體系を通觀するに、純然たる人税は、所得税附加税のみと爲る、然るに所得附加税の税率は、餘程低い爲、之を相當高める必要があるので、戸數割廢止の爲に生ずる歳入缺陥は、家屋税の創設と、所得附加税率の引上げとに依りて、補塡するのが最も宜しいと認めて改正したのである。

然るに他面市町村に於ては、戸數割の税額が、相當多額に上り、其の上所得税附加税を徴收することになれば、餘りに人税に偏重する嫌があるのである、又府縣に於ては、戸數割廢止の結果に依る減收補塡の爲に行ふ所の、所得税附加税の引上げがあつて、所得税納税者は、府縣の方で餘計に附加税を取られることゝ爲るので、それを緩和する爲には、市町村の所得税附加税は、之を廢止して調和を取る必要があるので、之を府縣に委讓したのである。

處が是迄戸數割を賦課することの出來ない市町村があつて、全然所得税附加税を失ふと云ふと、其の租税の體系上、又は財政の經理上不適當なる結果を來すので、斯かる市町村に於ては、現在の所得税附加税の半ば程度の附加税を賦課し得る樣にして、唯之を自由に賦課し得ることゝ爲すは不適當なりと認め、内務大藏兩大臣の許可を得ることを必要としたのである。

第三節　地方稅の區分

地方稅に屬する諸稅は、租稅學上の見地から之を對人稅、對物稅、物件稅、行爲稅、收益稅、奢侈稅等、種々に分類せらるゝが、玆には課稅の主體から觀て之を府縣稅と、市町村稅とに大別したい。此區別は單なる學問上の分類のみでなく、法制上の根基を異にする實に重大なる區分に屬するからである。

府縣稅は、府縣の費用に充つるが爲に府縣の賦課する租稅を謂ひ。市町村稅は、市町村の費用に充つるが爲に市町村の賦課する租稅を謂ふ。仍府縣稅と、市町村稅との差異に關して多くの人は左の如く說明されて居る。

曰く府縣稅の府縣に對する關係と、市町村稅の市町村に對する關係とには、其趣を異にするものがある、即ち府縣の費用は府縣稅を以て支辨するを原則とするも、市町村の費用は基本財產の收入其他の雜收入を以て支辨するを原則とし、市町村稅は、單に其不足を補充するの性質を有するに過ぎないと。

成る程、市制第百十六條、町村制第九十六條には左の規定がある、蓋し市町村制實施當時に於ては、市町村の財政は成るべく基本財產其他の收入を以て支辨するを理想としたものであるが、爾來市町村の急激なる發達は、到底斯る收入のみでは支持することが出來ない、寧ろ收入の大部分は市町村稅に俟つの狀態となつた譯で、此規定は將來と雖市町村財政の理想としては尊重に値するが、現今多數市町村の狀態では、此理想に近づけることが頗る遠いことと思ふ。

市制第百十六條第二項、町村制第九十六條第二項

市(町村)ハ其財產ヨリ生スル收入、使用料、手數料、過料、過怠金其他法令ニ依リ市(町村)ニ屬スル收入ヲ以テ前項ノ支出ニ充テ仍不足アルトキハ市(町村)稅及夫役現品ヲ以テ賦課徵收スルコトヲ得

地方稅は、又其稅種に依つて、之を附加稅と、獨立稅とに區分することが出來る。(一)附加稅とは、本稅を客體とし之に附加して徵收する租稅を謂ひ、(二)獨立稅とは、地方公共團體が自己の課稅權の範圍内に於て獨立して賦課する租稅を謂ふ。そして附加稅は、他に本稅の存在せるが故に過度の課稅を防ぐが爲に一定の課稅制限を付せられ、又獨立稅と雖、國稅又は上級の公共團體が課稅せない稅源に對してのみ認めらるゝものである。

地方稅に屬する稅種を類別すれば、大要左の通である。

府縣稅

(1)　國稅附加稅

(イ)　所得稅附加稅　(ロ)　地租附加稅　(ハ)　營業收益稅附加稅

(ニ)鑛業稅附加稅　(ホ)砂鑛區稅附加稅　(ヘ)取引所營業稅附加稅

(2)獨立稅

(イ)特別地稅　(ロ)家屋稅　(ハ)營業稅

(ニ)雜種稅　(ホ)都市計畫特別稅

市町村稅

(1)國稅附加稅

(イ)所得稅附加稅(市町村は原則としては此附加稅なし)　(ロ)地租附加稅

(ハ)營業收益稅附加稅　(ニ)鑛業稅附加稅　(ホ)砂鑛區稅附加稅

(ヘ)取引所營業稅附加稅

(2)府縣稅附加稅

(イ)特別地稅附加稅　(ロ)家屋稅附加稅　(ハ)營業稅附加稅

(ニ)雜種稅附加稅

(3)獨立稅

(イ)戶數割　(ロ)市町村特別稅

左に參考の爲最近地方費の歲入、歲出狀態を揭ぐ

地方の歳入　昭和三年度豫算

科目		金額（千円）	割合
租稅	地租附加稅	一一三、七三七	（一七）
	營業收益稅附加稅	五九、八四七	（九）
	所得稅附加稅	四六、七八七	（七）
	特別地稅同附加稅	一四、二八四	（二）
	家屋稅同附加稅	九三、七六二	（一四）
	營業稅同附加稅	一九、九五六	（三）
	雜種稅同附加稅	一〇七、八一三	（一六）
	戶數割	一六三、三六八	（二五）
	其他諸稅	四四、九七四	（七）
	計	六六四、五三二	三八（一〇〇）
財產收入		二七、五七三	一
使用料及手數料		二三四、〇六〇	一三
補助及交付金		二二九、二七八	一三
寄附金		三一、〇六七	二
公債金		二九二、六二七	一七
前年度繰越金		八八、六一九	五
其他		一九一、一三五	一一
合計		一、七三八、八八〇	一〇〇

地方の歳出　昭和三年度豫算

科目		金額（千円）	割合
教育費		四三三、五〇四	二五
土木費		三三三、四八七	一九
公債費		二二五、一三五	一三
電氣及瓦斯事業費		一六〇、二一〇	九
役所及役場費		一一一、八六七	六
衞生費		一三二、七四二	八
警察費		七九、五五八	五
勸業費		七九、九四五	五
社會事業費		一八、四六一	一
其他		一七〇、五三四	九
計		一、七三二、九五四	一〇〇
內譯	道府縣費	四五六、二七二	二七
	市費	七四五、八〇八	四三
	町村費	五〇五、七九二	三〇
	水利組合土功組合費	二五、〇八二	二

内譯 道府縣	四五六、二七三	二七
市	七三一、五七六	四三
町村	五〇五、九五〇	三〇
水利土功組合	二五、〇八二	一

備考 (一)內ハ租稅ノミノ百分比トス

第四節　地方稅の根基法令

租稅は、帝國憲法の明文に依つて總て法律を以て定むべきものなることは叢に說明の通である、地方稅たる府縣稅、市町村稅も亦其根基を法律規定に求むべきことは當然であつて、現行各種の地方稅は、府縣制、市町村制、其他の法律に依つて制定されて居るが、併し法律を以て勅令以下に委任せられたる事項は、其委任命令が法律と同一の効力を有する譯で、現今の地方稅制には此種のものが尠くない。

又茲に注意すべきことは地方稅に屬する諸稅は、國稅の如く各單行法を以て規定せられたものがない。即ち府縣制、市町村制中には唯包括的に地方稅賦課に關する事項を定め、又明治四十一年法律第三十七號は、地方稅制限に關する事項のみを規定し、大正十五年法律第二十四號は地方稅に關する大體の稅種のみを規定せるに過ぎない、素より是等法律に伴ふ施行令に於ては稍詳細の事項を規定せるもこれとて尙國稅の如くにはなつて居ない、隨て其他の事項は府縣、市町村の定むる規則を俟つて初めて全きを得るの狀態である、而も其關係規定が頗る複雜であるから、地方稅政の實際に當るものは、常に是等の關係に付克く硏究して置かねば取扱上過誤を生ずることがある。

◎憲　法
第二十一條　日本臣民ハ法律ノ定ムル所ニ從ヒ納稅ノ義務ヲ有ス
第六十二條　新ニ租稅ヲ課シ及稅率ヲ變更スルハ法律ヲ以テ之ヲ定ムヘシ
◎府縣制
第百三條　府縣稅及其ノ賦課徵收方法ニ關シテハ法律ニ規定アルモノヲ除ク外勅令ノ定ムル所ニ依ル
◎市　制
第百二十三條　市稅及其ノ賦課徵收ニ關シテハ本法其他ノ法律ニ規定アルモノノ外、勅令ヲ以テ之ヲ定ムルコトヲ得
◎町村制
第百三條　町村稅及其ノ賦課徵收ニ關シテハ本法其ノ他ノ法律ニ規定アルモノノ外勅令ヲ以テ之ヲ定ムルコトヲ得

以上の外地方稅制に關する重なる法令
(1)　府縣制　第九十八條乃至第百十七條
(2)　市　制　第百十七條乃至第百三十一條

(3) 町村制　第九十七條乃至第百十一條
(4) 大正十五年法律第二十四號地方税に關する法律
(5) 明治四十一年法律第三十七號地方税制限に關する法律
(6) 大正十五年勅令第三百三十九號地方税に關する法律施行の件
(7) 大正十五年內務大藏省令地方税に關する法律施行規則
(8) 大正十五年勅令第二百號府縣制施行令
(9) 大正十五年勅令第二百一號　市制町村制施行令
(10) 其他府縣市町村の定むる賦課徵收規則

第五節　納税者課税物件

地方税の納税者、課税物件、非課税物件等に關しては、各税制に規定あるもの、外府縣制市制町村制に於て包括的に規定せられてある。

第一　地方税の納税者

地方税の納税義務者たるべき者は、其地方に住所又は滯在の事實あるか、或は其地方に於て物件行爲を爲す者であつて、其範圍は頗る廣汎である。

(1)　府縣税

府縣稅の納稅義務者は、個人たると法人たるとの別なく、左記各號の一に該當する者は總て納稅の義務がある。

(一)　府縣內に住所を有する者、又は住所を有せざるも府縣內に滯在すること三箇月以上に及ぶ者(府縣制一〇四條一〇五條)

(二)　府縣內に住所を有せず又滯在三ヶ月以上に涉らざるも、府縣內に於て土地、家屋、物件を所有し、使用し若は占有し、又は營業所を定めて營業を爲し、又は府縣內に於て特定の行爲を爲す者(府縣制一〇七條)

茲に住所とは民法の所謂生活の本據地を謂ひ、本籍地たると否とを問はない、又法人の住所は主たる事務所、會社は其本店の所在地を以て住所とす。

滯在とは一身を其府縣內に所在せしむるを謂ひ、一戶を構ふると否とを問はない。

(三)　地租附加稅、段別割に關する法規は、皇族賜邸を除く外皇族(皇室財產令第二十一條に掲ぐる皇族以外の皇族)所有の土地に適用せらるゝを以て皇族にも納稅の義務あることゝなる。(皇室令八條)

(2)　市町村稅

市町村稅の納稅義務者も、府縣稅と同樣の趣旨に基き、市制町村制の規定に依つて定めらる、唯府縣税と異る點は其範圍が府縣税は府縣を限界と爲せることと、市町村制は市町村を限界と爲せるとの差あるのみである。（市制一一八　町村制九八）

第二　地方税の課税物件

地方税の課税物件たるべきものも其範圍が廣い、即ち左記各號に該當するものは、總て地方税の課税物件たるべきものである。

(一) 府縣(市)(町村)内に於ける土地、家屋、物件又は其收入

(二) 府縣(市)(町村)内に營業所を定めて爲す營業、又は其收入

(三) 府縣(市)(町村)内に於て爲す特定の行爲

(四) 府縣(市)(町村)内に住所を有し、又は三箇月以上滯在する者に對しては、前各號の外尚第一號及第二號以外の收入、但し住所と滯在とが同時に府縣(市)(町村)の内外に渉る者に對しては其の收入を各府縣市町村に平分して課税標準を定む。（府縣制一〇四、一〇五、一〇六市制一一八一一九町村制九八、九九）

府縣(市)(町村)の内外に渉り營業所を定めて爲す營業、又は其收入に對し本税を分別して納めざる者に對する附加税の賦課に關しては、關係府縣知事、市町村長協議の上其賦課歩合を定む、若し

其協議が調はざるときは府縣税に在つては内務大藏大臣、市町村税に在つては直近上級廳に於て之を定む。

第三　地方税の非課税物件

地方税の課税物件たるべきものゝ内公益其他の必要上非課税と爲せるものがある、そして是等は府縣制、市町村制其他の法律規定に基くものに限る、其種目は大様左の通りである。

(一)　所得税法第十八條に得ぐる所得、(府縣制一一〇市制一二一町村制一〇一條)

1　軍人從軍中の俸給及手當

2　扶助料及傷痍疾病者の恩給又は退隱料

3　旅費、學資金及法定扶養料

4　郵便貯金、産業組合貯金及銀行貯蓄預金の利子

5　營利の事業に屬せざる一時の所得

6　日本の國籍を有せざる者の本法施行地外に於ける資産、營業又は職業より生ずる所得

7　乘馬を有する軍人が政府より受くる馬糧、蹄畜料及馬匹保續料

以上の所得は所得税法に於て既に本税を免除せられたるものであるから之が附加税の賦課は出來

ない、併し地方は是等の所得に對して或は特別税を起し、又は是等の所得を標準とする他の課税を爲す場合あるを慮つて、茲に一般的に規定せられたものである、以下(二)(三)(四)の場合も同樣の理由に基くものと思ふ。

(二) 神社、寺院、祠宇、佛堂の用に供する建物、及其の構内地、但し有料にて之を使用せしむる者、及住宅を以て敎會所、說敎所の用に充つる者に對しては此限に在らず。(府縣制一一〇市制一二一町村制一〇一條)

(三) 國、府縣、市町村、其他公共團體に於て、公用に供する家屋、物件及營造物 但し有料にて之を使用せしむる者及使用收益者に對しては此限に在らず。(府縣制一一〇市制一二一町村制一〇一條)

(四) 國の事業又は行爲、及國有の土地、家屋、物件、但し國有の土地、家屋、物件を使用、又は占有する者に對しては此限に在らず。(府縣制一一〇市制一二一町村制一〇一條)

(五) 地租條例第四條に依り、地租の免除を受けたる土地(地租條例第四條)

(六) 水道用地(水道條例五)

(七) 砂防法に依り地租の免除、又は輕減を受けたる土地、但し輕減地は其輕減の割合を以て地方税を輕減すること。

(八)　私立學校用地にして、地租の免除を受けたる土地
(九)　私立學校の用に供する建物
(十)　造林免租年期地(森林法一二)
(十一)　造石稅を課する酒類(酒造稅法三五)
(十二)　相續稅に對する附加稅(相續稅法二六)
(十三)　第二種所得稅に對する附加稅(地方稅制限法三)
(十四)　住宅組合の建物、建築稅、又は不動產取得稅(住宅組合法)
(十五)　住宅組合と、組合員間に於ける用地移轉の不動產取得稅(住宅組合法)
(十六)　國稅附加稅たる府縣稅に對する附加稅(市町村制一一七、九七)
(十七)　製鐵業獎勵法に依り、營業收益稅、所得稅を免除せられたる部分の所得、但し特別の事情あるときは內務大藏大臣の許可を受け課稅することが出來る。
(十八)　所得稅法第十七條の公共團體、其他公益法人の所得には地方稅をも課せざるが穩當である。
(十九)　郵便專用の物件(郵便法七)

第六節　課率と納期

附　不均一及一部賦課

第一　課　率

地方税の課率は、府縣税に在つては府縣會の議決を經て府縣知事之を定め。市町村税に在つては、市町村會の議決を經て市町村長之を定む。勿論地方税制限に關する法律其他の規定に依つて課率の制限はあるが、これは其最高限度を示されたもので府縣市町村は、其範圍內に於て適當に決定すべきものである、若し又制限を超過せむとする場合に於ても、內務、大藏兩大臣の許可を受け課税し得るの途も開かれてある。

地方税の課率は、各地方の財政狀態に依り一樣でないことは勿論であるが、併し其決定方法は大體同一の樣である。

(一)　課率は一般的に比例税率を用ひ、特殊の課税物件に限つて等級税率を用ひて居る。玆に所謂比例税率とは、課税標準たる金額又は個數に對し一定の割合を以て、課率を定むるものを謂ひ、例へば地租一圓に付附加税何程と定むるが如き方法である。又等級税率とは、課税の標準品位、地域等に區分を設けて課率を定むるもので、雜種税中藝妓税の如き、地域的に等級を設けて課税率を異にするの類である。

(二) 地方稅に關する諸稅は、附加稅たると獨立稅たるとを問はず、每年府縣市町村の豫算會に於て其課率を決議し府縣知事、市町村長に於て之を決定することが一般の取扱である。

第二　不均一課稅と部分的賦課

地方稅の課率は、其府縣市町村の地域內に對して、平等均一に定むるが原則である。但し左の場合には不均一の課稅又は部分的の賦課が出來る。

(一) 府縣市町村の一部に對し特に利益ある事件に關しては、不均一の賦課を爲すことが出來る。(縣府制一一一市制一二四町村制一〇四)

(二) 市部會、郡部會を設けたる府縣に於ては、府縣の費用を以て支辨すべき事件にして、其市部と郡部と利益の程度を異にし均一の課稅を爲し難き事情あるときは、其費用に限り不均一の賦課が出來る。(三二年勅令三一六)

(三) 都市計畫法に依る特別稅は、必要に依り不均一課稅が出來る。

(四) 市町村稅の賦課上、直接國稅又は直接府縣稅の附加稅に付特別の事由あるときは、不均一賦課が出來る。(市制一一七町村制九七)

(五) 府縣市町村は、必要に依り夫役現品を賦課することが出來る。そして夫役とは勞役の負擔であり、現品とは現物の負擔である。此場合には管内の一部に對して之を行ふことが出來る。

(府縣制一一二市制一二五町村制一〇五)

以上市町村税に付不均一課税を爲すには府縣知事の許可を受くるを要す。(市制一六七町村制一四七)

第三　納期

地方税の納期は、府縣税は府縣に於て、市町村税は市町村に於て、適宜に決定すべきもので、各地一様でない。併し納期の決定に付ては、第一に、地方財政上の都合、第二に、民間經濟上の狀態、第三に、金融上の事情等を考察し、更に徴税上の便否、國税納期との關係をも考慮して愼重に決定すべき事項である。

又納期は、税の種類と賦課の限界に關する區分とに依つても異るものである、即ち賦課の限界に年を用ふるものは、年税とし、月を用ふるものは月税とし、日を用ふるものは日税とす。年税は隨時收入等特殊のものを除くの外、之を二期に分ち、又月税は月毎に、日税は即日又は數日を定めて納期と爲すが多數地方の取扱である。月税に屬するものは、雜種税中の諸業にして開廢業其他の異動の頻繁なる諸税に用ひ、藝妓税の如きは多くは月税である。日税は雜種税中の興行税等、日々の收入を計算して、賦課額を決定するが如き類に適用されて居る。

近時府縣稅の納期選定方は、年稅に屬する諸稅は之を二期に分ち、其の附加稅と獨立稅とを問はず成るべく同一納期と爲すの傾向がある。又市町村稅も、是れと同樣、府縣稅の納期と同一にする向が尠くない、隨て府縣稅及市町村稅の諸稅を列記したる一葉の徵稅令書と爲す向が多い。要するに納期の決定方に關し、餘りに之を細分するは納稅上にも徵收上にも却て手數が多い、去りとて其度數を少くし而も國稅、府縣稅、市町村稅の納期が一度に競合せしむることは、納稅者の金融關係に付ても深甚の考慮を拂つて後に決定すべきものと思ふ。

第七節　課稅上の救濟

第一　減免及延納

(一) 府縣稅の減免若は納稅の延期は、特別の事情ある者に限り、府縣知事は府縣參事會の議決を經て之を許すことが出來る。(府縣制一一三)

(二) 市町村稅に付ては、市町村長は特別の事情ある者に對して納期の延期を許すことが出來る。但し其年度を越ゆる場合は、市稅に在つては市參事會、町村稅に在つては町村會の議決を經るこ

と、又市町村は特別の事情ある者に限り、市町村稅の減免を爲すことが出來る。（市制一二八、町村制一〇八）

茲に所謂特別の事情とは、天災事變等に依り又は疾病其他の爲に生計の資を得るの困難に遭遇したるが如き、納稅者個々の狀態に於て、納稅の資力なき特別の事情あるを要し、一般的の事情の如き場合を包含せざるものと解するが穩當なりと說明されて居る。

第二　地方稅の課稅異議

地方稅の課稅に對する納稅者の救濟方法としては、稅金の減免、更訂、延納等の途も存在するが更に又課稅異議の場合に於ける救濟規定もある。

(一)　府縣稅

イ　府縣稅の賦課を受けたる者、其賦課に付違法若は錯誤ありと認むるときは、徵稅令書又は徵稅傳令書の交付後三箇月以内に府縣知事に異議の申立が出來る。（府縣制一一五）

ロ　前項異議の申立に對し、府縣知事は七日以内に之を府縣參事會の決定に付す。其決定に對し仍不服あるときは、行政裁判所に出訴することが出來る。

ハ　府縣參事會の決定に關しては、府縣知事、其委任を受けたる官吏、吏員又は市町村吏員よりも亦訴訟の提起が出來る。

(二)　市町村税

イ　市町村税の賦課を受けたる者、其賦課に付違法又は錯誤ありと認むるときは、徵税令書の交付後三箇月以內に市町村長に異議の申立が出來る。(市制一三〇、町村制一一〇)

ロ　前項異議の申立に對しては、市町村長は之を市參事會又は町村會の決定に付す。其決定に對し仍不服あるときは府縣參事會に訴願し、其裁決に不服あるときは、行政裁判所に出訴が出來る

ハ　市參事會又は町村會の決定若は府縣參事會の裁決に對しては、市町村長よりも訴願又は行政訴訟の提起が出來る。

課税異議の申立に關する三箇月の期間計算は、令書の交付を受けたる翌日より起算し、曆に從つて計算すること。

異議の申立は、賦課の違法又は錯誤認むる場合に限るもので、單に負擔の苛重のみを理由とすることは出來ない。

異議申立期間經過後に於ては、假令賦課に錯誤あること明瞭なる場合と雖、此手續に依る異議申立は出來ない。

第八節　地方稅檢查と制裁

地方稅の賦課に關し必要ある場合は、當該官吏、吏員は日出より日沒までの間、營業者に關しては、仍其營業時間、家宅、若は營業所に臨檢し、又は帳簿物件の檢査を爲すことが出來る。（府縣制一一六、市制一二七、町村制一〇七條）

詐僞其他不正の行爲を以て、地方稅を逋脫したる者に對しては、府縣知事、市町村長は、府縣會市町村會の議決を經て　法定の過料に處するの規定を設くることが出來る。（府縣制一一四、市制一二九、町村制一〇九）

府縣稅檢査規程

府縣稅の檢査規程　以上の如く府縣制の規定に基き、各府縣に在つては、更に府縣稅徵稅に關する規則を以て、之が檢査、並罰則のことを規定し、仍常時多數の檢稅吏員を置き之を各地に駐在せしめて、絕えず賦課物件其他の檢査を爲さしむるが例である。そして是等府縣稅の檢査に從事する者には、其檢査員たるべき證票を交付す、更に或る府縣に在つては、是等檢稅吏員の外、市町村長、吏員にも此檢査方を委任し、監査規程を設けて、檢稅吏員との連絡を保ち、以て府縣稅の逋脫なきを期して居る。參考の爲茲に其規程の要項を紹介しよう。

(1)　市町村長は、隨時主務の吏員を實地に派して、府縣稅の檢査を行はしむること、其檢査すべき事項の概目左の如し。
一　納稅者の屆出又は申請の當否
二　課稅標準の當否
三　府縣稅を課すべき營業、行爲又は物件に付行政廳に屆出若は申請を怠りたる者の有無
四　脫稅者又は稅則違反者の有無
五　前各號の外必要と認むる事項
(2)　市町村長は、主務の吏員をして、前號の檢査を行はしむるときは、左の事項を査察せしむること。
一　課稅の適否、並負擔の輕重
二　減稅者、免稅者又は納稅延期者の狀況
三　納稅の狀況
四　滯納の原因及其狀況
五　脫稅又は稅則違反の原因及其狀況
六　稅則の實際に行はるゝ狀況
(3)　市町村主務吏員に於て、檢査上行政廳に屆出若は申請を怠りたる者、屆出又は申請の相當なら

ざる者、又は税則違反者を發見したるときは、法令の主旨を懇諭し直に相當の手續を爲さしむること、但し警察官署に、又は警察官署を經由して屆出若は申請を爲すべき事項に付ては、市町村長は速に其旨を所轄警察官署に通知すること、其猶豫し難きものと認むる場合は、主務の吏員に於て直に之を通知することを得

税則違反者にして其情狀に依り懇諭に止め難きものと認むる場合は、市町村長は告發の手續を爲すこと。

(4) 警察官吏、府縣税を課すべき營業、行爲又は物件に付、行政廳に屆出若は申請を怠りたる者、屆出又は申請の相當ならざる者、又は税則違反者を發見したるときは、直に相當手續の履行方を懇諭し、同時に其旨を所轄市町村長に通知すること。

警察官吏、屆出若は申請に依らざる脱税者を發見したるときは、前項の例に依り通知すること。

(5) 知事は、隨時主務の官吏、吏員を派し市役所、町村役場に於て行ふ、府縣税の監査及賦課徴收の事務を監査せしめ、又は直接納税者若は物件に就き監督を行はしむること。

主務の官吏、吏員納税者又は物件に就き監査を行ふ場合は(3)の例に依ること。

(6) 市町村長は、毎年四月より九月まで及十月より翌年三月までの間に於ける府縣税監査の成績表を作り、知事に報告すること。

(7) 市町村長に於て、府縣税の賦課徴收上に關し、意見あるときは其都度知事に申立つること。

第二章　各税

第一節　附加税と其制限

附加税とは、本税に隨伴して附加する租税を謂ふ、故に附加税をして無制限に其賦課を許すときは、爲に負擔の權衡を失し、或は過重の課税に陷り、本税の領域を侵蝕するの虞がある。是れ即ち附加税制限に關する法律の存在する所以である。

明治四十一年法律第三十七號地方税制限に關する規定は、地租、營業收益税、所得税に關してのみ規定し、其他は各税法の條下に規定せらるゝが故に、以下順次に之が説明を試たい。

(一) 地租、營業收益税、所得税

北海道、府縣及市町村は、左の制限を超えて、附加税を課するを得ない。

		府縣	市町村
地租附加税	宅地	地租百分の三十四	地租百分の二十八
	其他の土地	同百分の八十三	同百分の六十六

營業收益稅附加稅　――　本稅　百分の四十一　――　本稅　百分の六十
所得稅附加稅　――　同　百分の二十四

(1) 段別割　府縣、市町村に於て、地租附加稅を課せずして段別割を課するときは、府縣市町村共、一段步に付、每地目平均一圓を制限率とす。又附加稅と段別割とを併課する場合は、段別割の總額は、其地目の地租額、宅地に在つて百分の二十八、其他の土地に在つては百分の六十六と附加稅との差額を超ゆるを得ない。

(2) 營業收益稅の特例　法人の營業收益稅に付ては其法人の納付したる資本利子稅を控除せざる額、即ち營業收益稅に控除せる資本利子稅額を加算して、法人の營業收益稅額と看做すのである。是れは附加稅課稅の權衡を得せしむる趣旨に外ならない。

(3) 所得稅の特例　所得稅の內第二種所得稅には、附加稅を課するを得ない、併し之も營業收益稅の場合と同樣、第一種所得稅から第二種所得稅の控除を受けた金額を加算して本稅と看做す譯である。これは第一種法人所得稅の附加稅に限る。

(4) 市町村は、原則として所得稅附加稅を課するを得ない。併し戶數割を賦課し難き市町村は、內務、大藏兩大臣の許可を得て、本稅百分の七までの附加稅を課することが出來る。

(5) 府縣費の全部を市に分賦せる場合は、市は府縣分と、市の分の制限額合計迄を賦課することが出來る、若し府縣費の一部を市町村に分賦したる場合は、其分賦金額以內迄、市町村の制限以上賦課することが出來る。但し市町村の賦課額と、府縣の賦課額との合算額が、制限を超過するを得ない。

(二)　制限外課税

(イ)　特別の必要ある場合には、內務、大藏兩大臣の許可を受け、以上各税の制限を超過して其百分の十二以內の課税を爲すことが出來る。

(ロ)　左に揭ぐる場合は、內務、大藏兩大臣の許可を受け、以上の制限を超ゆる課税を爲すことが出來る。

(1)　內務、大藏兩大臣の許可を受け、起したる負債の元利償還の費用を要するとき。

(2)　非常の災害に因り、復舊工事の爲、費用を要するとき。

(3)　水利の爲、費用を要するとき。

(4)　傳染病豫防の爲、費用を要するとき。

(三)　鑛業税附加税

府縣市町村は、鑛產税百分の十、試掘鑛區税百分の三、採掘鑛區税百分の七、以內の附加税を課するの外、鑛業に對し又は鑛夫、鑛產物、鑛區若は直接鑛業用の工作物、器具機械を標準として

課税することを得ない。(鑛業法八八)

(四) 砂鑛區税附加税

府縣及市町村は、砂鑛區税に對し、百分の十以內の附加税を課することが出來る。(砂鑛區税法三)

(五) 取引所營業税附加税

府縣、市町村は、取引所營業税に對し本税百分の十以內の附加税を課する外、取引所の業務に對し租税其他の公課を課するを得ない。(取引所税法二二)

(六) 特別地税附加税

市町村は、府縣の課する特別地税に對し其百分の八十以內の附加税を課することが出來る。(地方税に關する法律三)

(七) 家屋税附加税

戶數割を賦課する市町村に於て賦課すべき家屋税附加税は、本税百分の五十以內とす。但し特別の必要ある場合には、府縣知事の許可を得て其百分の十二迄課税が出來る。又(1)兩大臣の許可を得て起したる負債の元利償還の爲(2)非常の災害に因る復舊工事の爲(3)水利の爲(4)傳染病豫防の爲費用を要するときは百分の五十迄は府縣知事に夫れ以上は內務、大藏兩大臣の許可を得て制限超過の課税を爲すことが出來る。(地方税に關する法律施行令一〇)

內務、大藏兩大臣に於て、戸數割を賦課し難しと認めたる市町村にあつては、家屋税に對し、左の制限以內の附加税を課することが出來る。

(一) 市に於ては、當該年度の市税豫算總額の百分の三十六(但し所得税附加税を賦課する場合は百分の三十)

(二) 町村に於ては、當該年度の町村税總額の百分の六十(但し所得税附加税を賦課する場合は百分の五十五)

特別の必要ある場合は、內務、大藏兩大臣の許可を受け、この制限を超過して課税が出來る。

(八) 府縣營業税附加税

市町村に於て、賦課する府縣營業税の附加税は、本税の百分の八十以內とす。但し特別の必要ある場合は、府縣知事の許可を得て、其制限を超過することが出來る。(地方税に關する法律施行令一六)

(九) 雜種税附加税

市町村に於て賦課する雜種税附加税は、本税總額の百分の八十九以內とし、特別の必要ある場合は、府縣知事の許可を受け、其制限を超過することが出來る。但し此制限は雜種税附加税の總額に付てであるから、其內各税種に於て制限超過のものがあつても、總額に於て超過しなければ差支ない譯である。(地方税に關する法律施行令二〇)

第二節　特別地税

特別地税とは、地租條例第十三條の二に依つて國税としての地租を免除せるものに對し、府縣税として賦課する租税である。即ち地主の住所地及其隣接市町村に於ける所有の自作田畑が、總額に於て地價二百圓未滿なるときは、地租を免除すべきもので、これは自作農の獎勵と小所得者に對する課税を免除するの趣旨から起つた規定であるが、扨國税としては免除しても地方税としては相當に課税をさることゝなつた。

特別地税は、府縣税として課税せられ、市町村は其附加税を賦課するものであるが、これは地租附加税に相當するもので、國税地租として免税點を定めた結果、之に該當する田畑の地租は免除せられ、自然地方税たる地租附加税に影響を來すのみならず、國税としての地租を免除するも地方税までも免除するの必要がないと云ふので、大正十五年地租の免税點を設くると同時に、地方税中に此特別地税及附加税の規定を設けられた譯である。

税率

(一)　税率は北海道に於ては地價百分の二、六、府縣に於ては地價百分の三、七以內とし、市町村の附加税は、本税の百分の八十以內とす。但し此制限は特別の必要ある場合は、內務、大藏兩大臣の許可を受け、制限超過の課税が出來る。

納稅者

(二)特別地稅の納稅者は、地租と等しく其納期に於て土地臺帳に登錄せられたる左記の者である。

一　質權の目的たる土地に付ては質權者

二　百年より長き存續期間の定めある地上權の目的たる土地に付ては地上權者

三　其他の土地に付ては所有者

其他大體に於て國稅地租に準じ、納期の如きも成るべく地租と同一にすることが便宜であると思ふ。蓋し國稅地租の免除を受くる田畑なりや否は各納期每に決するものであるから、其免除せられたるものに對する特別地稅であるから、これと同一にせねば取扱上却て手數が多いことゝなる、併し府縣稅の納期は各府縣に於て適宜に制定するものであるから之と異りたる納期を定むる向が尠くない。唯此場合に免除の限界を如何に定めるかの問題である、例へば之れを年貳期として、第一期を四月に、第二期を十月としたならば、第一期分は未だ其年分地租の免除申請が出てゐない（免除申請は六月中）から、何日を現在として調理すべきか、そして從來此場合の取扱方は前年の申請者に對して賦課期日の現在を以て定めることとなつて居る、これも理論としては甚だ不徹底ではあるが、地租と納期を異にすると以上は、斯く取扱ふより外に方法がないと思ふ。

第三節　家屋稅

第一欵　稅の概要

家屋稅は、家屋の所有者に賦課する直接稅である。即ち家屋を課稅の目的物と爲し、收益を課稅標準として、家屋の所有者に課する府縣稅である。

家屋稅は、從前から地方稅として課稅せられてあつたが、從來の課稅は全國的ではなく、戶數割を施行するの困難なる地方に於てのみ行はれ、且其賦課方法も或は坪數のみに依り、又は納稅者の資力を參酌する等頗る區々なものであつた。

然るに大正十五年の稅制整理に於て、各種租稅の體形を整へ、土地、營業、資本に對して地租、營業收益稅、資本利子稅を課すると共に、家屋に對しても又家屋稅を課するの必要を認めた。併し之を國稅と爲すことは地方財源を國庫に奪ふこととなり、唯さへ稅源涸渇の地方財政を苦むることゝなるから、家屋稅だけは依然之を地方稅として存置すると共に、全國劃一の課稅方法を採用することゝなつた譯である。

第二欵　課稅物件

家屋稅の課稅物件は家屋である。茲に家屋とは住家、倉庫、工場、其他各種の建物を謂ふ。（地方税施行令）そして住家、倉庫、工場は解釋上左程の疑問もないが、其他の建物に付ては各種の具體的事實に遭遇し、適用上種々の疑問が起るから、左に數府縣の取扱例を參照して說明を加へて置きたいが、是等は要するに一般の常識を以て社會通念に基いて認定すれば大なる誤りはないと思ふ。

(一)　瓦斯タンク、橋梁、電氣鐵塔、消防火の見台の如きは普通に建物とは謂ひ得ない。

(二)　家屋の附屬たるべき門（農家又は宏壯なる邸宅の門屋は獨立しても建物である）外塀、庭園の如きは、其家屋に附屬せる間は家屋の効用を爲すべきものであるが、獨立しては建物とは謂ひ得ない。

(三)　電車の停留所、陸橋、プラットホームの類にして、屋根を設け永久的設備と認むべきものは建物である。

(四)　水上に掛け出したる建物と雖永久的のものは家屋である。

(五)　周壁なきも庭園内の亭、相當の設備ある温室の如きは、家屋と認むるが相當である。

(六)　高架線下を利用し、商店、倉庫等に供するものは家屋である。

第三款　納　税　者

家屋税の納税者は家屋の所有者である、そして所有者とは、事實上の所有權者を指すものであるが、其家屋に付登記を經たるものであれば、登記簿の所有權者を以て事實上の所有者と見るべきである。

家屋稅の納稅者に付、立法論としての問題がある、夫れは家屋稅も地租と同樣收益稅であつて地租の納稅者は(一)質權者、(二)百年より長き地上權者、(三)其他は所有者である。然るに之れと同樣の性質を有する家屋稅の納稅者を所有者のみに限定したことは、兩稅の主義が一致せない、のみならず、收益稅の性質から考へても、家屋稅の方が宜しくないと謂ふのである、成程理由ある說で此理由に對しては敢て反對する譯ではないが、私は寧ろ地租條例に斯る區別を設けたことに贊成が出來ない、夫れは課稅技術の複雜を避くること、所有權を尊重することゝ、今一つは租稅行政の簡易化と云ふ見地からである、成る程質權者は普通の場合は質物の收益者であり、同時に質物上の負擔者なりとは謂ひ得るが、併しこれは絕對的のものではない、設定行爲を以て之れと異る方法を定むることも出來るから、質權者必ずしも質物の收益者なりとは斷言出來ない、矢張質權者は質權者で、絕對無限の所有權者は他に存する譯である。又家屋稅の負擔が所有者なりと定まれば、從來の質權は兎も角、將來の質權設定には夫れ丈け擔保價値が增加するものとも謂へる、又地上權のことは、家屋稅には關係がないが、これとて地租條例に百年以上と定めたことは、斯る長期の地上權は實質上所有權と同樣であるとの見地から之を納稅者としたものと思ふが、併し年限に依つて納稅者を異にすることもおかしい、且又地上權の場合は所有者が地代を受くる者で、所有者も土地の收益者なのである、又一面私は常に租稅立法の通俗化と租稅行政の簡易化とを理想とするもので、租稅の立法に當り稀有の事實を捉へて例外を設くることは、租稅行政を複雜ならしむると同時に之を專門化せしむるもので、是等は務めて避けたいと思ふ、そして普通に不動產擔保は、抵當權の設定に依るものが多くて質權者の場合は極めて尠い、こんな尠い事實夫れも必ず收益者なりとの斷定も付かぬ事項に對して規定を設けることは立法上考へものである。

即ち是等の見地から、寧ろ家屋稅の方が簡單で良いと思ふ譯であるが、唯困ることは之が徵稅保全の問題であつて、質權、抵當權の設定せられたる土地家屋には、往々地租、家屋稅等の徵收困難が起る、併しこれは徵收法規の上から、是等物件稅の徵收には其物件に對して絕對の優先權を認むることゝし、國稅徵收法第三條の改正方を要望する所以である。

第四款　課稅標準

家屋稅の課稅標準は家屋の賃貸價格である、そして家屋の賃貸價格とは貸主が公課、修繕費、其他家屋の維持に必要なる經費を負擔するの條件を以て、家屋を賃貸する場合に於て貸主の收得すべき金額の年額を以て算定するもので、其年額の算定は、家屋稅賦課期日の現狀に依ることゝなつてある。(地方稅施行令二)又茲に賦課期日は、各府縣稅賦課規則を以て定める。

此規定は一見甚だ簡單であつて、普通に貸家の家賃とも見へるが、決して左樣な簡單なものでなく、之が實際の適用に當つては隨分複雜な問題が起つて之を理想的に調査するが爲には餘程の困難が伴ふものである。

家屋稅法の實施は大正十五年度からであるが、昭和四年度迄は所謂暫定的の調査に依つて賦課せられ、純然たる賃貸價格主義の調査は、愈々昭和五年度からで目下各府縣、各市町村では、之れが準備調査の眞最中である。故に茲に是等の諸問題に付今少しく研究の歩を進めて見たい。

第一に問題となることは、普通家賃の內には其敷地の賃貸料をも含まれて居る、然るに敷地に對しては、宅地として別に宅地租を課せられてあるから、之を包含せしめて家屋稅を課することは出來ない。即ち敷地の賃貸料丈けは家賃から控除せねばならぬが、扨此控除方法に付敷地を賃借して貸家を經營せるものなれば、其地代は比較的容易に調査し得るが、これとて其借地料が果して適當な地代なりや否をも調査せねばならぬ、又多くの地方では敷地と家屋の所有者が同一であるから、此場合土地の賃貸料を如何に計算すべきか。此問題に付私の知り得たる府縣では土地の賃貸料は、先年稅務署で調査せられた土地賃貸價格(大正十五年土地賃貸價格調査法に依る分)を以て土地賃貸料として控除する方針らしい、勿論これにも其後の變動はあるが先づこれなれば比較的公平と謂へよう。

第二　第一は貸家の例であるが貸家にあらざる家屋、即ち自己持の住宅、工場、倉庫其他の建物は、近傍同一の貸家に比準するか又は家屋の價格等から換算して、所謂評定賃貸價格を求むるかの問題であるが、家屋は其種類構造に依つて甚しい差異があつて、土地の如く地續きなるの故を以て同等とは認め得ない、隨て前段の近傍貸家に比準することは困難で、勢ひ後段の評定價格に依らねばならぬ、又第一の貸家と雖、前に說明する如く其借家料が果して時價相當なりや否も問題であるから此場合でも仍評定賃貸價格に依らねばならぬ事實が尠くない、所で此家屋價格の算出に付單に新築當時の時價に家屋の命數を定めて、殘存年數を乘じた丈けでは實際と大なる相違がある、何となれば同一の建築費を投じても、都會地と田舍とは賃貸料に雲泥の差がある、即ち家屋も敷地の地位、等級に支配せらるゝ譯で、此品位、等級を適當に定めねばならぬ。

第三　家屋は土地の如く一定不動ではなく必ず命數がある、其命數の定め方に付ても石造、煉瓦造、鐵筋造、木造等種々に區分せられ、更に木造と雖、檜、杉、米材に依つて甚しく命數が違ふ、併し材料の種類までも區分することは或は困難と思ふが、大體の構造に依つて區分すること位は是非必要である、又特殊の建物に就ては、どうしても特別に調査の必要がある。

第四　茲に家屋の價格を算出したとしても、其利廻りを如何に見るかも重大問題である、これも地方の金融狀態等に依つて異る點があるから、一率に計算することの困難もある。

第五　家屋の建坪計算に當つて、建物の種類、假へば日本式と、西洋間とに依つて坪當が同一でない、又同じ日本式でも、地方に依つて一定して居らぬから、必ず方一間を一坪とは定め得ないと思ふ。其他門、塀、下屋等を建坪に計算するや否も問題である。

斯く考へて來るならば此外幾多の疑問、難題が續出して止まないが、併し是等は各地方の慣習もあることで、各府縣に於ては、之が詳細なる調査要領を設けて目下鋭意調査中であるから、輕卒に私見を挾むことを避けたい。そして各府縣に於ける調査の大體方針には、(一)成るべく實例を捉へて、これを標準と爲す所謂實例本位と、(二)成るべく評定價格を基礎とし、均衡を計らむとする評定價格本位とがある樣である。併し是等も地方の狀況に依つて異る點があり一概に何れを是なりとは謂ひ得ない。

斯くして一應調査し得たる材料は、之を府縣に取纒めて更に府縣內の權衡と統一とを計り、之れに依つて各市町村の家屋稅調査委員會に附議される譯で、調査委員會のことは項を分けて說明したい。

第五款　非課稅家屋

家屋稅を課せざる家屋には、一般的規定に基くものと、特別の規定に依るものとがある。

㈠　一般的規定に基くもの

左に揭ぐる家屋に對しては、命令の定むる所に依つて家屋稅を賦課せざることが出來る。(地方稅制一一)更に稅制施行規則を以て、其範圍を府縣に於て定めしむること、せられたから、府縣に依つて多少の差異が起る(同施規一)

(1)　一時の使用に供する家屋、これは一時の使用を目的とするもので永久的設備でないものを謂ふ。例へば海水浴の脫衣場、見世物小屋、天幕張の類である、又臨時の共進會場等にして一時の使用に供するバラック建の如きも同樣である。

期節的に製造する凍豆腐・寒天製造、又は葉煙草乾燥場の如き使用は一時的でも、設備の永久なるものは、一時的とは認められない。

(2)　賃貸價格一定額以下の家屋。此一定額は各府縣に於て適當と認むる程度に定めらるゝもので、要は細民の負擔を免除せむとする趣旨である。

(3)　公益上其他の事由に依り課稅を不適とする家屋。

㈡　特別の規定に依るもの

(1)　府縣制第百十條、市制第百二十一條及町村制第百一條の規定に依る不課稅。

府縣制第百十條第一項には府縣稅を賦課することを得ざるものに付ては、市町村稅の例に依ると規定せられ、同條第二項には、府縣は公益上其他の事由に依り課税を不適當とする場合に於ては命令の定むる所に依り、府縣税を課せざることを得と規定せられたるも第二項に關する命令は未だ發布されない、又第一項の市町村税の例は國、公共團體、神社寺院等の家屋、營造物に對する免税規定である。

(2) 鑛業法第八十八條の不課税　即ち直接鑛業用の工作物を標準として課税は出來ないとの規定である。

(3) 製鐵業奬勵法に依る不課税（同法七）

(4) 郵便法、電信法の規定に依る不課税（郵便法七、電信法一一）

此外私立學校の建物にも、借家に在らざる限りは課税せない取扱である。

第六款　家屋税調査

家屋税の課税標準たるべき家屋賃貸價格は、家屋税調査會の議に附して府縣知事之を決定す。家屋税調査委員會の制度は、昭和五年四月一日より實施されるから、近く其勅令の發布がある筈で、之れが發布の曉でないと詳細の説明は出來乘るが、過般其草案として新紙の報道せらるゝ所に依つて大體説明して置たい。

調査會は、これを第一次と、第二次とに分ち、第一次は、市町村を區域と爲し、第二次は府縣を數區に分ち、第一次で調査したものを、更に第二次で審議して決議すること、なる。（法律新聞登載に依る）

第一　家屋税調査委員

(一)　左に掲ぐる者を以て家屋税調査委員とすること。

イ　市町村長。

ロ　府縣知事の指定したる官吏又は吏員。

ハ　家屋税調査委員の被選擧權ある者に就き選擧人の選擧したる者。

(二)　選擧に依る家屋税調査委員は、市町村の區域に於て之を選擧するものとし、其任期は四年とすること。

(三)　市町村の區域に於て選擧すべき家屋税調査委員の定數は、概ね市町村會議員の半數とすること。

選擧資格

(四)　市町村内に存する家屋に付家屋税を納むる者は、當該市町村内に於て家屋税調査委員の選擧權を有すること、但し破産者にして復權を得ざる者、租税滯納處分中の者、懲役又は禁錮の刑に處せられたる者にして、其刑の執行を終り又は執行を受くることなきに至る迄の者は此限に在らず。

被選舉資格

(五) 市町村內に住所を有する年齡二十五年以上の者にして選舉權を有する者は、當該市町村に於て家屋稅調査委員の被選舉權を有すること、但し禁治產、又準禁治產者はこの限に在らず。

(六) 調査委員の選舉は、府縣知事の定むる日時に於て市町村長選舉長と爲り之れを行ふ、そして其選舉の方法は法人、禁治產者、準禁治產者及未成年者たる選舉人に付代理投票を認むるの外概ね市町村會議員の選舉に同じ。

第一次調査會

第二 第一次家屋稅調査會

(一) 市町村の區域に、第一次家屋調査委員を置き、市町村に於ける家屋の賃貸價格の調査に從事すること。

(二) 第一次家屋稅調査會は、市町村長及市町村の區域に於て選舉せられたる調査委員を以て之を組織すること。

(三) 第一次家屋稅調査會の招集及開閉は、市町村長之を行ふこと。

(四) 第一次家屋稅調査會に於て、第二次家屋稅調査會を組織すべき者を互選すること、其定數は人口十萬以上の市町村三人、人口二萬以上の市町村二人其他の市町村一人とす。

(五) 市町村長は家屋稅の賦課期日の現狀に依り、市町村內に於ける家屋の賃貸價格に關する下調書を調製し、第一次家屋税調査會に提出すること。

(六) 第一次家屋税調査會は、前項の下調書に依り家屋の賃貸價格を調査し、又之に關する調査書を作製し、之れを第二次調査會(賦課期日後建築せられたる家屋の賃貸價格の調査書は府縣知事)に送付すること。

第二次調査會

第三　第二次家屋税調査會

(一) 第二次家屋税調査會は、府縣知事の定むる所に依り、數市町村の區域を合せたる區域に之を置き、其區域内の家屋の賃貸價格の調査に從事すること。

(二) 第二次家屋税調査會は、府縣知事の指定したる官吏及吏員一人及第一次家屋税調査會に於て選擧せられたる調査會を以て組織すること。

(三) 第二次家屋税調査會の招集及開閉は、府縣知事之を行ふこと。

(四) 第二次家屋税調査會は、第一次家屋税調査會より送付せられたる調査書、(調査書の送付なきときは、市町村長より提出せられたる下調書)を調査し、其修正すべきものは、之を修正して府縣知事に送付すること。

第四　家屋の賃貸價格の決定

府縣知事は、第二次家屋税調査會(家屋税の賦課期日後建築せられたるものに在つては第一次家屋稅調査會）の調査の結果に依り、府縣內に於ける家屋の賃貸價格を決定すること、但し調査會の調査完了せざる場合、又は調査會の調査が違法又は不當なりと認むる場合等に在つては、府縣知事は臨時に官吏又は吏員の中に就き、家屋稅調査委員三人以上を選任し、其調査に依つて、家屋の賃貸價格を決定すること。

第五　補　則

(一)　市制第六條の市、又は第八十二條第三項の市に在つては、區の區域に第一次家屋稅調査會を置く。此場合に於ては、市長の職務は區長之を行ふ。

(二)　府縣知事の指定する市に於ては、其市の區域を數區域に分ち、其區域每に第一次家屋稅調査會を置くことが出來る。

(三)　府縣費の全部分賦を受けたる市に於ては、府縣知事の職權は、市長之を行ふものとし、其他一般の規定を適用し難き事項に關しては、特別規定を設くること。

(四)　北海道に付ては、府縣知事の職務は北海道廳長官之を行ひ、町村又は町村長其他の事項は、之に準ずべきものに之を準用すること。

以上は勅令案として報道されて居る所であるが、更に內務省令を以て選擧方法其他に付更に詳細される必要がある。そして市町村としては、大體左の事務を行はねばならぬと思ふ。

(一)　選擧事務

(イ)　家屋稅調査員會選擧人、被選擧人名簿を調製せねばならぬ。（所定期日の現在に依る）

(ロ)　名簿は關係者の閲覽に供すべく閲覽期日を定めて豫め公示の必要がある。

(ハ)　選擧は府縣知事の定むる日時に於て之を行ふべく、投票開票の場所、日時等は豫め公示せねばならぬ。

(ニ)　市町村長は選擧長として選擧事務を行ふこと。

(ホ)　投票の方法等は何れ法令で規定されることゝ思ふ。

(ヘ)　選擧には所定の立會人が必要である。

(ト)　選擧の結果當選人に通知の方法等は法令で規定されると思ふが、選擧錄を作り府縣知事に申報すること、及當選人の氏名を公示することは勿論である。

(二)　調査事務

(イ)　第一次家屋稅調査會の招集及開會、閉會を行ふこと。

(ロ)　家屋の賃貸價格の下調書を調製して、之を第一次家屋稅調査會に提出すること。

(ハ)　第一次調査會の調査書を作り之を第二次調査會（賦課期日後建築せられたる家屋の賃貸價格の調査書は府縣知事）に送付せしめ、且調査會の狀況を府縣知事に報告すること。

第七款　税率其他

(一)　税率は内務、大藏兩大臣の許可を受け、府縣知事に於て之を定む(地方税施行令八)即ち家屋税に付ては、前述の如く地租其他直接國税との均衡もあり、又實施後日も未だ淺いものであるから財政監督の必要上特に兩大臣の許可を必要とせられたものと思ふ。

(二)　納期は、府縣知事に於て適宜に定むることが出來る。

(三)　家屋税賦課の限界。

(イ)　家屋税の賦課期日後に於て建築せられたる家屋に付ては、工事竣成の翌月より月割を以て家屋税を賦課せらる。茲に工事の竣成とは、建物が其用方に從つて利用し得べき程度に達すればよい譯で必しも實際の使用を必要とせない。(地方税施行令三ノ一)

(ロ)　從來非課税の家屋が、用途の變更に依つて、課税家屋となつた場合にも其課税家屋となつた翌月より月割を以て家屋税を賦課せらる。(地方税施行令三ノ二)

以上(イ)(ロ)の場合に於ける賃貸價格の計算方は、之れと類似せる他の家屋の賃貸價格に比準して定むること。(地方税施行令二)

(ハ)　家屋税の賦課期日後に於て、家屋が滅失し、又は家屋としての効用を失つた場合は、家屋所

有者の申請に依つて其月迄月割を以て家屋税を賦課せらる。（地方施行令三ノ三）

(ニ)　從來家屋税の賦課を受けたる家屋が非課税家屋と爲つた場合も(ハ)と同一の取扱である。（地方施行令三ノ三）併し此(ハ)(ニ)の取扱を受くるには、其家屋税の賦課以前たるを條件とするもので既に家屋税を賦課せられた後（徵税令書交付後）は、其賦課は變更せないから隨て月割計算は用ひられないことゝなる。（地方税施行令三ノ三）

第四節　營　業　税

府縣税の營業税は、國税營業收益税の課税資格に達せざる小營業、及同法の課税外に屬する營業に對して賦課する直接税である。

第一　營業の種類

營業の種類

營業税を賦課すべき營業の種類は、營業收益税法十二條に掲ぐる營業及地方税法施行規則第十二條に列擧せる營業に限る。（地方税法一五）

(1)　營業收益税法第二條に掲ぐる營業は、左の十九種である。

物品販賣業（動植物其他普通に物品と稱せざるもの・販賣を含む）

銀行業　無盡業　金錢貸付業　物品貸付業
製造業（瓦斯電氣の供給及物品の加工修理を含む）　運送業
倉庫業　請負業　印刷業　出版業
寫眞業　席貸業　旅人宿業　料理店業
周旋業　代理業　仲立業　問屋業

(2) 收益稅外に屬する營業（地方稅法施行規則第十二條列記營業）

運河業　棧橋業　船舶碇繫場業　貨物陸揚業
兩替業　湯屋業　理髮業　寄席業
遊技場業　遊覽所業　藝妓置屋業

第二　非課稅營業

非課稅營業

營業收益稅法に於て、課稅を爲さゞる左記營業に對しては、府縣稅營業稅をも課稅することを得ない。

(一) 政府の發行する印紙、切手の賣捌。
(二) 度量衡の製作、修覆又は販賣。

(三)　自己の採掘し、又は採掘したる鑛物の販賣。

(四)　自己の收穫したる農産物、林産物、畜産物、若は水産物の販賣、又は之を原料とする製造、(特に營業場を設けて爲すものを除く)

又專ら行商又は露店營業を爲す者に對しては、營業税を賦課することを得ない。

公益上其他の事由に因つて、課税を不適當とする營業に付ては、府縣の狀況に應じて府縣が之を非課税と爲すことが出來る。(地方税法施規三)

茲に問題と爲るは、營業收益税法に依つて免除せられたる電要物産の製造業に對して府縣税營業税を課税するや否やである、舊營業税法當時には、假へ國税を免除せられたるものと雖、地方税に免除の規定なき限りは、課税すべきものとして取扱はれ、行政判例も之を認めた樣である、併し折角國税で免除の特典に浴したものを、地方税として課するは如何にも穩當を缺くと思はれるが、府縣税には從來此種に類する課税の取扱があつた、最近內務省では課税せないことに決定したとのことである。

第三　課税標準

課税標準　營業税は、營業の純益を標準とし又は營業の收入金額(賣上金額、請負金額、報償金額等)資本金額營業用建物の賃貸價格、若は從業者を標準として、之を賦課し又は定額を以て賦課するものである。

但し各府縣は、其狀況に應じて當分の內以上の課稅標準其他營業稅の賦課方法に付、內務大藏兩大臣の許可を受けねばならぬ。蓋し此但書は從來の沿革上、各府縣をして直に一率の賦課方法に依らしむることの困難あるが爲であつて、隨て營業稅に關しては、各府縣が同一の課稅でないことゝなる。(地方稅法施規二)

又國稅營業收益稅の課稅資格に達せざる營業に對する營業稅の賦課額は、營業收益稅の最低稅額未滿なるを要す、これは營業收益稅との關係上當然のことである。

第四　課稅方法其他

課稅方法

營業稅の納期は、各府縣の狀況に應じて年稅、期稅、適宜に定むることが出來る。又賦課期日後納稅義務の發生したる者に對しては、其翌月より又賦課期日後に納稅義務の消滅したる場合は、其月まで月割を以て賦課す、但し營業繼續の場合は、前營業者の納稅は後の營業者の納稅と看做して月割の計算を必要とせない。

營業稅を月稅として每月賦課する場合は、賦課期日後其月十五日迄に納稅義務が發生したるときは全額、又十六日以後に發生したる場合は半額を課稅し其月十五日迄に納稅義務の消滅したるときも半額とす。

同一の營業に付甲府縣に於て納稅義務消滅し、乙府縣に於て納稅義務が發生したる場合は、乙府縣に於ては甲府縣に於て賦課したる部分に對しては課稅せない。

納稅者

納稅者　營業稅の納稅者は、營業收益稅の課稅資格に達せざる營業者及收益稅を賦課せざる營業を爲す者である。

稅率納期

稅率と納期は、府縣に於て適當に定むるものである。

市に營業稅を認めらるゝ規定

地方稅法第十六條に依つて、府縣費の全部の分賦を受けたる市は、府縣と同樣營業稅を賦課することが出來る、これは營業稅を市稅として認むる唯一の例外である。

第五節　雜種稅

從來府縣稅中に於ける雜種稅は、其種類頗る多數であつて、之を租稅の原則に照して不適當な性質のものも尠くなかつたから、大正十五年稅制整理と共に雜種稅にも其種類を限定せられた譯である。大正十五年法律第二十四號第十九條の規定に依つて、雜種稅を賦課することを得べきもの、種類を定むること左の如し。（十五年勅令三三九號地方稅施行の件十七）

船、車、水車、市場、電柱、金庫、牛馬、犬、狩獵、屠畜、不動産取得、漁業、遊藝師匠、遊藝人、相撲、俳優、藝妓其他之に類する者、演劇其他の興行、遊興、

以上の課目は府縣に於て適宜に取捨することが出來る。

又特別の必要ある場合には、以上の種目以外のものに對しても、內務、大藏兩大臣の許可を受け雜種稅を課することが出來る。此意味に於て近來競馬稅を設くる地方が尠くない。

(一) **船稅** 茲に船とは、蒸汽船帆船は勿論、艀、漁船等苟も船舟と名稱し得べきものは悉く包含する譯である。船稅は、主たる碇繫場所在の府縣に於て其所有者に課稅す。若し主たる碇繫場なきとき、又は主たる碇繫場の所在に付關係府縣に異議あるときは、內務、大藏兩大臣の定むる所を以て課稅地と爲す。

船稅の課稅標準及稅率は、府縣每に定むるものであるが、西洋形船は登簿噸數、日本形船は積載石數、艀其他の小舟は、長さ巾等を標準として稅率をも定むることが一般の取扱である。

(二) **車稅** 茲に車とは、馬車、荷牛馬車、人力車、荷積車、自轉車、自動車、雜車等車輛と名稱し得るものは、悉く包含せらるゝ譯で、車稅は主たる定置場所在の府縣に於て其所有者に課稅せらる。

課稅標準と稅率は、車輛の種類大、小、自用と營業用等に區分して課稅するが一般の取扱である、近來此種の稅は社會政策上の見地から、漸次稅率を遞減される傾向がある。

(三) **水車稅** 電柱稅、金庫稅は其所在地の府縣に於て所有者に賦課す。

水車は、搗臼と挽臼とに區分し、其個數に應じ、金庫は其大小に依る、但し手提金庫の類を除く、電柱は、木柱、鐵柱、鐵塔等に區分し、其本數に應じて課税するが一般の例である。

又電柱に付ては、其課率に付法令上には別に制限の規定はないが、取扱上は大體左の制限を定められてある樣である。

(イ)	木柱本柱	一本に付	金七拾錢
(ロ)	同　支柱	同	木柱本柱の制限額の半額
(ハ)	鐵　柱	同	同　一倍半
(ニ)	鐵　塔	同	同　三倍

特別の事情あるときは內務大藏兩大臣の許可を受け前記の制限を超過して課税が出來る。

又市町村に於て電柱税附加税又は特別電柱税を課する場合は左の制限に依る。

(イ)	市　木柱本柱	一本に付	金參圓に相當する金額
(ロ)	町村　同	同	金壹圓五拾錢に相當する金額
(ハ)	木柱支柱鐵柱	鐵塔に付ては府縣税の制限に準ず	

特別の事情あるときは附加税の場合は府縣知事特別税の場合は內務大藏兩大臣の許可を受け制限超過の課税が出來る。

（四）市場税　市場税は、市場所在地の府縣に於て其經營者に課税す。

（五）牛馬税、犬税は、飼養地府縣に於て、其所有者に課税す。

（六）狩獵税は、狩獵の免許を受くる者に對し、其住所地府縣に於て課税し狩獵免狀の等級に依つて税率を異にするを一般の例とす。

　これは國税の狩獵免許税の附加税ではなく、府縣税中の雜種税として賦課するものである。

（七）屠畜税は、屠殺地府縣に於て、其家畜の所有者に課税し、屠畜の種類に依りて税率を異にするを例とす、又地方に依りては屠畜を公營と爲する向がある、是等は雜種税として課税して居らぬ。

（八）不動産取得税　不動産を取得したる者に對し、其不動産所在の府縣に於て課税す。

　不動産とは、民法の所謂土地及土地の定着物であつて、其取得原因には原始的の取得と移轉的の取得とがある、併し大體に於て土地には原始的取得の場合が尠いが、建物は新築等に依る原始的取得が尠くない。

　不動産取得税は、其原始的取得たると移轉的取得たるとを問はず、總て課税せらるゝ譯である。

　左の場合には不動産取得税を課せない。

(1) 家督相續又は遺産相續に依る不動産の取得。

(2) 法人の合併に因る不動産の取得。

(3) 信託財産にして、委託者が信託行爲に依り信託受益の全部を享受すべき不動産を委託者より受託者に移す場合に於ける不動産の取得、但し當該不動産に付、其後受益者を變更したる場合及信託法第二十二條の規定に依り固有財産と爲したる場合に於ては、其時に不動産を取得したるものと看做して課税せらる。

不動産取得税の税率に付ては、法令上別に制限の規定はないが、取扱上左の通定められてある課率は、不動産價格の千分の七以内とし、特別の事情あるときは、內務、大藏兩大臣の承認を得て、不動産價格千分の十二まで賦課が出來る。

又市町村に於て其附加税又は特別税を賦課するときは、不動産價格千分の十以下とし、特別の事情あるときは、附加税に付ては、府縣知事の承認を得、特別税の場合は內務大藏兩大臣の許可を受け、不動産價格の千分の二十迄賦課することが出來る。

(九) **漁業税**　漁業に對する雜種税は、當分の內從來の例に依つて課税せらる。蓋し後來漁業税の賦課方法は頗る區々であつて、相當古い沿革を保つて居る地方もある、故に遽に一定の取扱に出でしむることは、事情困難の場合があるから、暫く從來の課税法を踏襲することゝなつた譯である。

併し新に漁業に對して課税せむとするとき、又は其賦課率若は賦課方法を變更せむとするときは、內務、大藏兩大臣の許可を要す。唯其賦課率を低減する場合は許可を要せない。

從來漁業税の賦課方法は、漁具の種類漁獲の方法等を細分し、地方の情況に應じて適當の課率を定め賦課せられて居る樣である。

(十) 遊藝師匠、遊藝人、相撲、藝妓其他之に類する者には、其住所地府縣に於て、雜種税を賦課し其住所地府縣に於て課税せざるときは三ヶ月以上滯在の府縣に於て課税せらる。

同一人にして、二種以上の業務を兼ぬるものは、其一種に付てのみ課税し、税率異るときは其税額多き一方に依る。

藝妓、其他之に類する者とは、酌人、仲居、幇間、女給の類であつて、是等は其業種及土地の等級に應じ、月税として課税する府縣が多い。

(土) 演劇其他の興行　を爲す者には、其行爲地の府縣に於て、雜種税を課す。

(圭) 遊興税　遊興を爲す者に對しては、其遊興地の府縣に於て遊興税を課す。但し遊興者一人當一回の消費金額二圓未滿の場合は課税せない。

課税標準を消費金額の全部とするか、又は花代の類のみにするかは、府縣の事情に依り適宜である。又遊興稅の課率に付ては、法令上別に制限の規定はないが取扱上大體一定の內規がある。

(甲) 消費金額の全部を課稅標準とする場合

(1) 府縣　消費金額百分の五

(2) 市町村

(イ) 特別稅の場合　消費金額百分の十

(ロ) 附加稅の場合　本稅と通算して消費金額百分の十

(乙) 消費金額の一部を課稅標準とする場合

(1) 府縣　消費金額百分の七

(2) 市町村

(イ) 特別稅の場合　消費金額百分の十四

(ロ) 附加稅の場合　本稅と通算して消費金額百分の十四

(三) 市町村特別稅　雜種稅の各種目に付ては、大體以上を以て說明を終へたが、併し各府縣は、以上の種目を悉く雜種稅として採用せねばならぬ譯ではない。隨て府縣稅として採用せざる種目に對しては、市町村は其情況に應じ、市町村特別稅として課稅することが出來る、但し其課稅に關し許可を受くべきことは勿論である。

第六節　戸數割

戸數割は各戸の資力を標準として賦課する租税で、一戸を構へ又は獨立の生計を營む者の納付すべき市町村税である。

戸數割は、從來地方税の中樞として課税せられ、本税を府縣税と爲し、市町村は其附加税を賦課したものであつたが元來戸數割は、一種の人頭税とも觀るべきもので、各戸の擔税能力を各方面より綜合して課税せねばならぬ、故に理想としては適當な租税であるが、これには調査上の困難と、種々の弊害が伴ふもので、市町村の如き稍地域の狹い範圍なれば、兎も角、府縣税としては不適當なりとして、大正十五年の税制整理と共に府縣税たる戸數割制度を廢し、市町村税として存續せられ、且其賦課方法にも變革を加へられた譯である。

課税標準

(一)　課税標準　戸數割は、納税義務者の資力を標準として賦課す。（地方税法二四）資力は、納税者の所得額、及財産の狀況に依つて算定す、但し資産の狀況に依つて資力を算定して賦課する額は戸數割總額の十分の二（特別の事情ある市町村は十分の四まで）を超ゆることを得ない。（地方税施規二一）假へば戸數割の總額が壹萬圓なれば、內貳千圓丈けは資産に分配し、他の八千圓は所得額に應じて賦課するのである。

戸數割は、一戸を單位として賦課すべきものであるから、生計を共にする同居者の所得は、納稅義務者の所得と看做して資力を計算する譯である。

所得の計算方　資力算定の標準たる所得額は、左の方法に依り大體第三種所得稅の所得計算方と同樣である。

(一) 營業に非ざる貸金の利子並公債、社債、預金及貯金の利子は、前年中の收入金額。

(二) 山林の所得は、前年中の總收入金額より必要の經費を控除したる金額。

(三) 賞與、又は賞與の性質を有する給與は、前年三月一日より其年二月末日迄の收入金額。

(四) 法人より受くる利益、若は利息の配當、又は剰餘金の分配は、前年三月一日より其年二月末日迄の收入金額、但し無記名株式の配當に付ては、同期間内に於て支拂を受けたる金額。（株式の消却に依り支拂を受くる金額、又は退社に因り持分の拂戻を受くる金額が拂込金額、又は出資金額を超過するときは、其超過金額は利益の配當と看做す

(五) 俸給、給料、歲費、年金、恩給、退隱料及之等の性質を有する給與は、前年中の收入金額。（但し前年一月一日より引續き支給を受けたるに非ざるものは其年の豫算年額）

(六) 以上(一)より(五)以外の所得は、前年中の總收入金額より、必要の經費を控除したる金額（但し

前年一月一日より引續き有したるに非ざる財産、營業、又は職業の所得に付ては、其年の豫算年額）

信託財產に付、生ずる所得に關しては、其所得を信託の利益として享有すべき受益者が信託財産を有するものと看做して所得額を計算す。

以上(一)(二)(四)の所得に付ては、被相續人の所得は、之を相續人の所得と看做し、(六)の所得に付ては相續したる資產、又は營業は相續人が引續き之を有したるものと看做して、其所得額を計算す。但し被相續人の資力算定の標準たる所得額に算入したるものを除く。

年度開始の日の屬する年の翌年に戶數割を賦課する場合に於ては、最近の戶數割賦課の時に算定したる所得額を以て、其資力算定の標準とす。但し未だ其所得の算定なかりし者に關しては、年度開始の日の屬する年を基準として前各號の規定に依つて算定す。

以上(二)及(六)に依つて、總收入金額より控除すべき經費は、種苗、蠶種肥料の購買費、家畜、其他の者の飼養料、仕入品の原價、原料品の代價場所物件の修繕料又は借入料、場所物件又は業務に係る公課、雇人の給料其他收入を得るに必要とする費用に限る。

家事上の費用及之に關聯する費用は、經費としは控除せないことになつて居る。

以上(六)に依る所得計算に付、損失あるときは(五)の所得より差引計算することが出來る。

所得額の控除

以上の計算に依る總所得壹萬貳千圓以下なるときは、其所得中の(三)及(五)の勤勞所得の十分の一、六千圓以下なるときは、同十分の二、參千圓以下なるときは、同十分の三、千五百圓以下なるときは、同十分の四、八百圓以下なるときは、同十分の五に相當する金額を控除す。

更に又以上の所得額合計參千圓以下の場合に於て、納稅義務者及之と生計を共にする同居者中年度開始の日に於て、年齢十四歳未滿若は六十歳以上の者、又は不具癈疾者あるときは、納稅義務者の申請に依つて左の金額を控除す。

所得千圓以下なるとき	一人に付百圓以內
所得貳千圓以下なるとき	一人に付七拾圓以內
所得參千圓以下なるとき	一人に付五拾圓以內

左の所得は、資力算定の標準たる所得に算入せない。

(一) 軍人從軍中の俸給及手當。
(二) 扶助料及傷痍疾病者の恩給又は退隱料。
(三) 旅費、學資金、法定扶助料及扶助金。
(四) 營利の事業に屬せざる一時の所得。

(五) 日本に國籍を有せざる者の外國に於ける資產、營業又は職業より生ずる所得。

以上は戶數割の賦課上、資力認定の方法であつて大體第三種所得稅の所得計算方に極似し、頗る理想的の樣である、併し此調査が又頗る困難であつて、實行上果して法の豫期するが如き効果を得て居るか否、又現今市町村に於ける課稅技術が果して此程度迄發達して居るや否、是等は相當研究を要する問題であるが、何れ其執行が年を經るに從つて、漸次理想に近くべきことは當然であると思ふ。

納稅者

(二) 納稅者　戶數割は一戶を構へる者に賦課せらる、又一戶を構へざるも獨立の生計を營む者には賦課せらる。茲に一戶を構へずして獨立の生計を營む者とは、下宿に居住し而も職業を有する者の類である。

戶數割は所謂一戶を單位として賦課するものであるが、必しも一家一棟を意味するものでなく、一家一棟に數戶の居住者ある場合でも、俗に一世帶を以て一戶と觀るが相當である。

課稅方法

(三) 課稅方法　同一人に對して、數市町村に於て戶數割を賦課する場合は、各其市町村の所得を以て、資力算定の標準とせねばならぬ、若し其何れに屬するか分別し難き場合は之を平分す。

戶數割を納むる市町村以外の地に於ける所得は、住所地市町村の所得と看做して計算す。故に住所地以外の市町村長は、其所得事項を住所地市町村長に通報せねばならぬ。

以上の計算に付、關係市町村に異議あるときは、同一府縣の場合は、府縣知事、數府縣に渉るときは、內務大臣之を決定す。

戸數割の賦課期日後に於て、納税義務發生したる者の賦課額は、他の納税義務者の賦課額に比準して之を定め、義務發生の翌月より月割を以て計算す、其義務消滅の者に對しては消滅の月迄月割を以て課税す。但し賦課後に於ては之れを變更しない。

納税地移轉の場合に於て、舊納税地市町村に於て賦課したる部分は、新納税地市町村に於て賦課するを得ない。

減損更訂

(四) 減損更訂　所得計算方、(五)及(六)の所得は、前年一月一日より引續き有するものは前年の實績、然らざるものは其年の豫算に依る譯であるが、其計算額に對して其年の實績額が二分の一以上減損したる場合は、納税者は翌年一月三十一日迄に其旨を申出で賦課額の更訂を求むることが出來る、此方法は恰も第三種所得税に於ける減損更訂の手續と同樣である。

賦課制限

(五) 賦課制限　市町村は戸數割の賦課に付、左の制度に遵はねばならぬ。

市　戸數割の總額が、當該年度に於ける市税豫算總額の百分の三十七以內。

町村　同上町村豫算總額の百分の六十以內。

特別の必要ある場合は、內務、大藏兩大臣の許可を受け、此制限を超過して賦課することが出來る。仍其許可權は市に於ては百分の四十七迄、町村に於ては百分の七十迄は府縣知事に委任せられてあるから、府縣知事に於て許可し得ることゝなつゐる。

第七節　都市計畫特別稅

都市計畫法に依り、都市計畫事業の執行上要する費用に充つる爲、府縣、市町村は特別稅を賦課することが出來る、但し府縣費の分賦を受けたる市が、營業稅、雜種稅、又は家屋稅を賦課するときは、主務大臣の許可を受け其稅率を定むること。（都市計畫法八）

(一)　地租割　地租百分の十二以內。
(二)　營業收益稅割　營業收益稅百分の二十二以內。
(三)　營業稅雜種稅、家屋稅、各府縣稅の十分の四以內。
(四)　特別地稅　北海道及其市町村　地價千分の四以內。
　　　府縣及其市町村　地價千分の五以內。
(五)　其他勅令を以て定めたるもの。

營業收益稅割の賦課に付ては、營業收益稅法第十條第二項の規定に依る、資本利子稅額の控除を爲さゞるものを以て營業收益稅額と看做す。

又特別地稅の賦課率は、當該年度の豫算に於て定めたる田畑に對する地租割の賦課率を以て算定したる地租割額の當該田畑の地價に對する比率を超ゆるを得ない。

第三章　地方稅の賦課

第一節　賦課規則と臺帳

(一)　府縣稅を賦課するの權は、府縣に存し府縣知事が之を行ふものである、即ち府縣知事は、府縣稅の賦課規則、賦課細則、賦課事務取扱手續等を定めて、各稅の賦課に關する詳細を規定す。そして賦課事務の過半は擧て市町村長に委任せられ實際上の賦課手續は、市町村長に於て取扱ふことが多數府縣の例である。

賦課規則には、各稅賦課の區分、賦課の限界、課稅標準、賦課方法等を規定し、課率は每年度豫算の定むる所に據る併し府縣に依つては營業稅と雜種稅の稅率だけは賦課規則を以て其定率を定め必要に應じて變更する地方もある。又賦課規則中には、府縣稅逋脫者に對する罰則規定をも設けらるゝが多數の例である。

茲に一言すべきことは、徵稅上に於て賦課と徵收との限界である、理論上賦課とは、各人に對して、其賦課額を決定し、之を本人に通知する行爲であり、又徴收とは、此課稅決定に基いて現實の徴稅行爲を行ふを謂ふのである、併し地方稅には此區分は甚だ判然しない、そして地方稅制中には此賦課、徴收なる用語が頗る多數に用ひられて居る、これは課稅異議等の場合に、往々問題が起るから相當研究して置く必要があると思ふ。

地方稅の課稅標準申告に對して課稅決定を爲したる場合に、本人には決定通知を爲さず、其申告を不相當とするもの及申告を爲さゞるものに對してのみ、決定通知を發することが多數府縣の例であるが、此場合決定通知を爲さゞる者及稅法上別に決定通知の手續なきものは、徴稅令書又は徴稅傳令書を本人に送達するに依つて賦課處分の通知ありたるものと見るが相當である。

(二) 市町村の賦課に關しても、各町村に於て條例を設け、府縣稅と同樣の手續を爲すべきである。

(三) 市町村に於ては、府縣稅、市町村稅の賦課上、諸稅の賦課臺帳を備ふるの必要がある、府縣稅の賦課臺帳は、府縣知事に於て其形式を定め、市町村稅の賦課臺帳は、市町村長之を定む。そして其形式は頗る區々であつて、或は賦課臺帳と、徴稅原簿と兼用の樣式を定むる向もあり、又市町村長は、府縣知事の認可を得て、賦課臺帳の樣式を變更することも出來るから、實際に取扱はれて居る帳簿の形式は和式、洋式樣々である。併し各種の附加稅に付ては別に本稅の判明せるものがあるから、特に附加稅のみに對して賦課臺帳を設くるの必要もなく、徴收原簿に依つて整理する向が多い様である、これとても算出の便宜上補助簿を設けて整理する所もある。

茲には府縣税の營業税と雑種税及家屋税臺帳の一例を示して置くが、家屋税臺帳は昭和五年度以後は改定賃貸價格に依るべきものであるから、様式等も如何に整理するが便宜であるか判らぬが、家屋の賃貸價格は市町村に於て下調書を作つて第一次家屋税調査會に提出し、第一次調査會で調査した結果は調査書を作つて、第二次調査會に提出し、第二次調査會で調査した結果に依つて府縣知事が決定する順序であるから、先づ此下調査書に漸次修正を加へたものを調査書と爲し、決定書と爲し、更に家屋税臺帳とすることが、餘程繁文省略かと思はれる、果して斯様な順序に出來るか否は研究の價値がある。若し市町村長より提出する下調査書が單に家屋の所在と賃貸價格のみを記載する様な簡單なものであるとすれば、現今下調査に使用して居る調査票を臺帳として、これに(一)年別の下調査額、(二)第一次調査額、(三)第二次調査額(四)決定額の四欄を設けて調査票と税臺帳とを兼用し得る様にすることも一考案である。

尚茲に御斷りして置きたいことは、前にも説明せし如く地方税に關する簿書の様式は各府縣、各市町村毎に異つて居るから、之を一々説明することは至難である、故に以下様式は大體大阪府と兵庫縣下の分を參酌して登載した譯である。

第一號式（府縣稅營業稅臺帳樣式甲）

何年度調製

營業臺帳

何市役所（町村役場）

凡例

一 臺帳ハ收入金額（從業者）等ヲ課稅標準ト爲スヘキ營業者又ハ特定行爲者ヲ登載スルコト

二 臺帳ハ商業、工業及雜種稅ニ屬スル營業又ハ特定行爲ニ區分シ各業目又ハ特定行爲每ニ口座ヲ設クルコト但シ場合ニ依リ各業目每ニ別冊ト爲シ又ハ適宜口座ヲ設ケ合冊ト爲スコトヲ得

三 同一ノ營業又ハ特定行爲ニ對シ數個ノ營業所ヲ有スルトキハ營業所ノ欄ニ併記スルコト

四 營業所ト住所若ハ滯在地ノ同一ナルトキハ其ノ一方ノ記載ヲ省略スルコトヲ得

五 同一營業又ハ特定行爲ニ對シ數個ノ營業所ヲ有スル場合ニ於テ各營業所每ニ課稅スルモノニ付テハ課稅標準額ノ欄ニ其ノ營業所名若ハ所在地ヲ附記シ又ハ年度ノ下ニ營業所ノ欄ヲ設ケ處理スルコトヲ得

六 稅額ノ欄ハ市役所又ハ町村役場ニ於テ之ヲ省略スルコトヲ得

七 轉住、營業所ノ增減、納稅地變更、廢業又ハ鑑札ノ交付ニ關スル事項及其ノ他ノ異動等ハ沿革ノ欄ニ其ノ年月日及事由等ヲ記載スルコト但シ鑑札ノ交付ニ關シテハ別鑑札番號帳ヲ設ケ整理スルコトヲ得

八 廢業又ハ轉住其ノ他納稅義務ノ消滅シタルモノニ付テハ朱線ヲ以テ抹消スルコト

九　各業目又ハ特定行爲每ニ末尾ニ每納期ノ調定總額竝ニ每年四月十月又ハ（何月何月）各一日現在ノ收入金從業者及納稅人員ノ合計ヲ附スルコト

業目（特定行爲）			住所（滯在地）		
營業所			氏名		
開業年月日					
年度	課稅標準 收入金 何々	稅額 前期 後期	年度	課稅標準額 收入金 何々	稅額 前期 後期
沿革					

第二號式（府縣稅營業稅雜種稅臺帳樣式乙）

何年度調製

營業（物件）臺帳

何市役所（町村役場）

凡例

一　本臺帳ハ甲ニ登載セサル營業者、特定行爲者又ハ物件所有者ヲ登載スルコト

二　年齡ニ依リ稅率ニ區分アルモノニ付テハ其ノ生年月日ヲ納稅者ノ欄ニ記載スルコト

三　藝名又ハ船名等ハ業目又ハ種類ノ欄ニ記載スルコト

四　番號ノ欄ニハ鑑札番號ヲ記載シ鑑札ヲ交付セサルモノニ付テハ本欄及鑑札交付年月日ノ欄ヲ省略シ又ハ營業若ハ特定行爲ノ免許若ハ許可等ニ係ルモノニ付テハ本欄鑑札交付年月日ヲ該相當年月日ニ更メ處理スルコトヲ得

五　車輛臺帳ハ開業年月日ヲ所有權取得轉入又ハ課税用途變更年月日ニ檢印ヲ烙記スルモノニ付テハ鑑札交付年月日ヲ檢印年月日ニ更メ鑑札ヲ交付セス又ハ檢印ヲ烙記セサルモノ若ハ烙記スルモ其ノ年月日ヲ認ムルコトヲ得サルモノニ付テハ鑑札交付若ハ檢印年月日ノ欄ヲ省略シ又ハ車輛檢査證交付年月日ニ更メ處理スルコトヲ得但シ車輛檢査證交付年月日ノ欄ヲ設ケサル場合ニ於テハ同年月日ハ沿革ノ欄ニ記載スルコト再證印ノ場合亦之ニ準ス船舶臺帳ハ登簿噸數若ハ積石數ニ依リ課税スルモノニ付テハ鑑札交付年月日ヲ登簿噸數若ハ積石數ニ更メ製造年月ハ沿革ノ欄ニ記載シ開業年月日ノ更正ニ付テハ車輛臺帳ニ同シ

六　前各號ノ場合ヲ除クノ外甲凡例ニ準據スルコト

七　樣式ニ依リ難キモノニ付テハ本樣式ニ準シ適宜調製スルコトヲ得

八　客席ヲ附着セル自動車、動力補助機關ヲ有スル自轉車及三輪車ハ適宜其旨ヲ種類欄ニ附記スルコト

第　號	業目（特定行爲種類）	開業年月日	住所（滯在地）　氏名
		鑑札交付年月日	營業所、物件所在地（船籍港、碇繫場）
		沿革	

第三號式（家屋稅臺帳樣式）

第　　號

調查月日	家屋所在地	市　郡　村（町）　番地	國府道又ハ市町村道ニ接續ノ有無		表裏ノ區別		市區町村長	
月　日	家屋所有者 住所 氏名		家屋 賃貸價格年額 / 建築年月　年　月	敷地 地番	等級	坪數　坪	賃貸價格年額　円	課長又ハ係長 / 調査主任

區域標準	番號	家屋種類	構造	間口	奥行	家屋坪數 平坪	家屋坪數 二階以上及下家	家屋坪數 計	契約賃貸料月額	算定賃貸價格月額	居住者職業氏名
等	1			間	間	坪	坪	坪	円	円	
	2										
	3										
	4										
	5										
	計										

家屋賃貸價格算定ノ參考事項

門 良否	塀 良否	庭園 良否	庭園 坪數	賃貸價格（對前年額增減）

備考

家屋稅賃貸價格

賃貸價格標準	種別＼年次	昭和五年度	同　六年度	同　七年度	同　八年度	同　九年度	同　十年度	同　十一年度
円	下調查額							
	第一次決議額							
	第二次決議額							
	決定額							

備考

本様式ハ大阪府ノ使用セラルル調査票ヲ改造シテ調査決定ノ賃貸價格欄ヲ設ケ税臺帳トシテ連年襲用ノ一例ヲ示シタルニ過キス

第四號式（家屋税臺帳名寄帳）

家屋所有者住所		家屋所有者氏名	
納税管理人住所		納税管理人氏名	

現在及異動	所在地	地番	建坪數	賃貸價格	摘要
	大字　字	番地	坪	円	
	大字　字	番地			

第二節　申請申告手續

凡そ租税の賦課方法には、調査決定主義と、申告決定主義とがある。併し此兩主義は賦課上の大體方針であつて極端に一方に偏すべきものではない、地方税の賦課にも、又此兩主義が認められる。即ち各種の附加税は、既に本税が確定せられて居るから、若しも其管轄が各所に岐れる場合等特殊のものを除いては、納税者の申告を待たず府縣市町村は、適宜の方法に依つて本税を調査し決定するものであるが、其他の府縣税殊に營業税、雜種税等に在つては、各府縣共申告決定主義を採る樣である。これは單に賦課の便宜上からではなく、成るべく圓滿に徵税の目的を達せむとするの趣旨に出でたるものであるから、其邊は納税者としても餘程味はねばならぬことゝ思ふ。勿論假令申告主義を採用するにしても、其申告の不誠實なるもの、又は申告を爲さゞるものに對して調査決定を爲すべきことは、課税權の發動として素より當然のことである。

第一　府縣税

前述の主義に基き、府縣税の賦課、徵收上、納税義務者に對して、課税物件の申請、申告を必要とする事項が頗る多い。随て各府縣は、或は賦課徵收規則を以て又は特に納税義務者屆出規則等を設けて、各種の申請申告を命じて居る。

申請、申告に關する手續、期限等は、府縣の情況に應じて適當に定めらるゝもので、詳細は各府縣の規則に遵はねばならぬが、茲には大阪府と兵庫縣規則を參酌し、其内一般通有と認むる事項の大樣を摘記することゝした。

(1)　府縣税に關する申請、申告は、所轄市區役所町村役場に之を爲すこと。（大阪府は此種の申請申告を市區町村長宛とし、市區町村をして取扱はしむ、兵庫縣も特種のものを除く外同樣）

(2) 課税を受くべき物件の所有權移轉の申告は、當事者双方の連署を要す。但し所有權を取得したる證憑を提出するか、又は連署し難き事由あるときは其旨附記すること。

(3) 申請申告は、特に口頭申告を認むる事項の外書面に依ること、書面には必ず署名捺印を要す。

口頭申告を認めたる事項に對し、口頭申出ありたるときは、其要旨を整理簿に登載し申出人に捺印せしむること。

(4) 府縣知事に提出すべき申告書は、市町村長を經由すること。

(5) 船車に關する申告は、船籍港、又は主たる碇繫場、若は主たる定置場所在地の市區役所、町村役場に提出すること。

(6) 府縣税の賦課を受くる營業者、及課税物件所有者の轉居申告、又(2)(5)の事項の移轉變更の申告は、前所轄市區役所町村役場に提出すること。

(7) 鑑札は左の場合に於て其効力を失ふ。

一 毀損、亡失、磨滅したるとき。

二 船車鑑札取付の損壞したるとき。

三 税金滯納者所在不明の爲、缺損處分を爲したるとき。

四　自轉車試乘鑑札の有効期間を經過したるとき。

附加税區分申告

附加税區分申告

(8)　所得税納税者にして、其所得の內容が他の府縣に涉るときは其決定通知を受けたる日より十日以內（各府縣所定の期日）に其府縣分と他府縣分との內譯を詳記し申告すること。（郡市課税率を異にする府縣に在つては、郡部市部の各內外に涉るときは同上の申告を爲さしむ以下(9)(10)(11)(12)の場合亦同じ）。

(9)　他府縣に於ける所得納税者にして其府縣內に所得を有する者は前項に準じ申告すること。

(10)　營業收益税を納むるものにして前二項に該當する場合も、同樣申告すること。

(11)　前三項に依る所得税營業收益税納税者にして、本税の更訂又は免税を受けたるときは、同樣申告すること。

(12)　鑛業税附加税の納税者に付ても、所得税營業收益税の例に準じ申告すること。

營業税雜種税

營業税、雜種税

(13)　營業税及雜種税の賦課を受くべき營業を爲す者（漁業者を除く）は、每年一月何日（各府縣所定の期日）迄に、其業名及課税標準を詳記し、各店舖每に申告すること。但し相撲俳優は其組合取締人の連署を要す。

(14) 演劇及興行の開催者は、開催場所、入場定員、演藝の種類、一日開演の回數（每回客の退場を强要せざるものは其旨附記）一人當最高入場料金（敷物料、下足料、其他一般の客より受くる料金を含む）開場年月日、開場日數、警察許可年月日を記載し開場申告すること。其申告事項に異動を生じたるとき亦同じ。

(15) 新規開業、若は營業の種類を增加したるときは、(13)に準據し五日以內（各府縣所定の期日）に申告すること。

國稅營業收益稅納稅者にして、其賦稅を受けざるに至りたるとき亦同じ。

(16) 藝妓稅の賦課を受くべき者は、其種類、藝名及生年月日を記載し、所屬組合取締人連署し開業の日より五日以內。（各府縣所定の期日）に申告すること。

其變更を生じたるとき亦同じ。

(17) 新に課稅物件の所有權を取得し、又は從來課稅を受けざる物件にして、新に納稅義務を發生したるもの、若は府縣內に於て船籍港又は主たる碇繫場、主たる定置場を有する船車を讓受けたる者は、五日以內（各府縣所定の期日）に申告すること、船籍港又は碇繫場、定置場の變更亦同じ。

(18) 土地建物の所有權を取得したるものは其取得の日より十日以內（各府縣所定の期日）に左記

事項を記載し申告すること。
但し税法其他の規定に基く非課税のものを除く。
一　土地又は建物の所在及地番
二　地目又は建物の種類構造
三　土地又は建物の坪數
四　取得年月日及原因
五　登記を爲したるものは登記價格其登記を爲さゞるものは時價
(19)　建物の新築改築增築を爲したるときは、其竣成の日より十日以內（各府縣の所定期日）に左記事項を記載し、建物所在地の市區役所又は町村役場に申告すること、但し非課稅建物を除く。
一　建物の所在及地番
二　建物の種類構造
三　建物の價格
四　竣成年月日
(20)　法律其他の規定に依つて非課税となるべき不動產を取得したるときは、前二號に準じ非課税と爲るべき事由を詳記し、取得の日より十日以內（各府縣所定の期日）に申告すること。

(21) 雜種稅中、鑑札を必要とするものには、鑑札を交付すること。
鑑札は賣買、貸借、讓渡を許さず。

(22) 營業稅雜種稅納稅者にして左の場合に於ては其事項を記載し、五日以內(各府縣所定の期日)に申告し、鑑札、檢印、烙印等を要するものは、書換又は再渡を受くること。

一 改姓名又は相續を爲したるとき
二 鑑札又は檢印烙印等を毀損、亡失、磨滅したるとき
三 船車の種類又は船車體を變更し其積量間數に增減を生じたるとき
四 馬車の頭數を增減したるとき
五 船車の用途を變更したるとき

(23) 營業稅雜種稅の納稅者にして左の場合に於ては其事項を記載し其都度申告を爲し、且鑑札、檢印烙印等を返納すること。

一 廢業したるとき
二 船車を破損解撤若は亡失したるとき
三 船車及犬を其府縣外の者に讓渡し若は所有の儘轉居したるとき
四 船舶の船籍又は碇繫場を其府縣外に移したるとき

五　犬の死亡又は亡失したるとき
六　自轉車試乘鑑札の有効期間を經過したるとき又は用途を變更したるとき
(24)鑑札の毀損、亡失、損壞等には一定の辨償金を徴收すること。

家屋税

家屋税
(25)家屋税の賦課を受くべき家屋を建築し、又は其所有權を取得し、若は從來課税を受けざる家屋にして新に納税義務の發生したるときは、左の事項を記載し、家屋の平面圖を添付して五日以内(各府縣所定の期日)に申告すること。
一　家屋の所在(郡市區町村大字小字地番)
二　家屋の種類、構造、用途、間尺、坪數
三　家屋の面する街路、又は通路の名稱
四　賃貸に付したるものは、其賃貸料、自家用若は空家は見積賃貸料
五　家屋の時價
六　其他家屋税賦課上の必要事項(府縣毎に所定)
(26)家屋の增築、改築、又は亡失、破損を爲したるとき、用途變更又は分割合併を爲したるときは前項に準じ申告すること。

(27) 其他各府縣に於て課稅上必要と認め規定せられたる事項に付ては　夫々申請申告の手續を爲すこと。

標語　正しき申告笑顏で納稅

第二　市町村稅

市町村稅の賦課徵收に關しても、納稅義務者の申請、申告を必要とする事項が尠くないと思ふが是等は市町村に於て適宜に定めらるゝ事項で其形式は一定し難い。

(1) 市町村の內外に涉る所得稅、營業收益稅の區分は、市町村稅の賦課上必要なる事項で、市町村制では關係市町村の協定に依ることゝなつて居るが、仍納稅者よりも府縣稅に準じ申告せしむるの必要があると思ふ。

(2) 戶數割の課稅標準たる所得の計算に付、老幼者の扶養額控除は納稅者の申請を必要とする事項である。

第三　口頭申告

口頭整理簿樣式

近來多數の府縣では、府縣稅に關する輕易な申告には口頭申告を認められ、又市町村に在つても多數に生ずべき申告は、豫め用紙を印刷し、必要に應じて本人に交付するか、又は役場に於て必要事項を代書せらるゝ向がある。是等は納稅者の爲に便宜を計るもので誠に時勢に適する措置であつて從來往々耳にせし如く、書類の形式に拘泥して些末な不備の爲に、却下又は返戻せらるゝが如きことは全く時代錯誤であると思ふ。

口頭申告は、成るべく其範圍を擴張して納稅者の便宜を計る樣にしたい。殊に町村稅の如き課稅上の證憑として書類を他に提出するの必要なきものは、大方は口頭申告を用ひても良いと思ふ併し口頭申告は、納稅者の爲に書類作製の手數を省略するの趣旨であつて、口頭申出の事項は、悉く之を口頭申告整理簿に登載し、其事項は之を本人に讀み聞かせた上捺印せしめて、課稅上の證憑にせねばならぬ。

口頭申告整理簿は、課稅上の證憑を爲すべきものであるから、整理の便宜上各稅別に、口座を設け整理するが便宜である。

第五號式　（口頭申告整理簿樣式）

何年度

府（縣）稅（市町村稅）口頭申告整理簿

何市役所又ハ町村役場

何々稅ノ部

受付月日	町村長	助役	課長	主任	申告要件	課稅物件	住所	氏名	處理要領
何月何日					車稅 何々ノ件	何車 何輛 何々 何々	何町村大字 何番地	何某㊞	
何月何日					何々業 何々相續ノ件 何々ノ件	收入金額 何程 何々	何町村大字 何番地	何某㊞ 何某㊞	

備考　本簿ハ府縣稅ト市町村稅トヲ別册トシ更ニ各稅別ニ口座ヲ設ケ整理スルヲ可トス

第六號式ノ一　（所得稅營業收益稅區分申告樣式）　主として會社の例

年　月　日

何府縣郡市町村大字何々番地
何　某　㊞
（又ハ何會社代表者　何　某　㊞）

何府縣知事殿
（又ハ何市町村長殿）

何年度所得營業收益稅區分申告

一營業者

一　營業ノ種類
一　事業年度（營業年次）
一　決定稅務署及其ノ年月日

區分

稅目	課稅標準額	總稅額	控除稅額 地租額	控除稅額 資本利子稅額	控除稅額 第二種所得稅額	差引稅額	備考
營業收益稅					／		
所得稅			／	／			

內譯

營業所ノ名稱	營業所所在地	營業 總益金	營業 總損金	營業以外ノ土地家屋其ノ他ノ所得額	備考
總計					

右申告候也

備考

一　個人營業ニ在リテハ本表中ノ總益金ハ總收入金總損金ハ控除セラレタル必要經費トス
二　營業所中工場製造場ノ如キモノニシテ直接ニ收入ヲ生スルコトナキ營業所アル場合ニ於テ其ノ

總益金ヲ計算スルコト能ハサルトキハ總益金ノ欄ニハ其ノ製品見積價格ト其ノ他ノ收入トニ區分シ總損金ノ欄ニハ製品材料原價ト其ノ他ノ經費トニ區分シ記載スルコト

三　營業所每ニ總益金又ハ總損金區分ヲ爲シ難キ場合ハ各營業所ノ資本金見積從業員職工勞役者ノ數其ノ他營業所ノ純益又ハ所得ヲ區分スルニ適當ト認ムル事項ヲ申告書ニ記載シ又ハ別紙ヲ以テ其ノ資料ヲ提出スルコト

四　新ニ營業所ヲ設ケ又ハ廢止シタルトキハ其ノ年月日ヲ備考ニ記載スルコト

五　法人ニシテ本稅ノ納期日分明セサルモノハ之ヲ餘白ニ記載スルコト

六　營業收益稅ト所得稅トハ之ヲ各別ニ申告スルコトヲ得

七　以下各號ノ樣式ハ唯其一例ヲ示スニ過キサレハ之カ實際ノ取扱ニ當ツテハ各府縣所定ノ規則ニ從ヒ處理スヘキコトハ勿論デアル（兵庫縣ハ此分ハ知事宛トス）

第六號式ノ二　（所得額區分申告樣式）

年　月　日

何府縣郡市町村大字何番地

何　某　㊞

何府縣知事殿

（又ハ何市町村長殿）

何年度所得額區分申告

一　決定稅務署及其ノ年月日

一　所得稅總額

一　決定所得總額

一　郡部ヨリ生スル所得額（郡市課稅率ヲ異ニスル府縣）

　內譯

所得ノ生スル市町村	所得額					備考
	土地	家屋	物件	營業	計	
總計						

右申告候也

　年　月　日

何府縣何郡市町村大字番地

何　某㊞

何府縣知事殿

（又ハ何市町村長殿）

第七號式（鑛業稅區分申告樣式）

何年度鑛業稅區分申告

一　營業者

一 事業年度（營業年次）

一 鑛產稅額

一 決定稅務署及其ノ年月日

内譯

	營業所ノ名稱	營業所所在地	鑛物產出高	同上價格	鑛產稅ノ賦課ヲ受クヘキ鑛產物價格	備考
總計						

右申告候也

備考 兵庫縣ハ此分知事宛トス

年 月 日

何府縣郡市町村大字番地

何 某 ㊞

何市町村長殿

（又ハ府縣知事殿）

第八號式（府縣稅課稅標準申告樣式）

何年度府）縣稅課稅標準申告

一 業目（物品販賣業） 業體（煙草小賣）

一營業所　何市町村何番地
一課税標準　收入金額　何程（又ハ何々　何程）
（從業者　何人）
右申告候也

何郡市何町村大字何々番地
氏名㊞

昭和何年何月何日

組合取締人　氏名㊞

何市町村長殿
（又ハ何府縣知事殿）

第九號式（雜種税申告例一）

昭和何年度府（縣）税雜種税課目及標準申告

俳優（遊藝師匠　何々）
開業　昭和何年何月何日
藝名　何々
生年月日
一收入金　何程　一何々　何程
右申告候也

同　上　（二）

相　撲

幕　内　（頭取何段ノ類）

備考　其他（一）ノ記載例ニ同シ

同　上　（三）

藝　妓　（酌人、幇間）

（昭和何年何月何日舞妓ヨリ藝妓トナル）

（昭和何年何月何日十六歳未滿ヨリ以上ト爲ル）

備考　其他（一）ノ記載例ニ同シ

同　上　（四）

市　場

一　名　稱　何々市場

一　場　所　何郡市何町村何々番地

一　設立月日　何年何月何日

備考　市場設立者ヨリ申告ノコト數名組合ノ場合ハ連署ノコト其他（一）ノ例ニ同シ

同　上　（五）

昭和何年何月何日

何郡市町村大字何々番地

開催者　氏　　名㊞

何市町村長殿

（又ハ何府縣知事殿）

演　劇（興　行）

一、開催場所　何々座（郡市町村地番ヲ記載ス）

一、演劇ノ種類　何々

一、入場定員　何々

一、一日開演　回數　何回

（但シ毎回斉ノ退場ヲ強要不致候）

一、最高入場料金一人當何程
- 金何程　入場料
- 金何程　敷物料
- 金何程　下足預料
- 金何程　何々

一、最低入場料金一人當何程
- 金何程　入場料
- 金何程　敷物料
- 金何程　下足預料
- 金何程　何々

一、警察許可年月日　昭和何年何月何日

一、開場年月日及日數　昭和何年何月何日ヨリ何日間

右申告候也

昭和何年何月何日

何郡市町村大字何々番地

氏　　名　印

何市町村長殿

（又ハ何府縣知事殿）

同上（六）

船舶新調申告

一、船種　何々何

一、積量　何噸（石）

一、間數　何間

一、船號　何々

一、船籍港（又ハ碇繋場）　何所

一、附屬バッテーラ傳馬船（何噸間）　何艘

右ハ何年何月何日新調（何年何月何日登記濟）ニ付此段申告候也

備考

一　船舶ノ讓受讓渡ノ場合ハ其讓受渡ノ原因及年月日ヲ記入シ讓受渡人連署ヲ以テ申告スルコト

二　船籍港碇繋場變更申告ノ場合ハ船種其他所定ノ記入ヲ爲スノ外新舊船籍港名ヲモ記入スルコト
三　船種積量ノ増減變更ノ申告ニハ原種目原積量ヲ赤書シ新種目新積量ヲ墨書スルコト
四　船舶破壊（解撤亡失）ノ申告ニハ船種船名其他所定ノ記入ヲ爲スノ外破壞解撤亡失ノ年月日ヲモ記入スルコト

昭和何年何月何日

何郡市町村大字何々番地
氏　名　㊞

何市町村長殿
（又ハ何府縣知事殿）

同上（七）

車輛新調（讓受）申告

一、何車（自用營業用ノ區別アルモノハ其ノ旨記載スヘシ以下同シ）　何輛

右ハ何年何月何日新調（讓受）（公賣處分相續等ニ依リ所有權ヲ取得シタルモノハ其ノ旨ヲ詳記シ之ヲ證明スヘキ書類又ハ其ノ寫等ヲ附スルコト）候ニ付此段申告候也

備考
一　讓受渡ノ場合ハ當事者連署ノコト
二　車輛ノ轉置スル場合ハ新舊地名及轉置年月日ヲ記入シテ申告スルコト
三　車輛ノ種類、車臺ノ變更馬車頭數ノ増減申告ニハ元車輛ノ種類等ニ赤書シ新車輛ノ種類等ヲ墨

書シ變更ノ旨ヲ申告スルコト

四　車輛ノ破壞解撤亡失申告ニハ其年月日及破壞解撤亡失ノ旨ヲ記入スルコト

同　上（八）

昭和何年何月何日

何郡市町村大字何々番地

氏　名　㊞

市町村長殿

（又ハ何府縣知事殿）

畜犬飼養（讓受）申告

一畜犬　何頭

右昭和何年何月何日飼養讓受渡候此段申告候也

備考　讓受渡ノ場合ハ双方連署ノコト

同　上（九）

昭和何年何月何日

何郡市何町村大字何々番地

氏　名　㊞

市町村長殿

（又ハ何府縣知事殿）

不動産取得申告

何郡(市)何町(村)(區)大字何(何町何丁目)(何番地)

宅地(何々)坪數何坪何合何勺

此ノ登錄稅ノ課稅標準價格　何程

右地上ニ在ル建物

木造二階建居宅(何々)坪數(階上何坪何合)(階下何坪何合)

此ノ登錄稅ノ課稅標準價格　何程

煉瓦造平家建倉庫(何々)坪數　何坪

此ノ登錄稅ノ課稅標準價格　何程

右昭和何年何月何日買得(何々)候ニ付此段申告候也

備考

一　土地建物ヲ合併シテ取得シタルトキ土地ト建物トノ價格ニ區分ナキモノ又ハ數種ノ不動産ヲ合セテ取得セシ場合ニ價格ノ區分ナキトキハ總價格ヲ記入スルコト

二　本樣式ハ主トシテ不動産ノ移轉的取得ナルモ建物ノ新築改築增築等原始的取得ノ場合ハ其建築價格及建物ノ種類內譯等ヲ記入スルコト

第十號式　(家屋稅申告樣式)

昭和何年何月何日

何郡市何町村大字何々番地

市町村長殿
(又ハ何府縣知事殿)

氏名　㊞

家屋賃貸價格申告

家屋ノ所在　何郡市町村何々何番地

建物圖面符號	建物ノ構造用途	坪數	賃借ト自用トノ區分	賃貸料月額	同上年額	摘要

右別紙平面圖ヲ添付シ申告候也

備考

一　自家供用等ニシテ賃借ニ付セス見積賃貸價格ヲ表記シタルトキハ比準算出ノ根基ヲ摘要ニ記入スルコト

二　増築、改築、買受分割等ノ場合ハ時々申告スルコト

(附屬平面圖)

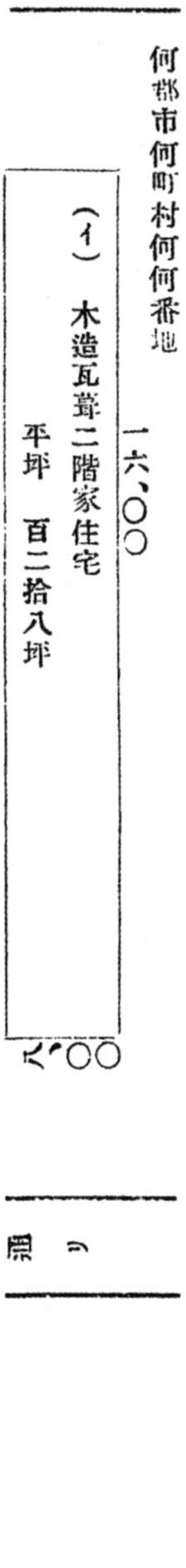

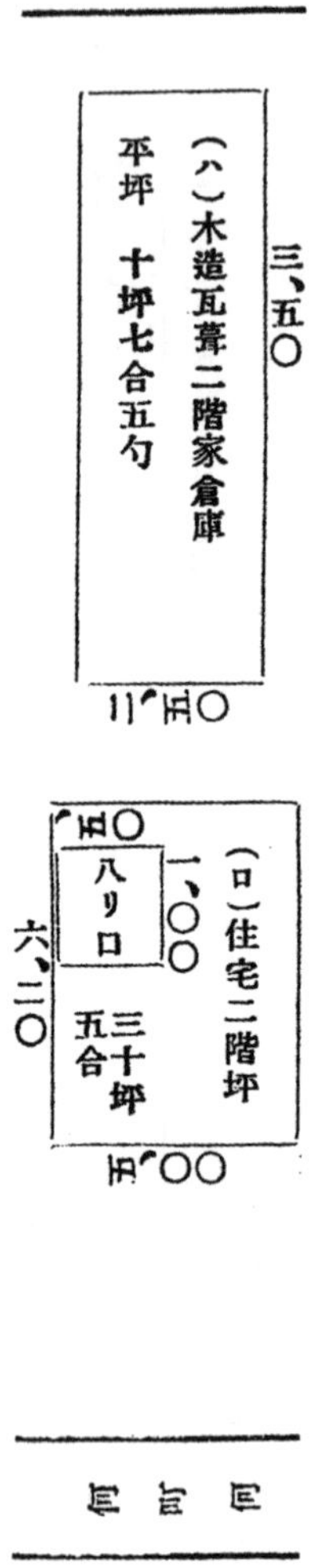

第十一號式（物件其他異動申告様式）

年　月　日

何府縣郡市町村大字何番地
買受人　何　某㊞
何府縣郡市町村大字何番地
賣渡人　地　某㊞

何市町村長殿
（又ハ何府縣知事殿）

物件（營業又何 何々業）異動申告

一　業名又ハ物件行爲ノ名稱　何々
一　異動事項　……
一　異動事由　……

一　異動年月日　……

右申告候也

年　月　日

何府縣郡市町村大字何番地

何　　某　㊞

何市町村長殿

（又ハ府縣知事殿）

第十二號式（廢業申告樣式）

營業廢業（何々）申告

一　業　名（物品販賣業）　業體（呉服小賣）

一　營業場所在　何郡市町村大字何番地

一　廢業月日　何月何日

右申告候也

備考

鑑札其他返納ヲ要スルモノハ其旨附記スルコト

第四章　地方稅の徵收

第一節　總　說

第一款　地方稅の優先權

租稅の優先權とは、民法所謂先取特權に該當するもので、若しも多數の債權が競合したる場合に其何れを先にするかの問題が起る。そして租稅公課が他の總ての債權に先つべきものなることは、國稅徵收法及府縣制、市町村制中にも明文されてある。

(一)　國稅の徵收は、總ての他の公課及債權に先つものとす。（國稅徵收法二）
(二)　府縣の徵收金の先取特權の順位は、國の徵收金に次ぐものとす。（府縣制一一六、五）
(三)　市町村の徵收金は、府縣の徵收金に次で先取特權を有し、其追徵還付及時効に付ては國稅の例に依る。（市制一三一、町村制一一一）

以上要するに第一位が國稅、第二位が府縣稅、第三位が市町村稅である。そして此順位は納期の前後を問はない、併し同一順位の租稅配當に當つては、納期の前後を以て更に順位を定むべきものである。

優先權の例外

以上の優先權には左の例外がある。

元來租稅の優先權を認めた理由は第一は徵稅權の絕對であること、第二は徵稅確保の目的に出でたるものである、併しこれを無限に適用することは、一般取引の安全を阻害し却て不都合の結果を生ずるが故に國稅徵收法はこれが例外として、

(イ) 納稅人の財產上に質權又は抵當權を有する者が、其質權又は抵當權の設定が、國稅の納期限より一箇年前に在ることを公正證書を以て證明したるときは、該物件の價格を限度とし其債權に對しては國稅を先取せないことゝ定められた。

地方稅の徵收に關しては府縣制、市町村制に此除外規定はないが、これは特に規定の必要がない譯で、旣に最優先權を有する國稅にして先取權なき以上は之に亞ぐべき地方稅に優先權なきことは當然なからである。

(ロ) 租稅公課の督促手數料、延滯金、及滯納處分費、强制執行費用、破產手續上の費用又は競賣費用に對しては、租稅公課を先取せない。(徵收法四ノ二)

此種の費用は、民法先取特權に於ける共益費用であつて、租稅徵收の場合に於ても當然支出を

要すべく寧ろ此費用あるが爲に租稅の徵收をも完ふし得べきこと、なるからである。優先權に關する事項は、納稅者が任意に納稅を了する場合には別に問題を生ぜないが、滯納處分に當りて配當順位を定むるには、必要なことであるから能く研究して置く必要がある。

標語　稅金を納めて肩身廣くなり

第二款　繰上徵收

租稅の納期は財政上の關係と納稅者の利益の爲に設けられたものであるが、一面徵稅保全の必要上期限の利益を奪ふ場合がある、これを繰上徵收と謂ふ。

地方稅の徵收上にも又繰上徵收の規定がある、左の場合は、既に徵稅令書を交付したる府縣稅市町村稅に限り、納期前と雖之を徵收することを得。（府縣制施行令三八市制町村制施行令四六）

(一)　國稅徵收法に依る滯納處分を受けたるとき。

(二)　强制執行を受けたるとき。

(三)　破產の宣告を受けたるとき。

(四) 競賣の開始ありたるとき。
(五) 法人が解散したるとき。
(六) 納税人脱税又は逋税を謀るの所爲ありと認むるとき。

以上の事實は何れも徴税を不安に陷るゝの危險性がからである。併し此場合は悉く徴税上の不安あるものとの斷定も出來ない、要は納税者の財産上に於ける實際狀態に屬するから、之を絕對規定とせず徴税當局の認定に一任せられた譯である。

第三款　相續の場合の徴税權

相續開始の場合に於て、(一)被相續人に對し旣に賦課すべき事實の存在せるも未だ賦課せざる地方税の徴收、(二)被相續人に對し旣に賦課せられたるも、未だ納税を了せざる地方税の徴收方に付左の規定がある。(府縣制施行令三八市町村制施行令四六ノ二、四七)

(一) 相續人、又は相續財團は、被相續人に對し相續開始前の事實に付賦課せらるべき地方税を納むる義務を負ふ、但し戶主の死亡以外の原因に依つて家督相續の開始ありたるときは、被相續人も亦納税の義務を負ふ。

國籍喪失に因る相續人、又は限定承認を爲したる相續人は、相續に因つて得たる財產を限度として其義務を負ふ。

(二)　相續開始の場合に於ては、地方税、督促手數料、延滯金及滯納處分費は、相續財團又は相續人より之を徴收す、但し戸主の死亡以外の原因に依つて家督相續の開始ありたるときは被相續人よりも之を徴收することが出來る。

國籍喪失に因る相續人、又は限定承認を爲したる相續人は、相續に依りて得たる財產を限度として、地方税、督促手數料、延滯金、滯納處分費を納付するの義務を負ふ。

茲に所謂相續とは民法上の相續であつて、包括相續の場合には其相續人は、被相續人の權利義務一切を繼承し、又限定承認の場合は、其得たる財產を限度として繼承すべきもので、殊更に徴收法規に之を規定するの必要がない樣であるが、租税債權は單なる私法上の債權と認むるを得ないから特に此明文ある所以である。

(三)　法人合併の場合は、合併に因て消滅したる法人の納付すべき地方税及共益費用は、合併後に存續する法人又は合併に依つて設立したる法人から税金を、徴收することが出來る、之れは相續の場合と同樣の精神である。

第四欵　共有物件其他

共有物件　(一)　共有の物件、共同の事業、共同の事業に因つて生じたる物件又は共同行爲に係る地方税及手數料處分費等は、納税者が連帶して納税の義務を負ふ。（府縣制施行令三八市町村制施行令四八）

充當手續　(二)　同一年度の地方税であつて、既納の税金が過納となつたときは、爾後の納期に於て徴收すべき同一税目の税金に充當することが出來る。（府縣制施行令三八、市町村制施行令四九）例へば本年度の營業税第一期分に於て若干の税額が徴收過と爲つたときは、第二期分の納額中に其若干額を充當し、第二期分は其差額だけを徴收すれば宜い譯である。そして此充當は年度が同一であること、税目が同一であることを條件とするものである。

過納金の充當は、徴收と還付の手數を省略せむとする便宜規定であつて、民法所謂相殺に該當し本人の意思に反してまでも充當は出來ない。隨て過納金の充當を爲すには、其旨本人に通知の必要がある。

書類送達　(三)　書類送達　徴税令書、徴税傳令書、督促狀及滯納處分に關する書類は、名宛人の住所又は居所に送達せねばならぬ。若し名宛人が相續財團管理人あるときは、財產管理人の住所又は居所に送達すること、其他一般に納税管理人の定ある場合も、納税の告知、及督促に關する書類に限つて納税管理人の住所又は居所に送達すること。

公示送達　書類の送達を受くべき者が、其住居所に於て書類の受取を拒みたるとき、又は其者の住所居所が帝國內に存在せざるとき、若は共に不明なるときは、其書類の要旨を公告し、公告の初日より七日を經過したるときは、法律上書類送達と同一の効力を認めらる、之を稱して公示送達と謂ふ。

公示送達は一定の期間書類の要旨を公告すべきもので、其公告の場所は市町村の掲示場又は一般公衆の見易き場所である、そして此規定は取扱上嚴格に勵行して置かぬと後日法律上の効力問題が起り易い。

第二節　府縣稅徵收手續

第一欵　徵收責任

府縣稅の徵收權も、其賦課權と等しく府縣に存在し府縣知事の行ふべきものである、併し徵稅の便宜上其徵收責任を市町村に負はしめてある。

◎府縣制施行令第三十一條、市町村は其市町村內の府縣稅を徵收し、之を府縣に納入するの義務を負ふ。

茲に所謂府縣稅とは一切の府縣稅を指すもので、國稅の如き稅目の限定がない。

各府縣には府縣稅の徵收規則、細則又は取扱手續等を定めて各稅の納期、及徵收方法の細目を規定し、且其徵收事務の殆んど全部を擧げて之を市町村に一任し、更に市町村吏員をして滯納は處分をも行しむる地方が多い、併し茲に往々問題と爲ることは施行令第三十一條に依る市町村の責任と同第三十三條に依る委任吏員としての責任との限界である、之が府縣に依つて二樣になつて居る例へば(一)市町村長は、委任吏員として最初より納稅人に徵稅令書を發する地方と、(二)又委任吏員たる市町村長が市町村に對して徵稅令書を發し市町村としての市町村長が、此徵稅令書に基き納稅人に對し、徵稅傳令書を發する地方とがある。又滯納以後の事務を市町村が引續き行ふ地方と、滯納以後は委任吏員として執行するものとの二樣がある。(一)は取扱上の形式を避けて、便宜に從ふものであるが、理論上責任の限界が判然せぬ嫌がある。(二)は形式に捉はれ理論に走つて、取扱が面倒に思はれる。此兩取扱の正否は諸君の研究に讓ることゝしたいが、此兩樣あるが爲に是れから先きの說明上に當つて往々二樣の形式を用ひねばならぬので、稍複雜に渉ることとだけを茲に御斷りして置たい。

扨市町村は、府縣制施行令に基いて府縣稅の徵收責任を負ふものであるから、之が徵收に當つても國稅と同樣の最善を盡さねばならぬ、即ち納期內に全部の稅金を取纏め、府縣所定の送納期限(大抵は三日)までに、府縣の金庫に送納せねばならぬ。而も國稅は滯納報告に依つて、事後の事務を稅務署に引渡すものであるが、府縣稅は最後の滯納處分をも、執行する地方が多いから、徵收上一層の努力を要することゝなる。要するに市町村は、徵稅上常に適當の施設を施し當面の滯納を防遏すると同時に、之が根本的納稅思想の涵養に盡し、以て責任の萬全を計らねばならぬ。

第二府縣稅交付金

元來府縣稅は、府縣自ら之が徵收に當るべきものであるが、法令上特に市町村に命じた所以は主として徵稅の便宜に基くものである。所が市町村では之が爲に相當の費用と手數とを要するが故に府縣は市町村に對し其徵收費用として、地租附加稅及特別地稅は其徵收金額の千分の七、其他の府縣稅は其徵收金額の百分の四を交付すること丶なつて居る。（府縣制施行令三一）

府縣稅交付金は、之を一期又は數期に分つて交付するを例とし、多くは國稅交付金の例に準じて第一期は（自四月至九月）第二期は（自十月至翌年三月）に區分し、市町村の報告又は請求に依つて交付せらる。

第一號式　（府縣稅徵收交付金請求書樣式）

府縣稅徵收交付金請求書

昭和何年何月何日

何郡何町村長　氏　名　印

何縣知事殿

一金何程　　　　　　何年度第何期（自何月至何月）府縣稅徵收交付金

內譯

稅目	徵收高	同上交付金
地租附加稅		
特別地稅		
都市計畫特別稅		
計		
營業稅		
雜種稅		
所得稅附加稅		

何々

何々

右請求候也

府縣知事は、他の官吏又は吏員をして徵稅令書を發せしむることが出來る。此場合市町村吏員をして取扱はしむるときは、其市町村に對して取扱費を交付し得るの規定がある（府縣制施行令三五）併し之に對する交付金を支出せる府縣が少い樣である。

第三款　徴收整理

第一項　徴税令書又は徴税傳令書

徴税令書徴税傳令書

府縣税を徴收せむとするときは、府縣知事又は其委任を受けたる官吏、吏員は市町村に對して徴税令書を發し、市町村長は其徴税令書に基き、徴税傳令書を調製して、之を納税人に交付するが普通の順序である。(府縣制施行令三三)

併し府縣知事又は其委任を受けたる官吏吏員は、直接納税人に對して徴税令書を發することも出來る。(府縣制施行令三三ノ二)

茲に委任を受けたる官吏とは、府縣官吏の如きを謂ひ、吏員とは府縣又は市町村の吏員を指すものので現今府縣に依つては、第二項の規定に基き市町村長をして直接に徴税令書を發せしむるの取扱がある。

府縣は、內務大藏兩大臣の許可を得て、其府縣廳に於て發行する證紙を以て府縣を納入せしむるの取扱と爲すことも出來る。(府縣制施行令三三ノ二)

市町村長に於て府縣稅の徵稅令書又は徵稅傳令書を發せむとするときは、先づ所定の徵稅原簿と對照を遂げ、金額其他の正確を認めたる上、納稅人又は納稅管理人に送達の手續を爲さねばならぬ。

令書送達の方法は使丁又は郵便に依る。これは地方の情況に應じて何れを選ぶも妨ない。但し其送達は迅速且確實を要す、何となれば納稅人は令書の送達に依つて始めて納稅の責任を生じ且納稅の準備を必要とするからである、故に若し令書の送達が著しく遲延し又は納期の切迫に至りて送達するが如きことあらば、納稅者をして尠からざる迷惑を感ぜしむることゝなるから、取扱上注意せねばならぬ。

納稅人が令書の受取を拒み、其他令書送達不能の場合は公示送達の方法に依らねばならぬ。令書記載の納期日に就ては國稅と同樣である。

徵稅令書發布の形式に付ては前に說明せし如く府縣に依つて二樣の取扱がある、即ち(一)府縣制施行令第三十三條第一項に依り、市町村長は府縣知事の委任を受けたる吏員として其市町村に對し徵稅令書を發し、市町村は此令書に基き納稅人に對し徵稅傳令書を發する地方と(兵庫縣)(二)又同條第二項に依り、市町村長が　直接納稅人に對し、徵稅令書を發する地方と(大阪府)がある。

又令書の樣式に付ても(一)市町村の收入役に於て直接現金を取扱ふ場合と(二)別に金庫の制を設くる

場合と(三)振替貯金に依る市公金取扱の口座を有する場合とには、自ら其樣式に自ら差異がある、即ち(一)は二枚綴き(二)は三枚綴き(三)は四枚續を例とす。

其他同一納期に屬する諸税を併記し、又は國府縣市町村税を併記する場合には、夫々令書の樣式も變更せらるゝもので其形式は頗る多樣である。

茲には其二三の樣式のみ掲げて參考にしたい。

仍徴税令書又は傳令書中金額に關する數字は壹貳參拾の文字を用ひ、改竄、塗抹を許さない。金額以外の文字に誤謬あるときは、右傍に訂正の上職印を押捺する等、其他文字は判明なる書體を用ひて誤謬を生ぜざる樣注意が肝要である。

第二號式ノ一　(徴税令書樣式)　(一)　(委任吏員トシテ市町村ニ發スルモノ)　用紙適宜寸法輪廓内(縱四寸積三寸)

徴　税　令

第何號			何市町村納
何年度	(府)縣税	(款)	何期分(隨時)

一金若干

内

金若干　何々(項)

金内　何々(目)

書

金　　　　　何々(目)

右徵收ス何年何月何日限何府縣金庫へ拂込ムヘシ

年　月　日

何市町村長　氏　名　印

備

一　項ヲ書クモ妨ケナシ以下各號書式ニ倣フ

二　追加又ハ更正令書ハ本書式ニ準シ調製シ欄外ニ其ノ旨ヲ記載シ且ツ原令書ノ番號ヲ附記スルコト

三　本書ハ目每ニ調製スルモ妨ナシ

第二號式ノ二　(徵稅(傳)令書樣式)　(二)　　(用紙適宜)

徵稅(傳)令書

第何號　何郡市町村　氏名　納

何年度　府(縣)稅　何　稅(項)　何期分(隨時)

一金若干　何　稅(目)

一金若干　何　稅(目)

一〃　〃　〃　〃　〃　〃

合計金若干　何年何月何日領收㊞

右何年何月何日限本市町村收入役(本市町村金庫)へ納付スヘシ

年　月　日

何市町村長　氏　名　㊞

印

領收證書

第何號　何地市町村　氏　名納

何年度　府(縣)稅　何稅(項)　何期分(隨時)

一金若干　何稅(目)
一金若干　何稅(目)
一〃〃〃　〃
合計金若干㊞

右領收候也

年　月　日

何市町村收入役　氏　名(何市町村金庫)印

備考

一　傳令書中市町村長ノ割印ニ限リ之ヲ省クコトヲ得
二　納稅者ノ住所市町村內ナルトキハ氏名ノミヲ記載スルモ妨ケナシ
三　領收年月日、收入役氏名及領收印ハ其ノ要領ヲ刻シタル印ヲ押捺シ之ニ代フルコトヲ得金庫ノ場合亦同シ
四　金庫納ノ場合ハ別ニ領收濟通知書ノ一葉ヲ設ケ整理スルコトヲ得

第二號式ノ三 （徴税（傳）令書様式）（三）

徴税（傳）令書

番號	
納入人	

昭和何年度 第何期分

府（縣）税		市（町）（村）税	
地租附加税	金　　円	地租附加税	金　　円
特別地税	金	特別地税附加税	金
都市計畫特別税地租割	金		
同 特別地税	金		
家屋税	金	家屋税附加税	金
都市計畫特別税家屋税	金		
營業税	金	營業税附加税	金
雜種税	金	雜種税附加税	金
營業收益税附加税	金	營業收益税附加税	金
都市計畫特別税營業收益税割	金		
合計金			

府縣税雜種税細目	
船	円
車	
自轉車	
自動車	
自動自轉車	
犬	
漁業	
金庫	

右昭和何年何月何日限リ本市町村收入役ニ納付セラルヘシ

昭和何年何月何日

何市町村長　何　某 印

領收證書

番號

納人

昭和何年度第何期分

府（縣）税

地租附加税	金　　円
特別地税	金
都市計畫特別税地租割	金
同特別地税	金
家屋税	金
都市計畫特別税家屋税	金
營業税	金
雜種税	金
營業收益税附加税	金
都市計畫特別税營業收益税割	金

市（町）（村）税

地租附加税	金　　円
特別地税附加税	金
家屋税附加税	金
營業税附加税	金
雜種税附加税	金
營業收益税附加税	金

合計金

右領收候也

何市町村收入役　何　某

◎注意｛領收日付証印ヲ押捺シ領收書ノ効力ヲ生ス
　　　｛納付ノ際ハ可成釣錢ナキ様持參アリタシ

第三號式ノ一（府縣稅市町村稅併記樣式）（一）　用紙適宜

府（縣）稅徵稅傳令書兼市町村稅賦課令書

第何號	何市町村　氏名納
何年度	府（縣）稅 市（町）（村）稅　何期分（隨時）

一金若干　何稅（目）
一金若干　何稅（目）
一〃〃〃　〃〃〃
府（縣）稅合計金若干
何年何月何日領收㊞

一金若干　何稅（目）
一金若干　何稅（目）
一〃〃〃　〃〃〃
市町村稅合計金若干
何年何月何日領收㊞

右何年何月何日限本市町村收入役（本市町村金庫）ヘ納付スヘシ

年月日
何市町村長　氏名㊞

印

領

第何號	何郡市町村　氏名納
何年度	府（縣）稅 市（町）（村）稅　何期分（隨時）

一金若干　何稅（目）
一金若干　何稅（目）

收證書

一〃〃〃　〃〃〃
府(縣)稅合計金　若千印
一金若干　何稅(目)
一金若干　何稅(目)
一〃〃〃　〃〃〃
市町村稅合計金　若千印

右領收候也

年月日　何市町村收入役　氏　名(何市町村金庫)印

備考　一　(二)備考ニ依ル

第三號式ノ二

(府縣市稅併記樣式)(二)(市カ普通ノ振替口座ニ加入シ且金庫制アル例)

領收証書

振替貯金口座番號　何特第何番
第　號

昭和何年度

府(縣)稅　營業稅
市稅　營業稅附加稅　都市計畫特別稅營業稅

第何期

一金

右領收

郵便局、爲替貯金局、同支局ニ納付シタルモノハ受入日附印、何市金庫ヘ納付シタルモノハ金庫ノ領收印ノ押捺ニ依リ其效力ヲ生ズ

內譯	
府(縣)稅	
市稅	
市都	
受入日附印	

府（縣）税及市税徴税令書

振替口座貯金番號 第何番 特第何番 第　號	何市		納
昭和何年度	府（縣）税 市税	營業税 營業税附加税 都市計畫特別税營業税	第何期

一金

內譯	
府（縣）税	
市税	
市都	

受入日附印

右昭和四年何月何日限リ、郵便局、爲替、貯金局同支局又ハ市金何庫ニ納附セラルベシ

何市長　何　某　印

注意

一、郵便局ヘ現金ヲ以テ納入セントスルトキハ本書金額ニ成ルベク過不足ナキ現金ヲ添ヘ市内最寄ノ郵便局ニ持參シ領收證書ヲ受取ラルベシ

一、振替貯金ニ依リ振替納付ヲ爲サントスルトキハ拂出票ニ本書ヲ綴付ケ（他ノ税金ト共ニ納入セントスルトキハ其税金ノ令書ヲモ共ニ綴付ケ）其枚數ヲ拂出票及拂出通知票ノ金額ノ下ニ記入シ之レヲ自己ノ口座ノ屬スル爲替貯金局若クハ同支局ヘ送附シ領收證書ノ送附ヲ受クルコト

一、郵便局ノ取扱時間ハ（自四月一日至七月二十日）午前八時ヨリ半後四時迄土曜日ハ午後三時迄（自七月二十一日至八月三十一日）午前八時ヨリ正午十二時迄（自九月一日至十月三十一日）午前八時ヨリ午後四時迄土曜日ハ午後三時迄（自十一月一日至三月三十一日）午前九時ヨリ午後四時迄土曜日ハ午後三時迄

一、日曜大祭祝日ニハ全然取扱ヲ爲サザルコト

一、何市金庫ハ何々何々

原符

振替貯金口座番號　何第何番
特
第　番

堺市

昭和何年度　第何期

一金

營業稅
市稅營業稅附加稅
都市計畫特別稅營業稅

加入者　何市收入役

備考

爲替貯金支局日附印

郵便局及爲替貯金局受入日附印

金額						
萬	千	百	十	圓	十	錢

口數

日計

第二項　徵稅原簿、同集計簿

一人別徵稅原簿
同集計簿

市町村は、府縣稅賦課徵收の爲に各府縣の定むる賦課徵收手續に從ひ、一人別徵稅原簿及同集計簿其他の帳簿を調製せねばならぬ、そして是等の帳簿は、市町村に於ける府縣稅徵收の根基を爲すものであるから、其整理は常に正確を期し、徵稅令書又は徵稅傳令書は、必ず徵稅原簿に基いて之を調製し照合對査の上、金額其他の符合を認めたる上發付せねばならぬ。且又税金領收の場合に於ては領收證原符と對照し、領收日付の記入を怠らざる樣必ず時々に整理せねばならぬ。

集計簿は、一人別徵税原簿の集計を爲すものであつて、各税目、納期別に口座を設けて之が整理を必要とす、そして此集計簿の此整理方に付或る地方では一人別徵税原簿の卷首に之を編綴して整理せる向もある、又本簿は一人別原簿整理の際は、必ず本簿をも整理し、其集計額は常に一人別原簿と符合を認めねばならぬ。

府縣税の徵收に關する帳簿の名稱、樣式等は各府縣に於て大體一定せらるゝも更に市町村あつては便宜に從ひ、認可を經て形式を變更することも出來るから、實際に取扱はれつゝあるものは洋式カード式、純日本式の三樣であり、其內容も自然區々になつて居る樣である。

茲には一二の例を示して參考にしたい。

第四號式ノ一（府縣税一人別徵税原簿樣式）（一）

何年度

府（縣）税一人別徵税原簿

何市役所（町村役場）

凡例

一　本簿ハ納期ノ同一ナル税目毎ニ別冊ト爲スルコト
二　領收月日ハ適宜ノ日付印ヲ押捺シ其ノ記載ニ代フルコトヲ得
三　市町村内　納税者ニ付テハ住所若ハ滯在地ノ記載ヲ省略スルコトヲ得
四　納税管理人アルトキハ其ノ住所若ハ滯在地及氏名ヲ納税者ノ左傍ニ朱書併記スルコト
五　沿革ノ欄ニハ傳令書發付後地租額更正ノ爲ニ生スル増減ノ理由又ハ増減ノ經過其ノ他ノ異動等ヲ記載スルコト
六　税金ノ上ニ課税標準ノ欄ヲ設ケ科目ノ種類ニ從ヒ其ノ課税標準タル金額、税率ノ等級、年齢又ハ件數等ノ一部又ハ全部ヲ記載スルコトヲ得
七　營業收益税附加税ヲ各其ノ本税收納簿ニ　記セサル場合竝追加府縣税又ハ隨時收入ニ係ル縣税ニ關シテハ本簿ニ準シ適宜調製スルコト但シ追加府縣税ハ本簿ニ追加ノ欄ヲ設ケ處理スルコトヲ得
八　末尾ニ各税目毎ニ調定總額ヲ附スルコト

第

税目	前期 税金	後期 税金
地租附加税		
商業税		
家屋税		
〃		
〃		
〃		

住所（滯在地）氏名
沿

號
計
月　日領收
月　日領收
革

第四號式ノ二　府縣税一人別徵税原簿樣式（二）（賦課臺帳ト徵税原簿トヲ兼用シ連年襲用セムトスル例）

令書番號	
營業種目	營業税 何々 何々 何々
開業	年　月　日
廢業	年　月　日
住所	
氏名	
備考	

年度	課税標準	税額	課税標準タル員數又ハ收入金	調定	納期區分	第一期
何年度	課税標準		円	第一期　月　日	調定額	
	税額		円	第二期　月　日	收入月日	
					摘要	
何年度	課税標準		円	第一期　月　日	課定額	
	税額		円	第二期　月　日	收入月日	
					摘要	
何年度	課税標準		円	第一期　月　日	調定額	
	税額		円	第二期　月　日	收入月日	
					摘票	

第二期		第二期		第二期	

備考

一　營業税雜種税中遊藝師匠遊藝人俳優相撲ノ諸税ハ此樣式ニ依ル

二　相撲ハ收入金ノ欄ニ其類別格式ヲ記入スルコト

三　隨時徴税ニ係ルモノハ納期區分欄ニ隨時ト記入シ摘要欄ニ何月開業何月分ト記入スルコト

第四號式ノ三　（府縣税市町村税徴收原簿樣式）（併記ノ例）

何年度

府（縣）税
市（町村）税　一人別徴税原簿

何市役所（町村役場）

凡例

一　本簿ハ府縣税徴收原簿ニ市町村税（營業收益税及所得税ノ附加税ヲ除ク）ヲ併記スル場合ノ樣式ナリ

二　市町村税ノ徴收期ヲ三期以上ニ區分シタル場合ハ前期後期ノ欄ヲ徴收期相當數ニ區分シ且前期後期ヲ第何期ト記載スルコト

三　府縣税ト市町村税ノ納付同日ナルトキハ府縣税領收月日ノ記載ヲ省略スルコトヲ得

第　　　號

税目	前期税金	後期税金
地租附加税		
商業税		
家屋税		
〃〃〃		
縣税計		
	月　日領收	月　日領收
地租附加税		
營業税附加税		
家屋税附加税		
〃〃〃		
市町村）税計		
	月　日領收	月　日領收

住所（滯在地）

氏名

沿革

第四號式ノ四　所得税収納簿同附加税徴收原簿（本税ト同一納期ニ依ル分）

番號	仝	仝
氏名	備考 年税額 本縣ニ屬スル額 第一期分 第二期分 本市ニ屬スル額 第一期分 第二期分以下	

税目	國税 所得税	府縣税 所得税附加税	市税 所得税附加税	合計
第一期 金額	円			
第一期 領收年月日				
第二期 金額	円			
第二期 領收年月日				
第三期 金額	円			
第三期 領收年月日				
第四期 金額	円			
第四期 領收年月日				

第五號式（府縣税集計簿様式）

何年度

府（縣）税集計簿

何市役所（町村役場）

凡例

一　税目毎ニ口座ヲ設ケ且總轄ヲ附スルコト

△印ハ減

地租附加税

年	月	日	番號	事由	調定額	收入額	收入未濟額	支出額	現金殘額
……	……	……	報二	何某外何人傳令書何葉	……		……		
……	……	……	收一五	何某外何人納		……	……		……
……	……	……	收二七	……		……	……		……
……	……	……	收三	……		……	……		……
	計				……	……	……		
	……	……	支二〇	府縣(支)金庫ヘ納				……	
	……	……	報三	滯納整理	△……				
	計				△……				
	……	……		……	……			……	
	……	……		……	……				

備考

一　滯納整理以後ト雖仍收入ノ時々一人別徵税原簿及本簿ヲモ整理シ翌年度ニ繰越シタルトキハ本簿ニ準シタル繰越額整理簿ニ登載シ更ニ整理スルカ便宜ト思フ此場合滯納額整理簿ヲモ整理ス

ヘキハ勿論テアル

第三項　收納、其他

税金收納の方法、之が保管送納の手續及督勵其他の施設に關しては、國税金の取扱と略同樣であるから茲には說明を省略したい、但し府縣税の送納は、拂込書を添へて府縣の金庫に送納を要す、若し税金の拂込に付郵便振替貯金の方法に依る場合には、税金を郵便官署に拂込むを以て、納入の義務を終了することゝなる。（府縣制施行令三四）

第六號式（拂込書樣式）

用紙適宜寸法適宜（又ハ縱四寸横三寸）ノモノ三枚續

拂　込　書

第　號	昭和何年度	何市區町村納	
府（縣）税（款）	何税（項）	何税（目）	第何期分（何月分）

一金何程

右拂込候也

昭和　年　月　日

何市區町村長　氏　名　印

印

領收濟通知書

第　　號	昭和何年度	何市區町村納
府(縣)稅(款)	何稅(項)	何稅(目)	第何期分(何月分)

一金何程

右領收濟ニ付及通知候也

何府(縣)何金庫㊞

何市區町村長　氏　名殿

印

第　　號	昭和何年度	何市區町村納	
府(縣)稅(款)	何稅(項)	何稅(目)	第何期分(何月分)

一金何稅

右昭和　年　月　日領收

何府(縣)何金庫㊞

備考

一　數稅ヲ併セテ拂込ムコトヲ得此場合ハ(目)又ハ項ノ記入ヲ要セス又列記シ得サルトキハ内譯書ヲ添付スルコト

第四項　遊興稅、觀覽稅の徵收

遊興稅は遊興者に、又觀覽稅は觀覽者に賦課する府縣稅である、併し多數の遊興者、觀覽者に對し一々普通の賦課徵收手續を以て、徵稅令書を發するが如きことは到底其煩に堪えない、故に此種の府縣稅を賦課する地方では別に之が賦課徵收細則を定めて、特別の取扱を爲すが例である。即ち遊興者、觀覽者には、徵稅令書を發せず、當該營業者を以て、徵收義務者と爲し、之に徵收上一切の責任を負はしめ、徵收義務者をして、稅金を拂込ましむ、其方法は恰も國稅中第二種所得稅の徵收と同樣である、詳細は各府縣の賦課徵收細則に依つて具體的に研究を願たい。

標語　かげよ稅金、かけるな手數

第五項　過誤金整理

市町村に於て、府縣稅の過誤金あるを發見し、充當手續の出來ない場合には、之が還付の手續を採らねばならぬ。

過誤納金の整理は、各府縣所定の整理簿を設けて、之が請求、還付、充當等の事績を明瞭ならしむるを要す。

過誤納金の還付手續も、府縣に依つて二樣である、(一)は過誤納金は總て本人をして府縣知事に請求せしめ府縣に於て支拂を爲すもの、(二)は其年度内に屬するものは、市町村長に於て他の府縣稅徵收金中より本人に還付し、其旨を毎月提出の收入計算書に朱書して證明を爲し、若し年度經過の過誤納金であれば、權利者をして府縣知事に請求の上拂戻の手續を爲すものである、詳細は各府縣所定の規則に依ること。

第六項　督促手續

督促狀

市町村に於て徵收すべき府縣稅を納期内に完納せざる者あるときは、市町村長は更に期限を指定したる督促狀を發す。(委任を受けざる府縣ならば國稅に準じ滯納報告を府縣に提出すること)

督促狀を發したるときは、各府縣の定むる督促手數料を徵收す。市町村長の發したる督促狀の手數料は其市町村の歲入とす。(府縣制施行令三六、三七)

送達書

督促狀の送達は、使丁又は郵便に依る、使丁を以て督促狀を送達する場合は送達書を作り受取人の署名捺印を求め送達の證と爲すこと。

督促狀は郵便葉書を以てするも妨ない、但し滯納處分に當り、若し督促狀の着否判明せざるときは、更に督促狀を發して滯納者に送達せねばならぬ。

滯納額整理簿

市町村長に於て、府縣稅の督促狀を發せむとするときは一人別徴稅原簿に於ける未納者を調査し府縣稅滯納額整理簿を調製し、之に登錄の上、督促狀を發付するのである。滯納額整理簿は爾後の收入又は滯納處分の經過を記入し、滯納後に於ける處理の狀況を明瞭ならしむること。

督促狀滯納額整理簿の形式は各府縣同一でない、左に一例を掲ぐ。

標語　滯納は損した上に恥をかき

第七號式（督促狀樣式）（一）

督

第　　號	何郡市區町村大字何　某
昭和何年度 府（縣）稅	何々稅 第何期分（何月分）（隨時）

一、金何程　　滯納稅金

　內　金何程　何稅
　　　金何程　何稅

促　狀

一、金（貳）拾錢　督促手數料

一、納期限ノ翌日ヨリ税金額百圓ニ付一日何錢ノ割合ニ依ル金額　延滯金

右何月何日限當市區町村收入役（又ハ市町村金庫）ヘ納付スヘシ

本狀ノ指定期限迄ニ税金及督促手數料ヲ完納シタルトキハ延滯金ヲ徴收セス期限ヲ過キ完納セサルトキハ直ニ財産差押ノ處分ヲナスヘシ

昭和　年　月　日

何市區町村長　氏　名　印

備考

一　延滯金ニ關スル事項ハ延滯金ヲ徴收スヘキモノニ限リ記載スルコト

二　郵便葉書ヲ以テ發付スルトキハ納税人ノ住所氏名ハ其ノ表面ニ記載スルヲ以テ足ル

（督促狀樣式）（二）

督　促

第何號	何郡市町村大字何々　氏　名
何年度　府縣税　何期分（隨時）	

一金若干　滯納税金

内　金若干　何々

　　金若干　何々

一金（貳）拾錢　督促手數料

狀
右何月何日限滯納稅金ハ何縣金庫ヘ督促手數料ハ本市町村收入役（本市町村金庫）ヘ納付スヘシ 若シ其ノ期限ヲ過キ完納セサルトキハ直ニ財産差押ノ處分ヲ爲スヘシ 年　月　日 市町村長　氏　名　印

第八號式　（送達書樣式）

送達書	
送達シタル書名通數	
名宛人ノ住所又ハ居所氏名	
受取人ノ署名捺印	
送達シタル日時	
受取人ナキトキ又ハ受取人受取若クハ署名捺印ヲ拒ミタルトキハ其ノ事由	

右ノ通取扱候也

使丁　何　某　印

第九號式ノ一　（納付書樣式）（一）（督促狀發付後モ市町村ノ資格ヲ以テ取扱フ例）

納

第　號	昭和　年度府縣稅
（款）何稅	
（項）何稅	
（目）何稅	
第（隨時）何期分（何月分）	

付　書

一金　何　程

右納付候也

昭和　年　月　日

収入役又ハ市町村金庫印

（何々業又ハ自轉車荷積小車等種目ヲ記入ノコト）

何郡市區町村大字

何　某

収入役又ハ市町村金庫印

領收證書

第　號	昭和　年度府縣稅	郡市區町村大字　何　某　納
（款）何稅	（項）何稅	（目）何稅
第何期（隨時）（何月分）		

一金　何　程　（何々業又ハ自轉車荷積小車等種目ヲ記入ノコト）

右昭和　年　月　日領收

収入役又ハ市町村金庫印

何郡市區町村收入役　氏　名

「何市區町村金庫」

備考

一、市區町村ニ於テ必要アルトキハ本書ノ要領ヲ記載シタル通知書又ハ別符ヲ設ケ三枚續ト爲スモ妨ケナシ

二、本書ハ數税目又ハ延滯金ヲ併記スルコトヲ得但シ此場合ハ金額税目期分等明記スルコト
三、督促手數料ハ本税ニ併記スルコトヲ得但シ本税ト年度ヲ異ニスル場合ハ各別トス
三、督促狀發付後ハ府縣出納吏ノ資格ヲ以テ税金ヲ取扱ハシムル府縣ニ在リテハ本税ハ府縣出納吏ノ取扱トシ手數料ハ市町村ノ歳入トシテ取扱フカ故ニ納付書ハ各別ニ調製ヲ要ス

第九號式ノ二　（納付書樣式）（二）（督促狀發付後ハ府縣出納吏トシテ取扱フ例）　用紙適宜寸（縱四寸 横三寸）ノモノ三枚接續 法輪廓内

納付書

第何號　年度

（府）縣税　（款）　何期分（隨時）

一金若干　（項目）

右納付候也

年月日

何郡市町村　氏名㊞

㊞

領收濟通知

第何號　何郡市町村　氏名納

何年度

府（縣）税　（款）　何期分（隨時）

一金若干㊞　（項目）

書

右何年何月何日領收濟

市町村長　氏　名殿

何府縣金庫　印

領收證書

第何號	何年度	何税	一金若干圓
何郡市町村		(款)	右領收候也
氏名納		何期分(隨時)	(項目)

年月日

何府縣金庫　印

備考　督促手數料ハ本樣式ニ準シ市町村ノ歳入トシテ納付セシムルコト

第十號式　(府縣税滯納額整理簿)

何年度

府縣税滯納額整理簿

何市區役所又ハ町村役場

備考

一、本簿ハ督促狀發布以後ノ事績ヲ明瞭ナラシムルモノトス
二、財産差押其他處分ノ顚末ヲ詳記スルコト
三、本簿ハ別ニ科目每ノ集計ヲ付シ整理スルコト
四、本簿ハ明治三十年大藏省訓令第四十號國稅徵收事務取扱方樣式國稅滯納額整理簿ノ整理方ニ準據スルヲ可トス

府縣稅滯納額整理簿

昭和　年　月　日納期滿限ノ分

住所氏名	顚末	計（督促手數料／延滯金）	家屋稅（何々）	所得稅附加稅	營業收益稅附加稅	雜種稅	營業稅	地租附加稅（特別地稅）	督促狀發布番號／督促期限
		円	円	円	円	円	円	円	第　號　限 月 日　月 日
									第　號　限 月 日　月 日

（滯納額整理簿集計用紙）

何稅第何期分何々

月日	摘要	稅額				手數料延滯金及處分費			
		滯納額	收入額	缺損額	未收入額	調定額	收入額	缺損額	未收入額
何月何日	督促狀發付 何某外何名								
何月何日	納付濟 何某外何名								
何月何日	收入濟								
何月分計									
……									

備考

一 本簿ハ常ニ一人別内譯ト符合セシムルコト

一 本簿ハ毎月計ヲ付シ内譯トノ符合ヲ認ムルコト

第七項　延滯金其他

府縣稅、市町村稅の納期經過の者に對し督促狀を發したるときは延滯金を徴收す。（府縣稅施行令三八市町村制施行令四五）

延滯金は、一日に付稅金額の萬分の四以内に於て府縣市町村の定むる割合を以て、納期限の翌日より稅金完納又は財產差押の日の前日迄の日數に依つて計算す。但し左の各號の一に該當する場合又は滯納に付府縣知事市町村長に於て酌量すべき情狀ありと認むるときは、適當に免除することが出來る。

一　令書一通の稅金額五圓未滿なるとき。

二　納期を繰上げ徵收を爲すとき。

三　納稅者の住所及居所が帝國內に在らざる爲又は共に不明なる爲公示送達の方法に依り納稅の命令又は督促を爲したるとき。督促狀の指定期限迄に稅金及督促手數料を完納したるときは延滯金を免除せらる。

納付書　督促狀發付後、滯納稅金を納付せしむるには、納付書を交付して指定の場所に納付せしむ、但し前に發したる徵稅令書を以て代用するも妨ない。

府縣稅市町村稅の延滯金徵收を要するものは、市町村に於て其金額を決定し（府縣稅に付市町村長に委任せざる稅目は府縣知事）滯納金と同時に納付せしむるを要す。

納付書又は代用納付書には、督促手數料、延滯金を併記することが出來る、但し稅金と所屬年度を異にする場合は各別に調製せねばならぬ。

年度の區分は手數料は督促狀發付の日、延滯金は收入の屬する年度の所屬である。

終りに一言すべきことは、督促狀發付後は府縣出納吏たるの資格を以て滯納稅金を取扱ふ地方と又滯納後も市町村吏員として取扱ふ地方とに依つて自ら其手續が違ふ、即ち前段の取扱に依れば督促狀發付後は本稅は府縣出納吏として督促手數料は市町村の歲入として各別に整理を要し、後段の取扱に依れば本稅手數料共同一の方法に依つて整理することが出來る。其他拂込の形式にも自然差異あるを以て此點は各府縣の規定に基き適正に處理せねばならぬ。

第八項　監督と諸報告

第一　監督　市町村は、市町村制の規定に基き一切の事務に付第一次に府縣知事、第二次に内務大臣の監督を受くべきものであるから、府縣稅の賦課、徵收に關しても同樣の監督を受くることは勿論である。監督方法は、實地と書面兩樣に區分することが出來る、各種の報告を徵せらる、ことも是又監督權の作用に外ならない。

第二　諸報告　府縣稅の賦課徵收事務が、其大部分を擧げて市町村又は市町村吏員に委任せられたる結果、自然是等の狀況又は事績に付、市町村長より府縣知事に報告すべき事項が尠くない、之を大別して定期報告、隨時報告、臨時報告とするが、其種目、及內容に至つては各府縣知事が必要に應じて適宜に定むるものであるから、茲に一々列擧することは困難である、唯大體各府縣共通と認むる二三の報告のみを掲げて參考にしたい。

（イ）地租額報告は、地租附加税の賦課額を調査するの必要上、各府縣共一定の期限を定めて報告せしむるが例である。

（ロ）地租條例第十三條の二該當地價額報告も、特別地税の賦課額調査上必要事項として、前號同樣報告を要す。

（ハ）家屋税賦課額報告は、新家屋税法の施行と共に從來の配當制を廢するを以て、茲に其樣式を示さないが是又家屋税の賦課上必要の報告である。

（ニ）營業税、雜種税税額の報告も、毎年一定時期に於て報告せしむるが例である。

（ホ）主要なる府縣税の定期分徴收狀況は、毎納期經過後一定の期限に報告せしむる府縣が多い。

（ヘ）各税の調定濟額、收入濟額、不納缺損額、收入未濟額は會計事務規程等を以て毎月分收入計算書を調製し、證憑書類を添へ、毎翌月所定の期日に報告せしむるが例である、此報告はその市町村が府縣に對する徴收責任の證明であつて頗る重要なものと思ふ。

第十一號式（地租額報告樣式）

年　月　日　　　何市町村長㊞

何府縣知事宛

地租額報告書（何年四月一日現在）（又ハ何年何月何日現在）

一金　宅地々租
一金　其ノ他ノ土地々租　｝府縣税地租附加税ヲ賦課スヘキ本税額

内譯

種別		地租額 宅地	地租額 其ノ他ノ土地	摘要
地租總額		円	円	
内控除	府縣制第百十條該當地			
	地租條例第十三條ノ二該當地			
差引本税額				

備考　控除額ハ府縣制第百十條ニ該當スル府縣税ヲ賦課スルコトヲ得サル土地ノ地租額及地租條例第十三條ノ二ニ該當スル特別地税ヲ納ムル土地ノ地租額ヲ記載スルコト

（地租條例第十三條ノ二該當地々價額報告樣式）

年　月　日

何市町村長　印

何府縣知事殿

地租條例第十三條ノ二該當地々價額報告

一金

内譯

種目	地價額	摘要
田	円	
畑		
計		

年　月　日

何市町村長　印

何府縣知事殿

第十二號式（家屋税賦課額報告）

何年度家屋税賦課額報告

本樣式ハ新家屋税法實施ト共ニ從來ノ配當制ト異ルモノアルベク茲ニ省略ス

第十三號式（營業税額報告樣式）

昭和何年何月何日

何府縣知事殿

何郡市町村長　印

昭和何年度營業稅稅額報告

課目＼區別	納稅義務者數	課稅標準 員數	課稅標準 收入金額	課稅標準 何々	稅率	年稅額	備考
營業稅							前年ニ比シ著シク減シタルモノハ其ノ理由ヲ附記スルコト
物品販賣業							
銀行業							
無盡業							
金錢貸付業							
物品貸付業							
製造業							
運送業							
倉庫業							

請負業							
土木、建築							
其ノ他							
印刷業							
出版業							
寫眞業							
席貸業							
旅人宿業							
料理店業							
周旋業							
代理業							
仲立業							
問屋業							
運河業							

棧橋業							
船舶碇繋場業							
貨物陸揚場業							
兩替業							
湯屋業							
理髪業							
寄席業							
遊技場業							
玉突							
大弓場揚弓場魚釣場、何々							
遊覧所業							
藝妓置屋業							
合計							

右報告候也

第十四號式（雜種稅額報告樣式）

何年何月何日

何府縣知事殿

何市町村長㊞

昭和何年度雜種稅稅額報告

課目＼區分	納稅義務者數	課稅標準 員數	課稅標準 收入金額	課稅標準 何々	稅率	年稅額	備考
船							前年ニ比シ著シク增減シタルモノハ其ノ理由ヲ附記スルコト
日本形船							
積石數							
西洋形船							
蒸汽船							
風帆船							
何々							
日本形浮漁船、川船及五十石未滿ノ海船							

三間迄	四間迄	五間迄	何間迄	遊船	三間迄	四間迄	五間迄	何間迄	西洋形、浮漁船 川舟、バッテーラ	一輌迄	車	馬車二匹立以上	自用

營業用	馬車一匹立	自用	營業用	荷積牛馬車	四輪以上ノモノ	其ノ他	人力車二人乘	自用	營業用	人力車一人乘	自用	營業用	荷積大車

荷積小車	雜車	自轉車	自動自轉車	一人乘	其ノ他	自動車	五人乘以上（若ハ貨物專用車積載量千封度以上）	自用	營業用	何々	水車	搗臼	挽臼

臼ヲ用ヒサルモノ							
市場							
何々市場							
一定ノ期間日々開場ノ市場							
其他ノ市場							
犬							
漁業							
刺網類							
抄網類							
何々							
遊藝師匠							
一等							
二等							
三等							

遊藝人			相撲			俳優				
一等	二等	三等	一等	二等	三等	一等	二等	三等	四等	五等

藝妓		舞妓	酌人	幇間	何々	何々	合計
十六歲以上	十六歲未滿						

右報告候也

第十五號式（徴收狀況報告様式）

昭和何年何月何日提出

何市町村長　印

何府縣知事殿

昭和何年度何税第何期徴收狀況報告書

調定濟額	收入濟額			收入未濟額	
	納期限迄	調定額ニ對スル歩合	納期限後	税額	人員

狀況何々

第十六號式（收入計算書樣式）

年　度
何　月　分
計　算　書　　　　泉何郡何町村役場

濟額		不納欠損額				收入未濟額		備考
前月迄累計		本月分		前月迄累計				
							何月分金庫へ拂込未濟額何程

何郡市町村長　何　某　印

何府縣知事何某殿

昭　和　何

昭和何年

收入

科目	調定濟額		收入
	本月分	前月迄累計	本月分
歳入經常部			
地租附加税			
特別地税			
營業收益税附加税			
所得税附加税			
鑛業税附加税			
取引所營業税附加税			
家屋税			
營業税			
雜種税			
船税			
車税			
水車税			
市場税			
犬税			
狩獵税			
不動産取得税			
何々税			
合計			

證憑書　何冊　書面之通候也

年　月　日

第三節　市町村稅の徵收手續

市町村稅の徵收手續は、國稅、府縣稅の徵收手續と大同小異であり、國稅、府縣稅の徵收手續に付ては、第二編第三章及前節に於て大體說明してあるから、玆には是等と重複せざる一二の事項のみの說明に止めたい。

そして多くの府縣では、市町村に對する會計監督上の必要と、之が取扱の統一とを期するが爲に府縣の訓令を以て市町村財務規程、又は財務準則等を設けて市町村稅の賦課徵收に關しても相當詳細に規定されて居る、併し此規定は餘り拘束的ではなく、其間に取扱上の自由を存する向が多い、例へば徵稅簿は洋式、和式何れを用ふるも妨げなく、又所定の要領を失はざる程度に於て適宜の變更を認め、或は認可を經て之が變更を許す等の類である。

第一　簿書の形式

(一)　徵稅簿　(徵收簿又は收納簿とも名稱せらる)、本簿は一人別徵稅簿と同集計簿とに分つて整理せねばならぬ、玆には(イ)同一納期の數稅目を併記するの例、(ロ)府縣稅と併記するの例、(ハ)一稅目每に定期に賦課するの例、(ニ)隨時收入として賦課するの例、(ホ)同集計簿の例とを示して置く。そして徵稅簿の册首には市町村稅の課率、賦課期日及徵收期限表を付することが最も便宜である。

第一號式ノ一（市町村稅一人別徵稅簿樣式）

昭和何年度

市町村稅一人別徵稅簿（何稅）

定期（又ハ隨時）

何市役所

何町村役場

備考

一 定期ト隨時トハ別冊ト爲スコト

二 府縣稅ヲ併記シタルトキハ名稱中市町村稅ノ右ニ「府縣稅」ト記載スルコト

三 稅目別ニ別冊ト爲ストキハ名稱ノ下ニ其稅目名ヲ記載スルコト

第一號式ノ二（市町村稅一人別徵稅簿ノ册首ニ付スル表ノ樣式）

市町村稅課率賦課期日及徵收期限表

稅目＼課率賦課徵收期	課率		第一期		第二期		追加分	
	當初	追加	賦課期日	徵收期限	賦課期日	徵收期限	賦課期日	徵收期限

備考　徴税簿ヲ税目毎ニ設クルトキハ當該税目ノ分ヲ記入スルコト

第二號式　（定期賦課市町村税ノ收入命令ノ様式）

收入命令	係印	税目	納期	令書發付月日	合計金額	合計人員	納期限	備考

備考　本命令ハ徴税簿ノ冊首ニ編綴スルコト
（地方ニ依ツテハ別紙ニ編綴スル向モアル）

第三號式ノ一（徵稅簿）甲（同一納期ノ數稅目ヲ併記スル例）

令書番號	期別／稅目	何稅	何稅	何稅	合計	收入月日
第　號	第一期	円　錢				
納入						
	第二期	円				
	備考					

第三號式ノ二（徵稅簿）乙（府縣稅ト併記シテ定期ニ賦課スル例）

令書番號
第　號
備考
納入

府（縣）税

税目	何税	何税	何税	合計	收入月日
税額 第一期					
税額 第二期					

市（町）（村）税

税目	何税	何税	何税	合計	收入月日
税額 第一期					
税額 第二期					

（徴税簿）丙（一税目毎ニ定期ニ賦課スル例）

第一期	第二期		備考	令書番號	納人
円 錢	円 錢	円 錢			
何月何日收入	何月何日收入	何月何日收入			
第一期	第二期				
円 錢	円 錢	円			

何月何日收入	何月何日收入	何月何日收入			

備考

月税、日税等モ本樣式ニ準シ各月分ヲ區分シ記載スルコト

（徵税簿）丁（臨時賦課ノ場合ノ樣式）何々税

收入命令印	係員印	令書發付月日	税額 円 銭	收入月日	摘要	令書番號	納入

第四號式

一人別徵税集計簿（何税）（第何期分）

年月日	摘要	調定濟額	收入濟額	收入未濟額	備考
何年何月何日	何某外何名分調定	ヽヽヽ		ヽヽヽ	

何年何月何日	何某外何名分收入		、、、	、、、	
何年何月何日	何某外何名分收入		、、、	、、、	
何月分計		、、、	、、、	、、、	
累計		、、、	、、、	、、、	

備考

一　本簿ハ歳入内譯簿ヲ以テ整理スルコトヲ得

二　本簿ハ月計累計ヲ付スルコト

三　一人別徴税簿ノ册首又ハ末尾ニ編綴シテ整理スルカ各税分ヲ一册トシテ整理スルモ可ナリ

(二)　整理命令　これは單に市町村税のみではなく、國税、府縣税徴收の場合にも同樣必要な事項であつて、納税告知書、徴税令書、同傳令書、督促狀等を發せむとするときは、必ず市町村長の決裁を經ねばならぬ。又其後の異動增減ある場合も同樣である、此整理命令を徴税簿、整理簿の卷首に付するものと、特に決裁簿を設くるものと、又別に命令用紙を用ひらるゝ向等もある、これは何れを選ぶも隨意であるが、此命令手續を忘れてはならぬ。

(三) 收入命令（挿込命令等も同樣である）、又收入には科目納期別の日計表を付するが便宜である。

(四) 其他徴税簿及徴税に關する簿書は毎月一回必ず市町村長又は助役の檢閲を受くることゝし冊首に檢閲表を貼付して檢印を求むる向もある、これは至極良いことゝ思ふ。

(五) 徴税令書の樣式は、大體府縣税と大差がない、併し微細なる附記事項に至つては各市町村毎に異る場合が多いから複雑を避くる爲に掲載を省く。

> 標語　村方の道の良いのも税故に

第五號式ノ一（整理命令樣式）（一）

第　　號	起案 施行		取扱者
市町村長	助役	收入役	審査	記簿

左ノ通徴税令書（納税告知書）發付可然哉

昭和　年度

款　項　目

一金　納入

但　期分

備考

以下各表ノ様式ハ國税、府縣税ノ場合ニモ用フルコト

(二)　(赤刷)

第　號

起案　施行　取扱者

市町村長　助役　收入役　審査　記簿

左ノ通調定減額可然哉

昭和何年度

款　項　目

一金
但
期分

第五號式ノ三

稅目	豫算額												
決裁 市町村長	助役	課長	主任	番號	月日	期別	指定期限	納入期限	金額	備考	整理 收入命令	製票	記簿
				第　號	月　日		月　日	月　日					
				第　號	月　日		月　日	月　日					
				第　號	月　日		月　日	月　日					

備考

一、本簿ハ調定通知及收入命令原符並ニ徵稅令書ヲ兼用スルコト
二、決裁ヲ受クルニハ調定關係書類ヲ添付提出スルコト
三、指定期限トハ令書期日ノ意、納入期限トハ國庫又ハ府縣金庫ヘ納入期日

第六號式（收入命令）

第　號	
起案	
施行	
主任	

市町村長	助役	收入役	審査	記簿

左ノ通收入記簿可然哉

昭和何年度

款	項	目

一金

納人

但　期分

第七號式（收入日計表樣式）

日計表

年　何　月　何　日

金額	枚數

係員	收入役

第八號式（檢閲表樣式）

檢閲表

月別	檢閲者印
月別	檢閲者印

收入小票

昭和何年何月何日（　　綴）	
款	
項	
種目	
期別	隨時第　期
金額	円　錢
枚數	
人員	
備考	

收入

昭和何	
稅目	
合計	
備考	
市町村長	助役

四月		十月	
五月		十一月	
六月		十二月	
七月		一月	
八月		二月	
九月		三月	

第二　整理方法

各税目に渉つて整理の順序方法を說明することは、却つて繁雜であるから玆には一二の税目に對する取扱順序を說明して置たい。

(一)　所得税、營業收益税附加税の徵收

府縣税たる所得税附加税、營業收益税附加税は、其府縣內の分は、納税者の住所地市町村に於て之が徵收を取扱はねばならぬ、又市町村税たる所得税附加税(附加税賦課の市町村に限る)及營業收益税附加税は、其市町村內より生ずる所得又は營業純益に限るが故に、是等附加税の賦課に當つては、先づ税務署の所得調查簿に就き左の區分調查を爲すことが便宜である。

管外所得(又は營業收益)額調査書

總所得税額	府縣外 所得歩合	府縣外 所得税額	市町村外 所得歩合	市町村外 所得税額	摘要	住所	氏名

即ち此調査に依つて總税額から他府縣分を控除したる殘額が其府縣の附加税を賦課し得べき本税と爲る譯、又總税額から他市町村分を控除したる殘額が其市町村の附加税を賦課し得べき本税額と爲る譯、そして特に管外の分を調査する所以は手數省略の意味からで、どうしても管外の分が其種目も少く比較的容易に調査が出來るからである。

斯くして賦課すべき本税額が確定すれば、之に府縣税なり市町村税の賦課率さへ乘ずれば、直に附加税が算出し得ることゝなる。

又他府縣他市町村の納税者であつて、其府縣、其町村内に所得又は營業收益を有する者に對しては納税地所轄の税務署に對し前項に準じたる調査方を照會し、其回答に依つて附加税額を定むる譯であるが、若し各市町村が前項の樣な調査を爲すなれば、これに依つて管外の分は便宜其所轄市町村に通知すること・すれば、餘程事務の共助ともなり、又所得、收益の區分協定の上にも都合が良いと思ふ。

附加稅を賦課すべき本稅額が定まれば、これに附加稅率を乘じて附加稅額を定め一人別徵稅簿に登載すれば良い譯であるが、其記載方に付て玆に本稅と府縣稅附加稅と市町村稅附加稅とを併記せる徵稅簿の一例を示す。

番號	第　號			
氏名	備考 年稅額 本府縣稅ニ屬スル額 第一期分 第二期分 本市ニ屬スル額 第一期分 第二期分以下 円			
稅目	國稅 所得稅	府縣稅 附加所得稅	市稅 附加所得稅	合計
第一期 金額	円			
第一期 領收年月日				
第二期 金額	円			
第二期 領收年月日				
第三期 金額	円			
第三期 領收年月日				
第四期 金額	円			
第四期 領收年月日				

(イ)斯樣に先づ徵稅簿に本稅額の登載を終れば、更に其正否を確める爲に稅務署の稅臺帳か又は稅務署より送付の仕譯書(地方に依つては稅務署と申合せ第一期分納額通知の際年稅額の一人別仕譯をも通知す)と照合すること

(ロ)府縣稅附加稅の課率を乘じて、府縣稅を算出すること

(ハ)市町村稅附加稅の課率を乘じて、市町村稅を算出すること

(ニ)以上各稅合計を算出すること

(ホ)以上の算出其他に違算なきやを檢算すること

(ヘ)各人別の算出を終りたるときは、集計を爲し集計簿に登載すること(檢算を要す)

(ト)徵稅令書を作製すること

(チ)徵稅令書は甲乙丙各記載金額其他に誤謬なきや否照合を爲すこと

(リ)徵稅簿と徵稅令書とを照合すること

(ヌ)徵稅令書を集計し徵稅簿の符合を認むること

以上(イ)より(ヌ)までの行程は稅目に依つて多少の差異はあるが、大體各稅の徵收に當つて徵稅簿の作成から令書發付までには必ず經ねばならぬ順序であつて、其の一を省略すれば忽ち違算誤謬等を生じ却て省略以上の手數を要する場合が尠くない、これは當務者諸氏も往々經驗せられた事實である

と思ふ。夫れで整頓せる市町村にあつては徵稅簿に左の印章を押捺して整理者の認印を徵し其責任を明かにして居る、これは至極良いことで更に其整理年月日をも記入すれば一層便宜である。

種別	第一期	第二期	第三期	第四期
徵稅簿作成				
臺帳照合				
標準集算對照				
府縣稅算出				
市町村稅算出				
合計算出				
以上檢算				
以上集算				
令書作成				
同照合 甲乙				
徵稅簿ト令書ト照合				

同集計對照			
令書一切完了			
滯納額整理簿轉記			

（二）地租附加税の徴收

地租附加税たる府縣税、市町村税を賦課せむとするには、市町村備付の地租名寄帳に依り賦課期日現在の各人別田、畑、宅地、雜地租の集計地租額を標準とし、之れに附加税率を乘ずべきものであつて一人別徴税簿に地租額欄を設けて、整理する向もあり、或は納税者毎に各地目別（山林原野其他は雜地租とす）の地租額を摘記せる補助簿を設けて整理せる向もある。

（三）鑛業税附加税、不動産取得税其他の賦課に付、他の官公署等に就き調査するか、又は照會して資料を求むる事項は、時期を誤らず相當の手續を爲すが肝要である。

第三　報告其他

毎年度の初頭に於て、其年度中に處理すべき事務の月別調理期限簿を調製して、處理期限の過りなきを期することが肝要である、これは單に市町村税の事務ばかりでなく、國税、府縣税の事項をも列記し又臨時の事項と雖、期限あるものはこれに記入して其處理濟月日及處理の顚末をも記入し責任者の認印を求むることにしたい。國稅事務の重なる事項は、第二編の末尾に記載して置いたから府縣稅、市町村稅の事項を調査して一簿册と爲すが便宜である。

稅務調理期限簿

何月ノ部（隨時ノ部）

市町村長	何々役	件名	處理要旨	處理期限	主任承印	處理濟月日	處理顚末	處理者印
印	印			自何日至何日間	印	何月何日	何々	印

第四　監督

市町村稅の事務も府縣稅の賦課徵收と等しく監督廳の監督を受くるものである、即ち各府縣が市町村稅の賦課徵收に關して諸種の規程又は準則を定めらるゝことも此監督權の作用に外ならない、明治廿五年内務省訓第三四八號其他の規程は廣く市町村の行政事務監督規程であるが、此内には當然市町村稅の事務も包含せらるゝものであるから左に之を掲ぐ。

市町村行政事務監督

（明治二十五年五月内務省訓第三四八號）
（明治三十一年八月訓第七〇二號改正（　）内ハ廢止）

市町村行政事務監督ノ儀ニ付テハ是迄示達シタル儀モ有之各地方共漸次監督ノ方法ヲ設ケ實施シ來

候處客年來已ニ（郡制）府縣制ヲ實施シタル地方モ不少其他ノ府縣ニ在テモ不遠施行セラルヘキニ付從テ其下級團體タル市町村行政事務ノ監督ハ此際一層之ヲ嚴密ニシ以テ其事務ノ整理ヲ計リ新制度ノ實効ヲ擧クルコトヲ注意セラルベシ今其監督ヲ行フヘキ事項ノ要領ヲ左ニ列擧ス其方法順序ノ詳細ニ至テハ各地方適宜酌量スルコトアル可シ

一　市町村ノ事務ハ國及府縣（郡）ノ行政ニ係ルモノハ勿論市町村ノ共同事務ニ屬スルモノト雖其事務報告ヲ徴シ之ニ依テ其事務ノ整理ヲ檢察シ其違法若ハ不當ナルモノアルトキハ夫々相當ノ處分ヲ施シ又將來ニ向テ訓戒ヲ加フルコトアルヘシ依テ各府縣ニ於テ市町村事務報告例ヲ定メ確實ノ報告ヲ徴スルヲ要ス尤モ定例報告外ト雖必要ノ時ハ隨時報告ヲ徴スルコトアルベシ又天災時變其他重要ノ事件アルトキハ監督官廳ノ命令ヲ俟タスシテ臨時報告スヘキハ當然ノ事ナリトス

二　市町村ノ行政事務ヲ監督スル爲ニ監督官廳ハ各市町村ノ巡視ヲ行フベシ其巡視規程ハ各府縣ニ於テ適宜規定スルコトヲ要ス

三　市役所町村役場事務ノ整理ヲ計ルニハ其處務ノ順序一定ノ例式ニ依ルヲ要ス各府縣ニ於テハ其處務規程ノ準則ヲ示達シ各市町村ヲシテ此準則ニ依リ適宜之ヲ設定シ第一次監督官廳ノ認可ヲ受ケシムル可シ

四　市町村會計ノ整理ヲ計ル爲メニ出納帳簿ノ例式ヲ一定スルヲ要ス依テ各府縣ニ於テ可成精密明

白ノ簿式ヲ制定シ且出納檢閱例規ヲ設ケ漸次精密ノ檢査ヲ施行スヘシ

五　市町村長及收入役等交代ノ節事務引繼ノ事ハ最愼重ヲ要スルニ付特ニ視察ヲ加ヘ時宜ニ依リ主任官ヲシテ臨檢セシムルコトアルベシ其事務引繼ノ順序ハ豫メ各府縣ニ於テ一定ノ例ヲ設クルヲ要ス

六　市町村ノ事務ヲ整理スルニハ簿册ノ種類員數樣式ヲ一定スルヲ要ス依テ各府縣ニ於テ適宜其準則ヲ定メ漸次施行スベシ

七　市町村ノ事務ハ最簡易誠實ヲ主トシ虛飾ニ流レス繁細ニ渉ラサルヲ要ス其經濟ハ勤儉ヲ守リ勉テ資力ヲ充實スルノ法ヲ講シ冗費濫出ノ弊ヲ防制スヘシ

八　市町村基本財產ハ之ヲ維持保存シ之ヲ增殖スルヲ努ムベキハ勿論市町村經濟ノ許ス限リハ力メテ之ヲ蓄積セシメムコトヲ誘導スルヲ要ス然レモ其方法宜シキヲ得サルトキハ却テ負擔ヲ加重シ經濟上ノ不利タルヲ免レス宜ク特ニ注意ヲ加フ可シ

九、十、十一　省略ス

明治二十五年五月內務省訓三四九號市町村巡視規程概則

大正十一年三月法律第一號六大都市行政監督ニ關スル件

大正十五年六月勅令二一二號六大都市行政監督特例

第四節　滯納處分

地方稅の滯納處分は、國稅滯納處分の例に準じて之を行ふ。（府縣制一一六市制一三一町村制一一二）即ち國稅の滯納處分手續が、殆んど其儘に府縣稅、市町村稅の滯納處分に用ひらるゝ譯である。國稅の滯納處分手續は、國稅徵收法（明治三〇年法二一）中滯納處分の章に於て規定せられ、更に同法施行規則、同法施行細則を以て、詳細せられてある。故に茲に國稅滯納處分の概要を說明すれば地方稅の處分手續も自然に判る譯であるが、元來滯納處分は、徵稅最後の手段として所謂權力の發動に基くものであるから往々にして法律問題を惹起し易い、故に此點は處分上特に注意を要すると共に、若しこれが執行上に疑ひある事項は別に詳細なる解說書に就いて研究を重ぬる等處分上遺憾なきを期せられたい。

滯納處分の意義

滯納處分とは、滯納者又は之に準ずべき者の財產を差押へ、之を換價又は充當して滯納稅金の徵收を完ふせむとする强制處分である。

(1)　滯納處分は、滯納稅金徵收の爲である。

茲に滯納稅金とは、納期限後に於ける未納稅金を指すもので納期內の未納は滯納稅金ではない滯納處分は此滯納稅金を徵收する爲の强制手段である。

(2)　滯納處分は、滯納者、又は之に準ずべきもの、財產處分である。滯納者とは、現實に稅金を納めざる本人を謂ひ、之に準ずべき者とは納稅保證人、相續人、無限責任社員等法令の規定に依つて納稅義務を繼承又は負擔するものを謂ふ。

(3)　滯納處分は、財產の換價又は充當に依つて、稅金を徵收せむとする强制處分である。滯納處分は、納稅者が任意に納稅を爲さゞるに依り國家又は公共團體が、本人の意思に拘らず權力作用に依つて財產を差押へ、且之を換價又は充當して徵稅の目的を達せむとする强制手段である。

第一款　財產差押

財產差押の始期

(一)　財產差押の始期

(1)　滯納處分は何時始まるか、滯納處分は財產の差押に始まる。故に稅金が未納の狀態に在るも財產の差押を爲さゞる間は、未だ滯納處分に着手したものではない、督促狀の發布は所謂督促手續であつて滯納處分ではない。

差押の着手

(2)　財產差押は何時着手すべきか、左の場合は財產の差押を爲す。（徵收法一〇）

（イ）　納稅者督促を受け、其の指定の期限までに督促手數料、延滯金、及稅金を完納せざるとき。

督促狀の指定期限が公休日なるときは、一般期間の原則に基き、其期限は翌日に繰下げらる又手數料、延滯金及稅金の全部を完納せなければ滯納處分を受くる譯で、何れか一方のみを納付し又は一部のみを納付せし場合も未だ完納とは謂ひ得ない。

(ロ) 國稅の滯納處分を受け、又は脫稅逋稅の所爲ありと認めて徵收法に基き繰上徵收の告知を受けたるに拘らず其稅金を完納せざるとき。

差押の目的物

(二) 差押の目的物

差押へ得べき物件は、財產的價値の存在を必要とし且讓渡性を有するものに限る。

絕對禁制品

國稅徵收法に於て絕對に差押を禁止したるもの。(徵收法一六)

(イ) 滯納者及其同居家族の生活上缺くべからざる衣服寢具家具廚具

(ロ) 滯納者及其同居家族に必要なる一ヶ月分の食料及薪炭

(ハ) 實印其他職業に必要なる印章

(ニ) 祭祀禮拜に必要なりと認むる物及石碑墓地

(ホ) 系譜、其他滯納者の家に必要なる日記書付類

（へ）職務上必要なる制服、祭服、法衣

（ト）勳章、其他名譽の章票

（チ）滯納者及其同居家族の修學上必要なる書籍器具

（リ）發明、又は著作に係るものにして、未だ公にせざるもの

其他特別の法律に依つて差押を禁止せられたるもの、例へば鐵道財團、工場財團、鑛業財團等の如きも、差押を爲すを得ない。

條件付禁制品

國稅徵收法に於て條件付差押を禁止したるもの、即ち左記物件は滯納者が他に稅金、處分費等を償ふに足るべき物件を提供したるときは、滯納者の選擇に依つて差押を爲さない。（徵收法一七）

（イ）農業に必要なる器具、種子、肥料及牛馬並其飼料

（ロ）職業に必要なる器具及材料

以上要するに差押物件は、成るべく滯納者に苦痛を感ぜしむる程度の尠きものを選み、且之が爲に忽ち衣食住を迫害するが如き極端なる處分を避けしむるの精神であるから其邊は執行者が其執行に當つて相當に留意せねばならぬ。

差押手續

(三) 差押の手續

差押の方法及其手續に關しては、差押ふべき財産の種類と性質に依つて一樣でないから、先づ茲には各種の財産に共通の差押手續を說明し、次に各種財産特有の手續を說明したい。

差押證票

（イ）差押證票　滯納處分の爲、財産差押を爲すには其命令を受けたる官吏、吏員たるの證票を示さねばならぬ（徵收法一二 同細則九）これは滯納者其他の家宅に臨み、差押を行ふに當つて必要である。

用紙厚紙 { 縱二寸五分 / 橫一寸五分 }

表

第何號 國稅滯納者 財産差押 證票 稅務署印

裏

「何」稅務署 官　氏名

標語　一人の滯納は萬人の損

（ロ）差押財産の選擇

各種の財産權中、差押禁制品及條件付禁制品を除くの外は、執行官吏の選定に依つて何れの財產を差押ふるも妨げない、併し(一)成るべく換價に便なるものを選むこと(二)第三者の權利の目的物とならざるもの(三)滯納者の受くる苦痛の少きものより着手するが穩當である。

(ハ)　差押の立會人を求むること。不動產、債權等の差押は格別、其他の場合には、立會人を求め殊に家屋、筐匣等の搜索には必ず立會人がなければならぬ。

(ニ)　差押調書の作製

差押調書は、如何なる財產の差押に當つても之が作製を必要とる。(施行規則一六 同細則一一)

差押調書には、左の事項を記載し署名捺印を要す。

(1) 滯納者の氏名及住所若は居所
(2) 差押財產の名稱、數量、性質、所在其他重要なる事項
(3) 差押の事由
(4) 調書を作りたる場所、年月日
(5) 立會人の署名捺印若し署名捺印を拒み又は署名捺印を爲す能はざるときは、其理由を附記すること。

差押調書は國稅徵收法施行細則を以て特に其樣式を定む。

(差押調書樣式)

第一號式
差押調書

差　押　調　書

何府(縣)何郡(市)何町(村)大字何々番地

滯納者　何　某

一　差押財產ノ表示

(名稱、數量、所在其他重要ナル事項)

右何年度何稅何期分滯納金何程督促手數料延滯金何程徵收ノ爲何月何日「本人」又ハ本人不在ニ付何某立會ノ上前記ノ財產ヲ差押フルモノ也

昭和何年何月何日何所ニ於テ此ノ調書ヲ作ル

何稅務署　官　氏　名　印

何府(縣)何郡(市)何町(村)大字何々番地

立會人　何　某　印

備考

滯納者其他ノ立會人ヲシテ差押財產ノ保管ヲ爲サシムルトキ若ハ立會人ニ本書ノ謄本ヲ交付シタルトキハ保管又ハ受領ノ旨ヲ本書ノ末尾ニ記載セシメ署名捺印ヲ徵シ保管證又ハ受領證ニ代フルコトヲ得

(ホ)　差押調書謄本の交付

差押は、官公署の權力に依る强制處分であるから、其處分の內容を滯納者に知らしむるの必要がある、即ち國稅徵收法施行規則第十六條には差押調書を作りたるときは、其謄本を作製して滯納者又は立會人に交付すべしと規定されてある、そして滯納者又は立會人とあるから若しも立會人が滯納者でない場合は、双方に謄本交付の必要がある。

債權及所有權以外の財產權差押に付ては、別に權利者に通知すべき規定（徵收法二三ノ二）がある、故に此場合は特に謄本を交付するの必要がない。

（へ）差押の效力

財產差押は、其財產の權利關係に多大の變化を及ぼすべきものである、卽ち有體財產なれば物の占有を移し其使用を禁止す、其他徵收法には差押の效力に關して左の規定がある。（徵收法一八）

(a) 差押の效力は、差押物より生ずる天然及法定の果實に及ぶものとす。

茲に天然果實とは、物の經濟的用方に從ひ收取する產出物を謂ひ、例へば田畑の收穫物、山林の樹木の類である、又法定果實とは、物の使用の對價として受くる金錢其他の物を謂ひ家賃、小作料の類である。

そして差押物件より生ずる果實は徵收法の規定に依つて元物差押の時より元物と同樣差押の狀態に置かれることゝなる。

(b) 差押の効力は從物に及ぶ。

民法所謂從物は主物の處分に從ふが故に主物の差押を爲したるときは、其差押の際現に主物に從屬せしめたる從物は主物と同樣差押の効力が伴ふものである。

(c) 差押の効力は、裁判上の假差押又は假處分の爲に其効力を妨げらるゝことなし。(徵收法一九)

假差押とは、民事訴訟法七三七條以下の規定に因つて他日の强制執行保全の爲に爲す裁判上の處分を謂ひ、假處分とは、民事訴訟法七五五條以下の規定に基き係爭物の執行保全の爲に爲す裁判上の處分を謂ふ。

租稅の滯納に因る財產差押の効力は、假差押又は假處分以上の權力作用であるから、若し差押物件が、假差押又は假處分中の物件なるときは執達吏又は裁判所に對して滯納處分に依る差押の旨を通知し且其物の引渡を求めねばならぬ。

(d) 質物を差押たるときは、質權者に通知し、質權者は其質物を引渡さねばならぬ。

(ト) 差押異議

差押を爲したる物件に對し、第三者が其所有權を主張し取戾を請求せむとするときは、物件賣却の五日前までに、所有者たるの證憑を具へ異議を申出づることが出來る。(徵收法一四)

(四) 動產有價證券差押

動產有價證券の差押は、其動產有價證券所在の場所に於て之を行ひ、差押物件は執行官吏之を占有するを原則とす。但し差押物件が運搬を爲すに困難なるときは、市町村長、滯納者又は第三者をして保管せしむることが出來る。（徵收法二二）

差押物件表示

前項但書に依つて他人に保管せしむる場合は、封印其他の方法を以て差押物件たることを表示せねばならぬ。

差押物件の保管證には印紙稅を納むるの必要がない。

財產差押を爲すときは滯納者の家屋、倉庫、及筐匣を搜索し、又は閉鎖したる戶扉筐匣を開かしめ、若は執行吏員に於て自ら之を開くことが出來る。（徵收法二〇）

滯納者の財產を占有する第三者が其財產の引渡を拒みたるときも、前同樣職權を以て之を行ふことが出來る。（同條末文）

又滯納者以外の第三者の家屋、倉庫、及筐匣に滯納者の財產を藏匿せる疑あるときは、前同樣の處置を採ることが出來る。（同條二項）

そして以上の家屋、倉庫又は筐匣を搜索するは日出より日沒までに限る。（同條第三項）

又前記の處分を爲すが爲には、滯納者若は第三者又は其家族雇人を立會はしむるを要す、若し立會ふべき者不在又は立會に應ぜざるときは、成年以上の者二名以上又は市町村吏員、警察官吏を證人としてこれが立會を求むることが出來る。

(五) 不動産船舶差押

不動産とは動産に對する用語であつて土地及土地の定着物を謂ふ。(民法八六)

土地の定着物とは、建物の類である、船舶は船舶法の船舶を謂ふ。

不動産、船舶の差押を爲すには、先づ其差押ふべき物件を決定して差押調書を作製せねばならぬ

そして不動産、船舶の差押は、登記を爲すにあらざれば第三者に對抗が出來ない。故に此場合は

差押と同時に差押登記を所轄登記所に囑託せねばならぬ。(徵收法二三)

差押の必要上、不動産を分割又は區分すべきときは、其分割又は區分の登記をも合せて囑託する

ことが出來る。

登記の囑託書には、左の事項を記載し仍登記原因を證する書面として差押調書を添付が必要である。

(イ) 不動産所在の郡市町村大字、字地番

(ロ) 不動産の種類、數量(田畑建物段別坪數)

(ハ) 登記權利者及義務者の住所、氏名

(ニ) 登記原因、及其日附

（ホ）　登記の目的

船舶差押登記も以上不動産差押登記の例に準ず、又差押解除の登記囑託には登記原因を證する書面として解除決議書を添付すること。

差押たる不動産、又は船舶に對して、質權又は抵當權の設定せられたる場合は、其旨質權抵當權者に通知せねばならぬ、仍國税徴收法第三條に依つて税金に對し先取權ある債權者には、債權申出方をも付記するの必要がある。

第二號式　（債權者に先取權なき場合の例）

財産差押通知書

何府(縣)何郡(市)何町(村)大字何々番地
滯納者　何　某

何府(縣)何郡(市)何町(村)大字何字何々番
一、田　(地目)　何段何畝歩
一金何程　滯納税金但シ何年度何期分何税(目)
一金何程　督促手數料
一金何程　延滯金

右滯納ニ付何年何月何日前記ノ財産差押候條國税徴收法施行規則第十二條第一項ニ依リ通知候也

年　月　日

何官公署長　氏　名　印

何府(縣)何郡(市)何町(村)大字何々番地

何　某　殿

備考

本書ノ送達ハ書留又ハ配達證明ニ依ルコト

船舶其他ノ抵當權者ニ對スル通知モ此例ニヨルコト

第三號式（債權者に先取權なき場合の例）

財産差押通知書

何府(縣)何郡(市)何町(村)大字何々番地

滞納者　何　某

何府(縣)何郡(市)何町(村)大字何字何々番

一、田（地目）　何段何畝歩

一金何程　滞納稅金但シ何年度何期分何稅(目)

一金何程　督促手數料

一金何程　延滞金

右滞納ニ付何年何月何日前記ノ財産差押候條之ニ對シ先取權ヲ行使セムトスルトキハ公正證書及計算書

類ヲ添付シ何年何月何日迄ニ其ノ事實ヲ證明セラルヘシ、若シ此ノ證明ナキトキハ先取ニ係ル權利ヲ抛棄シタルモノト見做ス

右國税徴收法施行規則第十二條第一項ニ依リ通知候也

追テ本物件ハ來ル何月何日午前後何時何所ニ於テ入札ノ方法ニ依リ（又ハ競賣ノ方法ニ依リ）賣却ノ筈(見込)

年　月　日

何官公署長　氏　名　印

何府(縣)何郡(市)何町(村)大字何々番地

何　某　宛

備　考

本書ノ送達ハ書留又ハ配達證明ニ依ルコト

船舶其他ノ抵當權者ニ對スル通知モ此例ニ依ルコト

(六) 債權差押

債權とは、特定の人が特定の人に對して特定の行爲、不行爲を要求するの權利を謂ひ、金錢に見積ることを得ざるものと雖、債權の目的と爲すことが出來る。（民法三九九）併し徴收法に依つて

差押へ得べき債權は、斯る廣き意味の債權ではなく金錢其他公賣に適する財産權の給付を目的とするものでなければならぬ。假へば貸金、賣掛代金、請負金等の類である。

（イ）差押の手續　債權の差押を爲す時は之を債務者に通知せねばならぬ。此場合に於ても仍差押調書を作り及謄本の交付を必要とすることは前と同樣である。

債權差押通知書は國稅徵收法施行細則に於て其樣式が定められてある。

第四號式（債權差押通知書樣式）

債權差押通知書

何府(縣)何郡(市)何町(村)大字何々番地
債權者　何　某
何府(縣)何郡(市)何町(村)大字何々番地
債務者　何　某

右債權者ノ滯納ニ係ル何稅金何程督促手數料延滯金及滯納處分費何程徵收ノ爲メ昭和何年何月何日債務者ヨリ支拂フヘキ何々金何程(又ハ何程ノ内金何程)ヲ差押フルニ付昭和何年何月何日迄ニ本官(職)ニ支拂フヘキモノトス

此ノ通知ヲ受ケタル後債權者ニ對シ支拂ヲ爲スモ其ノ支拂ハ無効タルヘシ

右通知候也

昭和何年何月何日

何税務署長　官　氏　名　印
（又ハ何市町村長　氏　名　印）

何府（縣）何郡（市）何町（村）大字何々番地

何　某　宛

備考

債權ノ目的ガ金錢以外ノモノナルトキハ其名稱、數量、其他重要ナル事項ヲ明記スルコト

（ロ）差押の効力　債權の差押を爲したるときは、差押者は債權者に代位して債權の行使が出來る（徵收法二三ノ二ノ一）併し此代位は税金處分額を限度とすべきものである。債務者が、指定の期日に於て債務を履行せざるときは代位の効力として催告其他民事上の訴追が出來る。

（七）債權及所有權以外の財產權差押

茲に債權及所有權以外の財產權とは、總ての財產權中より前述の債權及動產、不動產、船舶、有價證券等の所有權を除きたる爾餘の權利を指すものであつて其重なるものを擧ぐれば左の如し。

（イ）地上權
（ロ）永小作權

（ハ）鑛業權
（ニ）漁業權
（ホ）著作權
（ヘ）意匠權
（ト）特許權
（チ）商標權
（リ）電話使用權

差押手續としては、權利者に對して差押の旨を通知すること、及差押の登記登錄を要するときは夫々其手續を爲すこと。（徵收法二三ノ二）樣式は同法施行細則一六條に依る。

第四號式ノ二　（何々權差押通知書樣式）

何々權差押通知書

一差押財產ノ表示
（名稱、數量、性質、所在其ノ他重要ナル事項）
何年度何稅何期分滯納金何程督促手數料及延滯金何程徵收ノ爲前記ノ財產ヲ差押フルモノ也
右通知ス
昭和何年何月何日

何税務署長　官　氏　名　印
（又ハ何市町村長）　氏　名　印

何府（縣）何郡（市）何町（村）大字何々番地
（權利者）　何　某　宛

尙登記登錄の囑託手續は大體不動產の場合と大差なし

第二款　換價處分

財產差押は、之を換價して滯納稅金等の收入に充つるを以て目的とするものである、故に差押へたる物件中金錢は、直に稅金に充當するを得べく又金錢債權の如き取立を要するものは其手續を要すべく、其他の物件は何れも換價處分を爲すの必要がある。

併し此換價處分の當否は、國家公共團體の收入に多大の影響あると同時に、一面滯納者の利害にも大なる關係を有するものであるから、之が執行は最も公正でなければならぬ、又其取扱は最も愼重でなければならぬ、此の故を以て徵收法上換算處分に關しては幾多の制限制定が設られてある。

（一）換價方法は公賣の方法に因るを原則とし、例外として隨意契約又は買上方法が認められてある。
（徵收法二四、二二五）

滞納者及差押財産の賣却を爲す地方の税務に從事する官吏、公吏は直接と間接とを問はず、其賣却物件を買受くることが出來ない。之れは賣却の公正を期する爲である。（徴收法二六）

公賣

第一　公賣

公賣は、差押物件の換價方法として一般的に行はる。即ち廣く世上に對し賣却すべき旨を公示して、多數の買受希望者を募集し其高價の者を選むで賣却せむとする方法であつて、此方法にも入札と競賣の二種がある。（徴收法施規一八）入札とは買受の希望及價格を書面を以て爲さしむるを謂ひ、競賣とは口頭を以て爲さしむるを謂ふ。

公賣公告樣式

（一）公賣公告　公賣を爲さむとするときは先づ公賣物件の名稱、公賣場所、日時、公賣の方法等を公告せねばならぬ。（徴收法施一九）

第五號式

（公賣公告樣式）

公賣公告

何府（縣）何郡（市）何町（村）大字何々番地

滞納者　何　某

右何税滞納ニ付國税徴收法第十條ニ依リ差押タル財産左記ノ通來ル何月何日何所ニ於テ入札（競賣）ヲ以テ公賣執行ニ付望ノ者ハ何所ニ就キ入札（競賣）人心得書竝ニ現品熟覽ノ上何日午前（後）何時迄ニ入札書

差出スヘシ（競賣申込ヲ爲スヘシ）開札ハ同日午前（後）何時執行ス
但落札（競落）代金ハ何年何月何日限（即時）何所ニ納付ノ事此ノ入札加入保證金（及契約保證金）ハ買受望人各自ノ入札金額百分ノ五以上（又ハ何程）トス
右公告ス

年　月　日

記

何府（縣）何郡（市）何町（村）大字何字何々番地
一、田（地目）何段何畝歩
一、何々　何程

（二）公賣の場所は財産所在の市町村に於て之を行ふを原則とす。併しこれは賣却の便宜上より規定せられたものであるから若し此原則に因るの不便不利なる場合は、適當の地を選むで之を行ふことが出來る。（徴收法施規二一）

（三）公賣の日時　これは執行官公署に於て任意に定むることが出來る、併し之にも一の制限がある、即ち公賣公告の初日より十日の期間を過ぎた日に於て執行せねばならぬ。（徴收法施規二二）之れは廣く周知の方法を採り買受希望者を多數に得んとするの趣旨であるが、物件の性質上特

に已むを得ないものに限り此期間内に拘らず公賣期日を定むるの途がある。(同條但書)

(四) 保證金　買受希望者の資格は、會計法上の公賣と異るが故に會計法に於けるが如き各種の條件を必要とせない、即ち前述の關係者以外は何人と雖買受け得るものであるが、公賣の必要上保證金を必要とする時は豫め其旨を公告して之を徵することが出來る。

保證金は、加入保證金、契約保證金の二とし、其徵否は執行官公署の任意である。(徵收法施規二〇)

加入保證金は、入札又は競賣に參加せむとするものより參加前に提供せしむるものであつて、金額は各自の見積價格に對する百分の五以上とし、執行官公署が公賣の都度之を定む。(徵收法施規一六)

契約保證金とは、落札又は競落に依つて賣買契約を締結せるものが其契約の履行を確保するが爲に提供するものであつて、其金額は加入保證金と同樣執行の官公署に於て其都度之を定む。

加入保證金は、契約確保の爲であるから契約を締結すれば其必要を認めないから、加入保證金は契約保證金に充用することが出來る。

第二　入札に依る公賣

(a) 入札に依つて公賣を爲さむとするときは、豫め規定の公告を爲すと同時に、一面入札の圓滑を期するが爲に、入札の場所に入札に必要なる事項を記載したる入札人心得書を備へ置くの必要がある、入札心得書案左の如し。

第六號式　（入札心得書式）

入札人心得書

第一條　入札書ハ左ノ書式ニ依リ記載シ封緘ノ上自己ノ住所氏名ヲ其ノ封皮ニ明記シ之ニ加入保證金ヲ添ヘテ掲示ノ期限迄ニ差出スヘシ

入札書

（何號）（此ノ番號ハ賣却ヲ數口ニ分チタルトキニ記入スヘキモノトス）
何府（縣）郡（市）町（村）大字何々何番地
一、田　何段何畝歩
此入札價格金何程
（何號）
一、何　々
此入札價格何程
右公告ニ基キ入札候也

何府（縣）郡（市）町（村）大字何番地
何　某　㊞

年　月　日

第二條　加入保證金又ハ契約保證金ヲ納付シタルトキハ領收證ヲ交付ス
其ノ還付ヲ受ケタルトキハ之ニ對スル領收證ヲ差出スヘシ
第三條　賣却物件中一箇番號乃至數箇番號ヲ選拔シテ入札スルモ妨ナシ但シ一箇番號ノ內幾部ヲ分離シテ入札スルコトヲ得ス
第四條　開札ハ揭示ノ場所、日時ニ入札人ノ面前ニ於テ之ヲ執行ス
若シ入札人又ハ其代理人カ開札ノ場所ニ出席セサルトキハ其ノ立會ナクシテ開札ス此ノ場合ニ於テハ立會ヲ爲サヽルヲ理由トシテ異議ヲ申立ツルコトヲ得ス
第五條　代理人ヲ以テ入札シ又ハ開札ノ立會ヲ爲スニハ委任狀ヲ主任官(吏員)ニ提出スヘシ
第六條　差出シタル入札書又ハ加入保證金ハ如何ナル事由アルモ引換又ハ訂正取消ヲ爲スコトヲ得ス但シ入札時間中ニ於テ入札價格ヲ增加セムトスル場合ハ此限ニアラス
第七條　左ニ揭クル入札書ハ無效トス
一、加入保證金(加入保證金ヲ徵スル場合ノ例)ヲ差出サヽルモノ若ハ　額不足スルモノ
二、賣却公告又ハ本心得書ノ各條項ニ違背スルモノ
三、主任官(吏員)ニ於テ入札書不完全ト認メタルモノ
第八條　入札ハ各番號毎ニ(一括シテ賣却スルトキハ其總價格)價格ヲ比較シ見積價格以上ニ達シタル最高價ノモノヲ以テ落札者トス若シ落札トナルヘキ同價ノ入札二名以上アルトキハ同價ノ入札人ヲシテ

追加入札ヲ爲サシメ落札者ヲ定ム
追加入札價格仍等シキトキハ抽籤ヲ以テ落札者ヲ定ム
第九條　加入保證金ハ落札者ヲ除ク外即日之ヲ還付ス
第十條　落札者ニハ口頭又ハ賣却決定書ヲ以テ落札ノ旨ヲ通知ス之ヲ受ケタル落札者ノ加入保證金ハ直ニ契約保證金ニ充當ス
第十一條　公賣財產ノ買受代金ハ公告指定ノ時期迄ニ何官公署ニ納付スヘシ
第十二條　落札人義務ヲ履行セサルトキハ其落札ヲ無效トシ賣却ヲ解除ス差出シタル保證金ハ之ヲ還付セス
第十三條　契約保證金ハ賣却物件ノ代金ヲ完納シタルトキ之ヲ還付ス
第十四條　賣却物件(不動產ヲ除ク)ノ引渡ヲ受ケタルトキハ其ノ領收證ヲ差出スヘシ
第十五條　賣却終了前滯納者又ハ第三者ヨリ督促手數料延滯金、滯納處分費、稅金ヲ完納シタルトキ又ハ既ニ賣却決定シタル代金額ヲ以テ督促手數料延滯金、滯納處分費及稅金ニ充ツルニ足ルト認メタルトキハ時宜ニ依リ全部又ハ一部ノ公賣ヲ中止スルコトアルモ之ニ對シ入札人ハ異議ヲ申立ツルコトヲ得ス

何　官　公　署

年　月　日

備考

一、本書ハ表紙ヲ附シ袋綴ト爲シ官公署印ヲ以テ契印スルコト

二、本書ハ改竄塗抹ヲ爲サヾルコト
三、本書ハ其概要ヲ示シタルニ過キサルヲ以テ公賣上必要ナル事項ハ増減取捨シテ記載スルコト

(b) 見積價格調書の作製

公賣物件の價格は、入札の結果に依つて決定すべきものであるが入札の最高價格を以て必ず賣却すべきものではない。即ち其物件相當と認むる價格を豫定し、其豫定以上に入札せられたるときに於て初めて落札を決定するのである、此豫定價格を決定したる調書は、公賣入札前に調製し之を封書して開札の當日、開札の場所に置かねばならぬ。（徵收法施規二三）これも公賣の公正を期する所以である。

(c) 入札を終りたるときは、入札の適否を調査し開札は入札人の面前に於て之を行ひ、見積價格調書を開封して、之と對照し落札の有無を檢して賣却決定を爲すものである。

(d) 賣却代金、加入契約保證金は、直に歲入となるものではない。これは一應歲入歲出外の現金として整理し之を稅金其他に充當するか保證金ならば違約に依つて還付を要せざることに決定したるとき、初めて歲入として整理する譯である。

第三　競賣に依る公賣

競賣に依る公賣も入札の場合と大差なく、競賣の旨を公告し、競賣の場所に競賣人心得書を備付け見積價格調書をも作製せねばならぬ。

第七號式　（競買人心得書式）

競買人心得書

第一條　競買人ハ本心得書ノ各項ヲ遵守スヘシ

第二條　競賣ハ其ノ要件ヲ告知シ各競賣物ニ就キ競買ノ申込ヲ促スニ始リ最高價競買ノ申込人ニ對シ競落ヲ告ク

第三條　競落ノ告知ハ最高價格競買ノ申込ヲ三回以上呼ヒ上タル後之ヲ爲ス同一ノ最高價競買申込人二名以上ナル時ハ最初ノ申込人ヲ以テ競落者トシ申込同時ナルトキハ抽籤ヲ以テ之ヲ定ム但シ競買價格カ見積價格ニ達セサルトキハ總テ競買ノ申込ハ無効トシ賣却ヲ止ム

第四條　競落人競買ヲ肯セサル時又ハ納付期日迄ニ代金ヲ完納セサル時ハ該競落ハ無効トス

第五條　時宜ニ因リ公賣物件ノ賣却ヲ止ムルコトアルモ之ニ對シテ競買人ハ異議ヲ申立ツルコトヲ得ス

年　月　日　　　　官　公　署

備考

一、本書ハ記載事項ニ付テハ入札心得書ノ備考ニ同シ

競賣を行ふに當り申込を促す發聲の時期及競落を宣する時期の巧拙は、競賣價格に多大の影響を

及ぼすが故に特種の經驗者をして之を取扱はしむることが出來る。（徵收法施細一五）
競賣を終りたるときは主任吏員は競賣明細書を作り競賣人と共に署名捺印して其事績を明瞭ならしめねばならぬ。

第八號式　（競賣明細書式）

競賣明細書

番號	品目	數量	競落價格	競落人住所氏名

右何年何月何日國（府縣）（市町村）稅滯納者何府（縣）何郡（市）何町（村）大字何何番地何某差押財産何地何々ニ於テ競賣ニ付シタル處前記ノ通競落候也

年　月　日

何官公署　官　氏　名　㊞

何府（縣）郡（市）町（村）大字番地
競賣人　何　某　㊞

第四　再公賣

差押物件を公賣に付するも賣却を決定するに至らざるときは更に公賣を行はねばならぬ、これを再公賣と謂ふ。再公賣は左の場合に行ふものであつて、其公賣手續には最初の公賣と何等の變りはない、唯最初の公賣の如く公告の日より十日の期間を存置するの必要がないだけである、又公賣は幾回之を繰返すも妨げない。

(1)　入札人又は競買人なきとき

(2)　入札競買價格が見積價格に達せざるとき

(3)　買受人代金を納付せざる爲賣買を解除したるとき

第五　隨意契約

差押財產は、特殊の場合に限り隨意契約を以て賣却することが出來る。此方法は手續も簡易であり費用も僅少であるが、併し一面弊害の伴ふ虞があつて處分の公正を保つ上から極々已むを得ない場合に於てのみ之を許すことになつてある。即ち賣却物件の見積價格が僅少にして公賣費用を償ふに足らざる時に限り隨意契約に依る賣却方を認めるらゝに過ぎない。（徵收法二五）

第六　賣上處分

買上處分とは、差押物件を公賣に付するも買受希望者なきか又は買受申込價格が見積價格に達せざるときは、其物件を政府又は公共團體が自ら買收することが出來る。（徵收法二四）

併し此規定は實際に於て餘り多く用ひられて居ない、夫れは買上を行ふに當つても政府又は公共團體に於て相當豫算の必要があるから是等の關係上行はれないこと・なる。

第七　賣却物件引渡

(1)　動産及無記名の有價證券は、買受人に占有を移して引渡の手續を爲す、此時は買受人より領收證を徴すること。

(2)　不動産、船舶　賣却決定通知書を以て登記原因を證する書面と爲し、所有權移轉の登記を所轄登記所に囑託すること。

(3)　債權及所有權以外の財産權にして登記を要するものも前項に準ず。

第八　滯納處分金の處理

賣却物件の買受人より納付せる賣却代金、及債權差押に依り第三債務者より給付せる金錢、又は差押たる通貨は、歳入歳出外出納吏に於て之を徴收し左の順位に依つて之を配分す。（徴收法二八）

(1)　一般の場合

第一順位　　督促手數料

第二順位　　延滯金

第三順位　滯納處分費
第四順位　滯納税金
第五順位　滯納者に還付すべき殘餘金

(2)　賣却物件に質權、又は抵當權の設定ある債權の存在するときは、其債權が税金の納期限より一ヶ年以前に發生せるものなるときは、税金に先取權なく其債權設定が一年以內なるときは、税金に先取權あるを以て其配當順位にも自ら差異を生ず。

イ　債權が税金に對し先取權なきとき
第一順位　督促手數料
第二順位　延滯金
第三順位　滯納處分費
第四順位　滯納税金
第五順位　債務額及利子
第六順位　滯納者に還付すべき殘餘金

ロ　債權が税金に對し先取權ある場合
第一順位　督促手數料

第二順位　延滞金
第三順位　滞納處分費
第四順位　債務及利子
第五順位　滞納税金
第六順位　滞納者に還付すべき殘餘金

滞納税金としての順位は國税、次に府縣税、次に市町村税である。

抵當權としての債權擔保の効力は、元本及最後の二ヶ年間の利子である。

債權者又は滞納者所在不明其他の事由に依り、配當金又は殘餘金を受領せざるときは供託法規に基いて、之を供託せねばならぬ、仍現金の供託を爲したるときは其旨を債權者又は滞納者に通知すること。

第九號式　(供託書樣式)

供託書

何官公署
歳入歳出外現金出納吏　何　某

一金　何　程
供託ノ原因タル事實　滞納者(又ハ債權者)受領ヲ拒ムニ依リ(又ハ住所不明ニ付)還付(交付)不能

供託スヘキ法令ノ條項　國稅徵收法第三十條（又ハ何々）
供託物ヲ受取ヘキ者ノ指定　何府縣何郡市何町村大字何番地　何　某
官公署ノ名稱及件名　何稅務署國稅滯納處分（又ハ何々）
右供託ス

年　月　日

右　何官公署
歲入歲出外現金出納吏　何　某　印

供託局宛

第十號式（供託通知書樣式）

供託通知書

一金何程

右國（府縣）（市町村）稅滯納處分剩餘金（又ハ滯納處分ニ因ル債權者交付金）受領ヲ拒ムニ因リ（何々ノ事由ニ因リ）何供託局ニ供託致候間御受領相成度此段及通知候也

年　月　日

何官公署

歳入歳出外現金出納吏　氏　名　印

宛

第三款　交付要求

滞納者が(一)他の公課の滞納に依り滞納處分を受けたるとき、(二)强制執行を受けたるとき、(三)破産の宣告を受けたるとき、(四)競賣の開始ありたるとき、(五)法人が解散したるときは、更に獨立して滞納處分を執行することなく、當該官廳、公共團體、執行裁判所執達吏强制管理人、破産管財人、又は清算人に對して、督促手數料、延滞金、滞納處分費、税金の交付を求めて其交付を受け徵收を了すべきものである。（徵收法施規二九）

此規定は同一の財産に對し、數個の强制處分を避け又は既に其財産が他の法令の規定に依りて、處分し得ざる狀態に存するが爲である。

交付の要求は、其交付を受くべき金額事由を詳記せる交付要求書を以てすること、併し以上の關係以外に於て他に差押ふべき財産あるときは、其財産に對して處分することは毫も差支ない譯である。（國徵施規二九但書）

第四欵　徵收處分囑託

徵收處分囑託とは、納稅者又は其財產が法令施行地外に在るとき、之等の財產に對する徵收處分方を、其地の徵稅官廳又は公共團體に囑託するを謂ふ。

地方稅の徵收に付、府縣稅は其府縣內、市町村稅は其市町村內に於てのみ效力あるを原則とするも、斯くては到底徵稅を完ふすることが出來ないから、明治四十年法律第三四號を以て徵收處分囑託に關する規定を設け、相互共助の徵收手續が出來た譯である。

第一條　法令ノ規定ニ依リ國稅ヲ徵收セラルヘキ者又ハ其者ノ財產ニシテ其法令施行地外ニ在ルトキハ當該官吏ハ本人又ハ財產所在地ノ當該官吏又ハ吏員ニ其徵收ヲ囑託スルコトヲ得

前項ノ場合ニ於ケル國稅ノ徵收ハ囑託ヲ受ケタル地ノ當該法令ニ依ル

第二條　前條ノ規定ハ公共團體又ハ之ニ準スヘキモノ、租稅又ハ其他ノ收入ヲ徵收セラルヘキ者又ハ其者ノ財產カ其公共團體又ハ之ニ準スヘキモノ、區域外ニ在ル場合ニ之ヲ準用ス

國稅に關して此規定の適用を受くる地域は、內地と殖民地間のみであつて、內地相互は滯納處分の引繼引受として、其稅金の調定をも移すこと〻なつて居るが、府縣稅に在つては他府縣間、市町村稅に在つては他市町村間に於て常に此規定の適用があり相當交涉の多いこと〻思ふ。そして徵

收處分の囑託は、受託廳に於ける處分の結果如何が、囑託廳の徵稅に多大の關係があるから、受託廳としては眞に共助の精神を以て、自廳の徵收と同樣に努力するが肝要である。

徵收處分の囑託を爲さむとする時は、囑託事項を詳記したる囑託書を作製して受託廳に送付し、受託廳は、其地の當該法令に依つて徵收處分を爲し、領收又は處分せる金錢を囑託廳に送付するのである。

同一府縣內に於ける府縣稅に付、市町村相互間の取扱方は、此方法に準じ整理すべく各府縣に於ては夫々規定せられてある。詳細は該規定參照のこと。

第五款　詐害行爲取消

滯納處分を執行するに當り、滯納者が財產差押を免るゝ爲、故意に其財產を讓渡し、讓受人其情を知つて讓受けたる場合は、執行官廳は其行爲の取消を求むることが出來る。(徵收法一五)

此規定は、徵稅保全上當然のことで之が取消方法は、司法裁判所に對して取消の訴を起し其裁決に依るべきものである。

第六款　滯納處分の終了と中止

滯納處分は、財產の差押に始まり換價其他の手續に依り督促手數料、延滯金、滯納處分費、稅金の完納に依りて終了するものである。故に處分費稅金の完納に至るまでは財產差押、公賣處分は、之を幾回に行ふも妨ない、隨て處分中途に於ても、處分費、稅金全部を納付したるときは、直に財產差押を解除し、滯納處分を終了せねばならぬ。(徵收法三一)

併し滯納處分を執行するも、徵收の目的を達し得ざるものと認めたる時は、滯納處分の執行を中止す。(徵收法一二)

これは卽ち實益なき手數を避くるの趣旨である。

公賣其他の手續に依り、滯納處分を結了したるときは、滯納者に對して、計算書を交付せねばならぬ。そして此計算書は、同時に滯納處分の結了を告知するものであるから、處分の中途には此計算書を交付すべきものではない、卽ち處分に依つて處分費、稅金全部を充つるに足らざりし場合に在つても、計算書交付後は其稅金に對して更に滯納處分を行ふことが出來ない。

第十一號式 (計算書樣式)

計算書

收入		支出	
種目	金額	種目	金額

通貨	一、〇〇〇	督促手數料	、一〇〇
何々公賣代	三九、〇〇〇	延滯金	、二〇〇
何々公賣代	一〇、〇〇〇	滯納處分費	、二〇〇
		債權者(優先權者)へ交付	一〇、〇〇〇
		稅金	三四、〇〇〇
		債權者へ交付	五、〇〇〇
		滯納者へ還付	、五〇〇
計	五〇、〇〇〇	計	五〇、〇〇〇

右ノ通候也

年　月　日

何官公署長　氏　名　印

何府縣郡市町村大字何々番地

滯納者　何　某　殿

第五章　附　　說

第一節　會計制度

以上各章及第一編第二編の說明に依つて大體市町村稅務の說明を終へた筈であるが、最後に附言すべきことは租稅法規と會計制度との關係である、即ち總說にも說明せし如く租稅法規は廣き意味に於ける會計制度を爲すものであつて租稅事務を處理するが爲には、どうしても會計事務の概念が必要である、例へば市町村稅を徵收するに當つても其年度、科目を如何に整理すべきやは會計事務の範圍に屬し會計法規に照して決定すべき問題である。

(一)　國の會計制度は帝國憲法第六章第六十二條乃至第七十二條及會計法、會計規則其他幾多の附屬法令である。

(二)　府縣市町村の會計制度は府縣制、市制、町村制に於ける財務の章及同施行令、施行規則等であるが大體國の會計制度に準據することゝなつてある。

そして各種の租稅收入は會計制度中の歲入の部類に入るべきものであるから茲に歲入に關する二

三の事項を說明して置たい。

第一　會計年度

○會計法一　政府ノ會計年度ハ每年四月一日ニ始リ翌年三月三十一日ニ終ル

○府縣制一一八ノ二　府縣ノ會計年度ハ政府ノ會計年度ニ同シ

○市制一三三ノ二　市ノ會計年度ハ政府ノ會計年度ニ依ル

○町村制一二二ノ二　町村ノ會計年度ハ政府ノ會計年度ニ依ル

(一)　會計年度の意義

會計年度とは歲入歲出を區分整理して其關係を明確ならしむるが爲に設けらる、期間であつて一回の豫算事務を執行すべき期間を指すものである、卽ち豫算は一定の期間に生ずる豫想の事實と豫想の數量とに關する計算であつて其期間は豫算の一要素である、故に苟も豫算を設くるが爲には會計年度がなければならぬ、若し此年度の分界を定めなかつたなれば豫算上に於ける收入と支出との對照が出來ない、又豫算と決算との比較も困難であるから財政事務を整理するが爲にはどうしても會計年度を定めねばならぬ所以である。

(二)　會計年度の始期と終期

會計年度の始期及終期を定むるに如何なる標準を用ふべきやは立法上重要の問題である、何となれば會計年度の限界は前年度の收支が完結せらるゝと同時に新年度の收支が開始せらるゝ時期であつて之が適否は國家公共團體に於ける財政の運用上重要の關係あると同時に一般經濟界とも至大の關係があるからである。

我國の會計年度は每年四月一日に始まり翌年三月三十一日に至る一ヶ年制を採用せられ、府縣市町村の會計年度も之に準據すること、なつて居る。

第二　整理期間

會計年度なるものは歲入歲出の依つて生ずる實質上の期間である、併し此期間內に於て總ての歲入歲出を整理して之れを完結せしむることは事實上不可能の場合がある、例ば甲年度の三月末日に於て納稅告知書を發したる租稅の如きは、どうしても翌月に涉らねば收入が困難である、即ち會計法は是等の場合に處する爲に整理期間なるものを設けてある、此整理期間は國の會計と府縣市町村の會計とに於いて同一でないのみならず歲入と歲出とにも差異がある。

○國の會計

（イ）　歲入金收納期間　翌年度四月三十日限

○會計規則三六　每年度所屬歲入金ヲ出納官吏又ハ出納員ニ於テ收納スルハ翌年度四月三十日限トス

（ロ）　小切手振出期間　翌年度四月三十日限（例外五月三十一日限）

○會計規則五〇　毎年度ニ屬スル經費ヲ精算シテ小切手ヲ振出スハ翌年度四月三十日限トス但シ國庫内ニ於ケル移換ノ爲ニスル支出又ハ會計法第十九條ノ規定ニ依リ歳出金ニ繰替使用シタル現金補塡ノ爲ニスル支出ニ付テハ翌年度五月三十一日迄小切手ヲ振出スコトヲ得

（ハ）**日本銀行出納期間　歳入金の受入は翌年度四月三十日限**（例外五月三十一日限）

○會計規則五　毎年度所屬歳入金ヲ日本銀行ニ於テ受入ルヽハ翌年度四月三十日限トス但シ左ニ掲クルモノヽ場合ニ於テハ翌年度五月三十一日迄之ガ受入ヲ爲スコトヲ得

一　出納官吏ヨリ其ノ領收シタル歳入金ノ拂込アリタルトキ

二　市町村又ハ之ニ準スヘキモノヨリ其ノ收納シタル歳入金ノ送付アリタルトキ

三　國庫内ニ於テ移換ニ依ル歳入金ノ受入ヲ爲ストキ

毎年度所屬歳出金ヲ日本銀行ニ於テ支拂フハ翌年度五月三十一日限トス

○府縣市町村の會計

（イ）府縣制五二　府縣ノ出納ハ翌年度五月三十一日ヲ以テ閉鎖ス

同　五三　府縣ノ出納ニ關スル事項ハ會計年度經過後三月以内ニ之ヲ完整スヘシ

（ロ）市制一四二　市ノ出納ハ翌年度五月三十一日ヲ以テ閉鎖ス

決算ハ出納閉鎖後一月以内ニ證憑書類ヲ併セテ收入役ヨリ之ヲ市長ニ提出スヘシ市長ハ之ヲ審査シ意見ヲ付シテ次ノ通常豫算ヲ議スル會議迄ニ之ヲ市會ノ認定ニ付スヘシ

（ハ）町村制一二二　町村ノ出納ハ翌年度五月三十一日ヲ以テ閉鎖ス

決算ハ出納閉鎖後一月以內ニ證憑書類ヲ併セテ收入役ヨリ之ヲ町村長ニ提出スベシ町村長ハ之ヲ審査シ意見ヲ付シテ次ノ通常豫算ヲ議スル會議迄ニ之ヲ町村會ノ認定ニ付スベシ

第三　年度所屬

會計年度は國家公共團體に於ける會計整理の限界を定め同時に歲入歲出の均衡を圖るを目的とするものであつて其年度の歲入を以て其年度の支出に充つべきものである、之を稱して年度收支の原則と謂ふ、併し其年度の歲入又は歲出とは果して何を標準として定むべきやの問題が起るから會計法規及府縣制市町村制に於て歲入歲出の年度所屬に關する規定がある。

(a) 國の會計

○會計法二　租稅其ノ他一切ノ收納ヲ歲入トシ一切ノ經費ヲ歲出トシ歲入歲出ハ總豫算ニ編入スベシ

○會計規則一　歲入ノ年度所屬ハ左ノ區分ニ依ル

(一) 納期ノ一定シタル收入ハ其納期末日ノ屬スル年度

(二) 隨時ノ收入ニシテ納入告知書ヲ發スルモノハ納入ノ告知書ヲ發シタル日ノ屬スル年度

(三) 隨時ノ收入ニシテ納入ノ告知書ヲ發セザルモノハ領收ヲ爲シタル日ノ屬スル年度

(b) 府縣市町村の會計

○府縣制施行規則三〇　府縣稅其ノ他一切ノ收入ヲ歲入トシ一切ノ經費ヲ歲出トシ歲入歲出ハ豫算ニ編入スベシ

○同　三二　歳入ノ所屬年度ハ左ノ區分ニ依ル
(一)納期ノ一定シタル收入ハ其納期末日ノ屬スル年度
(二)定期ニ賦課スルコトヲ得ザルガ爲特ニ納期ヲ定メタル收入又ハ隨時ノ收入ニシテ徴稅令書、賦課令書又ハ納額告知書ヲ發スルモノハ令書又ハ告知書ヲ發シタル日ノ屬スル年度
(三)隨時ノ收入ニシテ徴稅令書、賦課令書又ハ納額告知書ヲ發セサルモノハ領收ヲ爲シタル日ノ屬スル年度但シ府縣債、補助金、寄附金、償還金其ノ他之ニ類スル收入ニシテ其ノ收入ヲ豫算シタル年度ノ出納閉鎖前ニ領收シタルモノハ其豫算ノ屬スル年度
○市制町村制施行規則三三　市町村稅其他一切ノ收入ヲ歳入トシ一切ノ經費ヲ歳出トシ歳入歳出ハ豫算ニ編入スベシ
○同　三五　歳入ノ所屬年度ハ左ノ區分ニ依ル
(一)納期ノ一定シタル收入ハ其ノ納期末日ノ屬スル年度
(二)定期ニ賦課スルコトヲ得ザルガ爲特ニ納期ヲ定メタル收入又ハ隨時ノ收入ニシテ徴稅令書、賦課令書又ハ納額告知書ヲ發スルモノハ令書又ハ告知書ヲ發シタル日ノ屬スル年度
(三)隨時ノ收入ニシテ徴稅令書、賦課令書又ハ納額告知書ヲ發セザルモノハ領收ヲ爲シタル日ノ屬スル年度但シ市町村債、交付金、補助金、寄附金、請負金、償還金其ノ他之ニ類スル收入ニシテ其收入ヲ豫算シタル年度ノ出納閉鎖前ニ領收シタルモノハ其ノ豫算ノ屬スル年度
以上の如く會計法、會計規則、府縣制、市町村制、施行規則等各法令の根基は異つて居るが大體

同一趣旨の規定である、そして(一)納期の一定したる收入とは法令を以て納付期限を定めたるものを謂ひ多くは租税收入に適用せらるゝものである、例へば何税第何期分は何月何日限と定めらるゝの類である、併し租税と雜税種其他の關係上納期の一定せざる場合があり、又租税以外の收入に於ても納期の一定せるものもある、そして納期の一定したる收入は其納期末日の屬する年度の歳入となるべきものである、故に第三種所得税第四期分の如きは三月三十一日限を以て法定納期とするものであるから例へ其收入又は送納が四月一日以後になつても矢張納期の末日即ち三月三十一日の屬する年度の歳入に編入せらるゝものである。

(二)隨時收入とは其收入に付法令上不變期限の定なきもの及法定期限に收入し得ざるものを隨時に收入するものを謂ふ、故に法定納期の存する租税收入に於ても或事由の爲めに法定納期に徴收の手續を爲す能はざるものは隨時收入として整理することゝなる、そして隨時收入中納入の告知書を發するものは之を發したる日の屬する年度の歳入と爲し、納人の告知書を發せざるものは現實に收入したる日の屬する年度の歳入となる譯である。

第四　歳入科目

豫算には歳入歳出共に豫算科目なるものがあつてこれを欵項目に區分せらる、そして歳出科目に付ては款項の流用を許さゞる等の規定もある、之れは經費の亂用を防ぐ爲である、租稅の收入も歲入豫算の科目に隨つて當該項目の分類に整理せねばならぬ。

第五　歲入豫算と租稅收入

歲出豫算に付ては之が經費の使用上豫算超過を許さゞる等豫算金額に對して絕對拘束を受くるものであるが、歲入殊に租稅收入にあつては歲入豫算に對して少しも此拘束を受けない、此點は歲入と歲出とに於て性質が異る所である、即ち租稅の賦課徵收は各種の課稅物件、課稅事實に對して公正に稅制を適用すれば良い譯で歲入豫算に比較して過不足の生ずることは當然の結果である。これは國の會計にも府縣市町村の會計にも同一の原則である。

第二節　關係例規

○附　制限外課稅の許可申請

地方稅に屬する各稅の關係法令に付ては本編第一章第四節に於て說明せし如く頗る複雜多岐であつて國稅各稅の如き單行法を爲すものがない、そして地方稅に關する通牒、照復の中には取扱上永久の例規と爲すべきものも尠くない、然るに本編の說明に於ては繁雜を避くるか爲に成るべく之等の事項に對する說明を省略した點もあつて或は不十分の嫌もあると思ふから茲に左記必要の法令通牒等を抜萃して置く、仍制限外課税の認可申請手續に關しては該通牒に詳記せられてあるから、之れに依つて能く御研究を願ひたい。

○府縣制（財務ノ章）
○府縣制施行令
○府縣制施行規則
○市制（財務ノ章）
○町村制（財務ノ章）
○市制町村制施行令
○市制町村制施行規則
○地方税ニ關スル法律
○地方税ニ關スル法律施行勅令
○同上施行規則
○附加税制限ニ關スル法律
○地方税ニ關スル法律命令ノ施行ニ關スル依命通牒
○課税許可ノ申請ニ添付スベキ書類
○制限外課税特別税新設ノ許可申請書ノ件
○地盆調添付方ノ件
○制限外課税許可權委任ノ件

○委任許可報告ノ件
○雑種税及附加税ニ關スル告示

○府縣制（抜萃）（大正一五、六、二四法律第七十三號改正）

第五章　府縣ノ財務

第一款　營造物及府縣稅

第九十八條　府縣ハ積立金穀等ヲ設クルコトヲ得
第九十九條　府縣ハ營造物若ハ公共ノ用ニ供シタル財產ノ使用ニ付使用料ヲ徵收シ又ハ特ニ一箇人ノ爲ニスル事務ニ付手數料ヲ徵收スルコトヲ得
第百條　本法中別ニ規定アルモノヲ除ク外使用料手數料ニ關スル細則ハ府縣會ノ議決ヲ經テ府縣知事之ヲ定ム
第百一條　府縣ハ其ノ公益上必要アル場合ニ於テハ寄附若ハ補助ヲ爲スコトヲ得
第百二條　府縣ハ其ノ必要ナル費用及法律勅令又ハ從來ノ慣例ニ依リ府縣ノ負擔ニ屬スル費用ヲ支辨スル義務ヲ負フ
第百三條　府縣稅及其ノ賦課徵收方法ニ關シテハ法律ノ規定アルモノヲ除ク外勅令ノ定ムル所ニ依

ル

府縣ハ勅令ノ定ムル所ニ依リ其ノ費用ヲ市町村ニ分賦スルコトヲ得

第百四條　府縣內ニ住所ヲ有スル者ハ府縣稅ヲ納ムル義務ヲ負フ

第百五條　府縣內ニ住所ヲ有セス又ハ三箇月以上府縣內ニ滯在スル者ハ其ノ滯在ノ初ニ遡リ府縣稅ヲ納ムル義務ヲ負フ

第百六條　府縣內ニ住所ヲ有セス又ハ三箇月以上滯在スルコトナシト雖府縣內ニ於テ土地、家屋、物件ヲ所有シ使用シ占有シ又ハ營業所ヲ定メテ營業ヲ爲シ又ハ府縣內ニ於テ特定ノ行爲ヲ爲ス者ハ其ノ土地、家屋、物件、營業若ハ其ノ收入ニ對シ又ハ行爲ニ對シテ賦課スル府縣稅ヲ納ムル義務ヲ負フ

第百七條　納稅者ノ府縣外ニ於テ所有シ使用シ占有スル土地、家屋、物件若ハ其ノ收入又ハ府縣外ニ於テ營業所ヲ定メタル營業若ハ其ノ收入ニ對シテハ府縣稅ヲ賦課スルコトヲ得ス

住所滯在同時ニ府縣ノ內外ニ涉ル者ノ前項以外ノ收入ニ對シ府縣稅ヲ賦課スルトキハ其ノ收入ヲ各府縣ニ平分シ其ノ一部ニノミ賦課スヘシ

第百八條　府縣ノ內外ニ涉リ營業所ヲ定メテ爲ス營業又ハ其ノ收入ニ對シ本稅ヲ分別シテ納メサル者ニ對シ關係府縣ニ於テ營業稅附加稅所得稅附加稅又ハ鑛產稅附加稅ヲ賦課スルトキハ關係府縣

知事協議ノ上其ノ步合ヲ定ム若シ協議調ハサルトキハ內務大臣及大藏大臣之ヲ定ム
鑛區又ハ砂鑛區カ府縣ノ內外ニ渉ル場合ニ於テ鑛區稅又ハ砂鑛區稅ノ附加稅ヲ賦課スルトキハ鑛區又ハ砂鑛區ニ屬スル地表ノ面積ニ依リ本稅額ヲ分割シ其ノ一部ニノミ賦課スヘシ

第百九條　府縣稅賦課ノ細目ニ係ル事項ハ府縣會ノ議決ニ依リ關係市町村會ノ議決ニ付スルコトヲ得

市町村會ニ於テ府縣會ノ議決ニ依リ定マリタル期限內ニ其ノ議決ヲ爲サヽルトキ若ハ不適當ノ議決ヲ爲シタルトキハ府縣參事會之ヲ議決スヘシ

第百十條　府縣稅ヲ賦課スルコトヲ得サルモノニ關シテハ法律勅令ヲ以テ別段ノ規定ヲ設クルモノヲ除ク外市町村稅ノ例ニ依ル

府縣ハ公益上其ノ他ノ事由ニ因リ課稅ヲ不適當トスル場合ニ於テハ命令ノ定ムル所ニ依リ府縣稅ヲ課セサルコトヲ得

第百十一條　府縣ノ一部ニ對シ特ニ利益アル事件ニ關シテハ府縣ハ不均一ノ賦課ヲ爲シ又ハ府縣ノ一部ニ對シ賦課ヲ爲スコトヲ得

第百十二條　府縣ハ其ノ必要ニ依リ夫役及現品ヲ府縣內一部ノ市町村其ノ他公共團體若ハ一部ノ納稅義務者ニ賦課スルコトヲ得但シ學藝美術及手工ニ關スル勞役ヲ課スルコトヲ得ス

夫役及現品ハ急迫ノ場合ヲ除ク外金額ニ算出シテ賦課スヘシ
夫役ヲ課セラレタル者ハ其ノ便宜ニ從ヒ本人自ラ之ニ當リ又ハ適當ノ代人ヲ出スコトヲ得又夫役及現品ハ急迫ノ場合ヲ除ク外金錢ヲ之ニ代フルコトヲ得
第百十三條　府縣稅ノ減免若ハ納稅ノ延期ハ特別ノ事情アル者ニ限リ府縣知事ハ府縣參事會ノ議決ヲ經テ之ヲ許スコトヲ得
第百十四條　詐僞其ノ他ノ不正ノ行爲ニ依リ使用料ノ徵收ヲ免レ又ハ府縣稅ヲ逋脫シタル者ニ付テハ府縣知事ハ府縣會ノ議決ヲ經テ其ノ徵收ヲ免レ又ハ逋脫シタル金額ノ三倍ニ相當スル金額（其ノ金額五圓未滿ナルトキハ五圓）以下ノ過料ヲ科スル規定ヲ設クルコトヲ得
前項ニ定ムルモノヲ除ク外使用料、手數料及府縣稅ノ賦課徵收ニ關シテハ府縣知事ハ府縣會ノ議決ヲ經テ五圓以下ノ過料ヲ科スル規定ヲ設クルコトヲ得財產又ハ營造物ノ使用ニ關シ亦同シ
過料ヲ科シ及之ヲ徵收スルハ府縣知事之ヲ掌ル其ノ處分ニ不服アル者ハ行政裁判所ニ出訴スルコトヲ得
第百十五條　府縣稅ノ賦課ヲ受ケタル者其ノ賦課ニ付違法若ハ錯誤アリト認ムルトキハ徵稅令書又ハ徵稅傳令書ノ交付後三箇月以內ニ府縣知事ニ異議ノ申立ヲ爲スコトヲ得
第百三條第二項ノ場合ニ於テ市町村ハ府縣費ノ分賦ニ關シ違法者ハ錯誤アリト認ムルトキハ其ノ

告知ヲ受ケタル時ヨリ三箇月以内ニ府縣知事ニ異議ノ申立ヲ爲スコトヲ得
前二項ノ異議申立アリタルトキハ府縣知事ハ七日以内ニ之ヲ府縣參事會ノ決定ニ付スヘシ其ノ決定ニ不服アル者ハ行政裁判所ニ出訴スルコトヲ得
使用料及手數料ノ徵收竝夫役及現品ノ賦課ニ關シテモ亦第一項及第三項ノ例ニ依ル
本條ノ決定ニ關シテハ府縣知事其ノ委任ヲ受ケタル官吏吏員又ハ市町村吏員ヨリモ亦訴訟ヲ提起スルコトヲ得
第百十六條　府縣稅ノ賦課ニ關シ必要アル場合ニ於テハ當該行政廳ハ日出ヨリ日沒マテノ間營業者ニ關シテハ仍其ノ營業時間家屋若ハ營業所ニ臨檢シ又ハ帳簿物件ノ檢査ヲ爲スコトヲ得
府縣稅、使用料、手數料、夫役又ハ現品ニ代フル金錢、過料、其ノ他ノ府縣ノ收入ヲ定期内ニ納メサル者アルトキハ期限ヲ指定シテ之ヲ督促スヘシ
急迫ノ場合ニ於テ夫役又ハ現品ノ賦課ヲ受ケタル者其ノ履行ヲ爲ササルトキハ更ニ之ヲ金額ニ換算シ期限ヲ指定シテ其ノ納付ヲ命スヘシ
第二項ノ規定ニ依ル督促又ハ前項ノ規定ニ依ル命令ヲ受ケタル者其ノ指定ノ期限マテニ完納セサルトキハ國稅滯納處分ノ例ニ依リ處分スヘシ
第二項及第三項ニ規定スル府縣ノ徵收金ノ先取特權ノ順位ハ國ノ徵收金ニ次クモノトス

府縣ノ收入金及支拂金ニ關スル時効ニ付テハ國ノ收入金及支拂金ノ例ニ依ル

府縣知事ノ委任ヲ受ケタル官吏吏員カ第四項ノ規定ニ依リ爲シタル處分ニ不服アル者ハ府縣參事會ニ訴願シ其ノ裁決又ハ府縣知事ノ處分ニ不服アル者ハ行政裁判所ニ出訴スルコトヲ得

前項ノ裁決ニ關シテハ府縣知事又ハ其ノ委任ヲ受ケタル官吏吏員ヨリモ又訴訟ヲ提起スルコトヲ得

第四項ノ規定ニ依ル處分ニ係ル差押物件ノ公賣ハ處分ノ確定ニ至ルマテ執行ヲ停止ス

第百十七條　府縣ハ其ノ負債ヲ償還スル爲メ又ハ府縣ノ永久ノ利益ト爲ルヘキ支出ヲ要スル爲又ハ天災事變等ノ爲必要アル場合ニ限リ府縣會ノ議決ヲ經テ府縣債ヲ起スコトヲ得

府縣債ヲ起スニ付府縣會ノ議決ヲ經ルトキハ併セテ起債ノ方法利息ノ定率及償還ノ方法ニ付議決ヲ經ヘシ

府縣ハ豫算內ノ支出ヲ爲ス爲本條ノ例ニ依ラス府縣參事會ノ議決ヲ經テ一時ノ借入金ヲ爲スコトヲ得

第二款　歲入出豫算及決算

第百十八條　府縣知事ハ每會計年度歲入豫算ヲ調製シ年度開始前府縣會ノ議決ヲ經ヘシ

府縣ノ會計年度ハ政府ノ會計年度ニ同シ

豫算ヲ府縣會ニ提出スルトキハ府縣知事ハ併セテ財產表ヲ提出スヘシ

第百十九條　府縣知事ハ府縣會ノ議決ヲ經テ既定豫算ノ追加若ハ更正ヲ爲スコトヲ得

第百二十條　府縣費ヲ以テ支辨スル事件ニシテ數年ヲ期シテ施行スヘキモノ又ハ數年ヲ期シテ其ノ費用ヲ支出スヘキモノハ府縣會ノ議決ヲ經テ其ノ年期間各年度ノ支出額ヲ定メ繼續費ト爲スコトヲ得

第百二十一條　豫算外ノ支出若ハ豫算超過ノ支出ニ充ツル爲豫備費ヲ設クヘシ但シ府縣會ノ否決シタル費途ニ充ツルコトヲ得ス

特別會計ニハ豫備費ヲ設ケサルコトヲ得

第百二十二條　豫算ハ議決ヲ經タル後直ニ之ヲ內務大臣ニ報告シ並其ノ要領ヲ告示スヘシ

第百二十三條　府縣知事ハ府縣會ノ議決ヲ經テ特別會計ヲ設クルコトヲ得

第百二十四條　決算ハ翌年ノ通常會ニ於テ之ヲ府縣會ニ報告スヘシ

決算ハ之ヲ內務大臣ニ報告シ並ニ其ノ要領ヲ告示スヘシ

第百二十五條　豫算調製ノ式並費目流用其ノ他財務ニ關スル必要ナル規定ハ內務大臣之ヲ定ム

第百二十六條　府縣出納吏及府縣吏員ノ身元保證及賠償責任ニ關スル規定ハ勅令ヲ以テ之ヲ定ム

◎府縣制施行令（大正一五、六、二四 勅令二〇〇）

第二十九條　第二十七條ニ規定スル直接國稅及直接府縣稅ノ種類左ノ如シ

國　稅

地租、所得稅（所得稅法第三條第二種ニ係ル所得稅ヲ除ク）營業稅、營業收益稅、鑛業稅、砂鑛區稅取引所營業稅

府　縣　稅

特別地稅、戶數割、家屋稅、營業稅、雜種稅（遊興稅及觀覽稅ヲ除ク）

第五章　府縣稅ノ賦課徵收

第三十條　府縣ノ內外ニ涉リ營業所ヲ定メテ爲ス營業ニ付營業收益稅ヲ分別シテ納メサル者ニ對スル營業收益稅附加稅ノ賦課ニ關シテハ府縣制第百八條第一項ノ例ニ依ル

第三十一條　市町村ハ其ノ市町村內ノ府縣稅ヲ徵收シ之ヲ府縣ニ納入スルノ義務ヲ負フ

府縣ハ前項徵收ノ費用トシテ地租附加稅及特別地稅ニ對シテハ其ノ徵收金額ノ千分ノ七其ノ他ノ府縣稅ニ對シテハ其ノ徵收金額ノ百分ノ四ヲ市町村ニ交付スヘシ

第三十二條　市町村ハ避クヘカラサル災害ニ因リ既收ノ稅金ヲ失ヒタルトキハ其ノ稅金納入義務ノ

免除ヲ府縣知事ニ申請スルコトヲ得
府　知事前項ノ申請ヲ受ケタルトキハ七日以内ニ之ヲ府縣參事會ノ決定ニ付スヘシ府縣參事會ハ其ノ送付ヲ受ケタル日ヨリ三月以内ニ之ヲ決定スヘシ
前項ノ決定ニ不服アル者ハ内務大臣ニ訴願スルコトヲ得
第二項ノ決定ニ付テハ府縣知事ヨリモ訴願ヲ提起スルコトヲ得
府縣制第三十八條及第百二十八條ノ規定ハ本條ノ規定ノ適用ニ付之ヲ準用ス
第三十三條　府縣税ヲ徵收セントスルトキハ府縣知事又ハ其ノ委任ヲ受ケタル官吏吏員ハ市町村ニ對シ徵税令書ヲ發シ市町村長ハ徵税令書ニ依リ徵税傳令書ヲ調製シ之ヲ納税人ニ交付スヘシ
府縣知事又ハ其ノ委任ヲ受ケタル官吏吏員ハ直ニ納税人ニ對シ徵税令書ヲ發スルコトヲ得
府縣ハ内務大臣及大藏大臣ノ許可ヲ得タル場合ニ限リ前二項ノ規定ニ依ラス其ノ府縣廳ニ於テ發行スル證紙ヲ以テ府縣税ヲ納入セシムルコトヲ得
第三十四條　徵税傳令書ヲ受ケタル納税人ハ其ノ税金ヲ市町村ニ拂込ミ其ノ領收證ヲ得テ納税ノ義務ヲ了ス
徵税令書ヲ受ケタル納税人ハ其ノ税金ヲ府縣金庫ニ拂込ミ其ノ領收證ヲ得テ納税ノ義務ヲ了ス但シ府縣知事ハ市町村吏員ヲシテ納税人ニ對シ徵税令書ヲ發セシムル場合ニ於テハ前項ノ例ニ依ラ

シムルコトヲ得

市町村ハ其ノ徵收シタル府縣稅ヲ府縣金庫ニ拂込ミ其ノ領收證ヲ得テ稅金納入ノ義務ヲ了ス

稅金ノ拂込又ハ其ノ拂込金ノ納入ニ付郵便振替貯金ノ方法ニ依リタル場合ニ於テハ納稅人又ハ市町村ハ稅金ヲ郵便官署ニ拂込ミ又ハ納入スルニ依リテ其ノ義務ヲ了ス

第三十五條　第三十三條第二項ノ規定ニ依リ市町村吏員ヲシテ徵稅令書ヲ發セシメタル場合ニ於テハ府縣知事ノ定ムル所ニ依リ其ノ市町村ニ對シ取扱費ヲ交付スルコトヲ得

第三十六條　徵稅令書又ハ徵稅傳令書ヲ受ケタル納稅人期限內ニ稅金ヲ完納セサルトキハ府縣知事又ハ其ノ委任ヲ受ケタル官吏吏員ハ直ニ督促狀ヲ發スヘシ

督促狀ニハ府縣知事ノ定メタル期限內ニ於テ相當ノ期限ヲ指定スヘシ

第三十七條　督促狀ヲ發シタルトキハ手數料ヲ徵收ス

手數料ノ額ハ府縣知事之ヲ定ム

市町村吏員ヲシテ督促狀ヲ發セシメタル場合ニ於ケル手數料ハ其ノ市町村ノ收入トス

第三十八條　市制町村制施行令第四十五條乃至第五十二條ノ規定ハ府縣稅ノ賦課徵收ニ之ヲ準用ス

第三十九條　府縣ハ內務大臣及大藏大臣ノ指定シタル府縣稅ニ付テハ第三十一條第一項ノ規定ニ拘ラス其ノ徵收ノ便宜ヲ有スル者ヲシテ之ヲ徵收セシムルコトヲ得

前項ノ府縣稅ノ徵收ニ付テハ第三十三條ノ規定ニ依ラサルコトヲ得

第四十條　前條第一項ノ規定ニ依リ府縣稅ヲ徵收セシムル場合ニ於テハ納稅人ハ其ノ稅金ヲ徵收義務者ニ拂込ムニ依リテ納稅義務ヲ了ス

第四十一條　第三十九條第一項ノ規定ニ依ル徵收義務者ハ徵收スヘキ府縣稅ヲ府縣知事ノ指定シタル期日迄ニ府縣金庫又ハ郵便官署ニ拂込ムヘシ其ノ期日迄ニ拂込マサルトキハ府縣知事ハ相當ノ期限ヲ指定シ督促狀ヲ發スヘシ

第四十二條　第三十一條第二項第三十二條及第三十四條第三項第四項竝ニ市制町村制施行令第四十五條乃至第四十八條ノ規定ハ第三十九條第一項ノ規定ニ依リ府縣稅ヲ徵收セシムル場合ノ拂込金ニ之ヲ準用ス

第四十三條　府縣稅ノ徵收期ハ府縣知事之ヲ定ム

第四十四條　府縣稅ノ徵收ニ關スル細則ハ府縣知事之ヲ定ム

第四十五條　町村制ヲ施行セサル地ニ於ケル府縣稅ノ徵收ニ關シテハ本章ノ規定ヲ準用ス其ノ準用シ難キ事項ハ府縣知事之ヲ定ム

◎府縣制施行規則（大正一五、六、二四）（內務省令一八）

第二章　府縣ノ財務

第三十條　府縣税其ノ他一切ノ收入ヲ歳入トシ一切ノ經費ヲ歳出トシ歳入、歳出ハ豫算ニ編入スヘシ

第三十一條　各年度ニ於テ決定シタル歳入ヲ以テ他ノ年度ニ屬スヘキ歳出ニ充ツルコトヲ得ス

第三十二條　歳入ノ所屬年度ハ左ノ區分ニ依ル

一、納期ノ一定シタル收入ハ其ノ納期末日ノ屬スル年度

二、定期ニ賦課スルコトヲ得サルカ爲特ニ納期ヲ定メタル收入、又ハ隨時ノ收入ニシテ徴税令書、賦課令書又ハ納額告知書ヲ發スルモノハ令書又ハ告知書ヲ發シタル日ニ屬スル年度

三、隨時ノ收入ニシテ徴税令書、賦課令書又ハ納額告知書ヲ發セサルモノハ領收ヲ爲シタル日ノ屬スル年度但シ府縣債補助金、寄附金、償還金其ノ他之ニ類スル收入ニシテ其ノ收入ヲ豫算シタル年度ノ出納閉鎖前ニ領收シタルモノハ其ノ豫算ノ屬スル年度

第三十三條　歳出ノ所屬年度ハ左ノ區分ニ依ル

一、費用辨償、給料、退隱料、退職給與金、死亡給與金、遺族扶助料其ノ他給與、人料ノ類ハ其ノ支給スヘキ事實ノ生シタル時ノ屬スル年度但シ別ニ定マリタル支拂期日アルトキハ其ノ支拂期日ノ屬スル年度

二、通信運搬費、土木建築費、其ノ他物件ノ購入代價ノ類ハ契約ヲ爲シタル時ノ屬スル年度但シ契約ニ依リ定メタル支拂期日アルトキハ其ノ支拂期日ノ屬スル年度
三、府縣債ノ元利金ニシテ支拂期日ノ定アルモノハ其ノ支拂期日ノ屬スル年度
四、補助金、寄附金、負擔金ノ類ハ其ノ支拂ヲ豫算シタル年度
五、缺損補塡ハ其ノ補塡ノ決定ヲ爲シタル日ノ屬スル年度
六、前各號ニ掲クルモノヲ除クノ外ハ總テ支拂命令ヲ發シタル日ノ屬スル年度

第三十四號　各年度ニ於テ歲計ニ剩餘アルトキハ翌年度ノ歲入ニ編入スヘシ

第三十五條　府縣稅ハ徵稅令書、徵稅傳令書ニ依リ夫役現品ハ賦課令書ニ依リ負擔金、使用料、手數料、過料、過怠金及物件ノ賃貸料ノ類ハ納額告知書ニ依リ之ヲ徵收シ其ノ他ノ收入ハ納付書ニ依リ收入スヘシ、但シ府縣制施行令第三十三條第三項又ハ第三十九條ノ規定ニ依リ徵收スル府縣稅及急迫ノ場合ニ賦課スル夫役並ニ納額告知書又ハ納付書ニ依リ難キモノニ付テハ此ノ限ニ在ラス

第三十六條　支出ハ債主ニ對スルニ非サレハ之ヲ爲スコトヲ得ス

第三十七條　左ノ經費ニ付テハ府縣ノ官吏吏員ヲシテ現金支拂ヲ爲サシムル爲其ノ資金ヲ當該官吏吏員ニ前渡スルコトヲ得

一、府縣債ノ元利支拂
二、外國ニ於テ物品ヲ購入スル爲必要ナル經費
三、遠隔ノ地又ハ交通不便ノ地ニ於テ支拂ヲ爲ス經費
特別ノ必要アルトキハ前項ノ資金前渡ハ府縣ノ官吏吏員以外ノ者ニ之ヲ爲スコトヲ得
第三十八條　旅費及訴訟費用ニ付テハ概算拂ヲ爲スコトヲ得
第三十九條　前二條ニ揭クルモノノ外必要アルトキハ府縣參事會ノ議決ヲ以テ資金前渡又ハ概算拂ヲ爲スコトヲ得
第四十條　前金支拂ニ非サレハ購入又ハ借入ノ契約ヲナシ難キモノニ付テハ前金拂ヲ爲スコトヲ得
第四十一條　歲入ノ誤納過納ト爲リタル金額ハ拂戾ハ各之ヲ收入シタル歲入ヨリ支拂フヘシ
歲出ノ誤拂過渡ト爲リタル金額、資金前渡、概算拂、前金拂及繰替拂ノ返納ハ各之ヲ支拂ヒタル經費ノ定額ニ戾入スヘシ
第四十二條　出納閉鎖後ノ收入支出ハ之ヲ現年度ノ歲入歲出ト爲スヘシ前條ノ拂戾金戾入金ノ出納閉鎖後ニ係ルモノ亦同シ
第四十三條　繼續費ハ每年度ノ支拂殘額ヲ繼續年度ノ終リ迄遞次繰越使用スルコトヲ得

第四十四條　歳入歳出豫算ハ之ヲ經常臨時ノ二部ニ別チ且各部ヲ欵項ニ區分スヘシ
第四十五條　歳入歳出豫算ニハ各項ヲ各目ニ區分シ其ノ豫算ノ基ク所ヲ詳記シタル豫算說明ヲ附スヘシ
第四十六條　特別會計ニ屬スル歳入歳出ハ別ニ其ノ豫算ヲ調製スヘシ
第四十七條　府縣制第百四十條ノ府縣ニ於テハ府縣歳入歳出豫算ハ別記府縣歳入歳出豫算樣式ノ一ニ依リ之ヲ調製スヘシ
府縣制第百四十條ノ府縣ニ於テハ府縣歳入歳出豫算ハ別記府縣歳入歳出豫算樣式ノ二ニ依リ其ノ市部又ハ郡部限リノ豫算ハ別記府縣歳入歳出豫算樣式ノ三ニ依リ之ヲ調製スヘシ
第四十八條　繼續費ノ年期及支出方法ハ別記繼續費ノ年期及支出方法樣式ニ依リ之ヲ調製スヘシ
第四十九條　豫算ハ會計年度經過後ニ於テ更正又ハ追加ヲ爲スコトヲ得ス
第五　十條　豫算ニ定メタル各欵ノ金額ハ彼此流用スルコトヲ得ス
豫算各項ノ金額ハ府縣參事會ノ議決ヲ經テ之ヲ流用スルコトヲ得但シ機密費ハ此ノ限ニ在ラス
第五十一條　府縣ノ收入支出ニシテ命令ヲ發スルヲ要スルモノハ府縣知事又ハ其ノ委任ヲ受ケタル官吏吏員其ノ他ノ職員ニ於テ之ヲ發ス
第五十二條　府縣ノ出納ハ翌年度五月三十一日ヲ以テ閉鎖ス

第五十三條　府縣ノ出納ニ關スル事項ハ會計年度經過後三月以內ニ之ヲ完整スヘシ

第五十四條　決算ハ豫算ト同一ノ區分ニ依リ之ヲ調製シ豫算ニ對スル過不足ノ說明ヲ附スヘシ

第五十五條　會計年度經過後ニ至リ歲入ヲ以テ歲出ニ充ツルニ足ラサルトキハ翌年度ノ歲入ヲ繰上ケ之ニ充用スルコトヲ得

第五十六條　府縣出納吏ノ保管ニ屬スル現金及帳簿ハ府縣知事ニ於テ檢查員ヲ命シ少クトモ每年度一回之ヲ檢查セシムヘシ

府縣出納吏ニ異動アリタルトキハ府縣知事ハ檢查員ヲシテ現金及帳簿ヲ檢查セシムヘシ

第五十七條　府縣ニ屬スル現金ノ出納及保管ノ爲府縣金庫ヲ設ク

第五十八條　府縣本金庫ハ府縣本金庫府縣支金庫トス

府縣本金庫ハ府縣廳所在地ニ之ヲ置キ府縣支金庫ハ府縣知事ニ於テ必要ト認ムル地ニ之ヲ置ク

府縣本金庫ハ府縣金庫ヲ總轄ス

第五十九條　金庫事務ノ取扱ヲ爲サシムヘキ銀行ハ府縣知事之ヲ定ム

金庫事務ノ取扱ヲ爲ス者ハ府縣知事ノ許可ヲ得其ノ責任ヲ以テ其ノ銀行又ハ其ノ他ノ者ヲシテ金庫事務ノ一部ヲ取扱ハシムルコトヲ得

第六十條　金庫事務ノ取扱ヲ爲ス者ハ現金ノ出納保管ニ付府縣ニ對シ責任ヲ有ス
第六十一條　金庫事務ノ取扱ヲ爲ス者ハ府縣知事ノ定ムル所ニ依リ擔保ヲ提出スヘシ
第六十二條　府縣知事ハ豫算ノ屬スル現金ヲ支出ニ妨ケナキ限度ニ於テ金庫事務ノ取扱ヲ爲ス者ニ運用ヲ許スコトヲ得
前項ノ場合ニ於テハ金庫事務ノ取扱ヲ爲ス者ハ府縣知事ノ定ムル所ニ依リ利子ヲ府縣ニ納付スヘシ
第六十三條　府縣知事ハ府縣金庫ヲ監督シ檢査員ヲシテ定期及臨時ニ現金帳簿ヲ檢査セシメ又必要アルト認ムルトキハ臨機ノ處分ヲ爲スコトヲ得
第六十四條　本章ニ規定スルモノノ外必要ナル規定ハ府縣知事之ヲ定ム

○市制（拔萃）（明治四四、四、七法律六八）

第六章　市ノ財務

第一款　財産營造物及市税

第百九條　收益ノ爲ニスル市ノ財産ハ基本財産トシ之ヲ維持スヘシ

市ハ特定ノ目的ノ爲特別ノ基本財產ヲ設ケ又ハ金穀等ヲ積立ツルコトヲ得

第百十條　舊來ノ慣行ニ依リ市住民中特ニ財產又ハ營造物ヲ使用スル權利ヲ有スル者アルトキハ其ノ舊慣ヲ變更又ハ廢止セムトスルトキハ市會ノ議決ヲ經ヘシ

前項ノ財產又ハ營造物ヲ新ニ使用セムトスル者アルトキハ市ハ之ヲ許可スルコトヲ得

第百十一條　市ハ前條ニ規定スル財產ノ使用方法ニ關シ市規則ヲ設クルコトヲ得

第百十二條　市ハ第百十條第一項ノ使用者ヨリ使用料ヲ徵收シ同條第二項ノ使用ニ關シテハ使用料若ハ一時ノ加入金ヲ徵收シ、又ハ使用料及加入金ヲ共ニ徵收スルコトヲ得

第百十三條　市ハ營造物ノ使用ニ付使用料ヲ徵收スルコトヲ得

市ハ特ニ一個人ノ爲ニスル事務ニ付手數料ヲ徵收スルコトヲ得

第百十四條　財產ノ賣却貸與、工事ノ請負及物件勞力其他ノ供給ハ競爭入札ニ付スヘシ但シ臨時急施ヲ要スルトキ、入札ノ價額其ノ費用ニ比シテ得失相償ハサルトキ又ハ市會ノ同意ヲ得タルトキハ此ノ限ニ在ラス

第百十五條　市ハ其ノ公益上必要アル場合ニ於テハ寄附又ハ補助ヲ爲スコトヲ得

第百十六條　市ハ其ノ必要ナル費用及從來法令ニ依リ又ハ將來法律勅令ニ依リ市ノ負擔ニ屬スル費用ヲ支辨スル義務ヲ負フ

市ハ其ノ財産ヨリ生スル收入、使用料、手數料、過料過怠金其ノ他法令ニ依リ市ニ屬スル收入ヲ以テ前項ノ支出ニ充テ仍不足アルトキハ市税及夫税現品ヲ賦課徵收スルコトヲ得

第百十七條　市税トシテ賦課スルコトヲ得ヘキモノ左ノ如シ

一、直接國税及府縣税ノ附加税

二、特別税

直税國税又ハ府縣税ノ附加税ハ均一ノ税率ヲ以テ之ヲ徵收スヘシ但シ第百六十七條ノ規定ニ依リ許可ヲ受ケタル場合ハ此ノ限ニ在ラス

國税ノ附加税タル府縣税ニ對シテハ附加税ヲ賦課スルコトヲ得ス

特別税ハ別ニ税目ヲ起シテ課税スルノ必要アルトキ賦課徵收スルモノトス

第百十八條　三月以上市內ニ滯在スル者ハ其ノ滯在ノ初ニ遡リ市税ヲ納ムル義務ヲ負フ

第百十九條　市內ニ住所ヲ有セス又ハ三月以上滯在スルコトナシト雖市內ニ於テ土地家屋物件ヲ所有シ使用シ若ハ占有シ、市內ニ營業所ヲ設ケテ營業ヲ爲シ又ハ市內ニ於テ特定ノ行爲ヲ爲ス者ハ其ノ土地家屋物件營業若ハ其ノ收入ニ對シ又ハ其ノ行爲ニ對シテ賦課スル市税ヲ納ムル義務ヲ負フ

第百十九條ノ二　合併後存續スル法人又ハ合併ニ因リ設立シタル法人ハ合併ニ因リ消滅シタル法人

ニ對シ其ノ合併前ノ事實ニ付賦課セラルヘキ市稅ヲ納ムル義務ヲ負フ

相續人又ハ相續財團ハ勅令ノ定ムル所ニ依リ被相續人ニ對シ其ノ相續開始前ノ事實ニ付賦課セラルヘキ市稅ヲ納ムル義務ヲ負フ

第百二十條　納稅者ノ市外ニ於テ所有シ使用シ占有スル土地家屋物件若ハ其ノ收入又ハ市外ニ於テ營業所ヲ設ケタル營業若ハ其ノ收入ニ對シテハ市稅ヲ賦課スルコトヲ得ス

市ノ內外ニ於テ營業所ヲ設ケ營業ヲ爲ス者ニシテ其ノ營業又ハ收入ニ對スル本稅ヲ分別シテ納メサルモノニ對シ附加稅ヲ賦課スル場合及住所滯在市ノ內外ニ涉ル者ノ收入ニシテ土地家屋物件又ハ營業所ヲ設ケタル營業ヨリ生スル收入ニ非サルモノニ對シ市稅ヲ賦課スル場合ニ付テハ勅令ヲ以テ之ヲ定ム

第百二十一條　所得稅法第十八條ニ揭クル所得ニ對シテハ市稅ヲ賦課スルコトヲ得ス

神社寺院祠宇佛堂ノ用ニ供スル建物及其ノ境內地、並敎會所、說敎所ノ用ニ供スル建物及其ノ構內地ニ對シテハ市稅ヲ賦課スルコトヲ得ス、但シ有料ニテ之ヲ使用セシムル者及住宅ヲ以テ敎會所說敎所ノ用ニ充ツル者ニ對シテハ此ノ限ニ在ラス

國府縣市町村其ノ他公共團體ニ於テ公用ニ供スル家屋物件及營造物ニ對シテハ市稅ヲ賦課スルコトヲ得ス、但シ有料ニテ之ヲ使用セシムル者及使用收益者ニ對シテハ此ノ限ニ在ラス

國ノ事業又ハ行爲及國有ノ土地家屋物件ニ對シテハ國ニ市稅ヲ賦課スルコトヲ得ス
前四項ノ外市稅ヲ賦課スルコトヲ得サルモノハ別ニ法律勅令ノ定ムル所ニ依ル
第百二十一條ノ二　市ハ公益上其他ノ事由ニ因リ課稅ヲ不適當トスル場合ニ於テハ命令ノ定ムル所ニ依リ市稅ヲ課セサルコトヲ得
第百二十二條　數人ヲ利スル營造物ノ設置維持其ノ他ノ必要ナル費用ハ其ノ關係者ニ負擔セシムルコトヲ得
市ノ一部ヲ利スル營造物ノ設置維持其ノ他ノ必要ナル費用ハ其ノ部內ニ於テ市稅ヲ納ムル義務アル者ニ負擔セシムルコトヲ得
前二項ノ場合ニ於テ營造物ヨリ生スル收入アルトキハ先ツ其ノ收入ヲ以テ其ノ費用ニ充ツヘシ前項ノ場合ニ於テ其ノ一部分ノ收入アルトキ亦同シ
數人又ハ市ノ一部ヲ利スル財產ニ付テハ前三項ノ例ニ依ル
第百二十三條　市稅及其ノ賦課徵收ニ關シテハ本法其ノ他ノ法律ニ規定アルモノノ外勅令ヲ以テ之ヲ定ムルコトヲ得
第百二十四條　數人又ハ市ノ一部ニ對シ特ニ利益スル事件ニ關シテハ市ハ不均一ノ賦課ヲ爲シ又ハ數人若ハ市ノ一部ニ對シ賦課スルコトヲ得

第百二十五條　夫役又ハ現品ハ直接市稅ヲ準率ト爲シ且之ヲ金額ニ算出シテ賦課スヘシ但シ第百六十七條ノ規定ニ依リ許可ヲ受ケタル場合ハ此ノ限ニ在ラス
學藝美術及手工ニ關スル勞務ニ付テハ夫役ヲ賦課スルコトヲ得ス
夫役ヲ賦課セラレタル者ハ本人自ラ之ニ當リ又ハ適當ノ代人ヲ出スコトヲ得
夫役又ハ現品ハ金錢ヲ以テ代フルコトヲ得
第一項及前項ノ規定ハ急迫ノ場合ニ賦課スル夫役ニ付テハ之ヲ適用セス
第百二十六條　非常災害ノ爲必要アルトキハ市ハ他人ノ土地ヲ一時使用シ又ハ其ノ土石竹木其ノ他ノ物品ヲ使用シ若ハ收用スルコトヲ得但シ其ノ損失ヲ補償スヘシ
前項ノ場合ニ於テ危險防止ノ爲必要アルトキハ市長、警察官吏又ハ監督官廳ハ市內居住者ヲシテ防禦ニ從事セシムルコトヲ得
第一項但書ノ規定ニ依リ補償スヘキ金額ハ協議ニ依リ之ヲ定ム協議調ハサルトキハ鑑定人ノ意見ヲ徵シ府縣知事之ヲ決定ス
決定ヲ受ケタル者其ノ決定ニ不服アルトキハ內務大臣ニ訴願スルコトヲ得
前項ノ決定ハ文書ヲ以テ之ヲ爲シ其理由ヲ附シ之ヲ本人ニ交付スヘシ
第一項ノ規定ニ依リ土地ノ一時使用ノ處分ヲ受ケタル者其ノ處分ニ不服アルトキハ府縣知事ニ訴

願シ其ノ裁決ニ不服アルトキハ内務大臣ニ訴願スルコトヲ得

第百二十七條　市税ノ賦課ニ關シ必要アル場合ニ於テハ當該吏員ハ日出ヨリ日沒迄ノ間營業者ニ關シテハ仍其ノ營業時間内家宅若ハ營業所ニ臨檢シ又ハ帳簿物件ノ檢査ヲ爲スコトヲ得

前項ノ場合ニ於テハ當該吏員ハ其ノ身分ヲ證明スヘキ證票ヲ携帶スヘシ

第百二十八條　市長ハ納税者中特別事情アル者ニ對シ納税延期ヲ許スコトヲ得其ノ年度ヲ越ユル場合ハ市參事會ノ議決ヲ經ヘシ市ハ特別ノ事情アル者ニ限リ市税ヲ減免スルコトヲ得

第百二十九條　使用料手數料及特別税ニ關スル事項ニ付テハ市條例ヲ以テ之ヲ規定スヘシ

詐欺其ノ他ノ不正ノ行爲ニ依リ使用料ノ徵收ヲ免レ又ハ市税ヲ逋脱シタル者ニ付テハ市條例ヲ以テ其ノ徵收ヲ免レ又ハ逋脱シタル金額ノ三倍ニ相當スル金額（其ノ金額五圓未滿ナルトキハ五圓）以下ノ過料ヲ科スル規定ヲ設クルコトヲ得

前項ニ定ムルモノヲ除クノ外使用料手數料及市税ノ賦課徵收ニ關シテハ市條例ヲ以テ五圓以下ノ過料ヲ科スル規定ヲ設クルコトヲ得財産又ハ營造物ノ使用ニ關シ亦同シ

過料ノ處分ヲ受ケタル者其ノ處分ニ不服アルトキハ府縣參事會ニ訴願シ其ノ裁決ニ不服アルトキハ行政裁判所ニ出訴スルコトヲ得

前項ノ裁決ニ付テハ府縣知事又ハ市長ヨリモ訴訟ヲ提起スルコトヲ得

第百三十條　市稅ノ賦課ヲ受ケタル者其ノ賦課ニ付違法又ハ錯誤アリト認ムルトキハ徵稅令書ノ交付ヲ受ケタル日ヨリ三月以內ニ市長ニ異議ノ申立ヲ爲スコトヲ得
財產又ハ營造物ヲ使用スル權利ニ關シ異議アル者ハ之ヲ市長ニ申立ツルコトヲ得
前二項ノ異議ノ申立アリタルトキハ市長ハ七日以內ニ之ヲ市參事會ノ決定ニ付スヘシ決定ヲ受ケタル者其ノ決定ニ不服アルトキハ府縣參事會ニ訴願シ其ノ裁決又ハ第五項ノ裁決ニ不服アルトキハ行政裁判所ニ出訴スルコトヲ得
第一項及前項ノ規定ハ使用料手數料及加入金ノ徵收竝夫役現品ノ賦課ニ關シ之ヲ準用ス
前二項ノ規定ニ依ル決定及裁決ニ付テハ市長ヨリモ訴願又ハ訴訟ヲ提起スルコトヲ得
前三項ノ規定ニ依ル裁決ニ付テハ府縣知事ヨリモ訴訟ヲ提起スルコトヲ得
第百三十一條　市稅、使用料、手數料、加入金、過料、過怠金其ノ他ノ市ノ收入ヲ定期內ニ納メサル者アルトキハ市長ハ期限ヲ指定シテ之ヲ督促スヘシ
夫役現品ノ賦課ヲ受ケタル者定期內ニ其ノ履行ヲ爲サス又ハ夫役現品ニ代フル金錢ヲ納メサルトキハ市長ハ期限ヲ指定シテ之ヲ督促スヘシ、急迫ノ場合ニ賦課シタル夫役ニ付テハ更ニ之ヲ金額ニ算出シ期限ヲ指定シテ其ノ納付ヲ命スヘシ
前二項ノ場合ニ於テハ市條例ノ定ムル所ニ依リ手數料ヲ徵收スルコトヲ得

滯納者第一項又ハ第二項ノ督促又ハ命令ヲ受ケ其ノ指定ノ期限內ニ之ヲ完納セサルトキハ國稅滯納處分ノ例ニ依リ之ヲ處分スヘシ

第一項乃至第二項ノ徵收金ハ府縣ノ徵收金ニ次テ先取特權ヲ有シ其ノ追徵還付及時效ニ付テハ國稅ノ例ニ依ル

前三項ノ處分ニ不服アル者ハ府縣參事會ニ訴願シ其ノ裁決ニ不服アルトキハ行政裁判所ニ出訴スルコトヲ得

前項ノ裁決ニ付テハ府縣知事又ハ市長ヨリモ訴訟ヲ提起スル事ヲ得、第四項ノ處分中差押物件ノ公賣ハ處分ノ確定ニ至ル迄執行ヲ停止ス

第百三十二條　市ハ其ノ負債ヲ償還スル爲、市ノ永久ノ利益トナスヘキ支出ヲ爲ス爲又ハ天災事變等ノ爲、必要アル場合ニ限リ市債ヲ起スコトヲ得

市債ヲ起スニ付市會ノ議決ヲ經ルトキハ併セテ起債ノ方法利子ノ定率及償還ノ方法ニ付議決ヲ經ヘシ

市長ハ豫算內ノ支出ヲ爲ス爲市參事會ノ議決ヲ經テ一時ノ借入金ヲ爲スコトヲ得

前項ノ借入金ハ其ノ會計年度內ノ收入ヲ以テ償還スヘシ

第二款　歲入出豫算及決算

第百三十三條　市長ハ毎會計年度歳入出豫算ヲ調製シ遲クトモ年度開始ノ一月前ニ市會ノ議決ヲ經ヘシ

市ノ會計年度ハ政府ノ會計年度ニ依ル

豫算ヲ市會ニ提出スルトキハ市長ハ併セテ事務報告書及財產表ヲ提出スヘシ

第百三十四條　市長ハ市會ノ議決ヲ經テ既定豫算ノ追加又ハ更正ヲ爲スコトヲ得

第百三十五條　市費ヲ以テ支辨スル事件ニシテ數年ヲ期シテ其費用ヲ支出スヘキモノハ市會ノ議決ヲ經テ其年期間各年度ノ支出額ヲ定メ繼續費ト爲スコトヲ得

第百三十六條　市ハ豫算外ノ支出又ハ豫算超過ノ支出ニ充ツル爲豫備費ヲ設クヘシ

特別會計ニハ豫備費ヲ設ケサルコトヲ得

豫備費ハ市會ノ否決シタル費途ニ充ツルコトヲ得ス

第百三十七條　豫算ハ議決ヲ經タル後直ニ之ヲ府縣知事ニ報告シ且ツ其ノ要領ヲ告示スヘシ

第百三十八條　市ハ特別會計ヲ設クルコトヲ得

第百三十九條　市會ニ於テ豫算ヲ議決シタルトキハ市長ヨリ其ノ謄本ヲ收入役ニ交付スヘシ收入役ハ市長又ハ監督官廳ノ命令アルニ非サレハ支拂ヲ爲スコトヲ得ス、命令ヲ受クルモ支出ノ豫算ナク且ツ豫備費支出、費目流用其ノ他財務ニ關スル規定ニ依リ支出ヲ爲スコトヲ得サルトキ亦同

シ

第百四十條　市ノ支拂金ニ對スル時效ニ付テハ政府ノ支拂金ノ例ニ依ルヘシ

第百四十一條　市ノ出納ハ毎月例日ヲ定メテ之ヲ檢査シ且毎會計年度少クトモ二回臨時檢査ヲ爲ス

檢査ハ市長之ヲ爲シ臨時檢査ニハ名譽職參事會員ニ於テ互選シタル參事會員二人以上ノ立會ヲ要ス

第百四十二條　市ノ出納ハ翌年度五月三十一日ヲ以テ閉鎖ス

決算ハ出納閉鎖後一月以内ニ證書類ヲ併セテ收入役ヨリ之ヲ市長ニ提出スヘシ市長ハ之ヲ審査シ意見ヲ付シテ次ノ通常豫算ヲ議スル會議迄ニ之ヲ市會ノ認定ニ付スヘシ

決算ハ其ノ認定ニ關スル市會ノ議決ト共ニ之ヲ府縣知事ニ報告シ且ツ其ノ要領ヲ告示スヘシ

第百四十三條　豫算調製ノ式、費目流用其ノ他財務ニ關シ必要ナル規定ハ内務大臣之ヲ定ム

○町村制（明治四四、四、七法律六九）

第五章　町村ノ財務

第一欵　財產營造物及町村稅

第八十九條　收益ノ爲ニスル町村ノ財產ハ基本財產トシ之ヲ維持スヘシ町村ハ特定ノ目的ノ爲特別ノ基本財產ヲ設ケ又ハ金穀等ヲ積立ツルコトヲ得

第九十條　舊來ノ慣行ニ依リ町村住民中特ニ財產又ハ營造物ヲ使用スル權利ヲ有スル者アルトキハ其ノ舊慣ニ依ル舊慣ヲ變更又ハ廢止セムトスルトキハ町村ノ議決ヲ經ヘシ

前項ノ財產又ハ營造物ヲ新ニ使用セムトスル者アルトキハ町村ハ之ヲ許可スルコトヲ得

第九十一條　町村ハ前條ニ規定スル財產ノ使用方法ニ關シ町村規則ヲ設クルコトヲ得

第九十二條　町村ハ第九十條第一項ノ使用者ヨリ使用料ヲ徴收シ同條第二項ノ使用ニ關シテハ使用料若ハ一時ノ加入金ヲ徴收シ又ハ使用料及加入金ヲ共ニ徴收スルコトヲ得

第九十三條　町村ハ營造物ノ使用ニ付使用料ヲ徴收スルコトヲ得

町村ハ特ニ一個人ノ爲ニスル事務ニ付手數料ヲ徴收スルコトヲ得

第九十四條　財產ノ賣却貸與、工事ノ請負及物件勞力其ノ他ノ供給ハ競爭入札ニ付スヘシ但シ臨時急施ヲ要スルトキ、入札ノ價額其ノ費用ニ比シテ得失相償ハザルトキ又ハ町村會ノ同意ヲ得タルトキハ此ノ限ニ在ラス

第九十五條　町村ハ其ノ公益上必要アル場合ニ於テハ寄附又ハ補助ヲ爲スコトヲ得

第九十六條　町村ハ其ノ必要ナル費用及從來法令ニ依リ又ハ將來法律勅令ニ依リ町村ノ負擔ニ屬スル費用ヲ支辨スル義務ヲ負フ
町村ハ其ノ財產ヨリ生スル收入、使用料、手數料、過料過怠金其ノ他法令ニ依リ町村ニ屬スル收入ヲ以テ前項ノ支出ニ充テ仍不足アルトキハ町村税及夫役現品ヲ徵收スルコトヲ得
第九十七條　町村税トシテ賦課スルコトヲ得ヘキモノ左ノ如シ
一　直接國税及府縣税ノ附加税
二　特別税
直接國税又ハ府縣税ノ附加税ハ均一ノ税率ヲ以テ之ヲ徵收スヘシ但シ第百四十七條ノ規定ニ依リ許可ヲ受ケタル場合ハ此ノ限ニ在ラス
國税ノ附加税タル府縣税ニ對シテハ附加税ヲ賦課スルコトヲ得ス
特別税ハ別ニ税目ヲ起シテ課税スルノ必要アルトキ賦課徵收スルモノトス
第九十八條　三月以上町村內ニ滯在スル者ハ其ノ滯在ノ初ニ遡リ町村税ヲ納ムル義務ヲ負フ
第九十九條　町村內ニ住所ヲ有セス又ハ三月以上滯在スルコトナシト雖町村內ニ於テ土地家屋物件ヲ所有シ使用シ若ハ占有シ、町村內ニ營業所ヲ設ケテ營業ヲナシ又ハ町村內ニ於テ特定ノ行爲ヲ爲ス者ハ其ノ土地家屋物件營業若ハ其ノ收入ニ對シ又ハ其ノ行爲ニ對シテ賦課スル町村税ヲ納ム

ル義務ヲ負フ

第九十九條ノ二　合併後存續スル法人又ハ合併ニ因リ設立シタル法人ハ合併ニ因リ消滅シタル法人ニ對シ其ノ合併前ノ事實ニ付賦課セラルヘキ町村稅ヲ納ムル義務ヲ負フ

相續人又ハ相續財團ハ勅令ノ定ムル所ニ依リ被相續人ニ對シ其ノ相續開始前ノ事實ニ付賦課セラルヘキ町村稅ヲ納ムル義務ヲ負フ

第百條　納稅者ノ町村ニ於テ所有シ使用シ占有スル土地家屋物件若ハ其ノ收入又ハ町村外ニ於テ營業所ヲ設ケタル營業若ハ其ノ收入ニ對シテハ町村稅ヲ賦課スルコトヲ得ス

町村ノ內外ニ於テ營業所ヲ設ケ營業ヲ爲ス者ニシテ其ノ營業又ハ收入ニ對スル本稅ヲ分別シテ納メサルモノニ對シ附加稅ヲ賦課スル場合及住所滯在町村ノ內外ニ涉ル者ノ收入ニシテ土地家屋物件又ハ營業所ヲ設ケタル營業ヨリ生スル收入ニ非サルモノニ對シ町村稅ヲ賦課スル場合ニ付テハ勅令ヲ以テ之ヲ定ム

第百一條　所得稅法第十八條ニ揭クル所得ニ對シテハ町村稅ヲ賦課スルコトヲ得ス

神社寺院祠宇佛堂ノ用ニ供スル建物及其ノ境內地竝、敎會所說敎所ノ用ニ供スル建物及其ノ構內地ニ對シテハ町村稅ヲ賦課スルコトヲ得ス但シ有料ニテ之ヲ使用セシムル者及住宅ヲ以テ敎會所說敎所ノ用ニ充ツル者ニ對シテハ此ノ限ニ在ラス國府縣市町村其ノ他公共團體ニ於テ公用ニ供スル家屋物件及營造物ニ對シテハ町村稅ヲ賦課スルコトヲ得ス但シ有料ニテ使用セシムル者及使用收益者ニ對シテハ此ノ限ニ在ラス
國ノ事業又ハ行爲及國有ノ土地家屋物件ニ對シテハ國ニ町村稅ヲ賦課スルコトヲ得ス
前四項ノ外町村稅ヲ賦課スルコトヲ得サルモノハ別ニ法律勅令ノ定ムル所ニ依ル
第百一條ノ二　町村ハ公益上其ノ他ノ事由ニ因リ課稅ヲ不適當トスル場合ニ於テハ命令ノ定ムル所ニ依リ町村稅ヲ課セサルコトヲ得
第百二條　數人ヲ利スル營造物ノ設置維持其ノ他ノ必要ナル費用ハ其ノ關係者ニ負擔セシムルコトヲ得
町村ノ一部ヲ利スル營造物ノ設置維持其ノ他ノ必要ナル費用ハ其ノ部內ニ於テ町村稅ヲ納ムル義務アル者ニ負擔セシムルコトヲ得
前二項ノ場合ニ於テ營造物ヨリ生スル收入アルトキハ先ツ其ノ收入ヲ以テ其ノ費用ニ充ツヘシ
前項ノ場合ニ於テ其ノ一部ノ收入アルトキ亦同シ
數人又ハ町村ノ一部ヲ利スル財產ニ付テハ前三項ノ例ニ依ル
第百三條　町村稅及其ノ賦課徵收ニ關シテハ本法其ノ他ノ法律ニ規定アルモノノ外勅令ヲ以テ之ヲ定ムルコトヲ得

第百四條　數人又ハ町村ノ一部ニ對シ特ニ利益アル事件ニ關シテハ町村ハ不均一ノ賦課ヲナシ又ハ數人若ハ町村ノ一部ニ對シ賦課ヲ爲スコトヲ得

第百五條　夫役又ハ現品ハ直接町村税ヲ準率ト爲シ直接町村税ヲ賦課セサル町村ニ於テハ直接國税ヲ準率ト爲シ且之ヲ金額ニ算出シテ賦課スヘシ但シ第百四十七條ノ規定ニ依リ許可ヲ受ケタル場合ハ此ノ限ニ在ラス

學藝美術及手工ニ關スル勞務ニ付テハ夫役ヲ賦課スルコトヲ得ス

夫役ヲ賦課セラレタル者ハ本人自ラ之ニ當リ又ハ適當ノ代人ヲ出スコトヲ得

夫役又ハ現品ハ金錢ヲ以テ之ニ代フルコトヲ得

第一項及前項ノ規定ハ急迫ノ場合ニ賦課スル夫役ニ付テハ之ヲ適用セス

第百六條　非常災害ノ爲必要アルトキハ町村ハ他人ノ土地ヲ一時使用シ又ハ其ノ土石竹木其ノ他ノ物品ヲ使用シ若ハ收用スルコトヲ得但シ其ノ損失ヲ補償スヘシ

前項ノ場合ニ於テ危險防止ノ爲必要アルトキハ町村長、警察官吏又ハ監督官廳ハ町村内ノ居住者ヲシテ防禦ニ從事セシムルコトヲ得

第一項但書ノ規定ニ依リ補償スヘキ金額ハ協議ニ依リ之ヲ定ム協議調ハサルトキハ鑑定人ノ意見ヲ徴シ府縣知事之ヲ決定ス決定ヲ受ケタル者其ノ決定ニ不服アルトキハ内務大臣ニ訴願スルコトヲ得

前項ノ規定ハ文書ヲ以テ之ヲ爲シ其ノ理由ヲ附シ之ヲ本人ニ交付スヘシ
第一項ノ規定ニ依リ土地ノ一時使用ノ處分ヲ受ケタル者其處分ニ不服アルトキハ府縣知事ニ訴願シ其裁決ニ不服アルトキハ内務大臣ニ訴願スルコトヲ得
第百七條　町村税ノ賦課ニ關シ必要アル場合ニ於テハ當該吏員ハ日出ヨリ日沒迄ノ間營業者ニ關シテハ仍其ノ營業時間内家宅若ハ營業所ニ臨檢シ又ハ帳簿物件ノ檢査ヲ爲スコトヲ得
前項ノ場合ニ於テハ當該吏員ハ其ノ身分ヲ證明スヘキ證票ヲ携帶スヘシ
第百八條　町村長ハ納税者中特別ノ事情アル者ニ對シ納税延期ヲ許スコトヲ得其ノ年度ヲ超ユル場合ハ町村會ノ議決ヲ經ヘシ
町村ハ特別ノ事情アル者ニ限リ町村税ヲ減免スルコトヲ得
第百九條　使用料手數料及特別税ニ關スル事項ニ付テハ町村條例ヲ以テ之ヲ規定スヘシ
詐僞其ノ他不正ノ行爲ニ依リ使用料ノ徴收ヲ免レ又ハ町村税ヲ逋脱シタル者ニ付テハ町村條例ヲ以テ其徴收ヲ免レ又ハ逋脱シタル金額ノ三倍ニ相當スル金額（其ノ金額五圓未滿ナルトキハ五圓）以下ノ過料ヲ科スル規定ヲ設クルコトヲ得
前項ニ定ムルモノヲ除ク外使用料、手數料、及町村税ノ賦課徴收ニ關シテハ町村條例ヲ以テ五圓以下ノ過料ヲ科スル規定ヲ設クルコトヲ得

財產又ハ營造物ノ使用ニ關シ亦同シ
過料ノ處分ヲ受ケタル者其ノ處分ニ不服アルトキハ府縣參事會ニ訴願シ其裁決ニ不服アルトキハ行政裁判所ニ出訴スルコトヲ得
前項ノ裁決ニ付テハ府縣知事又ハ町村長ヨリモ訴訟ヲ提起スルコトヲ得
第百十條　町村稅ノ賦課ヲ受ケタル者其ノ賦課ニ付違法又ハ錯誤アリト認ムルトキハ徵稅令書ノ交付ヲ受ケタル日ヨリ三月以內ニ町村長ニ異議ノ申立ヲナスコトヲ得
財產又ハ營造物ヲ使用スル權利ニ關シ異議アル者ハ之ヲ町村長ニ申立ツルコトヲ得
前二項ノ異議ノ申立アリタルトキハ町村長ハ七日以內ニ之ヲ町村會ノ決定ニ付スヘシ決定ヲ受ケタル者其ノ決定ニ不服アルトキハ府縣參事會ニ訴願シ其ノ裁決又ハ第五項ノ裁決ニ不服アルトキハ行政裁判所ニ出訴スルコトヲ得
第一項及前項ノ規定ハ使用料手數料及加入金ノ徵收並夫役現品ノ賦課ニ關シ之ヲ準用ス
前二項ノ規定ニ依ル決定及裁決ニ付テハ町村長ヨリモ訴願又ハ訴訟ヲ提起スルコトヲ得
前三項ノ規定ニ依ル裁決ニ付テハ府縣知事ヨリモ訴訟ヲ提起スルコトヲ得
第百十一條　町村稅、使用料、手數料、加入金、過料、過怠金其ノ他ノ町村ノ收入ヲ定期內ニ納メサルモノアルトキハ町村長ハ期限ヲ指定シテ之ヲ督促スヘシ夫役現品ノ賦課ヲ受ケタル者定期内ニ其ノ履行ヲ爲サス又ハ夫役現品ニ代フル金錢ヲ納メサルトキハ町村長ハ期限ヲ指定シテ之ヲ督促スヘシ急迫ノ場合ニ賦課シタル夫役ニ付テハ更ニ之ヲ金額ニ算出シ期限ヲ指定シテ其ノ納付ヲ命スヘシ

前二項ノ場合ニ於テハ町村條例ノ定ムル所ニ依リ手數料ヲ徴收スルコトヲ得

滯納者第一項又ハ第二項ノ督促又ハ命令ヲ受ケ其ノ指定ノ期限内ニ之ヲ完納セサルトキハ國稅滯納處分ノ例ニ依リ之ヲ處分スヘシ

第一項乃至第三項ノ徴收金ハ府縣ノ徴收金ニ次テ先取特權ヲ有シ其ノ追徴還付及時効ニ付テハ國稅ノ例ニ依ル

前三項ノ處分ニ不服アル者ハ府縣參事會ニ訴願シ其ノ裁決ニ不服アルトキハ行政裁判所ニ出訴スルコトヲ得

前項ノ裁決ニ付テハ府縣知事又ハ町村長ヨリモ訴訟ヲ提起スルコトヲ得

第四項ノ處分中差押物件ノ公賣ハ處分ノ確定ニ至ル迄執行ヲ停止ス

第百十二條　町村ハ其負債ヲ償還スル爲町村ノ永久ノ利益ト爲ルヘキ支出ヲ爲ス爲又ハ天災事變等ノ爲必要アル場合ニ限リ町村債ヲ起スコトヲ得

町村債ヲ起スニ付町村會ノ議決ヲ經ルトキハ併セテ起債ノ方法利息ノ定率及償還ノ方法ニ付議決

ヲ經ヘシ

町村ハ豫算內ノ支出ヲ爲一時ノ借入金ヲ爲スコトヲ得

前項ノ借入金ハ其ノ會計年度內ノ收入ヲ以テ償還スヘシ

第二欵　歲入出豫算及決算

第百十三條　町村長ハ每會計年度歲入出豫算ヲ調製シ遲クトモ年度開始ノ一月前ニ町村會ノ議決ヲ經ヘシ

町村ノ會計年度ハ政府ノ會計年度ニ依ル

豫算ヲ町村會ニ提出スルトキハ町村長ハ併セテ事務報告書及財產表ヲ提出スヘシ

第百十四條　町村長ハ町村會ノ議決ヲ經テ既定豫算ノ追加又ハ更正ヲ爲スコトヲ得

第百十五條　町村費ヲ以テ支辨スル事件ニシテ數年ヲ期シテ其ノ費用ヲ支出スヘキモノハ町村會ノ議決ヲ經テ其ノ年期間各年度ノ支出額ヲ定メ繼續費ト爲スコトヲ得

第百十六條　町村ハ豫算外ノ支出又ハ豫算超過ノ支出ニ充ツル爲豫備費ヲ設クヘシ

特別會計ニハ豫備費ヲ設ケサルコトヲ得

豫備費ハ町村會ノ否決シタル費途ニ充ツルコトヲ得ス

第百十七條　豫算ハ議決ヲ經タル後直ニ之ヲ府縣知事ニ報告シ且其ノ要領ヲ告示スヘシ

第百十八條　町村ハ特別會計ヲ設クルコトヲ得
第百十九條　町村會ニ於テ豫算ヲ議決シタルトキハ町村長ヨリ其ノ謄本ヲ收入役ニ交付スヘシ
收入役ハ町村長又ハ監督官廳ノ命令アルニ非サレハ支拂ヲ爲ス事ヲ得ス命令ヲ受クルモ支出ノ豫算ナク且ツ豫備費支出費目流用其ノ他財務ニ關スル規定ニヨリ支出ヲ爲スコトヲ得サルトキ亦同シ
前二項ノ規定ハ收入役ノ事務ヲ兼掌シタル町村長又ハ助役ニ之ヲ準用ス
第百二十條　町村ノ支拂金ニ關スル時效ニ付テハ政府ノ支拂金ノ例ニ依ル
第百二十一條　町村ノ出納ハ毎月例日ヲ定メテ之ヲ檢査シ且毎會計年度少クトモ二回臨時檢査ヲ爲スヘシ
檢査ハ町村長之ヲ爲シ臨時檢査ニハ町村會ニ於テ選擧シタル議員二人以上立會ヲ要ス
第百二十二條　町村ノ出納ハ翌年度五月三十一日ヲ以テ閉鎖ス
決算ハ出納閉鎖後一月以内ニ證書類ヲ併セテ收入役ヨリ之ヲ町村長ニ提出スヘシ
町村長ハ之ヲ審査シ意見ヲ付シテ次ノ通常豫算ヲ議スル會議迄ニ之ヲ町村會ノ認定ニ付スヘシ
第六十七條第五項ノ場合ニ於テハ前項ノ例ニ依ル但シ町村長ニ於テ兼掌シタルトキハ直ニ町村會ノ認定ニ付スヘシ

決算ハ其ノ認定ニ關スル町村會ノ議決ト共ニ之ヲ府縣知事ニ報告シ且其ノ要領ヲ告示スヘシ
決算ノ認定ニ關スル會議ニ於テハ町村長及助役共ニ議長ノ職務ヲ行フコトヲ得ス
第百二十三條　豫算調製ノ式、費目流用其ノ他財務ニ關シ必要ナル規定ハ内務大臣之ヲ定ム

◎市制町村制施行令（拔萃）（大正一五、六、二四勅令二〇一）

第六章　市町村稅ノ賦課徵收

第四十條　市町村ノ内外ニ於テ營業所ヲ設ケ營業ヲ爲ス者ニシテ其營業又ハ收入ニ對スル本稅ヲ分別シテ納メサル者ニ對シ附加稅ヲ賦課セムトスルトキハ市町村長ハ關係市長又ハ町村長（町村長ニ準スヘキ者ヲ含ム）ト協議ノ上其ノ本稅額ノ歩合ヲ定ムヘシ
前項ノ協議調ハサルトキハ府縣知事之ヲ定メ其ノ數府縣ニ渉ルモノハ内務大臣及大藏大臣之ヲ定ムヘシ
第一項ノ場合ニ於テ直接ニ收入スルコトナキ營業所アルトキハ他ノ營業所ト收入ヲ共通スルモノト認メ前二項ノ規定ニ依リ本稅額ノ歩合ヲ定ムヘシ
府縣ニ於テ數府縣ニ渉ル營業又ハ其ノ收入ニ對シ營業稅附加稅、營業收益稅附加稅、又ハ所得稅

附加税賦課ノ歩合ヲ定メタルモノアルトキハ其ノ歩合ニ依ル本税額ヲ以テ其ノ府縣ニ於ケル本税額ト看做ス

第四十一條　鑛區（砂鑛區ヲ含ム以下同シ）カ市町村ノ內外ニ渉ル場合ニ於テ鑛區税（砂鑛區ヲ含ム）ノ附加税ヲ賦課セムトスルトキハ鑛區ノ屬スル地表ノ面積ニ依リ其ノ本税額ヲ分割シ其ノ一部ニノミ賦課スヘシ

市町村ノ內外ニ於テ鑛業ニ關スル事務所其ノ他ノ營業所ヲ設ケタル場合ニ於テ鑛産税ノ附加税ヲ賦課セムトスルトキハ前條ノ例ニ依ル、鑛區カ營業所所在ノ市町村ノ內外ニ渉ル場合亦同シ

第四十二條　住所滯在カ市町村ノ內外ニ渉ル者ノ收入ニシテ土地家屋物件又ハ營業所ヲ設ケタル營業ヨリ生スル收入ニ非サルモノニ對シ市町村税ヲ賦課セムトスルトキハ其ノ收入ヲ平分シ其ノ一部ニノミ賦課スヘシ

前項ノ住所又ハ滯納カ其ノ時ヲ異ニシタルトキハ納税義務ノ發生シタル翌月ノ初メヨリ其ノ消滅シタル月ノ終リ迄月割ヲ以テ賦課スヘシ但シ賦課後納税義務者ノ住所又ハ滯在ニ異動ヲ生スルモ賦課額ハ變更セス其ノ新ニ住所ヲ有シ又ハ滯在スル市町村ニ於テハ賦課ナキ部分ニノミ賦課スヘシ

住所滯在カ同一府縣內ノ內外ニ渉ル者其ノ住所又ハ滯在ノ時ヲ異ニシタル場合ニ於テ其ノ者ニ對

シ戶數割附加稅ヲ賦課セムトスルトキハ前項ノ規定ヲ準用ス
第四十三條　市町村稅ヲ徵收セムトスルトキハ市町村長ハ徵稅令書ヲ納稅人ニ交付スヘシ
第四十四條　徵稅令書ヲ受ケタル納稅人納期內ニ稅金ヲ完納セサルトキハ市町村長ハ直ニ督促狀ヲ發スヘシ
第四十五條　督促ヲ爲シタル場合ニ於テハ一月ニ付稅金額ノ萬分ノ四以內ニ於テ市町村ノ定ムル割合ヲ以テ納期限ノ翌日ヨリ稅金完納又ハ財產差押ノ日ノ前日迄ノ日數ニ依リ計算シタル延滯金ヲ徵收スヘシ但シ左ノ各號ノ一ニ該當スル場合又ハ滯納ニ付市町村長ニ於テ酌量スヘキ情狀アリト認ムルトキハ此ノ限ニ在ラス
一、令書一通ノ稅金額五圓未滿ナルトキ
二、納期ヲ繰上ケ徵收ヲナストキ
三、納稅者ノ住所及居所カ帝國內ニ在ラサル爲又ハ共ニ不明ナル爲公示送達ノ方法ニ依リ納稅ノ命令又ハ督促ヲ爲シタルトキ
督促狀ノ指定期限迄ニ稅金督促手數料ヲ完納シタルトキハ之ヲ徵收セス
第四十六條　納稅人左ノ場合ニ該當スルトキハ徵收令書ヲ交付シタル市町村稅ニ限リ納期前ト雖モ之ヲ徵收スルコトヲ得

一、國稅徵收法ニ依ル滯納處分ヲ受クルトキ
二、强制執行ヲ受クルトキ
三、破產ノ宣告ヲ受ケタルトキ
四、競賣ノ開始アリタルトキ
五、法人カ解散ヲナシタルトキ
六、納稅人脫稅又ハ逋稅ヲ謀ル所爲アリト認ムルトキ
第四十六條ノ二　相續人又ハ相續財團ハ被相續人ニ對シ相續開始前ノ事實ニ付賦課セラルヘキ市町村稅ヲ納ムル義務ヲ負フ但シ戶主ノ死亡以外ノ原因ニ依リ家督相續ノ開始アリタルトキハ被相續人モ亦納ムル義務ヲ負フ
國籍喪失ニ因ル相續人又ハ限定相續ヲ爲シタル相續人ハ相續ニ因リテ得タル財產ヲ限度トシテ前項ノ義務ヲ負フ
第四十七條　相續開始ノ場合ニ於テハ市町村稅、督促手數料、延滯金及滯納處分費ハ相續財團又ハ相續人ヨリ之ヲ徵收スヘシ但シ戶主ノ死亡以外ノ原因ニ依リ家督相續ノ開始アリタルトキハ被相續人ヨリモ之ヲ徵收スルコトヲ得
國籍喪失ニ因ル相續人又ハ限定承認ノ爲シタル相續人ハ相續ニ因リテ得タル財產ヲ限度トシテ市

町村税、督促手數料延滯金及滯納處分費ヲ納付スル義務ヲ有ス
法人合併ノ場合ニ因リ消滅シタル法人ノ納付スヘキ市町村税、督促手數料、延滯金及滯納處分費ハ合併後存續スル法人又ハ合併ニ因リテ設立シタル法人ヨリ之ヲ徴收スヘシ
第四十八條　共有物、共同事業ニ因リ生シタル物件又ハ共同行爲ニ係ル市町村税、督促手數料、延滯金及滯納處分費ハ納税者連帶シテ其ノ義務ヲ負擔ス
第四十九條　同一年度ノ市町村税ニシテ既納ノ税金過納ナルトキハ爾後ノ納期ニ於テ徴收スヘキ同一税目ノ税金ニ充ツコトヲ得
第五十條　納税義務者納税地ニ住所又ハ居所ヲ有セサルトキハ納税ニ關スル事項ヲ處理セシムル爲納税管理人ヲ定メ市町村長ニ申告スヘシ其ノ納税管理人ヲ變更シタルトキ亦同シ
第五十一條　徴税令書、督促狀及滯納處分ニ關スル書類ハ名宛人ノ住所又ハ居所ニ送達ス名宛人カ相續財團ニシテ財產管理人アルトキハ財產管理人ノ住所又ハ居所ニ送達ス
納税管理人アルトキハ納税ノ告知及督促ニ關スル書類ニ限リ其ノ住所又ハ居所ニ送達ス
第五十二條　書類ノ送達ヲ受クヘキ者カ其ノ住所若ハ居所ニ於テ書類ノ受取ヲ拒ミタルトキ又ハ其ノ者ノ住所及居所カ帝國内ニアラサルトキ若ハ共ニ不明ナルトキハ書類ノ要旨ヲ公告シ公告ノ初日ヨリ七日ヲ經過シタルトキハ書類ノ送達アリタルモノト看做ス

第五十三條　市町村長ハ内務大臣及大藏大臣ノ指定シタル市町村稅ニ付テハ其ノ徵收ノ便宜ヲ有スル者ヲシテ之ヲ徵收セシムルコトヲ得

前項ノ市町村稅ノ徵收ニ付テハ第四十三條ノ規定ニ依ラサルコトヲ得

第五十四條　前條第一項ノ規定ニ依リ市町村稅ヲ徵收セシムル場合ニ於テハ納稅人ハ其ノ稅金ヲ徵收義務者ニ支拂ハシムニヨリテ納稅ノ義務ヲ了ス

第五十五條　第五十三條第一項ノ規定ニ依ル徵收義務者ハ徵收スヘキ市町村稅ヲ市町村長ノ指定シタル期日前ニ市町村ニ拂込ムヘシ其ノ期日迄ニ拂込マサルトキハ市町村長ハ相當ノ期限ヲ指定シ督促狀ヲ發スヘシ

第五十六條　市町村ハ前條ノ徵收ノ費用トシテ拂込金額ノ百分ノ四ヲ徵收義務者ニ交付スヘシ

第五十七條　第五十三條第一項ノ規定ニ依ル徵收義務者避クヘカラサル災害ニ依リ既收ノ稅金ヲ失ヒタルトキハ其ノ稅金拂込義務ノ免除ヲ市町村長ニ申請スルコトヲ得

市町村長前項ノ申請ヲ受ケタルトキハ七日以內ニ市參事會又ハ町村會ノ決定ニ付スヘシ市參事會又ハ町村會ハ其ノ送付ヲ受ケタル日ヨリ三月以內ニ之ヲ決定スヘシ

前項ノ決定ニ不服アルモノハ府參事會ニ訴願シ其ノ裁決又ハ第四項ノ裁決ニ不服アル者ハ內務大臣ニ訴願スルコトヲ得

第二項ノ決定ニ付テハ市町村長ヨリモ訴願ヲ提起スルコトヲ得
第二項ノ決裁ニ付テハ市町村長又ハ府縣知事ヨリモ內務大臣ニ訴願スルコトヲ得
府縣參事會訴願ヲ受理シタルトキハ其ノ日ヨリ三月以內ニ之ヲ裁決スヘシ
市制第六十條第一項乃至第三項又ハ町村制第百四十條第一項乃至第三項ノ規定ハ第三項乃至第五項ノ訴願ニ之ヲ準用ス
第二項ノ決定ハ文書ヲ以テ之ヲ爲シ其ノ理由ヲ附シ之ヲ本人ニ交付スヘシ
第五十八條　第四十五條乃至第四十八條ノ規定ハ第五十三條第一項ノ規定ニ依リ市町村稅ヲ徵收セシムル場合ノ拂込金ニ之ヲ準用ス

◎市制町村制施行規則（拔萃）（大正一五、六、二四　內務省令一九）

第三章　市町村ノ財務

第三十三條　市町村稅其ノ他一切ノ收入ヲ歲入トシ一切ノ經費ヲ歲出トシ歲入歲出ハ豫算ニ編入スヘシ
第三十四條　各年度ニ於テ決定シタル歲入ヲ以テ他ノ年度ニ屬スヘキ歲出ニ充ツルコトヲ得ス

第三十五條　歲入ノ所屬年度ハ左ノ區分ニ依ル

一、納期ノ一定シタル收入ハ其ノ納期末日ニ屬スル年度

二、定期賦課スルコトヲ得サルカ爲特ニ納期ヲ定メタル收入又ハ隨時ノ收入ニシテ徵稅令書、賦課令書又ハ納額告知書ヲ發スルモノハ令書又ハ告知書ヲ發シタル日ノ屬スル年度

三、隨時ノ收入ニシテ徵稅令書、賦課令書又ハ納額告知書ヲ發セサルモノハ領收ヲ爲シタル日ノ屬スル年度但シ市町村債、交付金、補助金、寄附金、請負金、償還金其ノ他之ニ類スル收入ニシテ其ノ收入ヲ豫算シタル年度ノ出納閉鎖前ニ領收シタルモノハ其ノ豫算ノ屬スル年度

第三十六條　豫出ノ所屬年度ハ左ノ區分ニ依ル

一、費用辨償、報酬、給料、旅費、退隱料、退職給與金、死亡給與金、遺族扶助料、其ノ他ノ給與、傭人料ノ類ハ其ノ支給スヘキ事實ノ生シタル時ノ屬スル年度但シ別ニ定マリタル支拂期日アルトキハ其ノ支拂期日ノ屬スル年度

二、通信運搬費、土木建築其ノ他物件ノ購入代價ノ類ハ契約ヲ爲シタル時ノ屬スル年度但シ契約ニヨリ定メタル支拂期日アルトキハ其ノ支拂期日ノ屬スル年度

三、市町村債ノ元利金ニシテ支拂期日ノ定アルモノハ其ノ支拂期日ノ屬スル年度

四、補助金、寄附金、負擔金ノ類ハ其ノ支拂ヲ豫算シタル年度

五、缺損補塡ハ其ノ補塡ノ決定ヲ爲シタル日ノ屬スル年度
六、前各號ニ揭クルモノヲ除クノ外ハ總テ支拂命令ヲ發シタル日ノ屬スル年度
第三十七條　各年度ニ於テ歲計ニ剩餘アルトキハ翌年度歲入ニ編入スヘシ但市町村條例ノ規定又ハ市町村會ノ議決ニ依リ剩餘金ノ全部又ハ一部ヲ基本財產ニ編入スル場合ニ於テハ繰越ヲ要セス之カ支出ヲナスコトヲ得
第三十八條　市町村稅ハ徵稅令書ニ依リ夫役現品ハ賦課令書ニ依リ負擔金使用料、手數料、加入料過料、過怠金及物件ノ賃貸料ノ類ハ納額告知書ニ依リ之ヲ徵收シ其ノ他ノ收入ハ納付書ニヨリ收入スヘシ但シ市制町村制施行令第五十三條ノ規定ニ依リ徵收スル市町村稅及急迫ノ場合ニ賦課スル夫役竝ニ納額告知書又ハ納付書ニ依リ難キモノニ付テハ此ノ限ニ在ラス
第三十九條　支出ハ債主ニ對スルニ非サレハ之ヲ爲スコトヲ得ス
第四十條　左ノ經費ニ付テハ市町村吏員ヲシテ現金支拂ヲ爲サシムル爲其ノ資金當該官吏ニ前渡スルコトヲ得
一、市町村債ノ元利支拂
二、外國ニ於テ物品ヲ購入スル爲必要ナル經費
三、市町村外遠隔ノ地ニ於テ支拂ヲナス經費

特別ノ必要アルトキハ前項ノ資金前渡ハ市町村吏員以外ノ者ニ爲スコトヲ得

第四十一條　旅費及訴訟費用ニ付テハ概算拂ヲナスコトヲ得

第四十二條　前二條ニ揭クルモノノ外必要アルトキハ市町村ハ府縣知事ノ許可ヲ得テ資金前渡又ハ概算拂ヲ爲スコトヲ得

第四十三條　前金支拂ニ非サレハ購入又ハ借入契約ヲ爲シ難キモノニ付テハ前金拂ヲ爲スコトヲ得

第四十四條　歲入ノ誤納過納ト爲リタル金額ノ拂戾ハ各之ヲ收入シタル歲入ヨリ支拂ヘシ
歲出ノ誤拂過渡ト爲リタル金額、資金前渡、概算拂、前金拂及繰替拂ノ返納ハ各之ヲ支拂ヒタル經費定額ニ戾入スヘシ

第四十五條　出納閉鎖後ノ收入支出ハ之ヲ現年度ノ歲入歲出ト爲スヘシ
前條ノ拂戾入金ノ出納閉鎖後ニ係ルモノ亦同シ

第四十六條　繼續費ハ每年度ノ支拂殘額ヲ繼續年度ノ終リ迄遞次繰越使用スルコトヲ得

第四十七條　歲入歲出豫算ハ必要アルトキハ之ヲ經常臨時ノ二部ニ分ツヘシ
歲入歲出豫算ハ之ヲ款項ニ區分スヘシ

第四十八條　歲入歲出豫算ニハ豫算說明ヲ附スヘシ

第四十九條　特別會計ニ屬スル歲入歲出ハ別ニ其ノ豫算ヲ調製スヘシ

第五　十條　市町村歲入歲出豫算ハ別記市町村歲入歲出豫算樣式ニ依リ之ヲ調製スヘシ

第五十一條　繼續費ノ年期及支出方法ハ別記繼續費ノ年期及支出方法樣式ニ依リ之ヲ調製スヘシ

第五十二條　豫算ハ會計年度經過後ニ於テ更正又ハ追加ヲ爲スコトヲ得ス

第五十三條　豫算ニ定メタル各款ノ金額ハ彼此流用スルコトヲ得ス

豫算各項ノ金額ハ市町村會ノ議決ヲ經テ之ヲ流用スルコトヲ得

第五十四條　決算ハ豫算ト同一ノ區分ニ依リ之ヲ調製シ豫算ニ對スル過不足說明ヲ附スヘシ

第五十五條　會計年度經過後ニ至リ收入ヲ以テ支出ニ充ツルニ足ラサルトキハ府縣知事ノ許可ヲ得テ翌年度ノ歲入ヲ繰上ケ之ニ充用スルコトヲ得

第五十六條　市ハ其ノ歲入歲出ニ屬スル公金ノ受拂ニ付郵便振替貯金ノ方法ニ依ルコトヲ得

第五十七條　市町村ハ現金出納及保管ノ爲市町村金庫ヲ置クコトヲ得

第五十八條　金庫事務ノ取扱ヲ爲サシムヘキ銀行ハ市町村會ノ議決ヲ經テ市町村長之ヲ定ム

第五十九條　金庫ハ收入役ノ通知アルニ非サレハ現金ノ出納ヲ爲スコトヲ得ス

第六　十條　金庫事務ノ取扱ヲ爲ス者ハ現金ノ出納保管ニ付市町村ニ對シテ責任ヲ有ス

第六十一條　市町村ハ金庫事務ノ取扱ヲ爲ス者ヨリ擔保ヲ徵スヘシ、其ノ種類、價格及程度ニ關シ

テハ市町村會ノ議ヲ經テ市町村長之ヲ定ム

第六十二條　金庫事務ノ取扱ヲ爲ス者ノ保管スル現金ハ市町村ノ歳入歳出ニ屬スルモノニ限リ支出ニ妨ケナキ限度ニ於テ市町村ハ其ノ運用ヲ許スコトヲ得

前項ノ場合ニ於テ金庫事務ノ取扱ヲ爲ス者ハ市町村ノ定ムル所ニ依リ利子ヲ市町村ニ納付スヘシ

第六十三條　收入役ハ定時及臨時ニ現金帳簿ヲ檢査スヘシ

第六十四條　市町村ハ收入役ヲシテ其ノ保管ニ屬スル市町村歳計現金ヲ郵便官署又ハ銀行若ハ信用組合ニ預入セシムルコトヲ得

前項ノ銀行及信用組合ニ付テハ府縣知事ノ許可ヲ受クルコトヲ要ス

第六十五條　第三十三條乃至前條ニ規定スルモノノ外市町村ハ府縣知事ノ許可ヲ得テ必要ナル規定ヲ設クルコトヲ得

第六十六條　第三十三條乃至第五十五條及前條ノ規定ハ市町村ノ一部ニ之ヲ準用ス

◉地方税ニ關スル法律（大正一五、三、二七 法律 二四）

第一條　北海道府縣ハ本法ニ依リ特別地税、家屋税、營業税及雜種税ヲ賦課スルコトヲ得

第二條　特別地稅ハ地租條例第十三條ノ二ノ規定ニ依リテ地租ヲ徵收セサル田畑ニ對シ地租條例第一條ノ地價ヲ標準トシテ之ヲ賦課ス

特別地稅ノ徵收ニ關シテハ地租條例第十三條ノ規定ヲ準用ス

第三條　特別地稅ノ賦課率ハ北海道ニ在リテハ地價百分ノ二、六以內、府縣ニ在リテハ地價百分ノ三、七以內トス

特別地稅ニ對シ市町村其ノ他ノ公共團體ニ於テ賦課スヘキ附加稅ノ賦課率ハ前項ニ規定スル制限ノ百分ノ八十以內トス

第四條　府縣費ノ全部ノ分賦ヲ受ケタル市ハ第二條ノ例ニ依リ地價百分ノ二、九ノ外其ノ分賦金額以內ニ限リ前條第一項ニ規定スル制限ニ達スル迄特別地稅ヲ賦課スルコトヲ得

北海道地方費又ハ府縣費ノ一部ノ分賦ヲ受ケタル市町村ハ前條第二項ニ規定スル制限ノ外其ノ分賦金額以內ニ限リ特別地稅附加稅ヲ賦課スルコトヲ得但シ北海道、府縣ノ賦課額ト市町村ノ賦課額トノ合算額ハ前條第一項ニ規定スル制限ヲ超ユルコトヲ得ス

第五條　特別地稅又ハ其ノ附加稅ト段別割トヲ併課スル場合ニ於テハ段別割ノ總額ハ第三條又ハ前條ノ規定ニ依リテ其ノ地目ノ土地ニ對シ賦課シ得ヘキ制限額ト特別地稅額又ハ其ノ附加稅額トノ差額ヲ超ユルコトヲ得ス

第六條　特別地稅又ハ其ノ附加稅ノ賦課カ第三條乃至前條ニ規定スル制限ニ達シタル場合ニ非サレハ明治四十一年法律第三十七號第五條ノ規定ニ依ル地租、營業收益稅又ハ所得稅ノ附加稅ノ制限外課稅ヲ爲スコトヲ得ス
特別地稅又ハ其ノ附加稅ト段別割トヲ併課シタル場合ニ於テ一地目ニ對スル賦課カ前條ニ規定スル制限ニ達シタルトキハ前項ノ規定ノ適用ニ付テハ特別地稅又ハ其ノ附加稅カ制限ニ達シタルモノト看做ス
第七條　特別ノ必要アル場合ニ於テハ內務大臣及大藏大臣ノ許可ヲ受ケ第三條乃至第五條ニ規定スル制限ヲ超過シ其ノ百分ノ十二以內ニ於テ特別地稅又ハ其ノ附加稅ヲ賦課スルコトヲ得
左ニ揭クル場合ニ於テハ特ニ內務大臣及大藏大臣ノ許可ヲ受ケ前項ニ規定スル制限ヲ超過シテ課稅スルコトヲ得
一　內務大臣及大藏大臣ノ許可ヲ受ケテ起シタル負債ノ元利償還ノ爲費用ヲ要スルトキ
二　非常ノ災害ニ因リ復舊工事ノ爲費用ヲ要スルトキ
三　水利ノ爲費用ヲ要スルトキ
四　傳染病豫防ノ爲費用ヲ要スルトキ
前二項ノ規定ニ依リ制限ヲ超過シテ課稅スルハ營業收益稅及所得稅ノ附加稅ノ賦課カ明治四十一

年法律第三十七號第二條及第三條ニ規定スル制限ニ達シタルトキニ限ル

第八條　特別地税及其ノ附加税ノ賦課率ハ當該年度ノ豫算ニ於テ定メタル田畑ニ對スル地租附加税ノ賦課率ヲ以テ算定シタル地租附加税額ノ當該田畑ノ地價ニ對スル比率ヲ超ユルコトヲ得ス

第九條　家屋税ハ家屋ノ賃貸價格ヲ標準トシテ家屋ノ所有者ニ之ヲ賦課ス

第十　家屋ノ賃貸價格ハ家屋税調査委員ノ調査ニ依リ北海道ニ在リテハ北海道廳長官、府縣ニ在リテハ府縣知事之ヲ決定ス

第十一條　左ニ掲クル家屋ニ對シテハ命令ノ定ムル時ニ依リ家屋税ヲ賦課セサルコトヲ得

一　時ノ使用ニ供スル家屋

二　賃價格一定額以下ノ家屋

三　公益上其ノ他ノ事由ニ因リ課税ヲ不適當トスル家屋

第十　條　府縣費ノ全部ノ分賦ヲ受ケタル市ハ第九條乃至前條ノ例ニ依リ家屋税ヲ賦課スルコトヲ得此ノ場合ニ於テハ府縣知事ノ職務ハ市長之ヲ行フ

第十三條　家屋税及其ノ附加税ノ賦課率及賦課ノ制限並ニ家屋ノ賃貸價格ノ算定及家屋税調査委員ノ組織ニ關シテハ勅令ヲ以テ之ヲ定ム

第十四條　營業税ハ營業收益税ノ賦課ヲ受ケサル營業者及營業收益税ヲ賦課セサル營業ヲ爲ス者ニ

之ヲ賦課ス
第十五條　營業税ヲ賦課スヘキ營業ノ種類ハ營業收益税法第二條ニ掲クルモノ及勅令ヲ以テ定ムルモノニ限ル
第十六條　府縣費ノ全部ノ分賦ヲ受ケタル市ハ第十四條及前條ノ例ニ依リ營業税ヲ賦課スルコトヲ得
第十七條　第十一條第三號ノ規定ハ營業税ニ之ヲ準用ス
第十八條　營業税ノ課税標準竝營業税及其ノ附加税ノ賦課ノ制限ニ關シテハ勅令ヲ以テ之ヲ定ム
第十九條　雜種税ヲ賦課スルコトヲ得ヘキモノノ種類ハ勅令ヲ以テ定ムルモノ竝內務大臣及大藏大臣ノ許可ヲ受ケタルモノニ限ル
第二十條　第十一條第三號ノ規定ハ雜種税ニ之ヲ準用ス
第二十一條　雜種税ノ課税標準竝ニ雜種税及其ノ附加税ノ賦課ノ制限ニ關シテハ勅令ヲ以テ之ヲ定ム
第二十二條　市町村ハ本法ニ依リ戶數割ヲ賦課スルコトヲ得
第二十三條　戶數割ハ一戶ヲ構フル者ニ之ヲ賦課ス
戶數割ハ一戶ヲ構ヘサルモ獨立ノ生計ヲ營ム者ニ之ヲ賦課スルコトヲ得

第二十四條　戸數割ハ納稅義務者ノ資力ヲ標準トシテ之ヲ賦課ス
第二十五條　戸數割ノ課稅標準タル資力ハ納稅義務者ノ所得額及資產ノ狀況ニ依リ之ヲ算定ス
第二十六條　第十一條第三號ノ規程ハ戸數割ニ之ヲ準用ス
第二十七條　戸數割ノ賦課ノ制限、納稅義務者ノ資產ノ狀況ニ依リ資力ヲ算定シテ賦課スヘキ額其ノ他納稅義務者ノ資力算定ニ關シテハ勅令ヲ以テ之ヲ定ム
第二十八條　北海道府縣以外公共團體ニ對スル第七條ノ許可ノ職權ハ勅令ノ定ムル所ニ依リ之ヲ地方長官ニ委任スルコトヲ得

附　則

本法ハ大正十五年度分ヨリ之ヲ適用ス但シ家屋稅營業稅及雜種稅其ノ附加稅竝戸數割ニ關スル規定ハ大正十六年度分ヨリ之ヲ適用ス
明治十三年第十六號布告及同年第十七號布告ハ大正十五年度分限リ之ヲ廢止ス
第六條及第七條中營業收益稅トアルハ大正十五年度分特別地稅及其ノ附加稅ニ付テハ國稅營業稅トス
家屋稅ハ大正十八年度分迄ニ限リ第九條乃至第十二條ノ規定ニ拘ラス別ニ勅令ノ定ムル所ニ依リ之ヲ賦課スルコトヲ得

◉地方稅ニ關スル法律施行ニ關スル件（大正一五、一一、一六 勅令 三 三 九）

第一條　大正十五年法律第二十四號第九條ノ家屋トハ、住家、倉庫、工場其ノ他各種ノ建物ヲ謂フ

第二條　家屋ノ賃貸價格ハ貸主カ公課、修繕費其ノ他家屋ノ維持ニ必要ナル經費ヲ負擔スル條件ヲ以テ家屋ヲ賃貸スル場合ニ於テ賦課期日ノ現狀ニ依リ貸主ノ收得スヘキ金額ノ年額ヲ以テ之ヲ算定ス

第三條第一項及第二項ノ場合ニ於テハ其ノ家屋ノ賃貸價格ハ前項ノ規定ニ依リテ算定シタル類似ノ他ノ家屋ノ賃貸價格ニ比準シテ之ヲ定ム

第三條　家屋稅ノ賦課期日後建築セラレタル家屋ニ付テハ工事竣成ノ翌月ヨリ月割ヲ以テ家屋稅ヲ賦課ス

大正十五年法律第二十四號第十一條ノ規定ニ基キテ家屋稅ヲ賦課セサル家屋又ハ法律ニ依リテ家屋稅ヲ賦課スルコトヲ得サル家屋カ家屋稅ノ賦課期日後之ヲ賦課スルコトヲ得ヘキモノト爲リタルトキハ其ノ翌月ヨリ月割ヲ以テ家屋稅ヲ賦課ス

家屋稅ノ賦課期日後家屋カ滅失シ其ノ他家屋トシテノ効用ヲ失ヒタルトキハ納稅義務者ノ申請ニ依リ其ノ月迄月割ヲ以テ家屋稅ヲ賦課ス

大正十五年法律第二十四號第十一條ノ規定ニ基キテ家屋稅ヲ賦課セサル家屋又ハ法律ニ依リテ家屋稅ヲ賦課スルコトヲ得サル家屋ト爲リタルトキ亦同シ

第四條　家屋稅ノ賦課後前項ノ事實ヲ生スルモ其ノ賦課ハ之ヲ變更セス

第四條　大正十五年法律第二十四號附則第四項ノ規定ニ依リテ府縣ニ於テ家屋稅ヲ賦課スル場合ニ於テハ建物ノ構造、坪數、用途及敷地ノ地位ニ依リ家屋ニ等差ヲ設ケテ之ヲ賦課ス

第五條　大正十五年法律第二十四號附則第四項ノ規定ニ依リテ家屋稅ヲ賦課スル場合ニ於テハ府縣ハ家屋稅總

額ヲ市町村ニ配當スルコトヲ得此ノ場合ニ於テハ家屋稅總額ノ半額ハ之ヲ豫算ノ屬スル年度ノ前年度始ニ於ケル市町村內宅地地價ニ、他ノ半額ハ之ヲ豫算ノ屬スル年度ノ前年度始ニ於ケル市町村ノ戶數（法人ノ本店及支店ノ數ヲ含ム）ニ比例シテ配當スヘシ

家屋稅ヲ賦課スヘキ年度ノ前年度又ハ家屋稅ノ配當前ニ於テ市町村ノ廢置分合又ハ境界變更アリタルトキハ關係市町村ニ於ケル配當標準ハ府知事之ヲ定ム但シ配當標準ニ異動ナキ場合ハ此ノ限ニ在ラス

家屋稅ノ配當額ハ配當標準ニ異動アルモ配當後ハ之ヲ改正セス但シ配當標準ニ錯誤アリタルトキハ當該市町村ニ限リ當初ノ配當率ヲ以テ其ノ配當額ヲ改定スルコトヲ得

家屋稅ノ配當後其ノ賦課前ニ於テ市町村ノ廢置分合又ハ境界變更アリタルトキハ府縣知事關係市町村ノ配當額ヲ新ニ定メ又ハ改定ス但シ配當標準ニ異動ナキ場合ハ此ノ限ニ在ラス

第六條　前二條ノ規定ニ依リ難キ特別ノ事情アル府縣ハ內務大臣及大藏大臣ノ許可ヲ受ケ別ノ賦課方法ニ依リ家屋稅ヲ賦課スルコトヲ得

第七條　第四條及前條ノ規定ハ府縣費ノ全部ノ分賦ヲ受ケタル市ニ於テ大正十五年法律第二十四號附則第四項ノ規定ニ依リテ家屋稅ヲ賦課スル場合ニ關シ之ヲ準用ス

第八條　家屋ノ賃貸價格ニ對スル賦課率ハ內務大臣及大藏大臣ノ許可ヲ受ケ府縣ニ於テ之ヲ定ム

第四條乃至第六條ノ規定ニ依リテ家屋稅ヲ賦課セントスル場合ニ於テハ府縣ハ其ノ豫算總額ニ付內務大臣及大藏大臣ノ許可ヲ受クヘシ

第九條　前條ノ規定ハ府縣費ノ全部ノ分賦ヲ受ケタル市ニ於テ賦課スヘキ家屋稅ニ關シ之ヲ準用ス

第十條　戶數割ヲ賦課スル市町村ニ於テ賦課スヘキ家屋稅附加稅ノ賦課率ハ本稅百分ノ五十以內トス

特別ノ必要アル場合ニ於テハ內務大臣及大藏大臣ノ許可ヲ受ケ前項ニ規定スル制限ヲ超過シ其ノ百分ノ十二

以內ニ於テ課稅スルコトヲ得

左ニ揭クル場合ニ於テハ特ニ內務大臣及大藏大臣ノ許可ヲ受ケ前項ニ規定スル制限ヲ超過シテ課稅スルコトヲ得

一　內務大臣及大藏大臣ノ許可ヲ受ケテ起シタル負債ノ元利償還ノ爲費用ヲ要スルトキ

二　非常ノ災害ニ因リ復舊工事ノ爲費用ヲ要スルトキ

三　水利ノ爲費用ヲ要スルトキ

四　傳染病豫防ノ爲費用ヲ要スルコト

前二項ノ規定ニ依リテ制限外課稅ヲ爲スハ特別地稅附加稅カ大正十五年法律第二十四號第七條ノ規定ニ依リテ制限外課稅ヲ爲ス場合ニ限ル但シ特別地稅附加稅ナキトキハ地租附加稅又ハ段別割カ明治四十一年法律第三十七號第五條ノ規定ニ依リテ制限外課稅ヲ爲ス場合ニ限ル

第十一條　內務大臣及大藏大臣カ戶數割ヲ賦課シ難キモノト認メタル市町村ニ於テ賦課スヘキ家屋稅附加稅ハ左ノ制限ヲ超ユルコトヲ得ス

一　市ニ在リテハ其ノ總額當該年度ニ於ケル市稅豫算總額ノ百分ノ三十六但シ明治四十一年法律第三十七號第三條第三項ノ規定ニ依リテ所得稅附加稅ヲ賦課スル場合ニ於テハ當該年度ニ於ケル市稅豫算總額ノ百分ノ三十

二　町村ニ在リテハ其ノ總額當該年度ニ於ケル町村稅豫算總額ノ百分ノ六十但シ明治四十一年法律第三十七號第三條第三項ノ規定ニ依リテ所得稅附加稅ヲ賦課スル場合ニ於テハ當該年度ニ於ケル町村稅豫算總額ノ百分ノ五十五

特別ノ必要アル場合ニ於テハ內務大臣及大藏大臣ノ許可ヲ受ケ前項ニ規定スル制限ヲ超過シテ課稅スルコト

ヲ得

第十二條　大正十五年法律第二十四號第十五條ノ規定ニ依リ營業稅ヲ賦課スヘキ營業ノ種類ヲ定ムルコト左ノ如シ

運河業

棧橋業

船舶碇繫場業

貨物陸揚場業

兩替業

湯屋業

理髮業

寄席業

遊技場業

遊覽所業

藝妓置屋業

第十三條　營業收益稅法第二條ニ揭クル營業ニ對スル營業稅ノ賦課額ハ同法ニ依ル個人ノ營業收益稅額ノ最低額未滿トス

第十四條　營業稅ノ課稅標準ハ內務大臣大藏大臣之ヲ定ム

第十五條年稅又ハ期稅タル營業稅ノ賦課期日後納稅義務ノ發生シタル者ニ對シテハ其ノ發生ノ翌月ヨリ月割ヲ以テ營業稅ヲ賦課ス

前項ノ營業稅ノ賦課期日後納稅義務ノ消滅シタル者ニ對シテハ其ノ消滅シタル月迄月割ヲ以テ營業稅ヲ賦課ス

第一項ノ營業稅ニ付テハ其ノ賦課後營業ノ承繼アリタル場合ニ於テハ前營業者ノ納稅ヲ以テ後ノ營業者ノ納稅ト看做シ前二項ノ規定ヲ適用セス

月稅タル營業稅ノ賦課期日後其ノ月十五日迄ニ納稅義務發生シタルトキハ其ノ營業稅ノ全額十六日以後納稅義務發生シタルトキ又ハ十五日迄ニ納稅義務消滅シタルトキハ其ノ半額ヲ賦課ス

前二項ノ場合ニ一ノ府縣ニ於テ納稅義務消滅シ他ノ府縣ニ於テ納稅義務發生シタルトキハ納稅義務ノ發生シタル府縣ハ納稅義務ノ消滅シタル府縣ニ於テ賦課シタル部分ニ付テハ營業稅ヲ賦課スルコトヲ得ス

第十六條　營業稅附加稅ノ賦課率ハ本稅百分ノ八十以內トス

特別ノ必要アル場合ニ於テハ府縣知事ノ許可ヲ受ケ前項ニ規定スル制限ヲ超過シテ課稅スルコトヲ得

第十七條　大正十五年法律第二十四號第十九條ノ規定ニ依リ雜種稅ヲ賦課スルコトヲ得ヘキモノノ種類ヲ定ムルコト左ノ如シ

船

車

水車

市場

電柱

金庫

牛馬

犬
狩獵
屠畜
不動産收得
漁業
遊藝師匠、遊藝人、相撲、俳優、藝妓其ノ他之ニ類スル者
演劇其ノ他ノ興行
遊興

前項ニ揭クル課目ハ府縣ニ於テ之ヲ取捨スルコトヲ得

特別ノ必要アル場合ニ於テ第一項ノ種類以外ノモノニ對シ雜種稅ヲ賦課セントスルトキハ內務大臣及大藏大臣ノ許可ヲ受クヘシ

第十八條　第十五條ノ規定ハ雜種稅ノ賦課ニ之ヲ準用ス

第十九條　雜種稅ノ課稅標準及其ノ制限率其ノ他賦課ニ關シ必要ナル事項ハ內務大臣及大藏大臣之ヲ定ム

第二十條　雜種稅附加稅ノ總額ハ本稅總額ノ百分ノ八十九以內トス

第二十一條　戶數割總額中納稅義務者ノ資產ノ狀況ニ依リ資力ヲ算定シテ賦課スヘキ額ハ戶數割總額ノ十分ノ二ヲ超ユルコトヲ得ス

特別ノ必要アル場合ニ於テハ府縣知事ノ許可ヲ受ケ前項ニ規定スル制限ヲ超過シテ賦課スルコトヲ得

第二十二條　戶數割納稅義務者ト生計ヲ共ニスル同居者ノ所得ハ之ヲ其ノ納稅義務者ノ所得ト看做ス但シ其ノ納稅義務者ヨリ受クル所得ハ此ノ限ニ在ラス

第二十三條　同一人ニ對シ數市町村ニ於テ戶數割ヲ賦課スル場合ニ於テハ各其ノ市町村ニ於ケル所得ヲ以テ其ノ者ノ資力算定ノ標準タル所得トス其ノ所得ニシテ分別シ難キモノアルトキハ關係市町村ニ平分ス

戶數割ヲ納ムル市町村以外ノ地ニ於ケル所得ハ納稅義務者ノ資力算定ニ付住所地市町村ニ於ケル所得ト看做ス

前二項ニ規定スル所得計算ニ付關係市町村異議アル場合ニ於テ其ノ府縣內ニ止マルモノハ府縣知事、數府縣ニ渉ルモノハ內務大臣之ヲ定ム

第二十四條　所得ニ依ル資力算定方法ニ關シテハ第二十一條乃至前條ニ定ムルモノノ外內務大臣及大藏大臣之ヲ定ム

第二十五條　戶數割ノ賦課期日後納稅義務ノ發生シタル者ニ對スル賦課額ハ大正十五年法律第二十四號第二十四條乃至第二十七條及本令第二十一條（又ハ附則第六項）乃至前條ノ規定ニ依リテ定マリタル他ノ納稅義務者ノ賦課額ニ比準シテ之ヲ定ム

第十五條第一項、第二項及第五項ノ規定ハ戶數割ノ賦課ニ之ヲ準用ス但シ戶數割賦課後納稅義務消滅スルモ其ノ賦課額ハ之ヲ變更セス

第二十六條　市町村長ハ其ノ市町村住民ニ非サル者（法人ヲ除ク）ノ當該市町村內ニ於テ生スル其ノ年度分所得及其ノ所得ノ基本タル事實ヲ每年四月末日迄ニ其ノ住所地市町村長ニ通報スヘシ但シ當該市町村ニ於テ其ノ者ニ戶數割ヲ賦課スルトキ又ハ其ノ住所地市町村ニ於テ戶數割ノ賦課ナキトキハ此ノ限ニ在ラス

第二十七條　戶數割ハ左ノ制限ヲ超ユルコトヲ得ス

一　市ニ在リテハ其ノ總額當該年度ニ於ケル市稅豫算總額ノ百分ノ三十七

二　町村ニ在リテハ其ノ總額當該年度ニ於ケル町村稅豫算總額ノ百分ノ六十

特別ノ必要アル場合ニ於テハ内務大臣及大藏大臣ノ許可ヲ受ケ前項ニ規定スル制限ヲ超過シテ課税スルコトヲ得

第二十八條　本令中市町村ニ對スル許可ノ職權ハ内務大臣及大藏大臣ノ定ムル所ニ依リ之ヲ府縣知事ニ委任スルコトヲ得

第二十九條　本令中府縣、府縣知事又ハ町村ニ關スル規定ハ北海道ニ付テハ各北海道、北海道廳長官又ハ町村ニ準スルモノニ之ヲ適用ス

町村組合ニシテ町村ノ事務ノ全部ヲ共同處理スルモノハ第五條ノ規定ノ適用ニ付テハ之ヲ一町村ト看做ス

第三十條　北海道移住民ニシテ主トシテ耕作又ハ牧畜ノ事業ニ引續キ從事シ移住ノ日ヨリ三年ヲ經過セサル者ニ對シテハ戸數割ヲ賦課スルコトヲ得ス

附　則

本令ハ大正十六年度分ヨリ之ヲ適用ス

明治三十二年勅令第二百七十六號府縣税戸數割規則及大正十一年勅令第二百八十二號ハ大正十五年度分限リ之ヲ廢止ス

明治十三年第十七號布告第九條ノ規定ニ依リテ爲シタル處分ニシテ第十七條第一項ノ課目ニ該當セサルモノニ對スルモノハ本令施行ノ際内務大臣及大藏大臣ノ指定スル雜種税ノ課目ニ對スルモノニ限リ之ヲ第十七條第三項ノ規定ニ依リテ爲シタル許可ト看做ス

本令施行ノ際現ニ府縣税家屋税附加税ヲ賦課スル市町村ハ第十一條ノ規定ニ依ル承認ヲ受ケタルモノト看做ス

市町村特別家屋税及之ニ類スル特別税ニ關スル條例ニシテ本令施行ノ際内務大臣及大藏大臣ノ指定スルモノハ

大正十五年度分限リ其ノ効力ヲ失フ
戸數割總額中納稅義務者ノ資産ノ狀況ニ依リテ資力ヲ算定シ賦課スヘキ額ハ特別ノ事情アル市町村ニ於テハ當分ノ間戸數割總額ノ十分ノ四迄ト爲スコトヲ得

◉地方稅ニ關スル法律施行規則（大正一五、一二、二七 內務大藏省令）

第一條　大正十五年法律第二十四號第十一條各號ノ家屋ノ範圍ハ府縣ニ於テ之ヲ定ムヘシ

第二條　營業稅ハ營業ノ純益ヲ標準トシ又ハ營業ノ收入金額（賣上金額、請負金額、報償金額ノ類ヲ含ム）資本金額、營業用建物ノ賃貸價格若ハ從業者ノ數ヲ標準トシテ之ヲ賦課シ又ハ定額ヲ以テ之ヲ賦課ス

前項ノ課稅標準其ノ他營業稅ノ賦課方法ニ付テハ當分ノ間內務大臣及大藏大臣ノ許可ヲ受クヘシ

第三條　營業收益稅法第七條ノ規定ハ營業稅ノ賦課ニ之ヲ準用ス

專ラ行商又ハ露店營業ヲ爲ス者ニ對シテハ營業稅ヲ賦課スルコトヲ得ス

大正十五年法律第二十四號第十七條ノ規定ニ基キ營業稅ヲ賦課スルヲ不適當トスルモノハ前二項ニ定ムルモノノ外府縣ニ於テ之ヲ定ムヘシ

第四條　船ニ對シテハ主タル碇繫場所在ノ府縣ニ於テ其ノ所有者ニ雜種稅ヲ賦課ス

前項ノ主タル碇繫場ナキトキ又ハ主タル碇繫場ノ所在地ニ付關係府縣ニ於テ異議アルトキハ內務大臣及大藏大臣之ヲ定ム

第五條　車ニ對シテハ主タル定置場所在ノ府縣ニ於テ其ノ所有者ニ雜種稅ヲ賦課ス

第六條　水車、電柱及金庫ニ對シテハ所在地府縣ニ於テ其ノ所有者ニ雜種稅ヲ賦課ス

第八條　牛馬及犬ニ對シテハ飼育地府縣ニ於テ其ノ所有者ニ雜種稅ヲ賦課ス
第九條　狩獵ノ免許ヲ受クル者ニ對シテハ其ノ住所地府縣ニ於テ雜種稅ヲ賦課ス
第十條　屠畜ニ對シテハ屠殺地府縣ニ於テ其ノ家畜ノ所有者ニ雜種稅ヲ賦課ス
第十一條　不動產ヲ取得スル者ニ對シテハ其ノ不動產所在ノ府縣ニ於テ雜種稅ヲ賦課ス
第十二條　左ニ揭クル不動產ノ取得ニ對シテハ雜種稅ヲ賦課スルコトヲ得ス
一　家督相續又ハ遺產相續ニ因ル不動產ノ取得
二　法人ノ合併ニ因ル不動產ノ取得
三　信託財產ニシテ委託者カ信託行爲ニ依リ信託利益ノ全部ヲ享受スヘキ不動產ヲ委託者ヨリ受託者ニ移ス場合ニ於ケル不動產ノ取得但シ當該不動產ニ付其ノ後受益者ヲ變更シタル場合及信託法第二十二條ノ規定ニ依リ固有財產ト爲シタル場合ニ於テハ其ノ時ニ不動產ノ取得アリタルモノト看做シ雜種稅ヲ賦課ス
四　信託ニ付受益者又ハ歸屬權利者ノ不動產ノ取得
五　信託ノ受託者交迭ノ場合ニ於ケル新受託者ノ不動產ノ取得
第十三條　漁業ニ對スル雜種稅ハ當分ノ間從來ノ例ニ依リ之ヲ賦課ス
新ニ漁業ニ對シ雜種稅ヲ賦課セントスルトキ又ハ其ノ賦課率若ハ賦課方法ノ變更ヲ爲サントスルトキハ內務大臣及大藏大臣ノ許可ヲ受クヘシ但シ其ノ舊慣ヲ改メ其ノ他賦課方法ヲ變更スルコトナクシテ賦課率ヲ低減スル場合ハ此ノ限ニ在ラス
第十四條　遊藝師匠、遊藝人、相撲、俳優、藝妓其ノ他之ニ類スル者ニ對シテハ其ノ住所地府縣ニ於テ雜種稅ヲ賦課ス其ノ住所地府縣ニ於テ之ヲ課セサルトキハ三月以上滯在ノ府縣ニ於テ之ヲ賦課ス
第十五條　同一人ニシテ遊藝師匠、遊藝人、相撲、俳優、藝妓其ノ他之ニ類スル者ノ二以上ニ該當スルトキハ

其ノ一ニ就キ雜種税ヲ賦課ス其ノ税額異ルトキハ多キニ從フ

第十六條　演劇其ノ他ノ興行ヲ爲ス者及遊興ヲ爲ス者ニ對シテハ其ノ行爲地府縣ニ於テ雜種税ヲ賦課ス

第十七條　遊興ニ對シ消費金額ノ全部ヲ標準トシテ賦課スル雜種税ハ遊興者一人當一回ノ消費金額二圓ニ滿タサルモノニハ之ヲ賦課スルコトヲ得ス

第十八條　第四條乃至前條ニ定ムルモノヽ外雜種税ノ課税標準及其ノ課税率又ハ賦課額其ノ他賦課ニ關シ必要ナル事項ハ府縣ニ於テ之ヲ定ムヘシ

第十九條　第三條第三項ノ規定ハ雜種税ノ賦課ニ之ヲ準用ス

第二十條　戸數割納税義務者ノ資力算定ノ標準タル所得額ハ左ノ各號ノ規定ニ依リ計算ス

一　營業ニ非サル貸金ノ利子竝公債、社債、預金及貯金ノ利子ハ前年中ノ收入金額

二　山林ノ所得ハ前年中ノ總收入金額ヨリ必要ノ經費ヲ控除シタル金額

三　賞與又ハ賞與ノ性質ヲ有スル給與ハ前年三月一日ヨリ其ノ年二月末日迄ノ收入金額

四　法人ヨリ受クル利益若ハ利息ノ配當又ハ剩餘金ノ分配ハ前年三月一日ヨリ其ノ年二月末日迄ノ收入金額但シ無記名株式ノ配當ニ付テハ同期間内ニ於テ支拂ヲ受ケタル金額

株式ノ消却ニ因リ支拂ヲ受クル金額又ハ退社ニ因リ持分ノ拂戻トシテ受クル金額カ其ノ株式ノ拂込濟金額又ハ出資金額ヲ超過スルトキハ其ノ超過金額ハ之ヲ法人ヨリ受クル利益ノ配當ト看做ス

五　俸給、給料、歳費、年金、退隱料及此等ノ性質ヲ有スル給與ハ前年中ノ收入金額但シ前年一月一日ヨリ引續キ支給ヲ受ケタルニ非サルモノニ付テハ其ノ年ノ豫算年額

六　前各號以外ノ所得ハ前年中ノ總收入金額ヨリ必要ノ經費ヲ控除シタル金額但シ前年一月一日ヨリ引續キ有シタルニ非サル資産、營業又ハ職業ノ所得ニ付テハ其ノ年ノ豫算年額

信託財產ニ付生スル所得ニ關シテハ其ノ所得ヲ信託ノ利益トシテ享受スヘキ受益者カ信託財產ヲ有スルモノト看做シテ所得額ヲ計算ス
第一項第一號、第二號及第四號ノ所得ニ付テハ被相續人ノ所得ハ之ヲ相續人ノ所得ト看做シ第六號ノ所得ニ付テハ相續シタル資產又ハ營業ハ相續人カ引續キ之ヲ有シタルモノト看做シテ其ノ所得額ヲ計算ス但シ被相續人ノ資力算定ノ標準タル所得額ニ算入シタルモノハ此ノ限ニ在ラス
年度開始ノ日ノ屬スル翌年ニ戶數割ヲ賦課スル場合ニ於テハ最近ノ戶數割賦課ノ時ニ算定シタル所得額ヲ以テ其ノ資力算定ノ標準トス但シ未タ其ノ所得ノ算定ナカリシ者ニ關シテハ年度開始ノ日ノ屬スル年ヲ基準トシ前各號ノ規定ニ依リ之ヲ算定ス
第二十一條　前條第一項第二號及第六號ノ規定ニ依リ總收入金額ヨリ控除スヘキ經費ハ種苗蠶種肥料ノ購買費家畜其ノ他ノモノノ飼養料、仕入品ノ原價、原料品ノ代價、場所物件ノ修繕料又ハ借入料場所物件又ハ業務ニ係ル公課、雇人ノ給料其ノ他收入ヲ得ルニ必要ナルモノニ限ル但シ家事上ノ費用及之ニ關聯スルモノハ之ヲ控除セス
第二十二條　第二十條第一項第六號ノ規定ニ依ル所得計算ニ付損失アルトキハ同條第一項第五號ノ規定ニ依ル所得ヨリ之ヲ差引キテ計算ス
第二十三條　第二十條乃至前條ノ規定ニ依リ算出シタル金額一萬二千圓以下ナルトキハ其ノ所得中俸給、歲費年金、恩給、退隱料、賞與及此等ノ性質ヲ有スル給與ニ付テハ其ノ十分ノ一、六千圓以下ナルトキハ同十分ノ二、三千圓以下ナルトキハ同十分ノ三、千五百圓以下ナルトキハ同十分ノ四、八百圓以下ナルトキハ同十分ノ五ニ相當スル金額ヲ控除ス
第二十四條　第二十條乃至前條ノ規定ニ依リ算出シタル金額三千圓以下ナル場合ニ於テ納稅義務者及之ト生計

ヲ共ニスル同居者中年度開始ノ日ニ於テ年齢十四歳未満若ハ六十歳以上ノ者又ハ不具癈疾者アルトキハ納税義務者ノ申請ニ依リ其ノ所得ヨリ左ノ各號ノ規定ニ依ル金額ヲ控除ス
一　所得千圓以下ナルトキ
　　年齢十四歳未満若ハ六十歳以上ノ者又ハ不具癈疾者
　　　一人ニ付　　百圓以内
二　所得二千圓以下ナルトキ
　　同
　　　一人ニ付　　七十圓以内
三　所得三千圓以下ナルトキ
　　同
　　　一人ニ付　　五十圓以内
前項ノ不具癈疾者トハ心神喪失ノ常況ニ在ル者、聾者、唖者、盲者其ノ他ノ重大ナル傷痍ヲ受ケ又ハ不治ノ疾患ニ罹リ常ニ介護ヲ要スル者ヲ謂フ
第二十五條　左ノ各號ノ一ニ該當スルモノハ戸數割納税義務者ノ資力算定ノ標準タル所得額ニ之ヲ算入セス
一　軍人從軍中ノ俸給及手當
二　扶助料及傷痍疾病者ノ恩給又ハ退隱料
三　旅費、學資金、法定扶養料及救助金
四　營利ノ事業ニ屬セサル一時ノ所得
五　日本ノ國籍ヲ有セサル者ノ外國ニ於ケル資産、營業又ハ職業ヨリ生スル所得
第二十六條　戸數割納税義務者第二十條第一項第五號及第六號ノ所得額二分ノ一以上ヲ減損シタルトキハ年度開始ノ日ノ屬スル年ノ翌年一月三十一日迄ニ戸數割ノ賦課額ノ更訂ヲ請求スルコトヲ得但シ第二十條第四項

但書ニ該當スル者ハ賦課後十四日迄ニ賦課額ノ更訂ヲ請求スルコトヲ得
市町村前項ノ請求ヲ受ケタルトキハ其ノ者ノ當該所得額ヲ査覈シ其ノ二分ノ一以上ノ減損アルトキハ所得額ヲ更訂シ之ヲ基準トシテ更ニ其ノ者ノ資力ヲ算定シ其ノ者ニ付テノミ戶數割ノ賦課額ヲ減スルコトヲ得
年度開始ノ日ノ屬スル年ノ翌年ニ戶數割ヲ賦課スル場合ニ於テハ前二項ノ規定ニ依リ更訂シタル所得額ニ依リ其ノ者ノ資力ヲ算定シ戶數割賦課後前二項ノ事實ヲ生シタルトキハ其ノ者ニ付テノミ戶數割ノ賦課額ヲ減スルコトヲ得

第二十七條　大正十五年法律第二十四號第二十六條ノ規定ニ依リ戶數割ヲ賦課スルヲ不適當トスル者ハ市町村ニ於テ之ヲ定ムヘシ

第二十八條　大正十五年勅令第三百三十九號第二十八條ノ規定ニ依リ左ニ揭クル事項ニ付テノ許可ノ職權ハ府縣知事ニ之ヲ委任ス

一　同令第十條第二項ノ規定ニ依リ制限ヲ超過シ課稅スルコト
二　同令第十條第三項ノ規定ニ依リ同條第二項ノ制限ヲ超過シ同條第一項ノ制限率ノ百分ノ五十以內ニ於テ課稅スルコト
三　同令第二十七條第二項ノ規定ニ依リ同條第一項ノ制限ヲ超過シ市ニ於テ戶數割總額カ當該年度ノ市稅豫算總額ノ百分ノ四十七以內ニ於テ課稅スルコト
四　同令第二十七條第二項ノ規定ニ依リ同條第一項ノ制限ヲ超過シ町村ニ於テ戶數割總額カ當該年度ノ町村稅豫算總額ノ百分ノ七十以內ニ於テ課稅スルコト

第二十九條　本令中府縣、府縣知事又ハ町村ニ關スル規定ハ北海道ニ付テハ各北海道、北海道廳長官又ハ町村ニ準スルモノニ之ヲ適用ス

附　則

本令ハ大正十六年度分ヨリ之ヲ適用ス

府縣稅戶數割規則施行細則ハ大正十五年度分限リ之ヲ廢止ス

◎地方稅制限ニ關スル法律（明治四一、三、三一 法律三七）

第一條　北海道、府縣其ノ他ノ公共團體ハ左ノ制限內ノ地租附加稅又ハ段別割ヲ課スルノ外土地ニ對シテ課稅スルコトヲ得ス（明治四十三年法律第二十七號、明治四十四年法律第三十二號及大正九年法律第三十七號改正）

一　北海道、府縣

附加稅ノミヲ課スルトキ　宅地地租百分ノ三十四　其ノ他ノ土地地租百分ノ八十三

段別割ノミヲ課スルトキ　一段步ニ付　每地目平均金一圓

附加稅及段別割ヲ併課スル場合ニ於テハ段別割ノ總額ハ其ノ地目ノ地租額宅地ニ在リテハ百分ノ三十四、其ノ他ノ土地ニ在リテハ百分ノ八十三ト附加稅額トノ差額ヲ超ユルコトヲ得ス

二　其ノ他ノ公共團體

附加稅ノミヲ課スルトキ　宅地地租百分ノ二十八　其ノ他ノ土地地租百分ノ六十六

段別割ノミヲ課スルトキ　一段步ニ付　每地目平均金一圓

附加稅及段別割ヲ併課スル場合ニ於テハ段別割ノ總額ハ其ノ地目ノ地租額宅地ニ在リテハ百分ノ二十八、其ノ他ノ土地ニ在リテハ百分ノ六十六ト附加稅額トノ差額ヲ超ユルコトヲ得ス

第二條　北海道、府縣其ノ他ノ公共團體ハ左ノ制限以內ノ營業收益稅附加稅ヲ課スルノ外營業收益稅ヲ納ムル者ノ營業ニ對シ課稅スルコトヲ得ス（明治四十三年法律第二十七號大正九年法律第三十七號大正十二年法律第三十號及大正十五年法律第二十五號改正）

一　北海道、府縣　　營業收益稅百分ノ四十一

二　其ノ他ノ公共團體　　營業收益稅百分ノ六十

營業收益稅附加稅ノ賦課ニ付テハ營業收益稅法第十條第二項ノ規定ニ依ル資本利子稅額ノ控除ヲ爲ササルモノヲ以テ營業收益稅額ト看做ス（大正十五年法律第二十五號追加）

第三條　北海道、府縣ハ所得稅百分ノ二十四以內ノ所得稅附加稅ヲ課スルノ外所得稅ヲ納ムル者ノ所得ニ對シ課稅スルコトヲ得ス（明治四十三年法律第二十七號大正九年法律第三十七號大正十二年法律第三十號及大正十五年法律第二十五號改正）

北海道、府縣以外ノ公共團體ハ府縣費ノ全部又ハ一部ノ分賦ヲ受ケタル場合ヲ除クノ外所得稅ヲ納ムル者ノ所得ニ對シ課稅スルコトヲ得ス（大正十五年法律第二十五號追加）

戶數割ヲ賦課シ難キ市町村ニ於テハ前項ノ規定ニ拘ラス內務大藏兩大臣ノ許可ヲ受ケ所得稅附加稅ヲ課スルコトヲ得但シ其ノ賦課率ハ所得百分ノ七ヲ超ユルコトヲ得ス（同上）

所得稅附加稅ノ賦課ニ付テハ所得稅法第二十一條第二項ノ規定ニ依ル第二種ノ所得稅額ノ控除ヲ爲ササルモノヲ以テ第一種ノ所得稅額ト看做ス（同上）

第二種ノ所得ニ對シテハ附加稅ヲ課スルコトヲ得ス（明治四十三年法律第二十七號追加）

第四條　府縣費ノ全部ヲ市ニ分賦シタル場合ニ於テハ市ハ前三條ノ市稅制限ノ外其ノ分賦金額以內ニ限リ府縣稅制限ニ達スル迄課稅スルコトヲ得

府縣費ノ一部ヲ市町村ニ分賦シタル場合ニ於テハ市町村ハ前三條ノ市町村制限ノ外其ノ分賦金額以内ニ限リ課税スルコトヲ得但シ府縣ノ賦課額ト合算額ハ府縣ノ制限ヲ超過スルコトヲ得ス

第五條　特別ノ必要アル場合ニ於テハ内務大藏兩大臣ノ許可ヲ受ケ第一條乃至第三條ノ制限ヲ超過シ其ノ百分ノ十二以内ニ於テ課税スルコトヲ得

左ニ掲クル場合ニ於テハ特ニ内務大藏兩大臣ノ許可ヲ受ケ前項ノ制限ヲ超過シ其ノ百分ノ十二以内ニ於テ課税スルコトヲ得

一　内務大藏兩大臣ノ許可ヲ受ケテ起シタル負債ノ元利償還ノ爲費用ヲ要スルトキ

二　非常ノ災害ニ因リ復舊工事ノ爲費用ヲ要スルトキ

三　水利ノ爲費用ヲ要スルトキ

四　傳染病豫防ノ爲費用ヲ要スルトキ

前二項ニ依リ制限ヲ超過シテ課税スルハ第一條乃至第三條ニ定メタル各税目ニ對スル賦課カ各其ノ制限ニ達シタルトキニ限ル但シ地租附加税及段別割ニ併課シタル場合ニ於テハ一地目ニ對スル賦課カ制限ニ達シタルトキハ附加税カ制限ニ達シタルモノト看做ス其段別割ノミヲ賦課シタル場合ニ於テ一地目ニ對スル賦課カ制限ニ達シタルトキ亦同シ（明治四十三年法律第二十七號但書追加）

前三項ノ規定ハ前條ノ場合ニ之ヲ準用ス

第六條　北海道、府縣以外ノ公共團體ニ對スル前條ノ許可ノ職權ハ勅令ノ定ムル所ニ依リ之ヲ地方長官ニ委任スルコトヲ得（大正九年法律第三十七號追加）

第七條　本法ノ規定ハ特ニ賦課率ヲ定メタル特別法令ノ適用ヲ妨ケス

附　則

本法ハ明治四十一年度ヨリ之ヲ施行ス
非常特別稅法中地租、營業稅及所得稅ノ地方稅制限ニ關スル規定ハ之ヲ廢止ス

附　則（明治四十三年法律第二十七號）

本法ハ明治四十三年度分ヨリ之ヲ適用ス

附　則（明治四十四年法律第三十二號）

本法ハ明治四十三年度分ヨリ之ヲ適用ス

附　則（大正九年法律第三十七號）

本法ハ大正九年度分ヨリ之ヲ適用ス
大正八年法律第二十九號ハ大正八年度分限リ其ノ効ヲ失フ

附　則（大正十五年法律第二十五號）

本法ハ大正十六年度分ヨリ之ヲ適用ス但シ第三條第一項ノ改正規定中第四項ノ規定及附則第二項ノ規定ハ大正十五年度分ヨリ之ヲ適用ス
營業稅法廢止法律ニ依リテ免除セラルル營業稅額ハ大正十五年度分營業稅附加稅ノ賦課ニ付テハ免除セラレサルモノト看做ス

◎地方稅ニ關スル法律命令施行ノ件依命通牒（昭和二、三、三一發地第三號地方主稅兩局長）

地方稅ニ關スル法律命令ノ施行ニ關シテハ特ニ別記ノ廉々留意ノ上御措置相成度又同一課稅目的ヲ有スル市町村特別稅ニ付テモ別記ニ依リ取扱方夫々市町村ニ對シ御示達相成度

追テ左記通牒ハ昭和二年度ヨリ廢止セラルル義ニ有之尙府縣税戸數割ニ關スル通牒及大正十三年三月三十一日發地第二一號信託ニ依ル不動産所有權ノ取得ニ對スル課税ノ件依命通牒ハ昭和二年度ヨリ自然消滅ト相成ヘキ義ニ付爲念

左記

明治三十六年三月地甲第一二號依命通牒
明治四十一年九月十二日往第一〇九八一號市町村歩一税ノ標準改正ニ關スル件通牒
大正七年十月十一日發地第一七〇號傭人税設定ニ關スル件通牒
同八年七月七日藏地發第八號私立學校ノ建物ニ關スル課税免除ノ件依命通牒
同九年四月十三日發地第八〇號建物建築税ノ件依命通牒
同十一年三月三十一日發地第一三八號遊興税ノ義ユ付依命通牒
同年七月十三日發地第六三號電柱税ニ關スル件依命通牒
同年九月廿九日京地第一九一號ノ電柱税ニ關スル件依命通牒
同十三年九月九日發地第六號遊興税ノ件ニ付依命通牒

別記

家屋税ニ關スル事項

一、二 (省略)

三 戸數割ヲ賦課シ難キ市町村ハ戸數割ヲ賦課シ難キ事情アルコトニ關シ内務大臣及大藏大臣ノ承認ヲ受クルヲ要ス若シ其ノ承認ヲ受ケタル後戸數割ヲ賦課スルコトヲ爲サムトスルトキハ別ニ手續ヲ要セサルモ更

ニ又戸數割ヲ賦課シ難キ事情アルモノトシテ家屋稅附加稅ニ付特別ノ取扱ヲ受ケムトスルトキハ新ニ內務大臣及大藏大臣ノ承認ヲ受クルヲ要スルコト

四 家屋稅ノ賦課ヲ不適當トスル家屋ノ範圍ハ施行規則第一條ノ規定ニ依リ各府縣ニ於テ適宜之ヲ定メ然ルヘキモ農業倉庫法ニ依リ經營スル農業倉庫（賃貸ニ係ル建物ヲ除ク）及大正八年法律第三十八號（私立學校用地免租ニ關スル件）第一條第一號及第二號ニ揭クルモノヽ用ニ供スル建物（賃借ニ係ル建物ヲ除ク）ニ對シテハ家屋稅ヲ賦課セサルコト

追テ地方稅ヲ免除スヘキ私立學校ノ建物ハ法律第三十八號ニ依ル免租地ノ區域ニ在ルモノニ付テハ賃借ニ係ル建物ヲ除キ其ノ全部有租地ノ區域ニ在ルモノニ付テモ亦同樣ノ趣旨ニ依リ同法第二條ノ範圍ニ於テ取計フコト

五 （省略）

六 施行勅令第八條及第九條ノ規定ニ依ル許可稟請ニ關シテハ當該年度ノ歲入出豫算及別記一號樣式ニ依ル調書ヲ添付スルコト

營業稅ニ關スル事項

一　營業收益稅法第八條ノ規定ニ依リ營業收益稅ヲ免除セラレタル重要物產ノ製造業者ニ對シテハ營業稅ヲ賦課セサルコト

二　營業稅ノ課稅標準ニ付テハ地方ノ實情ニ應シ施行規則第二條ノ課稅標準中適當ナルモノヲ選擇シテ內務大臣及大藏大臣ノ許可ヲ受クルコトヲ得ルモ營業稅ノ配賦課稅ハ然ラサルコト

雜種稅ニ關スル事項

第一　電柱税ニ關スル事項

一　電柱税ハ年額左ノ制限以内タルヘキコト

（イ）木柱本柱　一本ニ付金七十錢

（ロ）同　支柱　一本ニ付木柱本柱ノ制限額ノ半額

（ハ）鐵　柱　一本ニ付木柱本柱ノ制限

（ニ）鐵　塔　一基ニ付木柱本柱ノ制限額三倍

特別ノ事情アルトキハ内務大臣及大藏大臣ノ承認ヲ受ケ鐵塔ニ對シ前記制限ヲ超過シテ賦課シ得ルコト但シ現ニ兩大臣ノ許可ヲ受ケ前記制限ヲ超過シテ賦課セルモノハ其ノ許可年限間更ニ承認ヲ受クルヲ要セサルコト

二　市町村ニ於テ電柱税附加税又ハ特別税電柱税ハ年額左ノ制限以内タルヘキコト

（イ）市　木柱本柱　一本ニ付金三圓ニ相當スル額

（ロ）町村　同　一本ニ付金一圓五十錢ニ相當スル額

（ハ）木柱支柱、鐵柱及鐵塔ニ對スル課税ノ制限ニ付テハ前項道府縣ノ電柱税ノ制限ヲ準用スルコト

特別ノ事情アルトキハ電柱税附加税ニ付テハ道廳長官、府縣知事ノ承認（雜種税附加税ノ不均一賦課ニ該當スル場合ニハ其許可）ヲ受ケ又特別税ニ付テハ内務大臣及大藏大臣ノ許可ヲ受ケ鐵塔ニ對シ前記制限ヲ超過シテ賦課シ得ルコト但シ現ニ兩大臣ノ許可ヲ受ケ前記制限ヲ超過シテ賦課セルモノハ其ノ許可年限間更ニ許可ヲ受クルヲ要セサルコト

三　既ニ許可ヲ受ケテ賦課セル電柱税又ハ電柱税附加税ニシテ前二項ノ制限ヲ超過セルモノハ機會ヲ見計ヒ相當低減スヘキコト

四　木柱本柱ノ類ニ對シテハ課税セサルコト

五　鐵筋「コンクリート」ノ電柱ニ對シテハ其ノ形狀ニ應シ鐵柱又ハ鐵塔ニ準シテ課税シ得ルコト

六　府縣費ノ全部ノ分賦ヲ受ケタル市ニ於テハ前記府縣ト市トノ電柱税制限額ヲ合算シタルモノニ相當スル額迄賦課シ得ルコト

七　賦課期日ノ直前一ケ年分ノ事業年度ノ利益配當率年六分未滿ナルトキハ課税セサルコト

八　道府縣カ電柱税ヲ賦課スル場合ニ於テハ市町村ハ特別税電柱税條例ノ施行ヲ停止シ其ノ許可ヲ受ケタル同額迄附加税トシテ賦課スヘキコト

第二　狩獵税ニ關スル事項

狩獵税ハ左ノ制限以内タルヘキコト

一　狩獵法第八條ニ規定スル一等及二等ニ該當スルモノ　國税一圓ニ付金十三錢

二　同三等ニ該當スルモノ　國税一圓ニ付金十錢

第三　不動産取得税ニ關スル事項

一　不動産取得税ノ課率ハ不動産價格千分ノ七以内タルヘキコト

特別ノ事情アルトキハ内務大臣及大藏大臣ノ承認ヲ受ケ不動産價格千分ノ十二迄賦課シ得ルコト但シ現ニ兩大臣ノ許可ヲ受ケ賦課セルモノハ其ノ許可年限間更ニ承認ヲ受クルヲ要セサルコト

二　市町村ニ於ケル不動産取得税附加税又ハ特別不動産取得税ハ不動産價格千分ノ十ニ相當スル課率以下タルヘキコト

特別ノ事情アルトキハ不動産取得税附加税ニ付テハ道廳長官府縣知事ノ承認（雜種税ノ不均一賦課ニ該當スル場合ニハ其許可ニ付テハ内務大臣及大藏大臣ノ許可ヲ受ケ不動産價格千分ノ二十ニ相當スル課率迄賦課シ得ルコト但シ現ニ兩大臣ノ許可ヲ受ケ賦課セルモノハ其許可年限間更ニ許可ヲ受クルヲ要セサルコト

三 借柱税ニ關スル事項（六）及（八）ハ不動産取得税及特別税不動産取得税ニ之ヲ準用スルコト

四 住宅ノ改良又ハ其ノ供給緩和ノ目的ヲ以テ小住宅ヲ建築スル場合ニハ課税セサルコト

第四 遊興税ニ關スル事項

一 遊興税ノ課税標準ハ之ヲ消費金額ノ全部ト爲スカ又ハ其ノ一部（花代）ノ類ト爲スカハ任意ナルモ同一團體ノ課税標準トシテハ其ノ一ニ依ルヘキコト

二 遊興税ハ左ノ制限以内タルヘキコト

甲 消費金額ノ全部ヲ課税標準ト爲ス場合

道府縣　消費金額百分ノ五

市町村

（イ）道府縣ニ於テ遊興税ヲ賦課セサルトキ　消費金額百分ノ十

（ロ）市町村カ北海道地方税又ハ府縣税ノ附加税トシテ賦課スルトキ

北海道地方税又ハ府縣税ノ課率ト通算シ消費金額百分ノ十

乙 消費金額ノ一部（花代）ノ類ヲ課税標準ト爲ス場合

道府縣　消費金額百分ノ七

市町村

（イ）道府縣ニ於テ遊興稅ヲ賦課セサルトキ　消費金額百分ノ十四

（ロ）市町村カ北海道地方税又ハ府縣稅ノ附加稅トシテ賦課スルトキ

北海道地方稅又ハ府縣稅ノ課率ト通算シ消費金額百分ノ十四

丙　道府縣カ消費金額ノ全部ヲ課稅標準ト爲ス場合ニ於テ市町村カ消費金額ノ一部ヲ課稅標準ト爲シ又ハ道府縣カ消費金額ノ一部ヲ課稅標準ト爲ス場合ニ於テ市町村カ消費金ノ全部ヲ課稅標準ト爲ストキハ市町村ノ遊興稅ハ道府縣ノ遊興稅ノ課率ト通算シ消費金額ノ全部又ハ一部ノ百分ノ十二以內ノタルヘキコト

三　消費金額ノ一部（花代）ノ額ヲ課稅標準トシテ課稅スル場合ニ於テハ免稅點ヲ設ケサルモ差支ナキコト

四　道府縣カ遊興稅ヲ賦課スル場合ニ於テハ市町村ハ特別稅遊興稅條例ノ施行ヲ停止シ附加稅トシテ賦課スヘキコト但シ市町村ノ遊興稅カ道府縣ノ遊興稅ト課稅標準ヲ異ニスル場合ニ於テハ此ノ限ニ在ラサルコト

五　道府縣ノ遊興稅ト市町村ノ遊興稅ト免稅點ヲ異ニスル場合ニ於テハ市町村ハ道府縣ノ遊興稅ノ免稅點以下ノ部分ニ付テノミ特別稅遊興稅ヲ賦課シ得ルコト

六　北海道地方稅又ハ府縣稅ノ徵收義務者ヲ定メタル場合ニ於テハ市町村長ヲシテ徵收金ノ拂込ヲ受ケシメ之ヲ取纏メテ北海道地方費又ハ府縣ノ金庫ニ拂込マシムルカ如キ規定ヲ設ケ得サルコト

七　徵收義務者ヲ定メタルトキハ遊興稅ノ拂込ハ證紙ヲ以テスルコトト爲スヲ得サルコト

第五　前揭以外ノ雜種稅ニ關スル事項

一　施行勅令第十七條第三項ノ規定ニ依リ設定シタル雜種稅ニ付課稅標準ヲ變更スルコトナク單ニ其ノ課率ノ低減ヲ爲ス場合ニ於テハ内務大臣及大藏大臣ノ許可ヲ受クルヲ要セサルコト

二　觀覽稅ハ入場料一人一回金十五錢以上ノモノニ限リ賦課シ得ヘク其ノ課率ノ制限ニ關シテハ遊興稅ノ制限甲ヲ準用スルコト

三　傭人稅ノ課稅標準タルヘキモノハ家事用ノ僕婢ニ限リ從業者又ハ作男ノ如キ專ラ營業若ハ職業ニ從事スル者並家事ト營業若ハ職業トヲ兼ネ從事スル者ハ課稅標準ト爲スヘカラサルコト

戶數割及戶數割ヲ賦課セサル市町村ノ家屋稅附加稅ニ關スル事項

一　施行勅令第二十三條第二項ノ適用ニ關シ必要アルニ依リ府縣ハ毎年二月末日迄ニ翌年度ニ於テ戶數割ヲ賦課セサル市町村名ヲ取調ヘ内務大臣ニ報告スルコト

二　資産ノ狀況ニ依ル資力ノ算定ニ付テハ之カ利用ヲ誤リテ負擔ノ不均衡ヲ惹起スルコトナキ樣嚴密ニ監督スルコト

三　資力算定ノ標準タル所得額ノ計算上職工其ノ他勞役者ノ賃銀等ハ其ノ者カ獨立ノ企業者ニ非スシテ專ラ雇傭關係ニ依リ收得スルモノナルニ於テハ假令日給ノモノト雖其ノ名稱ノ如何ヲ問ハス所得勤勞所得トシテ取扱フヘキコト

四　施行勅令第二十六條ノ規定ニ依リ市町村長ニ於テ通報義務ヲ有スル所得ノ範圍ハ其ノ市町村住民ニ非サル者カ當該市町村ニ於テ土地家屋物件ヲ所有シ使用シ若ハ占有シ又ハ營業所ヲ定メテ營業ヲ爲シ依テ生スル所得ニシテ此ノ通報ノ遲速ハ他市町村ノ戶數割ノ賦課ニ至大ノ關係ヲ有スルヲ以テ通報期限ヲ嚴守スル樣充分ニ監督スルコト

尙所得ノ基本タル事實ヲモ併セテ通報セシムルハ之ヲ受ケタル市町村ニ於テ資力ヲ算定ノ標準タル資産

狀況ヲ測定スル場合ノ參考ニ資スル爲（例ヘハ田畑山林ノ所得、家屋又ハ營業ノ所得等其ノ所得ノ基本タル事實ヲ知ルヲ得シムル趣旨）ナルニ付特ニ注意セシムルコト

五　戸數割ノ制限外課税ヲ爲サムトスル場合及戸數割ヲ賦課セサル市町村ニ於テ家屋税附加税ノ制限外課税ヲ爲サムトスル場合ニ於テハ各國税附加税及特別地税附加税ハ所定ノ制限率迄之ヲ賦課シタルコトヲ要スルコト

六　戸數割ノ制限外課税ヲ爲サムトスル場合及戸數割ヲ賦課セサル市町村ニ於テ家屋税附加税ノ制限外課税ヲ爲サムトスル場合ニ於テハ基本財産（特別基本財産ヲモ含ム）ノ蓄積又ハ積戻ハ其ノ財源ヲ指定寄附又ハ財産ヨリ生スル收入ニ求ムルモノヲ除クノ外之ヲ停止シ負擔輕減ノ資ニ充ツルコト但シ追加賦課ノ爲制限外課税ヲ爲サムトスル場合ニ於テ從前議決ニ基キ既ニ蓄積ヲ施行シタルモノハ此ノ限ニ在ラサルコト

七　戸數割ノ制限外課税ノ許可稟請及戸數割ヲ賦課セサル市町村ニ於ケル家屋税附加税ノ制限外課税ノ許可稟請ニ付テハ昭和二年三月三十一日内務大藏省訓令第三三四號市町村其ノ他公共團體ニ於ケル課税等ニ關スル議決ノ許可稟請ニ添付スヘキ書類調製樣式ノ件ニ準シ調製シタル書類及別紙第二號樣式ニ依ル調書ヲ添付スルコト

八　前項制限外課税ノ許可稟請ニ際シテハ左記ノ廉ニ付特ニ注意スルコト

（イ）歳入一覽表及歳出一覽表ハ訓令所定ノ通調製シ不備ナキヲ期スルコト

（ロ）歳入ニ公債ヲ計上シタル場合ニ於テハ其ノ起債許可ノ稟請ヲ同時ニ提出セシムルコト若シ委任許可債ナルトキハ許否ノ見込ヲ稟請書ニ附記スルコト

（ハ）歳出ニ國ノ事業ニ對スル寄附金ヲ計上シタル場合ニ於テ内務省ニ内申ヲ要スルモノナルトキハ其ノ内申書ヲ同時ニ提出スルコト

（ニ）歳出中相當多額ノ寄附金又ハ補助金ノ計上アル場合ニ於テハ其ノ内容及必要ナル事由ヲ稟請書ニ附記スルコト

（ホ）基本財産蓄積費ヲ豫算ニ計上シタル場合ニ於テハ蓄積ノ財源ヲ稟請書ニ明記スルコト仍ホ從前議決ニ基キ既ニ執行濟ノモノナルトキハ其ノ旨ヲ附記スルコト

（ヘ）戸數割ノ制限外課税ノ許可及戸數割ヲ賦課セサル市町村ニ於ケル家屋税附加税ノ制限外課税ノ許可ハ賦課スヘキ豫算ノ總額ヲ許可スルモノナルヲ以テ假令課率ヲ增加セス自然增收ノ爲メ豫算ノ追加又ハ更正ヲ爲ス場合ニ於テモ苟モ當初許可ヲ受ケタル賦課スヘキ豫算總額ヲ超ユル場合ハ更ニ許可ヲ要スルコト但シ他ノ市町村税ニ於テ追加ヲ爲シ戸數割及家屋税附加税ノ額カ法定ノ制限割合ヲ超過セサルトキハ此ノ限ニ在ラサルコト

九　施行規則第二十八條ノ規定ニ依リ戸數割ノ制限外課税ノ許可ヲ爲シタルトキハ別紙三號樣式ニ依ル報告書ヲ内務大臣ニ提出スルコト

第一號樣式

家屋税參考表

種目	本年度		前年度	
府縣税豫算總額	円	厘	円	厘

家屋税額				
府縣税總額ニ對スル家屋税ノ百分比				
地租附加税課率　宅地				
地租附加税課率　其ノ他				
特別地税課率				
營業収益税附加税課率				
所得税附加税課率				

備考

一　當初課税ノ稟請ヲ爲サムトスルトキハ前年度欄ニハ當初豫算（同時議決ノ追加豫算ヲ合算ス）ニ依リ記入スルコト但シ昭和二年度ニ限リ家屋税額ニ付テハ戸數割税額（家屋税ヲ賦課シタルモノアルトキハ之ヲ合算シタル額）營業収益税附加税課率ニ付テハ營業税附加税ヲ課率ヲ記載スルコト

一　同一年度内ニ於テ數度許可稟請ヲ爲サムトスルトキハ二回目以後ニ於テハ稟請當時ノ現在ニ依リ相當欄ニ記入シ前年度欄ノ記載ハ之ヲ要セサルコト

一　府縣費ノ全部ノ分賦ヲ受ケタル市ニ於ケル家屋税ニ付テハ本樣式ニ準シ調書ヲ作製スルコト

第二號樣式

戸數割制限外課税參考表

種目		本年度		前年度	
市町村税豫算總額		円	厘	円	厘
戸數割税額					
市町村税豫算總額ニ對スル戸數割税額ノ百分比					
制限額	税總額ノ百分ノ三十七又ハ六十				
戸數割納税義務者一人當					
地租附加税課率	宅地				
	其ノ他				
特別地税附加税課率					
營業收益税附加税課率					
「所得税附加税課率」					

備考

一 當初課税ノ稟請ヲ爲サムトスルトキハ前年度欄ニハ追加ヲ合算シタル豫算ニ依リ記入スルコト但シ昭和二年度ニ限リ營業收益税附加税課率ニ付テハ營業税附加税課率ヲ記載スルコト

一 同一年度内ニ於テ數度許可稟請ヲ爲サムトスルトキハ二回目以後ニ於テ稟請當時ノ現在ニ依リ相

當欄ニ記入シ前年度欄ノ記載ヲ要セサルコト

一　戶數割ヲ賦課セサル市町村ニ於ケル家屋稅附加稅ノ制限外課稅ニ付テハ本樣式ニ準シ調書ヲ作製スルコト但シ納義務者一人當ハ之ヲ記載スルコトヲ要ス

第三號樣式

戶數割制限外課稅許可報告

昭和何年度自何月至何月　何道府縣

稅目	市町村稅豫算總額	戶數割稅額	戶數割制限外課稅額	制限外課稅額ノ費途
戶數割	円	円	円	土木費 教育費 衛生費 何々
計				

許可件數　何件

許可團體數　何市（町村）

備考

一　本件報告ハ一年度分ヲ二期ニ分チ四月ヨリ九月迄ノ分ヲ十月末日迄ニ十月ヨリ三月迄ノ分ヲ四月末日迄ニ報告スルコト

二　市ノ分ト町村ノ分トハ各別表ニ之ヲ調製スルコト

三 「許可團體數」後半期分ニ在リテハ前半期ニ於テ許可シタル團體ト重複スルモノアルトキハ其ノ數ヲ附記スルコト

●市町村其ノ他公共團體ノ課稅許可稟請書ニ添付スベキ書類ノ件依命通牒（昭和二、三、三一發地第四號 各地方長官宛地方主稅兩局長）

市町村其ノ他公共團體ニ於ケル課稅許可稟請書ニ添付スヘキ書類樣式ノ件本日訓令第三三四號ヲ以テ訓令相成候處明治四十三年六月十六日訓第二百九十一號訓令制限外課稅特別稅新設變更等稟請書ニ添付スヘキ樣式ノ件ハ昭和元年度限リ廢止セラレタル義ニ付御了知相成度

追テ明治四十三年六月地第三四一號地方局長通牒ニ依ル地益調、負債調、特別稅ニ關スル收支調等ハ尙從前ノ通添付ヲ要スル義ニ付爲念

●市町村其ノ他公共團體ニ於ケル制限外課稅、特別稅新設增額變更等ノ許可稟請書ニ添付スヘキ樣式ノ件（昭和二、三、三一 內務、大藏省訓令第三三四號）

道廳長官 府縣知事宛

市町村其ノ他公共團體ニ於ケル制限外課稅、特別稅新設增額變更等ノ許可稟請書ニ添付スヘキ樣式ノ件左ノ通定ム

右訓令ス

市町村其ノ他ノ公共團體ニ於ケル地租、營業稅、所得稅ノ附加稅、特別稅若ハ其ノ附加稅段別割及家屋稅附加

税戶數割ヲ賦課スル市町村ノモノニ限ルノ制限外課税若ハ間接國税附加税ノ賦課又ハ特別税ノ新設增額變更ニ關スル議決ノ許可稟請書ニ添付スヘキ書類ヲ別紙樣式ニ準據シ調製セシムヘシ

一　歲入一覽表　(別紙第一號樣式)

一　歲入一覽表　(別紙第二號樣式)

歲入一覽表ハ經濟ヲ異ニスルモノニ在リテハ各別ニ之ヲ調製スヘシ第二回目以後ノ稟請ニハ前回稟請ノ際ニ添付シタル歲出一覽表ハ之ヲ添付スルヲ要セス

財源ヲ特定シタル費目ニ付テハ摘要欄內ニ其ノ財源ヲ附記スヘシ

一　地租、營業收益税、所得税ノ附加税、特別地税若ハ其ノ附加税、段別割及戶數割ヲ賦課スル市町村ニ於ケル家屋税ノ附加税ノ制限外課税若ハ間接國税附加税ノ賦課又ハ特別税ノ新設增額變更ニ關スル議決書ノ謄本及議決ノ理由書

議決書ハ別紙第三號樣式ニ依リ調製シ特別税ノ新設增額變更ニ在リテハ其ノ旨ヲ明記スヘシ

第一號

何道府縣何郡(市)町村「昭和」何年度歲入一覽表

△印ハ朱書　△(第一例)

費途	附加税					特別税			其ノ他ノ收入	合計
	地租	特別地税	家屋税	營業收益税	何々	戶數割	反別割	何々		
本市町村費	0,000円	0,000円	0,000円	0,000円	0,000円	0,000円	0,000円	0,000円	0,000円	0,000円

	△何町村外何ヶ町村組合費	△本町村何區費	何々	計
（甲號）宅地地租若干 地租一圓ニ付金若干 内 許可濟金若干 此賦課金若干 其他地租金若干 地租一圓ニ付金若干 （乙號）許可濟金若干 此賦課若干 今團議決ノ分宅地地租金若干 地租一圓ニ付若干 此賦課金若干（其ノ他ハ此ノ例ニ依リ記載スルコト）従前議決ノ分宅地地租金若干 地租一圓ニ付金若干				
田畑地價若干 地價〇、〇三七ノ若干				
家屋税本税一圓ニ付金若干 此ノ賦課金若干				
營業收益税金若干 本税一圓ニ付金若干				
納税義務者總數何人 一人當若干				
田何町歩 一反歩ニ付金若干 此ノ賦課金若干 地租金若干 一圓ニ付金若干（此ノ例ニ依リ各地目別ニ記載スルコト不均一ノ税率ナルモノハ其ノ税率ニ依リ内譯ヲ掲クルモノトス上欄ノ				
財産ヨリ生スル收入金若干 使用料及手數料金若干 何々金若干 縣補助金若干 内 傳染病豫防費補助金若干（款ヲ以テ記入シ明治四十一年法律第三十七號第五條第一項第二項大正十二年法律第二十四號第七條第一項第二項大正十五年勅令第三百五十九號第二項第				

内
許可濟金若干圓
請中金若干此ノ
賦課金若干（其ノ
他ハ此ノ例ニ依リ
記載スルコト）

各課目モ
同例トス
）

三項ノ費用ニ
對スル收入ハ
内譯ニ記載ス
ルコト）

備考

凡例

一　豫算ノ議決二回以上ニ渉リタルトキハ今回議決ニ係ル分ヲ墨書シ從前ノ議決ニ係ル分ヲ朱書スヘシ

一　其ノ他ノ收入欄ニハ課税外一切ノ收入卽財產ヨリ生スル收入、使用料及手數料、國幸及府縣交付金、雜收入等ヲ合計シ附記ニ其ノ内譯ヲ記載スヘシ

一　地租附加税ノ附記ハ第一回議決ノトキハ甲號ニ依リ第二回目以後議決ノトキハ乙號ニ依ル、但シ從前ノ議決二回以上ニ渉リタル場合ニ於テ前後地租額ヲ異ニスルトキハ附記ヲ各別ニ記載シ其ノ事由ヲ備考ニ記載スヘシ今回ノ議決ト從前ノ議決ト地租額ヲ異ニスル場合其ノ事由ノ記載方ニ付亦同シ

一　營業收益税、所得税、戶數割ヲ賦課スル市町村ニ於ケル家屋税ノ附加税又ハ間接國税附加税ノ附記モ亦地租附加税ノ例ニ依ル

一　市町村内ノ各部賦課ノ率ヲ異ニシ又ハ負擔ノ區域ヲ異ニスルトキハ歲入一覽表ハ第二例ニ依リ負擔ノ同シキ區域毎ニ調製スヘシ

一　一部賦課及不均一課率ノ賦課ニ付許可ヲ受クルコトヲ要スルモノ及起債ニシテ府縣知事ノ許可ヲ

第一號

受クルモノニアリテハ其ノ許可ヲ受ケタル旨及其ノ年月日ヲ備考ニ記載スヘシ

道府縣何郡(市)町村「昭和」何年度歳入一覧表

△(第二例)

費途	附加税 地租	附加税 特別地税	附加税 家屋税	附加税 營業收益税	附加税 何々	特別税 戸數割	特別税 反別割	特別税 何々	其ノ他ノ收入	合計
何市區町村費 本計										
何市區町村費 本計										
何市區町村費 本計										

備考

第二號

道府縣何郡(市)町村「昭和」何年度歳出一覧表

經常費

科目	金額	摘要
神社費	〇〇〇円	神饌幣帛料
會議費		議員實費辨償額、書記給料、印刷料、筆工料消耗品費、雇給、通信費
役所(役場)費		給料、雜給、需要費、常時修繕費、通信運搬費、備品費、消耗品費
土木費		道路、橋梁各修繕費、堤防修繕費何圓、用悪水路修繕費何圓、樋門修繕費何圓
教育費		教員給料、同恩給金、備品費、消耗品費修繕品費
衛生費		種痘費何圓、傳染病豫防費何圓、何々何圓
勸業費		害蟲驅除費、勸業會費
救助費		貧困者救助費、罹災救助費
警備費		消防費、水防費何圓
基本財産造成費		基本財産造成費、小學校(何學校　基本財産造成費
財産費		管理費、何圓
諸稅及負擔		地租、地租附加税、何町村組合費負擔何圓
何々		何々何圓
豫備費		豫算外ノ費用又ハ豫算超過ノ費用ニ充ツヘキ分
計		
臨時費		
教育費		何小學校營繕費、何々
土木費		道路橋梁費、何々何圓

公債費		某年度起債ノ內本年度償還元利金何圓
何々		何々何圓
合計		

凡例

一 明治四十一年法律三十七第第五條第一項第二項、大正十五年法律第二十四號第七條第一項第二項大正十五年勅令第三百三十九號第十條第二項第三項ニ依リ制限外課税ヲ爲シ得ヘキ費目ニ付テハ其ノ豫算ノ金額ヲ摘要欄ニ記載スヘシ

一 追加豫算ノ分ハ別ニ調製スヘシ

第三

何府道縣何市（何市何區何郡何町（村）（何郡何町（村）何區））會議決書謄本

本市（町村區本市（町村）何區）費支辨ノ爲左ノ課率税ヲ以テ（左ノ課率ノ範圍內ニ於テ別ニ議決ノ上）地租附加税、特別地税（特別地税附加税）段別割、營業收益税附加税、所得附加税及家屋税附加税ヲ賦課（追加賦課）スルモノトス

一 地租附加税
宅地地租金一圓ニ付金若干（以內）
其ノ他地租金一圓ニ付金若干（以內）

一 特別地税（特別地税附加税）
地價〇、〇三七ノ百分ノ若干（以內）

一 段別割
田（畑）一反歩ニ付金若干（以內）
何々一反歩ニ付金若干（以內）

一 營業收益税附加税
本税一圓ニ付金若干（以內）

一　所得税附加税　本税一圓ニ付金若干　（以內）
一　家屋税附加税　本税一圓ニ付金若干　（以內）
但シ昭和何年度分（自昭和何年度至何年度何年度分）

凡　例

一　課率ハ厘位以下忽位ニ止ラサルトキハ四捨五入ノ法ヲ以テ忽位ニ止ムルモノトス
一　一部賦課ニ在リテハ賦課ノ區域及課率ヲ不均一課率ノ賦課ニ在リテハ其ノ課率ヲ明記スルモノトス

●地益調添附方及様式ノ件（明治四三、一一、二八 内務省地方、大藏省主税兩局長通牒地六〇九三）

市町村水利組合ノ稟請ニシテ左ノ各號ノ一ニ該ルモノハ別紙様式ニ依リ調製シタル地益調ヲ添附セシメ其ノ調査ノ正否ハ貴官ニ於テ篤ト審査ノ上進達相成度

一　免租又ハ除租中ノ土地ニ對シ段別割ヲ併課スルトキ
二　地租附加税又ハ段別割若シクハ地租附加税及段別割ヲ併課シタル場合ニ於ケル課率段別割ニ付テハ地租一圓當リ換算シタルモノカ地租一圓ニ付一圓ヲ超ユルモノ
三　地益ヲ増加スヘキ事業ノ爲メ起債セムトスルトキ（事業施行前ノ地益調ト事業成功後ノ見込地益調トヲ添附スルコト

地益調

地目	收穫物 種類	收穫物 數量	收穫物ノ價格又ハ所得金	石代又ハ單價	地租	府縣税	市町村税	水利組合費其他	耕作費等	純益

田			0、000円	0、000円	0、000円	0、000円	0、000円	0、000円	0、000円	0、000円
畑										
宅地										
何々										

一 賦課ノ差等ヲ設クルモノニアリテハ其ノ等級別ニ記載スルコト

一 收穫物ノ種類ハ主要ナルモノヲ掲クルコト但シ田ニシテ二毛作ヲ爲ス爲收穫物ノ種類ヲ異ニスルトキ各別ニ之ヲ掲記スルコト

一 宅地ノ如キ收穫物ナキモノ賃貸價格ヲ記載スルコト

一 牧場ノ收得金ノ如キハ算出ノ基礎ヲ備考ニ記載スルコト

一 收穫物ノ數量、價格及收得金、石代又ハ單價、耕作費等ハ前三年ノ平均額ヲ掲クルコト

一 耕作費等ハ勞銀、種子代、牛馬使用ノ費用、肥料、農具代等ヲ掲クルコト

一 諸額ハ總テ當該年度ノ賦課額ヲ掲上スルコト

一 耕地整理組合費用ノ負擔アルトキハ水利組合費其ノ他ノ欄ニ之ヲ合記シ其ノ由ヲ備考ニ記載スルコト

一 收穫物又ハ收得金、經費ニ關スル計算ハ關係地ノ平均ニ依ルコト

●大正十五年法律第二十四號第二十八條ニ依ル委任ノ件

（地方稅ニ關スル法律）

（大正一五、六、勅令一四三）

大正十五年法律第二十四號第二十八條ノ規定ニ依リ左ニ揭クル事項ニ付テノ許可ノ職權ハ北海道廳長官又ハ府縣知事ニ之ヲ委任ス

一　同法第七條第一項ノ規定ニ依リ制限ヲ超過シ課稅スルコト

二　同法第七條第二項ノ規定ニ依リ同法第七條第一項ノ制限ヲ超過シ同法第三條乃至第五條ニ規定スル制限率又ハ制限額ノ百分ノ五十以內ニ於テ課稅スルコト

附　則

本令ハ大正十五年度分ヨリ之ヲ適用ス

●明治四十一年法律第三十七號第六條ニ依ル委任ノ件

（附加稅制限ノ法律）

（大正九、八、勅令第二八二號）

明治四十一年法律第三十七號第六條ノ規定ニ依リ左ニ揭クル事項ニ付テノ許可ノ職權ハ北海道廳長官、又ハ府縣知事ニ之ヲ委任ス

一　同法第五條第二項ノ規定ニ依リ制限ヲ超過シ課稅スルコト

二　同法第五條第一項ノ規定ニ依リ同法第五條第一項ノ制限ヲ超過シ同法第一條乃至第三條ニ規定スル制限率又ハ制限額ノ百分五ノ十以內ニ於テ課稅スルコト

●制限外課税委任許可報告ノ件（昭和二、三、三一發地第六號 各地方長官宛内務大藏兩次官）

大正九年勅令第二百八十二號、大正十五年勅令第百四十三號及大正十五年内務大藏省令地方税ニ關スル法律施行規則第二十八條ノ規定ニ依リ地方長官ニ委任セラレタル地租、營業税、所得税ノ附加税、特別地税若ハ其ノ附加税及家屋税附加税ノ制限外課税ノ許可ニ關シテハ昭和二年度以降左ノ趣旨ニ依リ御處理相成度

追テ大正九年八月二十日發地第百七十一號及大正十五年六月三日發地第三十三號通牒ハ昭和元年度限廢止セラレタル義ニ付爲念

記

一 委任勅令ニ該當スル課税ト然ラサルモノト一ノ決議ナル場合ニ於テハ總テ内務大臣及大藏大臣ノ許可ヲ受クルコト

二 委任勅令ニ該當スル課税ト委任範圍外ノ段別割條例（北海道二級町村ニ在リテハ其ノ議決）ノ許可トヲ併セ請フモノハ内務大臣及大藏大臣ノ許可ヲ受クルコト

三 各年度ノ歳出ニ著シキ異動ナシト認メラルルモノニ對シテハ五年度ヲ限リ繼續課税ノ許可ヲ爲スヲ妨ケサルモ此ノ場合ニ於テハ稟請年度ノ課率ヲ以テ最高限度トスルコト

四 委任許可事項ハ臺帳ヲ設ケ之ヲ登錄スルコト

五 委任許可ニ付テハ毎年度二回別記樣式ニ依ル報告書ヲ内務大臣ニ提出スルコト

樣式

制限外課税許可報告

昭和何年度自何月至何月

何道府縣

稅目	制限外課稅額 第一項該當	制限外課稅額 第一項該當	制限外課稅額 計
地租附加稅	円	円	円
特別地稅又ハ其ノ附加稅			
段別割			
營業收益稅附加稅			
所得稅附加稅			
家屋稅附加稅			
計			

制限外課稅ヲ爲シ得ル費用 費途	制限外課稅ヲ爲シ得ル費用 金額
許可債元利償還費	円
非常災害復舊費	
水利ノ費用	
傳染病豫防費	
特別ノ必要アルモノ｛何々費 ……	
計	

許可件數　何件
許可團體數　何市（町村若ハ水利組合（土功組合））

備考

一　本件報告ハ一年度分ヲ二期ニ分チ四月ヨリ九月迄ノ分ヲ十月末日迄ニ、十月ヨリ三月迄ノ分ヲ四月末日迄ニ報告スルコト

二　市ノ分ト町村ノ分ト水利組合（土功組合）ノ分トハ各別表ニ調製スルコト

三　「許可團體」數後半期分ニ在リテハ前半期ニ於テ許可シタル團體ト重複スモノアルトキハ其ノ數ヲ

附記スルコト

四　家屋稅附加稅ハ大正十五年勅令第三百三十九號第十條第二項ノ課稅ヲ第一項該當欄ニ同條第二項該當欄ニ記載スルモノ

●雜種稅及附加稅ニ關スル告示（昭和二、一、二六 內務大藏省告示）

大正十五年勅令第三百三十九號附則第三項ニ依リ雜種稅ノ稅目ヲ指定スルコト左ノ如シ

雜種稅種目

一　流木（木流、流材、流竹木、木材川下、木材川流等ヲ含ム）
一　立木伐採（立竹木伐採ヲ含ム）
一　橇（馬橇ヲ含ム）
一　煽風機（旋風回、扇風機ヲ含ム）
一　傭人（雇傭ヲ含ム）
一　代書人（代書業代書等ヲ含ム）
一　溫泉（鑛泉、鑛泉使用、鑛泉湯槽、溫泉場、鑛泉場、鑛泉溫泉、溫泉內湯、鑛泉場等ヲ含ム）
一　筏
一　玉突臺（珠戲臺ヲ含ム）
一　廣告
一　鵜（鵜使ヲ含ム）

一　船舶取得
一　段別割
一　觀覽
一　遊漁

第三節　家屋賃貸價格調査令

家屋稅調査委員制度のことは第二章第三節家屋稅の部に於て大體說明して置いたが當時未だ勅令の發布がなかつたので同法草案の要領として報導せらるゝ所に依つたものである、所が幸ひ本稿の印刷を終える際間に家屋賃貸價格調査令として愈々該勅令及省令の發布があつたので、茲に同令及同令施行規則の全文を掲げ且之れに關する二三の說明を補足して置たい。

第一欵　家屋稅調査委員

家屋稅賦課の圓滿と負擔の公平とを期するが爲に家屋稅調査委員の制を設けて家屋賃貸價格の調査に從事せしむ、

調査委員の種別

(イ)　家屋稅調査委員は之を第一次家屋稅調査委員、第二次家屋稅調査委員、臨時家屋稅調査委員の三種とし大體複審調査の主義に依る、之れは賃貸價格調査の適正と、各地、各戶の權衡を保持せむとするの目的からである。

（ロ）調査は會議制に依り多數を以て調査を決議す

第二欵　第一次家屋稅調査委員

第一項　調査員

第一次家屋稅調査委員は各市町村の區域に之を置き市町村長及選擧せられたる家屋稅調査員を以て組織す、（市制第六條及第八十二條第三項の市に於ては本令中市に關する規定は區に、市長に關する規定は區長に、市役所に關する規定は區役所に之を適用すること以下同じ）府縣知事は特別の事情ありと認むるときは前項に拘らず市の區域を數區に分ち其の區域每に第一次家屋稅調査委員を置くことが出來る。

第一次家屋稅調査委員は其區域內に於ける家屋賃貸價格の調査を行ふ。

（イ）調査員は市町村の區域內の被選擧權者に就き選擧人が之を選擧す

調査員の定數

（ロ）調査員の定數

一、人口五千未滿の市町村　六人

二、人口五千以上一萬未滿の市町村　九人

三、人口一萬以上二萬未滿の市町村　十二人
四、人口二萬以上五萬未滿の市町村　十五人
五、人口五萬以上十萬未滿の市町村　十八人
六、人口十萬以上の市町村　二十人

人口十萬を超ゆる市町村に於ては人口十萬人を加ふる毎に調査員二人を増すこと
人口五十萬を超ゆる市町村に於ては人口二十萬を加ふる毎に調査員二人を増すこと
以上調査委員の定數は人口の增減あるも總選擧を行ふまでは之を增減せない。
以上の人口の計算方は大體內閣に於て官報を以て公示したる最近の人口に依ること

(ハ)　任期

調査員の任期は四箇年とし其起算點は總選擧の日より初まる
補欠に依つて當選したる調査員の任期は前任者の殘存期間とす（調査員に欠員を生じたるときは選擧會を開いて次點者から順次補充を行ひ、斯くして補充するも仍其欠員が定數の三分の一を超ゆるか又は府縣知事に於て必要と認むるときは補欠選擧を行ふ

(ニ)　選擧資格

市町村內の家屋に付家屋稅を納むるものは法人たると個人たるとを問はず、又能力の有無に拘らず選擧權がある、但し左の各號の一に該當する者は選擧權がない。

1、破産者にして復權を得ざる者

2、租稅滯納處分中の者（租稅は國稅と地方稅とを含む）

3、六年の懲役若は禁錮以上の刑に處せられ又は舊刑法の重罪の刑に處せられたる者

4、六年未滿の懲役又は禁錮の刑に處せられ其の刑の執行を終らざる者又は執行を受くることなきに至る迄の者

法人又は無能力者が選擧人たる場合は左に掲ぐる者を以て代人とし其代人なることを證する書面を選擧長、投票又は開票分會長に差出すこと

1、會社に在つては業務を執行する社員、役員、其の他の法人に在つては之に準ずべき者

2、禁治產者に在つては後見人、準禁治產者に在つては保佐人、未成年者に在つては法定代理人

（ホ）被選擧資格

被選擧資格

市町村內に住所を有し且其の市町村の區域に於て選擧權を有する年齡二十五歲以上の者は男女を問はず當該市町村の區域に於て調査員の被選擧權がある、併し禁治產者と準禁治產者は除外せらる。

第二項　選擧事務

(一)　選擧名簿

市町村長は選擧期日前四十日目を期とし其の日の現在に依つて選擧人名簿を調製すること。

(府縣知事は必要と認むるときは區劃を定めて投票分會を設くることが出來る、分會を設けたるときは府縣知事は直に其區劃を告示すること)

(二)　名簿縱覽

市町村長は選擧期日前二十日目を期とし其の日より七日間市役所、町村役場又は其の指定したる場所に於て選擧人名簿を關係者の縱覽に供すること。

縱覽の場所は縱覽開始の日前三日目迄に之を告示すること。

(三)　名簿異議

選擧人名簿に關し異議あるときは縱覽期間内に市町村長に申立つることが出來る、此場合市町村長は其申立を受けたる日より五日内に之を決定し修正を要するときは直に之を修正すること。

市町村長は異議申立に對して決定を爲したるときは理由を付したる決定書を申立人に交付し且其要領を告示すること

決定に不服ある者は決定書の交付を受けたる日より十日内に府縣知事に訴願が出來る。

（四）名簿確定

選擧人名簿は選擧期日の前三日を以て確定す。確定名簿は確定後一年以内に於て行ふ選擧に之を用ふ。

（五）選　擧

イ、府縣知事は選擧の期日前七日目迄に選擧を行ふべき區域、投票を行ふべき日時及選擧すべき調査員の員數を告示す。

ロ、市町村長は選擧の期日前五日目迄に選擧場（投票會場を含む以下之に同じ）を告示すること。

ハ、市町村長は選擧長と爲り選擧會を開閉し其の取締に任ずること（投票分會に於ては市町村の指定したる吏員に於て開閉及取締に任す）

選擧立會人

ニ、市町村長は選擧人名簿に登錄せられたる者にして被選擧權を有する者の中より二人の選擧立會人を選任すること（投票分會を設けたる場合も同樣）

投票

ホ、投　票

選擧は無記名投票として一市町村の區域に付ては一人一票に限る

選擧人は選擧の當日投票時間內に自ら選擧場に至り投票を行ふこと

選擧人は選擧會場に於て投票用紙に自ら被選擧人一人の氏名を記載して投函すること（自書し

得ない者は投票を爲すことを得ない）
投票用紙は府縣知事所定の式を用ふること。
へ、開　票
開票日時は豫め告示すること。
選擧長は投票の日又は其の翌日（投票分會を設けたるときは總ての投票函の送致を受けたる日又は其の翌日）選擧立會人立會の上投票函を開き投票の總數と投票人の總數とを計算すること。
選擧長は選擧立會人と共に投票を點檢すること。
ト、無効投票
右の投票は之を無効とす。
1、成規の用紙を用ひざるもの
2、現に調査員の職に在る者の氏名を記載したるもの
3、一投票中二人以上の被選擧人の氏名を記載したるもの
4、被選擧人の何人たるかを認め難きもの
5、被選擧權なき者の氏名を記載したるもの

6、被選擧人の氏名の外他事を記入したるもの但し爵位、職業、身分、住所又は敬稱の類を記入したるものは差支なし

7、被選擧人の氏名を自書せざるもの

チ、投票の効力

投票の効力は選擧立會人之を決定し可否同數なるときは選擧長之を決定すること。

有効投票の最多數を得たる者を以て當選者とし得票同數なるときは年長者、年齢同じときは抽籤に依る。

リ、選擧録

選擧長は選擧録を作り選擧會に關する顚末を記載し之を朗讀し選擧立會人と共に之に署名すること（投票分會の場合も略之に準ず）

ヌ、當選

當選告知と告示

市町村長は當選者に當選の旨を告知し同時に其住所氏名を告示すること。

當選者當選の告知を受けたるときは十日內に其の當選を承認するや否を市町村長に申立つることゝ、期間內に申立を爲さゞるときは當選を辭したるものと看做さる。

報告

市町村長は當選者より當選認否の申立を受けたるときは直に其旨を府縣知事に報告すること、

（當選なきに至りたるとき、員數に達せざるときも同樣報告のこと）

當選者左に揭ぐる事由の一に該當する場合に於て他の得票者にして當選者と爲らざりし者あるときは直に選擧會を開き其の者の中に就き當選者を定むること。

1、當選を辭したるとき又は死亡者なるとき

2、選擧の期日後に於て被選擧權を有せざるに至り當選を失ひたるとき

3、異議申立又は訴願の結果當選無効と爲りたるとき

ル、當選證書

當選者當選を承認したるときは府縣知事は直に當選證書を付與し併せて其の住所氏名を告知す。

第三項　調査委員の會議

(イ) 第一次調査委員の會議は府縣知事之を招集し　及會議の事件は市町村長をして開會の日前三日目迄に市町村長をして之を告知せしむ。

(ロ) 調査委員は市町村長を以て議長と爲し會議は市町村長之を開閉すること。

(ハ) 調査委員の會議の開會日數は府縣知事に於て之を定む。

（ニ）會議は委員定數の過半數出席に依りて之を開き議事は出席員の過半數に依つて決し可否同數なるときは議長之を決す。
（ホ）議長は會議を總理し會議の順序を定め議場の秩序を保持す。
（ヘ）調査委員に書記を置き議長之を任免す。
（ト）會議には會議錄を調製し會議の顚末其他を記載すること。
（チ）市町村長は市町村內の家屋の賃貸價格に關する下調書を調製し之を調査委員に提出すること。
下調査
（リ）調査委員は此下調書に依つて家屋の賃貸價格を調査し其調査書を作製して直に第二次家屋調査委員に送付すること。（議長は會議錄の寫を添へ會議の結果を府知事に報告すること）

第三款　第二次家屋稅調査委員

（一）組織

第二次家屋稅調査委員は府縣知事の定めたる數市町村の區域を合せたる區域に之を置き府縣知事の指定したる官吏又は吏員一人及第一次家屋稅調査委員に於て選擧したる調査員を以て之を組織す。

(二)　定　數

第一次家屋税調査委員は其の調査員中より第二次家屋税調査委員を組織すべき者を選擧すること。

其定數は人口十萬以上の市町村は三人、人口二萬以上の市町村は二人其他は一人とす。

(三)　會　議

(イ)　調査委員は府縣知事の指定したる官吏又は吏員を以て議長と爲すこと。

(ロ)　會議は府縣知事之を招集し、招集及會議の事件は開會の日前十日目迄に之を告示すること。

會議の開會日數は府縣知事之を定め會議の開閉も府縣知事之を爲す。

(ハ)　議事は第一次家屋税調査委員より送付の調査書に依つて其區域内の家屋賃貸價格の調査を爲すを原則とするも若し調査書の送付なきときは市町村長の下調書の送付を求め之が調査を爲すものである。

其他は大體第一次家屋税調査委員の會議手續と同様である。

第四款　臨時家屋税調査委員

(一) 組織

臨時家屋税調査委員は府縣知事の指定したる官吏又は吏員三人乃至五人を以て組織す。

(二) 調査方法

臨時家屋税調査委員は第二次家屋税調査委員の調査完了せざるとき又は其調査が不當なりと認むときに於て設けらる、機關であつて其の調査方法は府縣知事の定むる所に依る。

家屋税の賦課期日後に建築せられたる家屋及從來家屋税を賦課せざる建物が賦課期日以後に於て賦課すべき建物と爲つたときは第一次家屋税調査委員の調査のみに依つて府縣知事が決定すべきものであるが若し第一次家屋税調査委員に於て其の調査を完了せざるとき又は其調査が不當なりと認めたるときは府縣知事は臨時家屋調税查委員の調査に付して後之を決定す。

第五欵 決定其他

(イ) 家屋賃貸價格は第二次家屋税調査委員の調査(賦課期日以後の建物に付ては第一次家屋税調査委員の調査又は臨時家屋税調査委員會の調査の結果に依つて府縣知事之を決定す。

(ロ) 市町村の廢置分合又は境界變更の場合に於て府縣知事必要ありと認むるときは次の總選擧に至

る迄の間と雖調査員の定數を増減することが出來る。

（ハ）其他府縣費の全部の分賦を受くる市に於ける家屋税調査の特別取扱方、町村組合の場合に於ける處理方法に關しては同令補則及同令施行規則に於て詳細せられてあるからこれで能く研究されたい。

◎家屋賃貸價格調査令（昭和四、一二、二八 勅令四〇三）

第一章　家屋税調査委員

第一條　大正十五年法律第二十四號ニ規定スル家屋税調査委員ハ第一次家屋税調査委員、第二次家屋税調査委員及臨時家屋税調査委員トス

第二章　第一次家屋税調査委員

第二條　第一次家屋税調査委員（以下本章ニ於テ之ヲ調査委員ト稱ス）ハ各市町村ノ區域ニ之ヲ置キ市町村長及家屋税調査員（以下本令ニ於テ之ヲ調査員ト稱ス）ヲ以テ之ヲ組織ス

調査員ハ市町村ノ區域ニ於テ其ノ被選擧權アル者ニ就キ選擧人之ヲ選擧ス

第三條　各市町村ノ區域ニ於ケル調査員ノ定數左ノ如シ

一　人口五千未滿ノ市町村　六人

二　人口五千以上一萬未滿ノ市町村　九人

三　人口一萬以上二萬未滿ノ市町村　十二人
四　人口二萬以上五萬未滿ノ市町村　十五人
五　人口五萬以上十萬未滿ノ市町村　十八人
六　人口十萬以上ノ市町村　二十人
人口十萬ヲ超ユル市町村ニ於テハ人口十萬、人口五十萬ヲ超ユル市町村ニ於テハ人口二十萬ヲ加フル毎ニ調查員二人ヲ增加ス
調查員ノ定數ハ人口ニ增減アルモ總選擧ヲ行フ場合ニ非サレハ之ヲ增減セス
第四條　府縣知事特別ノ事情アリト認ムルトキハ區劃ヲ定メテ投票分會ヲ設クルコトヲ得
前項ノ規定ニ依リ投票分會ヲ設ケタルトキハ府縣知事ハ直ニ其ノ區劃ヲ告示スヘシ
第五條　調查員ノ任期ハ四年トシ總選擧ノ日ヨリ之ヲ起算ス
第六條　市町村內ノ家屋ニ付家屋稅ヲ納ムル者ハ當該市町村ノ區域ニ於テ調查員ノ選擧權ヲ有ス但シ左ノ各號ノ一ニ該當スル者ハ此ノ限ニ在ラス
一　破產者ニシテ復權ヲ得サル者
二　租稅滯納處分中ノ者
三　六年ノ懲役若ハ禁錮以上ノ刑ニ處セラレ又ハ舊刑法ノ重罪ノ刑ニ處セラレタル者
四　六年未滿ノ懲役又ハ禁錮ノ刑ニ處セラレ其ノ刑ノ執行ヲ終リ又ハ執行ヲ受クルコトナキニ至ル迄ノ者
第七條　市町村內ニ住所ヲ有シ且其ノ市町村ノ區域ニ於テ選擧權ヲ有スル年齡二十五年以上ノ者ハ當該市町村ノ區域ニ於テ調查員ノ被選擧權ヲ有ス但シ禁治產者及準禁治產者ハ此ノ限ニ在ラス
第八條　調查員ニ缺員ヲ生シタルトキハ第三十一條ノ例ニ依リ之ヲ補充スヘキ當選者ヲ定ムヘシ

前項ノ規定ニ依リ當選者ヲ定ムルモ仍缺員アル場合ニ於テ其ノ缺員カ當該市町村ノ區域ニ於ケル調査員ノ定數ノ三分ノ一ヲ超ユルトキ又ハ府縣知事ニ於テ必要ト認ムルトキハ補缺選擧ヲ行フヘシ
補缺調査員ハ前任者ノ殘任期間在任ス
第九條　市町村長ハ選擧期日前四十日目ヲ期トシ其ノ日ノ現在ニ依リ選擧人名簿ヲ調製スヘシ
第十條　市町村長ハ選擧期日前二十日目ヲ期トシ其ノ日ヨリ七日間市役所、町村役場又ハ其ノ指定シタル場所ニ於テ選擧人名簿ヲ關係者ノ縱覽ニ供スヘシ
縱覽ノ場所ハ縱覽開始ノ日前三日目迄ニ之ヲ告示スヘシ
第十一條　選擧人名簿ニ關シ關係者ニ於テ異議アルトキハ縱覽期間内ニ之ヲ市町村長ニ申立ツルコトヲ得此ノ場合ニ於テハ市町村長ハ其ノ申立ヲ受ケタル日ヨリ五日内ニ之ヲ決定シ名簿ノ修正ヲ要スルトキハ直ニ之ヲ修正スヘシ
市町村長前項ノ決定ヲ爲シタルトキハ直ニ申立人ニ理由ヲ附シタル決定書ヲ交付シ併セテ其ノ要領ヲ告示スヘシ
第一項ノ決定ニ不服アル者ハ其ノ決定書ノ交付ヲ受ケタル者ニ在リテハ其ノ受ケタル日ヨリ、其ノ他ノ者ニ在リテハ告示アリタル日ヨリ十日内ニ府縣知事ニ訴願スルコトヲ得
第十二條　選擧人名簿ハ選擧期日ノ前三日目ヲ以テ確定ス
確定名簿ハ其ノ確定シタル日ヨリ一年以内ニ於テ行フ選擧ニ之ヲ用フ
前條第三項ノ場合ニ於テ裁決アリタルニ依リ名簿ノ修正ヲ要スルトキハ市町村長ハ直ニ之ヲ修正シ併セテ其ノ旨ヲ告示スヘシ
第十三條　第十一條ノ場合ニ於テ決定確定シ又ハ裁決アリタルニ依リ選擧人名簿無效ト爲リタルトキハ更ニ名

簿ヲ調製スヘシ
天災事變等ノ爲必要アルトキハ更ニ名簿ヲ調製スヘシ
前二項ノ規定ニ依ル名簿ノ調製、縦覽、確定及異議決定ニ關スル期日及期間ハ府縣知事ノ定ムル所ニ依ル
前項ノ規定ニ依リ期日及期間ヲ定メタルトキハ府縣知事ハ直ニ之ヲ告示スヘシ
名簿調製後ニ於テ選擧期日ヲ變更スルコトアルモ其ノ名簿ヲ用ヒ縦覽、確定及異議ノ決定ニ關スル期日及期間ハ前選擧期日ニ依リ之ヲ算定ス
投票分會ヲ設ケタル場合ニ於ケル選擧人ノ所屬及選擧人名簿ノ抄本ノ調製ニ關シ必要ナル事項ハ主務大臣ノ定ムル所ニ依ル
第十四條　府縣知事ハ選擧ノ期日前七日目迄ニ選擧ヲ行フヘキ區域、投票ヲ行フヘキ日時及選擧スヘキ調査員ノ員數ヲ告示スヘシ
天災事變等ノ爲投票ヲ行フコトヲ得サルトキ又ハ更ニ投票ヲ行フノ必要アルトキハ府縣知事ハ當該市町村ノ區域又ハ投票分會ノ區劃ニ付投票ヲ行フヘキ日時ヲ定メ投票ノ期日前七日目迄ニ之ヲ告示スヘシ
第十五條　市町村長ハ選擧ノ期日前五日目迄ニ選擧會場（投票分會場ヲ含ム以下之ニ同シ）ヲ告示スヘシ
第十六條　市町村長ハ選擧長ト爲リ選擧會ヲ開閉シ其ノ取締ニ任ス
市町村長ノ選擧人名簿ニ登錄セヲレタル者ニシテ被選擧權ヲ有スル者ノ中ヨリ二人ノ選擧立會人ヲ選任スヘシ
投票分會ニ於テハ市町村長ノ指定シタル吏員投票分會長ト爲リ之ヲ開閉シ其ノ取締ニ任ス
市町村長ハ投票分會ニ於テ投票スヘキ選擧人ニシテ被選擧權ヲ有スル者ノ中ヨリ二人ノ投票立會人ヲ選任スヘシ

第十七條　選擧ハ無記名投票ヲ以テ之ヲ行フ
投票ハ一市町村ノ區域ニ付テハ一人一票ニ限ル
選擧人ハ選擧ノ當日投票時間内ニ自ヲ選擧會場ニ到リ選擧人名簿又ハ其ノ抄本ノ對照ヲ經テ投票ヲ爲スヘシ
投票時間内ニ選擧會場ニ入リタル選擧人ハ其ノ時間ヲ過クルモ投票ヲ爲スコトヲ得
選擧人ハ選擧會場ニ於テ投票用紙ニ自ラ被選擧人一人ノ氏名ヲ記載シテ投函スヘシ
自ラ被選擧人ノ氏名ヲ書スルコト能ハサル者ハ投票ヲ爲スコトヲ得ス
投票用紙ハ府縣知事ノ定ムル所ニ依リ一定ノ式ヲ用フヘシ
投票分會ニ於テ爲シタル投票ハ投票分會長少クトモ一人ノ投票立會人ト共ニ投票函ノ儘之ヲ選擧長ニ送致スヘシ
第十八條　確定名簿ニ登錄セラレサル者ハ投票ヲ爲スコトヲ得ス但シ選擧人名簿ニ登錄セラルヘキ確定決定書又ハ裁決書ヲ所持シ選擧ノ當日選擧會場ニ到ル者ハ此ノ限ニ在ラス
確定名簿ニ登錄セラレタル者選擧人名簿ニ登錄セラルルコトヲ得サル者ナルトキハ投票ヲ爲スコトヲ得ス選擧ノ當日選擧權ヲ有セサル者ナルトキ亦同シ
第十九條　投票ノ拒否ハ選擧立會人又ハ投票立會人之ヲ決定ス可否同數ナルトキハ選擧長又ハ投票分會長之ヲ決スヘシ
投票分會ニ於テ投票拒否ノ決定ヲ受ケタル選擧人不服アルトキハ投票分會長ハ假ニ投票ヲ爲サシムヘシ
前項ノ投票ハ選擧人ヲシテ之ヲ封筒ニ入レ封緘シ表面ニ自ラ其ノ氏名ヲ記載シ投票函セシムヘシ
第二十條　第三十五條ノ選擧及補缺選擧ヲ同時ニ行フ場合ニ於テハ一ノ選擧ヲ以テ合併シテ之ヲ行フ
第二十一條　市町村長ハ豫メ開票ノ日時ヲ告示スヘシ

第二十二條　選擧長ハ投票ノ日又ハ其ノ翌日（投票分會ヲ設ケタルトキハ總テノ投票函ノ送致ヲ受ケタル日又ハ其ノ翌日選擧立會人立會ノ上投票函ヲ開キ投票ノ總數ト投票人ノ總數トヲ計算スヘシ

項ノ計算終リタルトキハ選擧長ハ先ツ第十九條第二項ノ投票ヲ調査スヘシ其ノ投票ノ受理如何ハ選擧立會人之ヲ決定ス可否同數ナルトキハ選擧長之ヲ決スヘシ

選擧長ハ選擧立會人ト共ニ投票ヲ點檢スヘシ

天災事變等ノ爲開票ヲ行フコト能ハサルトキハ市町村長ハ更ニ開票ノ日時ヲ定ムヘシ此ノ場合ニ於テ選擧會場ノ變更ヲ要スルトキハ豫メ更ニ其ノ場所ヲ告示スヘシ

第二十三條　選擧人ハ其ノ選擧會ノ參觀ヲ求ムルコトヲ得但シ開票開始前ハ此ノ限ニ在ラス

第二十四條　府縣知事特別ノ事情アリト認ムルトキハ區劃ヲ定メテ開票分會ヲ設クルコトヲ得

前項ノ規定ニ依リ開票分會ヲ設クル場合ニ於テ必要ナル事項ハ主務大臣ノ定ムル所ニ依ル

第二十五條　左ノ投票ハ之ヲ無效トス

一　成規ノ用紙ヲ用ヒサルモノ
二　現ニ調査員ノ職ニ在ル者ノ氏名ヲ記載シタルモノ
三　一投票中二人以上ノ被選擧人ノ氏名ヲ記載シタルモノ
四　被選擧人ノ何人タルカヲ認メ難キモノ
五　被選擧權ナキ者ノ氏名ヲ記載シタルモノ
六　被選擧人ノ氏名ノ外他事ヲ記入シタルモノ但シ爵位、職業、身分、住所又ハ敬稱ノ類ヲ記入シタルモノハ此ノ限ニ在ラス
七　被選擧人ノ氏名ヲ自書セサルモノ

第二十六條　投票ノ效力ハ選擧立會人之ヲ決定ス可否同數ナルトキハ選擧長之ヲ決スヘシ
第二十七條　調査員ノ選擧ハ有效投票ノ最多數ヲ得タル者ヲ以テ當選者トス得票ノ數同シキトキ年長者ヲ取リ年齡同シキトキハ選擧長抽籤シテ之ヲ定ムヘシ
第二十八條　當選者選擧ノ期日後ニ於テ被選擧權ヲ有セサルニ至リタルトキハ當選ヲ失フ
第二十九條　選擧長ハ選擧錄ヲ作リ選擧會ニ關スル顚末ヲ記載シ之ヲ朗讀シ選擧立會人ト共ニ之ヲ署名スヘシ
投票分會長ハ投票錄ヲ作リ投票ニ關スル顚末ヲ記載シ之ヲ朗讀シ投票立會人ト共ニ之ニ署名スヘシ
投票分會長ハ投票函ト同時ニ投票錄ヲ選擧長ニ送致スヘシ
選擧錄及投票錄ハ投票、選擧人名簿其ノ他ノ關係書類ト共ニ調査員ノ任期間市町村長ニ於テ之ヲ保存スヘシ
第三十條　當選者定マリタルトキハ市町村長ハ直ニ當選ノ旨ヲ告知シ同時ニ當選者ノ住所氏名ヲ告示スヘシ當選者ナキトキ又ハ當選者其ノ選擧ニ於テ選擧スヘキ調査員ノ員數ニ達セサルトキハ直ニ其ノ旨ヲ告示シ併セテ之ヲ府縣知事ニ報告スヘシ
當選者當選ノ告知ヲ受ケタルトキハ十日內ニ其ノ當選ヲ承諾スルヤ否ヲ市町村長ニ申立ツヘシ
當選者前項ノ申立ヲ其ノ期間內ニ爲サヽルトキハ當選ヲ辭シタルモノト看做ス
市町村長第二項ノ規定ニ依ル申立ヲ受ケタルトキハ直ニ其ノ旨ヲ府縣知事ニ報告スヘシ
當選者ナキニ至リタルトキ又ハ當選者其ノ選擧ニ於テ選擧スヘキ調査員ノ員數ニ達セサルニ至リタルトキハ市町村長ハ直ニ其ノ旨ヲ告示シ併セテ之ヲ府縣知事ニ報告スヘシ
第三十一條　當選者左ニ揭クル事由ノ一ニ該當スル場合ニ於テ他ノ得票者ニシテ當選者ト爲ラサリシ者アルトキハ直ニ選擧會ヲ開キ其ノ者ノ中ニ就キ當選者ヲ定ムヘシ
一　當選ヲ辭シタルトキ又ハ死亡者ナルトキ

二　第二十八條ノ規定ニ依リ當選ヲ失ヒタルトキ
三　第三十四條ノ規定ニ依ル異議申立又ハ訴願ノ結果當選無效ト爲リタルトキ
前項ノ場合ニ於テ當選者ト爲ラサリシ者選擧ノ期日後ニ於テ被選擧權ヲ有セサルニ至リタルトキハ之ヲ當選者ト定ムルコトヲ得ス
第一項ノ場合ニ於テハ市町村長ハ豫メ選擧會ノ場所及日時ヲ告示スヘシ
第三十二條　當選者當選ヲ承諾シタルトキハ府縣知事ハ直ニ當選證書ヲ付與シ併セテ其ノ住所氏名ヲ告示スヘシ
第三十三條　選擧ノ規定ニ違反スルコトアルトキハ選擧ノ結果ニ異動ヲ生スルノ虞アル場合ニ限リ其ノ選擧ノ全部又ハ一部ヲ無效トス但シ當選ニ異動ヲ生スルノ虞ナキ者ヲ區分シ得ルトキハ其ノ者ニ限リ當選ヲ失フコトナシ
第三十四條　選擧人選擧又ハ當選ノ效力ニ關シ異議アルトキハ選擧ニ關シテハ選擧ノ日ヨリ、當選ニ關シテハ第三十條第一項又ハ第五項ノ告示ノ日ヨリ七日內ニ之ヲ市町村長ニ申立ツルコトヲ得此ノ場合ニ於テハ市町村長ハ其ノ申立ヲ受ケタル日ヨリ十四日內ニ之ヲ決定スヘシ
前項ノ決定ニ關シテハ第十一條第二項及第三項ノ規定ヲ準用ス
第八條第二項又ハ第三十五條ノ選擧ハ之ニ關係アル選擧又ハ當選ニ關スル異議申立期間、異議ノ決定確定セサル間又ハ訴願ノ裁決アル迄ハ之ヲ行フコトヲ得ス
選擧又ハ當選ニ關スル異議ノ決定確定シ又ハ訴願ノ裁決アル迄ハ調查員ハ會議ニ列席シ議事ニ參與スルノ權ヲ失ハス
第三十五條　選擧無效ト確定シタルトキ、當選者ナキトキ又ハ當選者ナキニ至リタルトキハ更ニ選擧ヲ行フヘ

シ當選者其ノ選擧ニ於テ選擧スヘキ調査員ノ員數ニ達セサルトキ又ハ員數ニ達セサルニ至リタルトキ其ノ不足ノ員數ニ付亦同シ

第三十六條　調査員被選擧權ヲ有セサル者ナルトキハ其ノ職ヲ失フ其ノ被選擧權ノ有無ハ市町村長之ヲ決定ス

市町村長前項ノ決定ヲ爲シタルトキハ直ニ本人ニ理由ヲ附シタル決定書ヲ交付スヘシ

第一項ノ決定ヲ受ケタル者不服アルトキハ其ノ決定書ノ交付ヲ受ケタル日ヨリ十日內ニ府縣知事ニ訴願スルコトヲ得

第三十四條第四項ノ規定ハ第一項及前項ノ場合ニ之ヲ準用ス

第三十七條　調査委員ハ市町村內ノ家屋ノ賃貸價格ヲ調査ス

調査委員ハ其ノ調査員中ヨリ第二次家屋稅調査委員ヲ組織スヘキ者ヲ選擧スヘキ調査員ノ定數ハ人口十萬以上ノ市町村ノ區域ニ於ケル調査委員ニ在リテハ三人、人口二萬以上ノ市町村ノ區域ニ於ケル調査委員ニ在リテハ二人、其ノ他ノ調査委員ニ在リテハ一人トス

前項ノ定數ハ人口ニ增減アルモ第一次家屋稅調査委員ヲ組織スヘキ調査員ノ定數ヲ變更スル場合ニ非サレハ之ヲ增減セス

第一項ノ規定ニ依リ第二次家屋稅調査委員ヲ組織スヘキ者ヲ選擧シタルトキハ議長ハ直ニ其ノ氏名ヲ府縣知事ニ報告スヘシ

第三十八條　調査委員ハ市町村長ヲ以テ議長トス

第三十九條　調査委員ノ會議ハ府縣知事之ヲ招集ス

招集及會議ノ事件ハ開會ノ日前三日目迄ニ府縣知事市町村長ヲシテ之ヲ告知セシムヘシ

調査委員ノ會議ハ市町村長之ヲ開閉ス

調査委員ノ會議ノ開會日數ハ府縣知事之ヲ定ム

第四十條　調査委員ハ調査員定數ノ半數以上出席スルニ非サレハ會議ヲ開クコトヲ得ス但シ同一ノ事件ニ付招集再回ニ至ルモ仍半數ニ滿タサルトキ又ハ招集ニ應スルモ出席調査員定數ヲ缺キ議長ニ於テ出席ヲ催告シ仍半數ニ滿タサルトキハ此ノ限ニ在ラス

第四十一條　調査委員ノ議事ハ調査員ノ過半數ヲ以テ決ス可否同數ナルトキハ議長ノ決スル所ニ依ル

議長ハ其ノ職務ヲ行フ場合ニ於テモ之カ爲調査員トシテ議決ニ加ハルノ權ヲ失ハス

第四十二條　第三十七條第二項ノ規定ニ依リ調査委員ニ於テ行フ選擧ニ付テハ第十七條、第二十五條及第二十七條ノ規定ヲ準用ス其ノ投票ノ效力ニ關シ異議アルトキハ調査委員之ヲ決定ス

前項ノ選擧ニ付テハ調査委員ハ調査員ニ於テ異議ナキ場合ニ限リ指名推選ノ法ヲ用ヒ全員ノ同意ヲ得タル被指名者ヲ以テ當選者ト定ムルコトヲ得

第四十三條　議長ハ會議ヲ總理シ會議ノ順序ヲ定メ其ノ日ノ會議ヲ開閉シ議場ノ秩序ヲ保持ス

第四十四條　調査委員ニ書記ヲ置キ議長之ヲ任免ス

書記ハ議長ノ命ヲ承ケ庶務ニ從事ス

第四十五條　議長ハ書記ヲシテ會議錄ヲ調製シ會議ノ顛末及出席者ノ氏名ヲ記載セシムヘシ

會議錄ハ議長及調査員二人以上之ニ署名スルコトヲ要ス其ノ調査員ハ調査委員ニ於テ之ヲ定ムヘシ

議長ハ會議錄ノ寫ヲ添ヘ會議ノ結果ヲ府縣知事ニ報告スヘシ

第四十六條　市町村長ハ市町村內ノ家屋ノ賃貸價格ニ關スル下調書ヲ調製シ之ヲ調査委員ニ提出スヘシ

前項ノ下調書ノ提出アリタルトキハ調査委員ハ家屋ノ賃貸價格ヲ調査シ其ノ調査書ヲ作製シ直ニ第二次家屋稅調査委員ニ之ヲ送付スヘシ但シ大正十五年勅令第三百三十九號第三條第一項及第二項ノ家屋ノ賃貸價格ニ

關スル調査書ハ調査委員ノ會議ノ開會後十日內ニ府縣知事ニ對シ之ヲ送付スヘシ

第三章　第二次家屋稅調査委員

第四十七條　第二次家屋稅調査委員（以下本章ニ於テ之ヲ調査委員ト稱ス）ハ數市町村ノ區域ヲ合セタル區域ニ之ヲ置キ府縣知事ノ指定シタル官吏又ハ吏員一人及第一次家屋稅調査委員ニ於テ選擧シタル調査員ヲ以テ之ヲ組織ス

前項ノ區域ハ府縣知事之ヲ定ム

第四十八條　調査委員ハ其ノ區域內ノ家屋（大正十五年勅令第三百三十九號第三條第一項及第二項ノ家屋ヲ除ク）ノ賃貸價格ヲ調査ス

第四十九條　調査委員ハ第四十七條第一項ノ規定ニ依リ府縣知事ノ指定シタル官吏又ハ吏員ヲ以テ議長トス

第五十條　調査委員ノ會議ハ府縣知事之ヲ招集ス

招集及會議ノ事件ハ開會ノ日前十日目迄ニ府縣知事之ヲ告示スヘシ

調査委員ノ會議ハ府縣知事之ヲ開閉ス

調査委員ノ會議ノ開會日數ハ府縣知事之ヲ定ム

第五十一條　第四十條、第四十一條及第四十三條乃至第四十五條ノ規定ハ調査委員ニ之ヲ準用ス

第五十二條　第四十六條第二項ノ規定ニ依ル調査書ノ送付ナキトキハ調査委員ハ市町村長ニ同條第一項ノ下調書（大正十五年勅令第三百三十九號第三條第一項及第二項ノ家屋ニ關スルモノヲ除ク）ノ送付ヲ求ムヘシ

第四章　家屋ノ賃貸價格ノ決定

第五十三條　府縣知事ハ第二次家屋稅調査委員ノ調査ノ結果ニ依リ家屋ノ賃貸價格ヲ決定スヘシ但シ第二次家屋稅調査委員ノ調査完了セサルトキ又ハ其ノ調査ヲ不當ナリト認ムルトキハ府縣知事ハ其ノ指定シタル官吏又ハ吏員三人乃至五人ヲ以テ組織シタル臨時家屋稅調査委員ノ調査ノ結果ニ依リ之ヲ決定スヘシ

臨時家屋税調査委員ノ調査ノ方法ニ關シテハ府縣知事ノ定ムル所ニ依ル

第五十四條　大正十五年勅令第三百三十九號税三條第一項及第二項ノ家屋ノ賃貸價格ニ付テハ前條ノ規定ニ拘ラス第一次家屋税調査委員ノ調査ノ結果ニ依リ府縣知事之ヲ決定スヘシ但シ第一次家屋税調査委員ノ調査完了セサルトキ又ハ其ノ調査ヲ不當ナリト認ムルトキハ府縣知事ハ其ノ指定シタル官吏又ハ吏員三人乃至五人ヲ以テ組織シタル臨時家屋税調査委員ノ調査ノ結果ニ依リ之ヲ決定スヘシ

第五章　補則

第五十五條　市町村ノ廢置分合又ハ境界變更アリタル場合ニ於テ府縣知事必要ト認ムルトキハ次ノ總選擧ニ至ル迄ノ間第三條第三項ノ規定ニ拘ラス市町村ノ區域ニ於ケル調査員ノ定數ヲ増減スルコトヲ得

前項ノ場合ニ於テ選擧人名簿竝ニ調査員及第二次家屋税調査委員ヲ組織スヘキ調査員ノ選擧、解任等ニ關シ必要ナル事項ハ主務大臣ノ定ムル所ニ依ル

第五十六條　第三條第一項及第二項竝ニ第三十七條第三項ノ人口ハ主務大臣ノ定ムル所ニ依ル

第五十七條　法人タル選擧人ハ主務大臣ノ定ムル所ニ依リ代人ヲ以テ投票ヲ行フ此ノ場合ニ於テハ第十七條第三項乃至第六項、第十九條第二項及第三項竝ニ第二十三條ノ規定ハ其ノ代人ニ之ヲ適用ス

禁治産者、準禁治産者及未成年者タル選擧人ニ關シテハ前項ノ規定ヲ準用ス

第五十八條　市制第六條及第八十二條第三項ノ市ニ於テハ本令中市ニ關スル規定ハ區ニ、市長ニ關スル規定ハ區長ニ、市役所ニ關スル規定ハ區役所ニ之ヲ適用ス

第五十九條　府縣知事特別ノ事情アリト認ムルトキハ第二條ノ規定ニ拘ラス市ノ區域ヲ數區域ニ分チ其ノ區域毎ニ第一次家屋税調査委員ヲ置クコトヲ得此ノ場合ニ關シテハ左ノ規定ニ依ル

一　第二條、第三條第一項及第二項、第六條、第七條、第八條第二項、第十四條第二項、第十七條第二項、

第三十七條第一項及第三項、第四十六條第一項、第四十七條第一項並ニ第五十五條ノ規定ノ適用ニ關シテハ市町村又ハ市町村ノ區域トアルハ市ノ區域ヲ分チタル區域トス

二　選擧人名簿ハ市ノ區域ヲ分チタル區域每ニ之ヲ選製スヘシ

三　選擧長ハ府縣知事ノ指定シタル市吏員トシ第二十一條、第二十二條第四項、第三十條第一項第二項第四項及第五項並ニ第三十一條第三項ノ規定ニ依ル市長ノ職務ハ選擧長之ヲ行フ

四　第二條及第三十八條ノ規定ノ適用ニ關シテハ市町村トアルハ府縣知事ノ指定シタル市吏員トス

第六十條　府縣費ノ全部ノ分賦ヲ受ケタル市カ市制第六條若ハ第八十二條第三項ノ市又ハ前條ノ規定ニ依リ其ノ區域ヲ數區域ニ分タレタル市ナル場合ニ於テハ其ノ市ニ關シテハ左ノ規定ニ依ル

一　第三十條第一項第四項及第五項、第三十七條第五項、第四十五條第三項、第四十六條第二項但書並ニ第五十一條ノ規定ニ依ル報告又ハ送付ハ市長ニ對シ之ヲ爲スヘシ

二　第四條、第八條第二項、第十三條第三項及第四項、第十四條、第十七條第七項、第二十四條第一項、第三十二條、第三十九條第一項第二項及第四項、第四十七條、第五十條、第五十三條、第五十四條、第五十五條第一項並ニ前條ノ規定ニ依ル府縣知事ノ職務ハ市長之ヲ行フ

第六十一條　府縣費ノ全部ノ分賦ヲ受ケタル市カ前條ノ市以外ノ市ナル場合ニ於テハ其ノ市ニ關シテハ左ノ規定ニ依ル

一　第三十條第一項、第四項及第五項ノ規定ニ依ル報告ハ之ヲ爲スコトヲ要セス

二　第四十五條第三項及第四十六條第二項ノ規定ニ依ル報告又ハ送付ハ市長ニ對シ之ヲ爲スヘシ

三　第四條、第八條第二項、第十三條第三項及第四項、第十四條、第十七條第七項、第二十四條第一、第三十二條、第三十九條第一項第二項及第四項並ニ第五十五條第一項ノ規定ニ依ル府縣知事ノ職務ハ市長

之ヲ行フ

四　第三十七條第二項乃至第五項竝ニ第四十七條乃至第五十四條ノ規定ハ之ヲ適用セス

前項ノ場合ニ於テハ市長ハ第一次家屋税調査委員ノ調査ノ結果ニ依リ家屋ノ賃貸價格ヲ決定スヘシ但シ第一次家屋税調査委員ノ調査完了セサルトキ又ハ其ノ調査委員ノ調査完了セサルトキ又ハ其ノ調査ヲ不當ナリト認ムルトキハ市長ハ其ノ指定シタル吏員三人ヲ以テ組織シタル臨時家屋税調査委員ノ調査ノ結果ニ依リ之ヲ決定スヘシ

第六十二條　府縣費ノ全部ノ分賦ヲ受ケタル市カ府縣費ノ全部ノ分賦ヲ受ケサルニ至リタル場合ニ於テハ其ノ市ノ家屋税ノ調査員ハ之ヲ府縣ノ家屋税ノ調査員トス

前項ノ調査員ハ府縣ノ總選擧ニ依リ選擧セラレタル調査員ノ任期滿了ノ日迄在任ス

第一項ノ場合ニ於テ第六十條ノ規定ニ依リ市長ノ分チタル區域ハ之ヲ第五十九條ノ規定ニ依リ府縣知事ノ分チタル區域ト看做ス

第六十三條　北海道ニ於テハ本令中府縣又ハ府縣知事ニ關スル規定ハ北海道又ハ北海道廳長官ニ、町村町村長又ハ町村役場ニ關スル規定ハ町村町村長又ハ町村役場ニ準スヘキモノニ之ヲ適用ス

第六十四條　町村組合ニシテ町村ノ事務ノ全部又ハ役場事務ヲ共同處理スルモノハ本令ノ適用ニ付テハ之ヲ一町村、其ノ組合管理者ハ之ヲ町村長、其ノ組合役場ハ之ヲ町村役場ト看做ス

第六十五條　交通至難ノ島嶼其ノ他ニ於テ本令ヲ適用シ難キ事項ニ付テハ府縣知事ハ主務大臣ノ許可ヲ受ケ特別ノ規定ヲ設クルコトヲ得

附　則

本令ハ公布ノ日ヨリ之ヲ施行ス

【参照】

大正十五年十一月十七日公布勅令第三百三十九號
大正十五年法律第二十四號地方税ニ關スル法律施行ニ關スル件　抄錄

第三條第一項及第二項
家屋税ノ賦課期日後建築セラレタル家屋ニ付テハ工事竣成ノ翌月ヨリ月割ヲ以テ家屋税ヲ賦課ス
大正十五年法律第二十四號第十一條ノ規定ニ基キテ家屋税ヲ賦課セサル家屋又ハ法律ニ依リテ家屋税ヲ賦課スルコトヲ得サル家屋カ家屋税ノ賦課期日後之ヲ賦課スルコトヲ得ヘキモノト爲リタルトキハ其ノ翌月ヨリ月割ヲ以テ家屋税ヲ賦課ス

明治四十四年四月七日公布法律第六十八號市制抄錄

第六條　勅令ヲ以テ指定スル市ノ區ハ之ヲ法人トス其ノ財産及營造物ニ關スル事務其ノ他法令ニ依リ區ニ屬スル事務ヲ處理ス
區ノ廢置分合又ハ境界變更其ノ他區ノ境界ニ關シテハ前二條ノ規定ヲ準用ス但シ第四條ノ規定ヲ準用スル場合ニ於テハ關係アル市會ノ意見ヲモ徴スヘシ
第八十二條第一項乃至第三項
第六條ノ市ヲ除キ其ノ他ノ市ハ處務便宜ノ爲區ヲ劃シ區長及其ノ代理者一人ヲ置クコトヲ得
前項ノ區長及其ノ代理者ハ名譽職トス市會ニ於テ市公民中選擧權ヲ有スル者ヨリ之ヲ選擧ス
內務大臣ハ前項ノ規定ニ拘ラス區長ヲ有給吏員ト爲スヘキ市ヲ指定スルコトヲ得

●家屋賃貸價格調査令施行規則（昭和四、一二、二九 内務大藏省令）

第一條　家屋賃貸價格調査令第三條第一項及第二項ノ人口ハ市制町村制施行規則第一條ノ規定ニ依ル人口トス
但シ市制第八十二條第三項ノ市ノ區及家屋賃貸價格調査令第五十九條又ハ第六十條ノ規定ニ依リ市ノ區域ヲ分チタル區域ノ人口ニ付テハ府縣知事ノ告示シタル人口トス
家屋賃貸價格調査令第三十七條第三項ノ人口ハ市町村ノ區域ニ於ケル家屋税調査員ノ定數ノ標準ト爲リタル人口トス

第二條　家屋賃貸價格調査令第四條第一項ノ規定ニ依リ投票分會ヲ設ケタル場合ニ於テハ左ノ規定ニ依ル

一　選擧人名簿調製ノ期日ニ於テ投票分會ノ區劃内ニ住所ヲ有シタル選擧人ハ投票分會ニ於テ、其ノ他ノ選擧人ハ選擧會ニ於テ投票ヲ行フヘシ

二　市町村長ハ必要アルトキハ選擧人名簿ニ依リ投票分會ノ區劃毎ニ名簿ノ抄本ヲ調製スヘシ

第三條　市町村ノ廢置分合アリタル場合ニ於テハ從前ノ市町村ノ市町村長（又ハ市町村長ノ職務ヲ行フ者）タリシ者ハ直ニ其ノ地域ノ新ニ屬シタル市町村ノ市町村長ニ選擧人名簿ヲ送付スヘシ但シ名簿ヲ分割スルニ非サレハ送付スルコト能ハサルトキ又ハ關係市町村ニ於ケル名簿カ同一期日ニ依リ調製シタルモノニ非サルトキハ此ノ限ニ在ラス
市町村長選擧人名簿ノ送付ヲ受ケタルトキハ直ニ其ノ旨ヲ告示シ併セテ之ヲ府縣知事ニ報告スヘシ

第四條　前條ノ規定ニ依リ送付ヲ受ケタル選擧人名簿ハ市町村ノ廢置分合ニ依ル地域ノ新ニ屬シタル市町村ニ於ケル選擧人名簿ト看做ス

第五條　第三條ノ規定ニ依リ送付ヲ受ケタル選擧人名簿確定前ナルトキハ名簿ノ縱覽、確定及異議ノ決定ニ關

スル期日及期間ハ府縣知事（府縣費ノ全部ノ分賦ヲ受ケタル市ニアリテハ市長）ノ定ムル所ニ依ル
前項ノ規定ニ依リ期日及期間ヲ定メタルトキハ府縣知事（府縣費ノ全部ノ分賦ヲ受ケタル市ニ在リテハ市長）ハ直ニ之ヲ告示スヘシ

第六條　家屋賃貸價格調査令第五十七條ノ規定ニ依ル代人ハ左ニ揭クル者トス

一　會社ニ在リテハ業務ヲ執行スル社員、役員、其ノ他ノ法人ニ在リテハ之ニ準スル者

二　禁治産者ニ在リテ後見人、準禁治産者ニ在リテハ保佐人、未成年者ニ在リテハ法定代理人

代人ハ其ノ代人タルコトヲ證スヘキ書面ヲ選擧長、開票分會長又ハ投票分會長ニ差出スヘシ

第七條　選擧長（又ハ投票分會長）ハ選擧立會人（又ハ投票立會人）ノ面前ニ於テ選擧人ヲ選擧人名簿（又ハ選擧人名簿ノ抄本）ニ對照シタル後投票用紙（假ニ投票ヲ爲サシムヘキ選擧人ニ對シテハ併セテ封筒）ヲ交付スヘシ

第八條　選擧人誤リテ投票ノ用紙又ハ封筒ヲ汚損シタルトキハ其引換ヲ請求スルコトヲ得

第九條　選擧人投票前選擧會場（又ハ投票分會場）外ニ退出シ又ハ退出ヲ命セラレタルトキハ選擧長（又ハ投票分會長）ハ投票用紙（交付シタル封筒アルトキハ併セテ封筒）ヲ返付セシムヘシ

第十條　家屋賃貸價格調査令第二十四條第一項ノ規定ニ依リ開票分會ヲ設クル場合ニ於テハ左ノ規定ニ依ル

一　府縣知事ハ開票分會ヲ設ケタルトキハ直ニ其ノ區劃ヲ告示スヘシ

二　開票分會ニ於テハ市町村長ノ指定シタル吏員開票分會長ト爲リ之ヲ開閉シ其ノ取締ニ任ス

三　市町村長ハ豫メ開票分會場ヲ告示スヘシ

四　開票分會ノ區劃内ノ投票分會ニ於テ爲シタル投票ハ投票分會長少クトモ一人ノ投票立會人ト共ニ投票函ノ儘投票錄及選擧人名簿ノ抄本（又ハ選擧人名簿）ト併セテ之ヲ開票分會長ニ送致スヘシ

五　投票ノ點檢ヲ終リタルトキハ開票分會長ハ直ニ其ノ結果ヲ選擧長ニ報告スヘシ
六　開票分會長ハ開票錄ヲ作リ開票ニ關スル顚末ヲ記載シ之ヲ朗讀シ開票立會人ト共ニ之ニ署名シ直ニ投票錄及投票ト併セテ之ヲ選擧長ニ送致スヘシ
七　選擧長ハ總テノ開票分會長ヨリ第五號ノ報告ヲ受ケタル日若ハ其ノ翌日（又ハ總テノ投票函ノ送致ヲ受ケタル日若ハ其ノ翌日）選擧會ニ於テ選擧立會人立會ノ上其ノ報告ヲ調査シ家屋賃貸價格調査令第二十二條第三項ノ規定ニ依リ爲シタル點檢ノ結果ト併セテ各被選擧人ノ得票總數ヲ計算スヘシ
八　選擧ノ一部無効ト爲リ更ニ選擧ヲ行ヒタル場合ニ於テハ選擧長ハ前號ノ規定ニ準シ其ノ部分ニ付前條ノ手續ヲ爲シ他ノ部分ニ於ケル各被選擧人ノ得票數ト併セテ其ノ得票總數ヲ計算スヘシ
九　家屋賃貸價格調査令第十六條第四項ノ規定ハ開票立會人ニ、同令第二十二條、第二十三條及第二十六條ノ規定ハ開票分會ニ於ケル開票ニ之ヲ準用ス

第十一條　市町村ノ廢置分合又ハ境界變更アリタル場合ニ於テ廢置分合又ハ境界變更ニ係ル地域ノ從前屬シタル市町村ノ區域ニ於ケル家屋稅調査員其ノ地域ノ新ニ屬シタル市町村ノ區域ニ於テ被選擧權ヲ有スル者ナルトキハ之ヲ當該市町村ノ區域ニ於ケル家屋稅調査員トス
市町村ノ廢置分合又ハ境界變更アリタル場合ニ於テ廢置分合又ハ境界變更ニ係ル地域ノ新ニ屬シタル市カ府縣費ノ全部ノ分賦ヲ受ケタル市ナル場合ニ於テ前項ノ規定ニ依リ其ノ市ノ家屋稅調査員ト爲リタル者ハ當該ノ總選擧ニ依リ選擧セラレタル調査員ノ任期滿了ノ日迄在任ス
第一項ノ家屋稅調査員第二次家屋稅調査委員ヲ組織スル者ナルトキハ之ヲ當該市町村ノ區域ニ於ケル第一次家屋稅調査委員ニ於テ選擧セラレタル者ト看做ス

第十二條　市町村ノ廢置分合又ハ境界變更アリタル場合ニ於テ家屋稅調査員ノ定數ニ異動ヲ生シタル爲解任ヲ

要スル者アルトキハ市町村長抽籤シテ之ヲ定ム但シ缺員アルトキハ其ノ缺員ヲ以テ之ニ充ツヘシ

前條第一項及第三項ノ場合ニ於テ家屋稅調査員又ハ第二次家屋稅調査委員ヲ組織スル家屋稅調査員家屋賃貸價格調査令第三條第一項又ハ第三十七條第三項ノ定數ヲ超ユルニ至リタルトキハ前項ノ例ニ依ル

第十三條　市町村ノ廢置分合又ハ境界變更アリタル場合ニ於テ家屋稅調査員ノ定數ニ異動ヲ生シタル爲調査員其ノ定數ニ滿タサルニ至リタルトキ府縣知事（府縣費ノ全部ノ分賦ヲ受ケタル市ニ在リテハ市長）必要アリト認ムルトキハ其ノ不足ノ員數ニ付選擧ヲ行フヘシ

前項ノ選擧ハ家屋賃貸價格調査令第三十五條ノ選擧又ハ補缺選擧ト同時ニ之ヲ行フ場合ニ於テハ一ノ選擧ヲ以テ合併シテ之ヲ行フ

第一項ノ選擧ニ依リ選擧セラレタル家屋稅調査員ハ總選擧ニ依リ選擧セラレタル調査員ノ任期滿了ノ日迄在任ス

第十四條　家屋賃貸價格調査令第五十八條、第六十三條及第六十四條ノ規定ハ本令ノ適用ニ付之ヲ準用ス

第十五條　第三條第二項ノ規定ニ依ル報告ハ府縣費ノ全部ノ分賦ヲ受ケタル市カ市制第六條又ハ第八十二條第三項ノ市ナル場合ニ於テハ市長ニ對シ之ヲ爲シ其ノ他ノ市ナル場合ニ於テハ之ヲ爲スコトヲ要セス

第十六條　家屋賃貸價格調査令第五十九條又ハ第六十條ノ規定ニ依リ其ノ區域ヲ數區域ニ分チタル市ニ於テハ本令中市町村ニ關スル規定ハ市ノ區域ヲ分チタル區域ニ之ヲ適用ス

附　則

本令ハ公布ノ日ヨリ之ヲ施行ス

市町村國税事務規程（準則）

茲に市町村國税事務規程として此準則を掲げたるものは、既に各地の税務署と市町村間に於て税務協議會を設け、協定實行せらるゝものゝ內、一般的と認むる事項のみを記載した譯で、此準則以外にも或は事務共助の趣旨から幾多協定せられた事項が尠くないと思ふ、例へば所得税の事務に付土地所有者名簿、家族名簿等を年々市町村に送付して之が加除を求むる地方、營業收益税の事務に付重なる府縣税營業者の營業種目、氏名等の通報を受くる地方、又所得税營業收益税の第一期分納額通知に際し同時に其年税額をも通知する地方、税務署に於て第一種所得決定の時々之を其市町村に通知する地方もある樣であるが、是等は各地方的の狀況に應じて適宜に取捨選擇を願へばよい譯である。

市町村國税事務規程（準則）

第一章　總則

第一條　市區町村ニ於ケル國税事務ノ取扱ハ法令ノ規定ニ據ルノ外尚本手續ニ依リ處理スルモノトス

第二條　國税ニ關スル文書、帳簿ノ處理ニシテ員數ニ係ルモノハ必ス校合、檢算ヲ遂ケ其ノ正鵠ヲ期スルモノトス

第三條　市區町村ト税務署間ニ於テ相互往復スル文書ニシテ事ノ輕易ナルモノハ簡易往復文書用紙ヲ用ヒ之カ處理ノ敏活ヲ期スルモノトス

第四條　照覆事項ニシテ急ノ表記アルモノハ即日其ノ他特ニ期限ノ指定ナキモノハ三日以内ニ必ス回答ヲ發スルモノトス

第五條　天災、事變其ノ他ノ事實ニシテ課税又ハ徴收ニ影響ヲ及ホスヘキ事故發生シタルトキハ直ニ税務署ニ報告スルモノトス、其ノ要領概ネ左ノ如シ

一、水害等ニ因リ荒地トナリタルモノアルトキハ其ノ日時、地域、浸水日數、水量、浸水ノ狀況

被害ノ程度、作物ノ種類、荒地見込ノ地目、段別、地價、筆數、地主人員等ノ概數
二、災害又ハ天候不順ニ依リ收穫皆無トナリタル土地アルトキ亦前號ニ準ス
三、火災、盜難其ノ他不慮ノ災害ニ因リ既收ノ稅金亡失等ノ事實アリタルトキハ其ノ實況
四、賦課又ハ徵收上ノ障害トナルヘキ事實ヲ惹起シタルトキハ其ノ現況
五、金融及農商工業ノ消長ニ關シ急劇ナル變動ヲ來シ又ハ其ノ兆候アリタルトキハ其ノ原因及狀況

第六條 稅務署ニ提出スヘキ申請、申告書類ヲ接受シタルトキハ調査ノ上該文書ノ欄外ニ市區役所、町村役場ノ經由印ヲ押捺シ市區町村長又ハ主任者認印ノ上發送シ別ニ添書ヲ要セサルモノトス

第二章　地　租

第一節　通　則

第七條 地租ニ關スル申請、申告ハ成ルヘク市區町村ヲ經由セシムルモノトス

第八條 地租ニ關スル申請、申告ヲ受理シタルトキハ書式ニ對照シ尚左記事項ヲ調査シ直ニ稅務署ニ送付スルモノトス

一、字名、地番號、地目、反別（又ハ坪數）地價、年期事項及所有者ノ住所氏名等ハ土地臺帳及地租名寄帳ニ符合スルヤ否
二、測量圖ノ形狀、方位及隣接地番、地目ハ地圖ニ符合スルヤ否
三、反別（坪數）地價及測量圖ノ坪數等ニ違算ナキヤ否
四、戶籍謄本若ハ抄本ノ添付ヲ要スヘキモノハ之カ添付ノ有無
五、社寺ノ所有地ニ關シテハ社司住職ノ外氏子、檀家信徒總代三名以上ノ連署アリヤ否
六、法人又ハ無能力者若ハ共有地ニ在リテハ其ノ代表者又ハ法定代理人若ハ共有權者署名アリヤ否
七、以上ノ外必要ト認ムル事項

第九條　丈量ハ凡テ境界線ヨリ測定シ距離ハ水平ニ測量スルモノトス

第十條　測量尺度ノ用法ハ一間未滿ノ端數ハ六尺ノ十分ノ一ヲ分ト爲シ、分ノ十分ノ一ヲ厘ト爲シ五厘ニ滿タサル端數ハ之ヲ切捨テ五厘以上ハ五厘ニ止メ、其ノ積算上ニ於テ一步未滿ハ之ヲ切リ捨ツルモノトス、但シ一筆ノ土地ニシテ全積一步未滿ナルモノハ勺位迄ヲ存シ宅地ハ厘位未滿ヲ切捨テ厘位ニ止メ其ノ積算上勺位未滿ハ之ヲ切捨ツ

第十一條　異動地申告ニ際シ境界判明ナラサルモノアルトキハ双方地主ヲシテ立會ノ上其ノ境界線

ヲ定メシメ尚之ヲ地圖ト對照シ相當ト認メタル後異動地ノ反別ヲ測定スルモノトス

第十二條　內書地又ハ外書地ハ左ノ各號ニ依リ漸次整理スルモノトス但シ一筆地內ニ於ケル畦畔、小逕、小池ノ類ヲ廢沒スルモ別ニ之カ手續ヲ要セス

一、土地臺帳中外書トシテ揭上セル畦畔ノ類ハ異動ノ時々本地反別ニ算入スルコト

二、從來外書トナリタル免租地墳墓地ノ類ハ異動ノ時々別筆ト爲スヘキコト內荒地又ハ內開墾地ノ如キモノアリタル場合亦同シ

第十三條　土地ノ番號ハ左ノ各號ニ依リ之ヲ附スルモノトス

一、一筆ノ土地ヲ分割シ數筆ト爲シタルトキハ番號ニ一、二、三ノ符合ヲ附シ各筆ノ番號トナスコト

既ニ本番ニ符合アル土地ヲ分割スルトキハ其ノ一筆ニハ從來ノ符合ヲ存シ他ノ各筆ニハ本番最終ノ符合ヲ追ヒ順次之ヲ附スルコト但シ戸籍其ノ他ノ關係上所有者ヨリ特ニ請求アルトキハ當初ノ一筆ハ其ノ儘トシ他ノ各筆ニ一、二、三等ノ符合ヲ付スルモ妨ナシ

二、數筆ノ土地ヲ合併シテ一筆トナストキハ合併前ノ土地番號中首位ノモノヲ以テ該地ノ番號トス但シ所有者ノ請求ニ因リ合併前ノ各筆ノ番號中ノ一ヲ撰擇シ其ノ番號トナスコトヲ得

三、有租地成ニ依リ新ニ地番ヲ附スヘキ土地ヲ生シタルトキハ其ノ地番ハ當該大字（小字每ニ地

番ヲ附シタル地方ハ小字）ノ最終地番ヲ追ヒ其ノ次番號ヲ附スルコト但シ新ニ地番ヲ附スヘキ土地ト隣接地ノ地番ト著シク隔絶シ取扱上不便ナリト認ムルトキハ土地分割ノ例ニ準シ隣接地ノ枝番ヲ付スルコトヲ得

第十四條　地價ノ算出ハ左ノ各號ニ依ルモノトス

一、地價ハ地味ノ肥瘦、耕耘ノ難易、水利運輸ノ便否、商工業ノ繁閑、需給ノ關係、其ノ他ノ狀況ニ鑑ミ近傍類地ノ地價ニ比準シテ之ヲ定ムルコト

二、比準地ハ宅地ニ在リテハ成ルヘク宅地地價修正法第三條第一項但書ノ制限ヲ受ケサルモノ、其ノ他ノ土地ニ在リテハ改租後成ルヘク異動ナキ土地ヲ選定スルコト

三、地價ヲ算出スル場合ハ畝未滿ノ步數ヲ三除シ之ニ比準地ノ等級ニ因ル町又ハ反當金（一類地ハ反當金、二類地ハ町當金）ヲ乘シタル額ヲ地價トス其ノ三除シ得サル反別ナルトキハ畝以上ヲ步數ニ換算シ之ニ町反當金ヲ乘シ三除シタル額ヲ地價トス宅地ハ坪數ニ等級百坪當金ヲ乘シ得タル數ヲ以テ地價トス但シ地價算出上其ノ全額錢位未滿ナルトキハ一錢トシ錢位以上ナルトキハ錢位未滿ノ端數ハ之ヲ切捨ツ

四、田畑ニシテ畦畔等ノ無所得地アル場合ハ總反別ヨリ之ヲ控除シタル反別ニ依リ前號ノ計算ヲ爲スコト

第十五條　異動地整理ノ爲メ毎年春期又ハ秋期以後ニ於ケル農務閑散ノ時期ニ於テ一般地主ニ對シ無申告異動地ナキヤ否ヲ注意シ之カ整理ヲ爲サシムルモノトス

第二節　有租地成

地租第一號式

第十六條　地租條例施行規則第十三條第三號乃至第五號ニ依リ地租ヲ課セサル土地ヲ地租ヲ課スヘキ土地ト爲シ地價ノ設定ヲ要スルトキハ實地ノ情況ニ依リ近傍類地ニ比較シ其ノ地價ヲ見積リ測量圖ヲ添付シ三十日以內ニ稅務署長ニ申告セシムルモノトス但シ豫メ政府ノ許可ヲ受ケ又ハ申告ヲ爲シタルモノニアリテハ更ニ申告ヲ要セス

第十七條　地租ハ地價設定ノ日以後ニ開始スル納期分ヨリ徵收スルモノトス但シ其ノ納期ニ於テ前年分地租ヲ徵收スヘキ場合ニ在リテハ其ノ納期分地租ハ之ヲ徵收セス

第三節　免租地成

地租第二號式

第十八條　地租條例施行規則第十三條第三號乃至第五號ニ依リ地租ヲ課スル土地ヲ地租ヲ課セサル土地ト爲シタルトキハ三十日以內ニ稅務署長ニ申告セシムルモノトス但シ豫メ政府ノ許可ヲ受ケ又ハ申告ヲ爲シタルモノニアリテハ更ニ申告ヲ要セス

第十九條　地租ハ其ノ申告又ハ主管廳ヨリノ通知書カ稅務署ニ到達シ若ハ稅務署ニ於テ其ノ事實ヲ認メタル以後ノ納期分ヨリ徵收セサルモノトス

第四節　分割、合併

地租第三號式

第二十條　一筆ノ土地中一部分地租條例施行規則第二條各號ニ該當スルトキハ分割ノ手續ヲ爲サシムルモノトス

地租第四號式

第二十一條　接續地ニシテ同一人ノ所有ニ係リ別筆ト爲スノ必要ナキトキハ成ルヘク合併シテ一筆ト爲サシムルヲ便宜トス

第二十二條　土地ヲ分割シ合併スルモ反別地價ニ增減ヲ生セサルモノトス但シ反別ニシテ外書畦畔ノ類ヲ算入シ又ハ歩未滿若ハ歩未滿ヲ切捨テノ結果ニ依ルモノ及地價ニシテ分配上全額一錢未滿トナリタル場合ハ此限ニ在ラス

第二十三條　地租條例施行規則第二條第一號乃至第五號ニ依リ土地ノ分割ヲ爲ストキハ其ノ殘地ノ一方ヲ丈量シ原地反別ヨリ控除シタル反別ヲ他ノ一方ノ反別ト爲スヘキモノトス

第二十四條　分割地ノ地價ハ原地價ヲ分割反別(坪數)ニ按分シテ之ヲ定メ若シ兩地ニ優劣ノ差アルトキハ原地價ノ範圍ニ於テ等差ヲ付シ定ムルモノトス、此ノ場合ニ於テハ申告書摘要欄ニ其ノ

算出ノ根基ヲ掲記スルモノトス

第二十五條　地價ヲ按分スルニ當リ一筆地內ニアル畦畔ノ如キ所得ヲ生セサル部分ノ土地ハ之ヲ控除シタル反別ニ應シ其ノ地價ヲ算出スルモノトス此ノ場合ニ於テハ申告書摘要欄ニ其ノ控除シタル反別及種目ヲ掲記スルコト

第五節　地目、地類變換、地價据置

第二十六條　地目ヲ變換シ又ハ地類ヲ變換シタルトキハ三十日以內ニ稅務署長ニ申告セシムルモノトス

地租第五號式

第二十七條　變換地ノ地價修正ヲ爲シタルトキハ其ノ年分ヨリ修正地價ニ依リ地租ヲ徵收ス但シ其ノ年ニ係ル元地目ニ對スル地租第一期分納期開始後地價修正ヲ爲シタルトキハ翌年分地租ヨリ修正地價ニヨリ地租ヲ徵收ス

第二十八條　地目變換ニシテ地價据置年期又ハ其ノ年期延長ノ許可ヲ受ケムトスルトキハ見込年期ヲ附シ左ノ事項ニ對スル書類ヲ添付シ稅務署長ニ申請セシムルモノトス但シ年期延長ノ申請ハ年期滿了後六十日以內トス

一、地價据置地ニ要スル費用ノ明細書

二、地價据置地ノ收穫見込ノ明細書及金額
三、利息償却完濟ニ至ル迄ノ年數
第二十九條　地價据置ノ許可ヲ受ケタル土地ニシテ目的外地目ヲ變換シタルトキハ其ノ旨申告セシムルモノトス

第六節　開墾、開拓、新開

地租第六號式
第三十條　森林法ニ依ル開墾制限區域内ノ土地ヲ開墾セムトスルトキハ地方廳ノ許可ヲ受ケシムルモノトス

第三十一條　左ノ場合ニ於テハ三十日以内ニ税務署長ニ申告セシムルモノトス
一、開墾着手ノトキ但シ森林法ニ依リ許可ヲ受クヘキモノヲ除ク
地租第八號式
二、開墾成功ノトキ（年期中ニ於ケル成功及成功ノ部分アル毎ニ其ノ時々地價修正ヲ爲スヘキ土地ノ成功ヲ含ム）
地租第十號式
三、開墾廢止ノトキ
四、開墾ノ目的ヲ變更シタルトキ
地租第七號式
第三十二條　開墾鍬下年期及其ノ年期延長ノ許可ヲ受ケムトスルトキハ直ニ税務署長ニ申請セシム

ルモノトス但シ年期延長ニ付テハ年期滿了後六十日以內ニ申請ヲ要ス

第三十三條　一筆中一部分ノ開墾ヲ爲サムトスルトキハ分割ノ手續ヲ爲サシムルモノトス

第三十四條　開墾着手後十年以內又ハ鍬下年期中ニ於テ他ノ二類地ニ地目ヲ變換シタルトキハ開墾ヲ廢止シタルモノト看做ズ

第三十五條　開墾着手ノ際屆出ヲ爲サスシテ成功シタルモノハ直ニ地價ヲ修正シ、發見ノ日ヨリ三年間ニ遡リ地租ヲ追徵セラル此ノ場合ニ於テハ直ニ稅務署長ニ申告セシムルモノトス

第三十六條　官有地ヲ開拓シ民有ニ歸シタル土地ニシテ鍬下年期ヲ請ハントスルトキハ素地相當ノ地價及見込年期ヲ付シ、測量圖ヲ添付シ民有地トナリタル後六十日以內ニ稅務署長ニ申請セシムルモノトス其ノ年期ノ延長ヲ申請セムトスルトキ亦同シ

地租第十二號式

第三十七條　官有ノ水面ヲ埋立又ハ干拓シテ民有ニ歸シタル場合ニ於テ免租年期ノ許可ヲ受ケントスルトキハ民有ニ歸セシ後六十日以內ニ其ノ見込年期及目的地目ヲ付シ地形圖ヲ添付シ稅務署長ニ申請セシムルモノトス、其ノ年期ノ延長ヲ申請セムトスルトキ亦同シ

第七節　荒地、低價地

地租第十三號式

第三十八條　荒地又ハ再荒地ヲ生シ免租年期ヲ受ケムトスルトキハ速ニ稅務署長ニ申請セシムルモ

ノトス

地租第十四號式

第三十九條　荒地免租繼年期又ハ低價年期ヲ受ケムトスルトキハ年期滿了後六十日以内ニ稅務署長ニ申請セシムルモノトス

地租第十五號式
地租第十六號式

第四十條　左ノ場合ニ於テハ六十日以内ニ稅務署長ニ申告セシムルモノトス

一、荒地免租年期明、同繼年期明、又ハ低價年期明ニ至リ他ノ地目ニ變シタルトキ

二、荒地免租年期明ニ至リ川、海、湖ニ歸シタルトキ

三、低價年期明ニ至リ原地價ニ復シ難キトキ

第四十一條　一筆中幾部ノ荒地成ハ分割ノ上免租年期ヲ申請セシムルモノトス但シ被害ノ狀況ニ依リ全筆ヲ通觀シ年期ヲ申請スルモ妨ナシ

第四十二條　免租年期明ニ至リ其ノ一部分尚被害ノ現狀ヲ存シ繼年期ヲ請ハムトスルトキハ分割ノ上申請セシムルモノトス

第四十三條　免租年期明ニ至リ前各條ノ申請、申告ヲ爲ササルトキハ復舊ト看做シ處理セラルルモノトス

第四十四條　荒地免租年期、同繼年期及低價年期中ニ於テ殘年期ヲ拋棄セムトスルトキハ稅務署長ニ申請セシムルモノトス

地租第十七號式
第四十五條　荒地免租年期明ニ至リ原地價ニ復シ難キトキハ現況ニ依リ低減歩合ヲ見積リ原地價ニ乘シタルモノヲ低價地價トシテ年期滿了後六十日以内ニ稅務署長ニ申請セシムルモノトス

第四十六條　低價年期中荒地トナリタルトキハ低價年期ハ消滅シタルモノトシテ整理スルモノトス

第八節　造林地、砂防地

地租第十八號式
第四十七條　造林地ノ地租免除ヲ請ハムトスルトキハ稅務署長ニ申請セシムルモノトス

第四十八條　砂防地ニ指定セラレタル土地ニ對シ地租ノ免除又ハ輕減ヲ受ケムトスルトキハ一定ノ行爲ヲ禁シ又ハ制限セラレタル日ヨリ三十日以内ニ稅務署長ニ申請セシムルモノトス

第九節　誤謬訂正、土地臺帳面住所氏名異動

地租第十九號式
第四十九條　土地臺帳記載ノ反別又ハ坪數ニ誤謬アルヲ發見シ之カ訂正ヲ請ハムトスルトキハ誤謬ノ原因ヲ詳記シ隣接地主ニ於テ境界ニ異議ナキ旨ノ證明ヲ添ヘ稅務署長ニ申請セシムルモノトス

第五十條　反別又ハ坪數ハ丈量僅少ノ差異ヲ免カレサルヲ以テ凡ソ左ノ標準以上ノモノニアラサレハ之カ訂正ヲ爲ササルモノトス

宅地及鑛泉地　百分ノ五

其ノ他ノ第一類地　百分ノ十

第二類地　百分ノ二十

地租第二十號式

第五十一條　税務署備付ノ地圖訂正ヲ請ハムトスルトキハ誤謬ノ原因ヲ詳記シ關係地主連署ノ上税務署長ニ申請セシムルモノトス但シ御料地又ハ國有地ニ關係スル場合ハ關係官廳ノ證明ヲ求ムルヲ要ス

地租第二十一號式

第五十二條　土地臺帳記載ノ住所氏名誤謬ノ爲訂正ヲ請ハムトスルトキハ事由ヲ詳記シ左記書類ヲ添付シ税務署長ニ之カ訂正ヲ申請セシムルモノトス

一、公證又ハ登記ヲ經タルモノニ係ルトキハ其ノ書類

二、公證又ハ登記ヲ經サルモノハ市區町村長ノ證明書及戸籍謄本又ハ抄本

三、其ノ他誤謬ノ事實ヲ確認シ得ヘキ書類

第五十三條　脱落地ハ行政廳ヨリ拂下ヲ受ケ又ハ裁判所ノ判決ヲ受クヘキモノトス但シ地租改正處分ニ因リ民有ニ編入シタル確證アリテ單ニ土地臺帳ニ登錄洩ナルコト明カナル場合ニ限リ關係證憑書類ヲ添付シ税務署長ニ之カ登錄方ヲ申請セシムルモノトス

第五十四條　土地臺帳記載ノ所有者、質取主又ハ地上權者ノ住所氏名ニ異動ヲ生シタルトキハ其ノ時々税務署長ニ申告セシムルモノトス

第十節　耕地整理

第五十五條　耕地整理施行又ハ耕地整理組合設定ノ認可ヲ受ケタルトキハ耕地整理施行者ヨリ工事着手前整理施行地及之ニ隣接スル土地水面ノ現形圖並ニ豫定圖ヲ添付シ左記事項ヲ稅務署長ニ申告セシムルモノトス其ノ變更ヲ生シタルトキ亦同シ

一、整理施行地ノ屬スル郡市町村大字及土地各筆ノ字地番竝水面ノ位置面積

二、耕地整理施行若クハ耕地整理組合設立又ハ整理施行地區（變更）ノ認可ノ年月日

三、工事施行後ニ於ケル土地ノ筆數及面積ノ地目別合計ノ豫定

四、耕地整理法第十五條第一號第二號ノ土地アルトキハ整理施行規則第五條ニ依リ定メタル假地價

五、工事着手及完了ノ豫定時期

第五十六條　工事ニ着手シ又ハ工事完了シタルトキハ整理施行者ハ遲滯ナク其ノ旨稅務署長ニ申告セシムルモノトス

第五十七條　前二條ノ外耕地整理ニ關シテハ耕地整理法其他關係法令ニ基キ夫々成規ノ手續ヲ爲サシムルモノトス

第十一節　災害地

地租第二十二號式

第五十八條　府縣ノ全部若ハ一部ニ亘レル災害ニ依リ收穫皆無ニ歸シタル田畑ノ免租ヲ受ケムトスルトキハ被害現狀ノ存在スル間ニ於テ其ノ事實ヲ證明シ稅務署長ニ申請セシムルモノトス

第五十九條　前條ニ依リ申請以後檢査ヲ了スル迄作毛ヲ存シ置キ難キ事由アル場合ハ稅務署長ノ承認ヲ受ケシムルモノトス

地租第廿四號式

第六十條　災害地免除申請ニ對スル處分前到來シタル納期ノ稅金ニ付徵收猶豫ヲ請ハムトスルトキハ直ニ其ノ旨稅務署長ニ申請セシムルモノトス

第十二節　納稅管理人

地租第廿五號式

第六十一條　地租ノ納稅義務者其ノ土地所在地ノ市區町村內ニ住所又ハ居所ヲ有セサルトキハ地租ニ關スル納稅其ノ他ノ事務ヲ處理セシムル爲其ノ市區町村內ニ住所ヲ有スル者ヲ以テ納稅管理人トシ連署ヲ以テ其ノ市區町村長ニ申告セシムルモノトス

第十三節　土地臺帳謄本

第六十二條　土地臺帳ノ謄本ヲ請求セムトスルトキハ其ノ申請書ニ土地一筆ニ付金拾錢ノ割合ヲ以テ收入印紙ヲ貼付シ稅務署長ニ申請セシムルモノトス（但シ口頭ヲ以テ請求スルコト得）

第六十三條　國有地、御料地ノ拂下、讓與下渡ニ係ルモノニシテ未登記ノモノニ付テハ土地臺帳謄本ヲ下付セサルモノトス

第六十四條　謄本ハ郵便ヲ以テ申請スルコトヲ得但シ此ノ場合ニ於テハ返信料ニ相當スル郵便切手ヲ添付スルコト

第十四節　土地檢査

第六十五條　土地檢査ノ際ハ地主又ハ地主惣代ハ勿論市區町村吏員之ニ立會シ檢査上ノ便宜ヲ與フルモノトス

第六十六條　測板器、丈量繩、梵天其ノ他土地丈量ヲ要スル器具機械ハ市區町村ニ於テモ可成之ヲ設備シ官民ノ利便ニ供スルモノトス

第十五節　自作農地租免除

地租第廿三號式

第六十七條　地租條例第十三條ノ二ニ依リ地租ノ免除ヲ受ケムトスル者ハ免除ヲ受クヘキ土地ノ所

在、地目、段別、地價等ヲ詳記シタル申請書ヲ調製シ毎年六月中ニ提出セシムルモノトス

第六十八條　地租條例第十三條ノ二ニ依ル自作農地租免除額ハ地租條例施行規則第二十一條ニ基キ地價地租報告ト同時ニ稅務署長ニ報告スルモノトス但シ田畑地租ノ最初ノ納期以外ハ其ノ異動ナキトキハ報告ヲ省略スルコトヲ得

地租第廿七號式

第六十九條　前條免除ノ取扱ニ關シ地租ノ住所カ隣接市町村內ニ在ルトキハ各人別田畑ノ地價合計金額ヲ調査シ其ノ住所地市町村長ニ通知スルモノトス

前項ノ通知事項ニ異動ヲ生シタルトキハ田畑ノ各納期開始前前項ニ準シ通知スルモノトス

第七十條　隣接市町村內ノ田畑ニ付地租免除ノ申請ヲ受ケ之レカ調査ノ結果免除スヘキモノナルトキハ住所地市町村長ハ其旨ヲ田畑所在ノ市町村長ニ通知スルモノトス

前項ノ通知事項ニ異動ヲ生シタルトキ亦同シ

第三章　事務整理

第一節　帳簿、書類

第七十一條　地租ハ市區町村ニ於テ設備セル地租名寄帳其ノ他ノ簿書ニ基キ一人別納額ヲ調理スヘ

キモノナルヲ以テ當該諸帳簿ハ常ニ其ノ整頓ヲ期シ取扱上誤謬ナキヲ期スルモノトス

第七十二條　地租事務ニ關シ市區町村ニ於テ設備スヘキ帳簿左ノ如シ

土地臺帳

地租名寄帳（合計ノ部ヲ別册トシ整理スルヲ可トス）

自作農地租免除臺帳

共有地名簿

地圖

第七十三條　左ノ場合ニ於テハ直ニ土地臺帳、地租名寄帳、地圖其ノ他關係帳簿ノ加除訂正ヲ爲スヘキモノトス

（イ）、稅務署ヨリ納租者異動通知（登記濟通知）又ハ納租者ニ對スル指令書ノ送付ヲ受ケタルトキ

（ロ）、稅務署ヨリ土地異動通知ヲ受ケタルトキ

（ハ）、納稅管理人ノ申告ヲ受ケタルトキ

第七十四條　左ノ場合ニ於テハ徵租ノ便宜上特ニ一定ノ時期ニ於テ整理スヘキモノトス

（イ）、地價ヲ設定シタルモノニシテ其ノ設定後開始スル納期ニ於テ前年分地租ヲ徵收スヘキ場合ニ

於テハ前年分地租ノ納期全部ヲ經過シタル後總テノ帳簿及地圖ヲ訂正スルコト

（ロ）、地價修正ニシテ其ノ年ニ係ル一部ノ納期開始ノ爲翌年分ヨリ修正地價ニ依リ徵租スヘキモノハ其ノ年分地租ノ納期全部經過後ニ於テ整理スルコト

（ハ）、年期中ノ土地ニシテ開墾又ハ變換ノ爲地目組替ヲ爲スヘキモノニシテ翌年分ヨリ組替地目ニ依リ徵租スヘキモノモ亦前號ニ準ス

第七十五條　登記濟通知書ニシテ土地臺帳、地租名寄帳ト符合セサルモノハ左記各號ニ依リ取扱フモノトス

（イ）、土地臺帳ニ符合セサルモノハ稅務署ニ於テ登記所ト照覆スルモ單ニ通知書ノ誤記ニアラスシテ申請者ノ誤謬ニ基キタルモノハ當事者ニ對シ速ニ登記ノ更正方ヲ注意スルコト

（ロ）、稅務署ニ於テ「不突合加除未濟」ノ印ヲ押捺シテ送付シタルモノハ市町村土地臺帳及地租名寄帳ノ訂正ヲ爲サス後日稅務署ノ通知ヲ待チ加除ヲ爲スコト

（ハ）、舊所有者氏名又ハ段別等ニ差違アルモ單純ナル誤字脫記等ニシテ其ノ土地ニ相違ナキコトヲ認メ得ルモノハ便宜其ノ儘諸帳簿ヲ整理シ、其ノ疑ハシキモノ又ハ新所有者ノ住所氏名等ニ誤謬アリト認ムルモノハ直ニ稅務署ニ照會スルコト

(ニ)、地租ノ納期開始初日迄ニ登記濟通知書カ稅務署ニ到達セサリシモノニ付テハ當該納期ニ於ケル納租者ノ訂正ヲ爲サヽルコト

(ホ)、相續ノ場合ニ於テ相續人カ未登記土地ノ所有權保存登記ヲ爲シタルトキハ保存登記濟通知ニ依リ整理ヲ爲スコト

第七十六條　異動地ニ對スル賦除租ノ分界ニ關シ納期開始後ニ於テ異動通知ヲ受ケタルトキハ之ヲ調査シ其ノ納期ヨリ異動額ニ依リ徵租又ハ免租スヘキモノナルトキハ直ニ整理ノ上現在額其ノ他ノ更正ヲ爲スヘキモノトス但シ賦除租ノ分界ニ付キ疑ハシキ場合ハ直ニ稅務署ニ照會スル等取扱上誤謬ナキヲ期スルモノトス

第七十七條　地租名寄帳ノ末尾ニ記載スヘキ合計額ハ加除ノ便宜上之ヲ別冊トシ「地租名寄帳合計簿」トシテ土地ノ異動及現在額ヲ調理シ且其ノ合計額ヲ確實ナラシムル爲每年一月一日現在市町村合計額ヲ報告シ稅務署土地臺帳集計簿ト照合ヲ求ムルモノトス

第七十八條　地租ニ關スル各種ノ異動整理ハ土地臺帳、地租名寄帳、地圖、其ノ他ノ順序ニ依リ加除ヲ施シ、加除ヲ了シタルトキハ必ス校合、檢算ヲ爲シ尙書類ニハ其ノ餘白ニ左ノ整理印ヲ押捺シ整理ノ事績ヲ明カナラシムルモノトス

種目	認印
土地臺帳訂正	
月　日地租名寄帳訂正	
名寄帳合計簿記入	
地圖訂正	
何々	
何々	

第七十九條　土地臺帳、地租名寄帳、地圖、共有地名簿ノ調理ハ樣式調理例ニ依リ取扱フモノトス

第八十條　地租ニ關スル書類ハ左ノ區分ニ依リ編纂整理スルモノトス

一、地租ニ關スル例規書類（地租事務取扱上例規トナルヘキ達、通牒、照會等ノ類）

二、土地異動申請申告書類（申請、申告ノ副本及納稅管理人申告ノ類）

三、土地異動通知書類（稅務署ヨリ通知ヲ受ケタルモノ）

四、土地登記濟通知書類

五、地租納額報告書類
六、地租ニ關スル往復書類（前各號ニ該當セサル照會通牒ノ類）
七、參考書類（其ノ他參照ト爲ルヘキ書類）
地租納額報告書ハ會計年度其ノ他ハ暦年毎ニ區分ヲ明カナラシメ數年分合綴スルコトヲ得

第二節　地價地租報告及通知

第八十一條　市區町村ハ地租ノ毎納期開始十五日以前ニ地價地租及當該納期ニ於ケル納額ヲ調理シ税務署長ニ報告スルモノトス

第八十二條　報告書記載ノ員數ハ總テ地租名寄帳合計簿ニ依リ登載シ納額ハ國税金收納簿、同集計簿ト對照符合ヲ認ムルモノトス

第八十三條　地價地租報告從納期開始迄ニ異動ヲ生シタルトキハ其ノ都度直ニ報告スルモノトス

第八十四條　地租ハ各納税人ニ付同一市區町村内ニ於ケル同一地目（地目同一ナラサルモ租率及納期ヲ同フシ歳入科目同一ナルモノヲ含ム）ノ地價合計額ヨリ地租條例第十三條ノ二ニ依ル自作農ノ免除額及災害地地租免除法ニ依リ免除スヘキ土地アルトキハ其ノ當該地價額ヲ控除シ尚耕地整理法第十六條ニ依リ利益又ハ負擔額及砂防法ニ依リ輕減セラレタル地租額アルトキハ之ニ相當ス

ル地價額ヲ控除シタルモノニ租率ヲ乘シテ算出スルモノトス但シ納期開始後ニ異動通知等ノ到達スルコトアルモ其ノ納期ヨリ賦除租スヘキモノアルトキハ之ヲ加除シ改算整理スルモノトス

第八十五條　地租算出上一錢未滿ノ端數アル場合ハ左ノ如ク取扱フモノトス

一、地價ニ租率ヲ乘シ一年分ノ地租ヲ算出シタルトキ一錢未滿ノ端數ハ之ヲ切捨ツ但シ全額一錢未滿ノモノハ一錢トス

二、第一號ニ依リ定マリタル租額ヲ更ニ納期數ヲ以テ除シ各納期分納額ヲ算出シタルトキ亦同シ

第八十六條　地租ノ算出ヲ了シタルトキハ之ヲ集計シ地價ノ合計額ニ租率ヲ乘シタルモノト對比シ其ノ差額相當ナリヤ否且一人別算出ニ誤謬ナキヤ否ヲ精査スルモノトス

第四章　所得稅

第八十七條　所得稅法ニ依リ第三種ノ所得納稅義務アルモノハ每年三月十五日迄ニ所得金額申告書ヲ稅務署長ニ提出セシムルモノトス

所得稅第一號式

第八十八條　前條期限內ニ其ノ申告ヲ爲ササルトキハ所得調査委員選擧權及被選擧權ナキヲ以テ必ス其ノ期限ヲ愆ラサル樣注意スルモノトス

第八十九條　市區町村長ハ便宜稅務署ヨリ送付スル申告注意書ノ配付及申告書ノ取纏メヲ爲シ稅務署ニ送付スルモノトス

取纏メタル申告書ハ必ス三月十五日迄ニ稅務署到達ノ日取ヲ以テ發送スルモノトス若シ期限ヲ過キ稅務署ニ到達シタル申告ハ假令市區町村ノ取扱ト雖期限後ノ申告トシテ取扱フコト

第九十條　所得金額申告ニシテ左記事項ノ申告不備アルトキハ便宜本人ニ注意シ成ルヘク之カ更訂ヲ爲サシムルモノトス

一、納稅資格以下ノ申告ヲ爲シタルモノ

二、戶主ノミノ申告ニシテ同居家族ノ所得申告ヲ脫漏セルモノ

三、所得金額ノミヲ記載シ所得ノ種類又ハ算出ノ基礎ヲ記載セサルモノ

四、戶主、家族ノ所得區分判明ナラサルモノ

五、所得金總額ト內譯ト計數ノ符合セサルモノ

六、署名捺印ヲ脫スルモノ其ノ他申告上重要ナル缺點

第九十一條　稅務署長ヨリ所得調査委員選擧期日ノ通知ヲ受ケタルトキハ少クトモ選擧期日七日前ニ其ノ旨公示スルモノトス

第九十二條　稅務署長ヨリ所得調査委員選擧名簿副本ノ送付ヲ受ケタルトキハ選擧期日前二十日ヲ

所得稅第二號式

期トシ其ノ日ヨリ五日間市區役所、町村役場ニ於テ關係者ノ閲覽ニ供スルモノトス

第九十三條　市區町村長ハ投票區內ニ於テ選擧資格ヲ有スル者ノ中ヨリ二人ノ立會人ヲ選定シ投票及開票ニ立會ハシムルモノトス

第九十四條　投票ノ効力ハ開票立會人ノ意見ヲ聽キ市區町村長之ヲ決定スヘシ

第九十五條　市區町村長ハ投票ノ有効無効ヲ區別シ調査委員ノ任期間之ヲ保存スルモノトス

（所得税第三號式）

第九十六條　投票ノ調査ヲ終リタルトキハ市區町村長ハ直ニ左ノ事項ヲ税務署長ニ報告スルモノトス

一、投票及開票ノ日時及場所

二、投票及開票ノ立會人ノ住所及氏名

三、投票人及投票ノ總數並有効投票及無効投票ノ數

四、投票ヲ無効ト決定シタル事由

五、被選擧人ノ氏名及其ノ得票數

第九十七條　市區町村長ハ税務署長ヨリ調査委員及補闕員當選者ノ氏名ノ通知ヲ受ケタルトキハ當選者ノ氏名ヲ公示スルモノトス

（所得税第七號式）

第九十八條　市區町村長ハ所得税法施行規則第二十條ニ基キ支拂調書ヲ作成シ左ノ期限內ニ税務署

ニ提出スルモノトス

一、俸給、給料、恩給、退隱料ニシテ前年一月一日ヨリ引續キ支給スルモノノ分ニ付テハ毎年一月末日限

其ノ他ノ分ニ付テハ毎年三月十五日限

一、賞與又ハ賞與ノ性質ヲ有スル給與ニシテ前年三月一日ヨリ十二月末日迄ノ分ニ付テハ毎年一月末日限

其ノ年一月ヨリ二月末日迄ノ分ニ付テハ毎年三月十五日限

第九十九條 税務署ヨリ第三種所得金額、營業純益金額、乙種資本利子金額決定通知書ノ送達方ヲ囑託セラレタルトキハ速ニ之ヲ交付シ受領證ヲ徴シ税務署ニ送付スルモノトス

第五章　個人營業收益税

第百條 營業收益税法ニ依リ個人營業收益税ノ納税義務アルモノハ毎年三月十五日迄ニ營業純益金額ノ申告ヲ税務署ニ提出セシムルモノトス

營業收益税第一號式

第百一條 前條期限內ニ其ノ申告ヲ爲ササルトキハ所得調査委員選擧權及被選擧權ナキヲ以テ必ス其ノ期限ヲ怠ラサル樣注意スルモノトス

第百二條 市區町村長ハ便宜稅務署ヨリ送付スル申告注意書ノ配付及申告書ノ取纏メヲ爲シ稅務署ニ送付スルモノトス
取纏メタル申告書ハ必ス三月十五日迄ニ稅務署到達ノ日取ヲ以テ發送スルモノトス若シ期限ヲ過キ稅務署ニ到達シタルトキハ假令市區町村ノ取扱ト雖期限後ノ申告トシテ取扱フコト

第百三條 營業純益ノ申告ニシテ左記事項ノ不備アルトキハ便宜本人ニ注意シ之カ訂正ヲ爲サシムルモノトス
一、營業場、住所、地番等ノ相違セルモノ
二、納稅資格ヲ具備セサルモノ
三、其他著シキ不備ノモノ

第六章　乙種資本利子稅

第百四條 資本利子稅法ニ依リ乙種資本利子稅ノ納稅義務アルモノハ毎年三月十五日限第三種所得申告書ニ附記シテ稅務署ニ提出セシムルモノトス

第七章　相續稅

相續稅第二號式

第百五條 市區町村長ニ於テ左ノ事項ニ關スル屆書ヲ受理シタルトキハ相續財產ノ有無ニ拘ラス相續稅法第十二條ニ依リ稅務署長ニ報告スルモノトス

一、死亡又ハ失踪

二、戶主ノ隱居又ハ國籍喪失

三、戶主カ婚姻又ハ養子緣組ノ取消ニ因リテ其ノ家ヲ去リタルトキ

四、入夫婚姻ニ因リ女戶主カ戶主權ヲ喪失シタルトキ

五、戶主タル入夫ノ離婚

分家アリタル場合モ亦前項ニ準シ報告スルモノトス

相續稅第三號式

第百六條 前條ノ報告ニハ必ス相續財產ノ種目、員數、價格等ヲ附記スルモノトス

第百七條 相續開始ノモノニシテ納稅義務アリト認メラルルモノハ相續申告書ヲ相續開始ノ日ヨリ三ケ月以內ニ稅務署ニ提出セシムルモノトス

前項ノ提出期限ハ其ノ最長限ナルヲ以テ其ノ相續人遺言執行者又ハ相續財產管理人ノ定アリタルトキハ成ルヘク速ニ提出セシムルモノトス

相續稅第四號式

第百八條 相續稅額百圓以上ノモノニシテ年賦延納ヲ申請セムトスルモノアルトキハ課稅價格ノ決定通知ヲ受ケタル後二十日以內ニ納稅保證人ヲ定メ又ハ納稅擔保ヲ提供シ稅務署長ニ申請セシム

ルモノトス

第八章　徵收

第百九條　國稅徵收法ニ依リ市區町村ニ於テ徵收スヘキ國稅左ノ如シ

一、地租
二、第三種所得稅
三、個人營業收益稅
四、乙種資本利子稅

第百十條　前條租稅ノ歲入科目收納區分納期ハ左表ノ如シ

科目 項	科目 目	收納區分	納期
所得稅	第三種所得稅	一期	自其年七月一日 至七月三十一日
	同	二期	同其年十月一日 同十月三十一日
	同	三期	同翌年一月一日 同一月三十一日
	同	四期	同翌年三月一日 同三月三十一日

科目 項	科目 目	收納區分	納期
	宅地租	一期	同其年七月一日 同七月三十一日
	同	二期	同翌年一月一日 同一月三十一日
	畑租 雜地租	一期	同其年九月一日 同九月三十日
	同	二期	同其年十一月一日 同十一月三十日

稅目		期別	期間
地租	田租	一期	自其年十二月十六日 至翌年一月十五日
	同	二期	同翌年二月一日 同二月末日
	同	三期	同翌年三月一日 同三月三十一日
	同	四期	同翌年五月一日 同五月三十一日
營業收益稅	營業收益稅	一期	自其年八月一日 至八月三十一日
	同	二期	同其年十一月一日 同十一月三十日
資本利子稅	資本利子稅	一期	自其年八月一日 至八月三十一日
	同	二期	同其年十一月一日 同十一月三十日

一定ノ納期ニ屬セサルモノハ總テ隨時收入トス

徴收第二號式

第百十一條 納額通知書ヲ受ケタルトキハ納稅告知書ヲ調製シ納稅人又ハ納稅管理人ニ發付スルモノトス

徴收第四號式

第百十二條 市區町村ニ於テ發付スル納稅告知書ニ記載スヘキ納期日ハ法定納期ノ盡日ヨリ約五日前後ヲ指定納期ト定メ記載スルコトヲ得

第百十三條 納稅告知書ハ使丁又ハ郵便ヲ以テ納稅人又ハ納稅管理人ノ住所又ハ居所ニ送達スルモノトス

第百十四條 納稅人ニ納稅告知書ヲ送達スルニ方リ之レカ受取ヲ拒ミタルトキ若ハ其ノ住居所共ニ不明ナルトキハ公示送達ノ手續ヲナスヘキモノトス但シ公示送達ハ公告書ヲ作リ市區町村ノ掲示場其ノ他ニ公示シ七日以上之レヲ爲スコト

徴收第八號式　第九號式　第十號式　第十一號式

第百十五條　市區町村ハ國税金收納簿隨時收入諸税收納簿、國税金收納集計簿、國税過誤納金整理簿ヲ調製シ國税金收納事務ヲ調理スルモノトス

第百十六條　國税金收納簿ニ掲記スヘキ金額ハ地租ハ地租名寄帳ニ其ノ他ノ諸税ハ納額仕譯書ニ依リ登載シ其ノ總計ト納額通知書ノ金額又ハ地價地租報告額及納税告知書ヲ集計シタル額トノ符合ヲ確認スルモノトス

第百十七條　税金ノ收入濟ニ係ル納税告知書ハ毎日之ヲ税目別ニ集計シ一括ノ上日計表ヲ付シ國税金收納集計簿ニ登載ノ上順次編綴スルモノトス

第百十八條　國税金收納集計簿ハ各目各納期（隨時收入ハ項）毎ニ區分シテ見出ヲ附シ納税告知書發付及其ノ後ノ異動増減ハ其ノ時々ニ又領收濟額ハ毎日之ヲ整理シ遺漏誤謬ナキ樣最モ正確ヲ期スヘキモノトス

第百十九條　徴收シタル税金ノ送納ハ送附書ヲ調製シ納入年度、金額、科目（項、目）納期區分等ハ納額通知書及國税金收納集計簿ニ對照シ指定ノ日本銀行（支店又ハ代理店）若ハ郵便局ニ送納ノ手續ヲ爲スモノトス但シ可成税務署ニ就ク等便宜ノ方法ニ依リ其納額ヲ對照シ誤納ナキヲ期スルコト

第百二十條　税金ハ漸次之ヲ送納シ遲クモ納期限後三日ヲ過クルヲ得ス若シ天災事變等ニヨリ送納

遲延ノ場合ハ其ノ事由ヲ具シ速ニ稅務署長ニ報告スルモノトス但シ送納限日カ休暇日ニ相當スルトキハ其ノ翌日送付スルヲ妨ケス

第百二十一條　隨時收入ノ諸稅ハ送納期日ヲ愆ラサルコトニ留意シ之レカ送納ノ方法ハ前二條ノ例ニ據ル

第百二十二條　所得稅、營業收益稅、資本利子稅ノ納稅義務者ニシテ納稅地ニ住居所ヲ有セサルモノハ納稅地ニ納稅管理人ヲ定メ其ノ住所氏名ヲ稅務署長ニ申告セシムルモノトス

納稅管理人ヲ變更シタルトキ亦同シ

第百二十三條　前條ノ納稅管理人ヲ選定セス又ハ申告ヲ怠リタルモノニ對シテハ特ニ注意ヲ加ヘ速ニ其ノ手續ヲ爲サシメ若シ之レニ應セサルモノアルトキハ其ノ旨稅務署長ニ報告スルモノトス

第百二十四條　神社、寺院、團體又ハ共有財產ニ對スル租稅ハ納稅擔當人ヲ定メ市區町村役場ニ申告セシムルモノトス

第百二十五條　納稅義務者死亡ノ爲メ相續人ニ對シ納稅告知ヲ爲ストキハ納稅告知書ニ何某相續人何某ト記載スルモノトス

第百二十六條　納稅義務者死亡又ハ失踪等ニヨリ相續人ナキ場合ハ市區町村長ヨリ速ニ財產管理人ノ選定ヲ所轄裁判所ニ請求シ又ハ關係者ヲシテ其ノ手續ヲ爲サシムルモノトス但シ本條ノ手續ヲ

了シタルトキハ直ニ稅務署長ニ報告スルコト

第百二十七條　既收ノ稅金ヲ送納シタル後調定ノ錯誤ニヨリ過誤納ヲ發見シタルトキハ國稅過誤納金整理簿ニ記入整理シ其ノ科目、納期、金額、納稅者氏名ヲ稅務署長ニ報告スルモノトス

第百二十八條　前條ノ過誤納金ニシテ同年ノ同一科目（項）ノ爾後納期ニ充當シ差引調定ヲナサムトスルトキハ其ノ旨稅務署長ニ報告スルモノトス但シ地租ニ限リ地價地租報告ニ併記スルモ妨ケナシ

第百二十九條　納期限內ニ稅金ノ納付ヲナササルモノアルトキハ直ニ滯納報告書ヲ調製シ稅務署長ニ提出スルモノトス

滯納報告書ハ所定樣式ニ據ルノ外尙ホ左記各號ニ依リ調理スルコト

一、畑租、雜地租ニ付テハ稅額欄ヲ畑、雜地ノ二欄ニ區劃シ記載スルコト

二、公示送達ヲナシタル者ハ其ノ公告ノ月日ヲ事由欄ニ附記スルコト

三、各人別ニ滯納ノ原因ヲ精査シ概ネ左ノ區分ニヨリ事由欄ニ記載スルコト

（イ）、納稅義務ヲ尊重セス漫然納期ヲ等閑ニ付スルモノ

（ロ）、納稅ニ要スル時間ト手數ヲ厭フモノ

(ハ)、金利ヲ貪ルモノ
(ニ)、官公署ト圓滑ヲ缺ケルニ基クモノ
(ホ)、課税ニ不服ノ爲メ滯納ヲナスモノ
(ヘ)、旅行其ノ他不在ノ爲メ納税告知ヲ受ケス且公示送達アリタルコトヲ知ラサリシニ依ルモノ
(ト)、赤貧又ハ事業ノ失敗ニヨルモノ
(チ)、差當リ税金ノ調達ニ差支ヘ他ニ借入ヲナスノ信用ナキモノ
(リ)、納期ニ當リ納税者又ハ其ノ家族カ疾病其ノ他不時ノ遭難ニ因ルモノ
(ヌ)、納税ノ委託ヲ受ケ納税ヲ爲サヽリシニ因ルモノ
(ル)、納税地變更手續ノ懈怠ニヨルモノ(變更地名附記スルコト)
(ヲ)、納税人ハ單ニ名義ノミニテ事實所有權營業權カ他人ニ移レルニヨルモノ(移轉ニ係ル所有權營業權ノ住所氏名附記スルコト)
(ワ)、破産宣告ヲ受ケ或ハ府縣税其ノ他公課ノ滯納處分ヲ受クルモノ並ニ競賣開始又ハ强制執行ヲ受クルモノ

（カ）、土地ニ過重ナル抵當權ヲ設定シ辨濟ノ途ナク拋棄セルモノ
（ヨ）、納税管理人未設定ノモノ設定アルモ納税管理人自ラ怠慢ニヨルモノ
四、滯納者ノ職業ハ滯納報告書ノ事由欄ニ掲記スルコト
五、滯納者カ共有地ニ係ルトキハ共有者全部ノ住所氏名ヲ列記スルコト但欄内ニ記載シ難キモノハ別紙ニ記載添付スルモ妨ケナシ
六、滯納者他市町村ノモノナルトキハ納税管理人ノ住所氏名ヲ記載スルコト
七、納税義務者死亡ノ場合ハ相續人ノ氏名ヲモ記載スルコト
八、滯納報告書ヲ調製シタルトキハ國税金收納簿ト照合シ尙ホ徵收スヘキ税額ヨリ送納額ヲ控除シタル殘額ト符合ヲ認メ國税金收納集計簿ヲ整理シ誤謬ナキヲ確認シテ提出スルコト

第百三十條　税務署ヨリ國税滯納處分ニ關スル公告書ヲ受クルトキハ速ニ相當公示ノ手續ヲ爲スモノトス

第百三十一條　國税ノ徵收ハ之カ完納ヲ目的トシ常ニ適切ノ方法ヲ講シ且常ニ納税美風ノ涵養ニ努ムルモノトス

第百三十二條　滯納防遏ハ地方ノ情況ニ應シ概ネ左ノ施設ヲナスモノトス

一、市區町村會議員、區長、惣代、學校教員、警察官、神官、僧侶等ニ囑託シテ一般納稅者ニ納稅上ノ觀念ヲ鼓吹スルコト

二、納稅上ノ注意要項及納期一覽表又ハ納稅袋等ヲ調製シ各戶ニ配付シ日常最モ觀易キ場所ニ貼付又ハ吊下ケ置カシムルコト

三、成ルヘク納稅組合又ハ納稅貯蓄組合ヲ組織セシメ納稅ノ美風涵養ト貯蓄ノ奬勵トニ努ムルコト

四・每年一回以上便宜ノ方法ニ依リ一般納稅者ニ對シ納稅上注意スヘキ要項等ヲ說示シ納稅思想ノ發達ヲ圖ルコト

五、市區町村役場ニ遠隔ノ部落等ニ對シテハ成ルヘク出張徵收ノ方法ヲ執ルコト

六、出張徵收ノ場合ハ豫メ其出張期日ヲ通知シ當日全部收納ヲ了シ得ルノ習慣ヲ養成スルコト

七、納稅告知書ノ餘白（領收證欄外）ニハ必要ナル注意事項ヲ摘錄シ且ツ之カ送達ハ迅速確實ナラシムルコト

八、納稅ノ成績特ニ優良ニシテ他ノ模範ト爲スニ足ルヘキ者アルトキハ其ノ住所、氏名及事實ヲ詳記シ稅務署長ニ報告スルコト

九、滯納トナルヘキ見込ノ者ハ納期前其ノ科目、稅額、住所、氏名ヲ詳記シ稅務署長ニ滯納豫報

ヲナスコト

一〇、納期毎ニ納稅ヲ遲滯シ又ハ納稅上ノ惡習アルモノニ付テハ注意者名簿ヲ調製スル等督勵ノ資料ト爲スコト

一一、滯納ノ常習者ニ對シテハ必ス吏員出張ノ上督勵ヲ加ヘ尙之レニ應セサルモノアルトキハ稅務署長ニ其ノ旨報告スルコト

第百三十三條　市區町村ニ於テ徵收スヘキ租稅ノ納付者ニシテ府縣稅其ノ他ノ公課ノ滯納處分ヲ受ケ又ハ强制執行、競賣開始決定、破産宣告、法人解散等ノ事實アルトキハ納期內特ニ注意ヲ加ヘ若シ完納ノ見込ナキトキハ左記事項ヲ稅務署長ニ報告スルモノトス

年度、科目、納金額、納稅告知書發付年月日、事由、住所、氏名

第百三十四條　納稅者カ他ノ市町村ニ轉居ノ事實アルトキハ納稅地變更又ハ轉出ノ手續若ハ納稅管理人ノ設定ヲ爲サシメ若シ之レニ應セサルトキハ速ニ稅務署長ニ稅目金額住所氏名及轉居先等ヲ詳報スルモノトス

徵收第一號式

第百三十五條　國庫交付金ニ關スル調査ノ爲每年度自四月至九月分ヲ前期トシ自十月至翌年三月分ヲ後期トシ其ノ期間內ニ於テ發シタル納稅告知書數ヲ調査シ前期分ハ十月三日後期分ハ四月三日限稅務署長ニ報告スルモノトス

第九章　統計

第百三十六條　地租納額別人員表ハ毎年一月一日現在ニヨリ最モ正確ニ調査ヲ遂ケ一月末日迄ニ税務署長ニ提出スルモノトス

第百三十七條　地租調定人員表ハ毎會計年度ニ依リ翌年六月十日限税務署長ニ提出スルモノトス

國稅納期一覽表

租稅徵收期限月別表

月別	項	目	收納區分	期限	備考
一月	地租	田租	前年第一期 地租額四分ノ一	前年十二月十六日ヨリ本月十五日限	市町村ニ於テ徵收
		宅地租	前年第二期 地租額二分ノ一	一日ヨリ三十一日限	同上
	所得稅	第三種所得稅	前年第三期 年額四分ノ一	同上	同上
二月	地租	田租	前年第二期 地租額四分ノ一	一日ヨリ末日限	同上
	酒稅	酒造稅	第三期 前々年十月一日ヨリ前年四月三十日迄査定石數ニ係ル稅額四分ノ一及前年五月一日ヨリ九月三十日迄査定石數ニ係ル稅額二分ノ一	十六日ヨリ二十八日限	
三月	地租	田租	前年第三期 地租額四分ノ一	一日ヨリ三十一日限	市町村ニ於テ徵收
	所得稅	第三種所得稅	前年第四期 年額四分ノ一	一日ヨリ三十一日限	同上
	酒稅	酒造稅	第四期 第一期ヨリ第三期迄納額ノ殘額	十六日ヨリ三十一日限	
	鑛業稅	鑛產稅	前年分	本月中	

五月	地租	田租	前年第四期 地租額四分ノ一	一日ヨリ三十一日限	市町村ニ於テ徴收
七月	地租	宅地租	第一期 地租額二分ノ一	同上	同上
	所得稅	第三種所得稅	第一期 年額四分ノ一	同上	同上
	酒稅	酒造稅	第一期 前年十月一日ヨリ其年四月三十日迄查定石數ニ係ル稅額四分ノ一	十六日ヨリ三十一日限	
八月	營業收益稅	營業收益稅	第一期 年額二分ノ一	一日ヨリ三十一日限	市町村ニ於テ徴收
	資本利子稅	資本利子稅(乙)	第一期 年額二分ノ一	同上	同上
九月	地租	畑租 雜地租	第一期 地租額二分ノ一	一日ヨリ三十日限	同上
十月	所得稅	第三種所得稅	第二期 年額四分ノ一	同上	同上
	酒稅	酒造稅	第二期 前年十月一日ヨリ其年四月三十日迄查定石數ニ係ル稅額四分ノ一	十六日ヨリ三十一日限	
十一月	地租	畑租 雜地租	第二期 地租額二分ノ一	一日ヨリ三十日限	市町村ニ於テ徴收
	營業收益稅	營業收益稅	第二期 年額二分ノ一	同上	同上
	資本利子稅	資本利子稅(乙)	第二期 年額二分ノ一	同上	同上

十二月	鑛業税	採掘鑛區税 試掘鑛區税 砂鑛區税	翌年分	本月中	
毎月	酒税	麥酒税	前月分査定石數ニ係ル税額	本月中	
		酒精及酒精含有飲料税	前月分査定石數ニ係ル税額	本月中	
	清涼飲料税	清涼飲料税	前月分	本月中	
	取引所税	取引所税	前月分	二十日限	
	資本利子税	資本利子税(甲)	前月徴收ノモノ	十日限	

備考

一、北海道、鹿兒島縣大島郡及沖繩縣ノ地租並ニ沖繩縣及伊豆七島ニ於テ舊慣ニ依リ徴收スル國税ノ納期ヲ除ク

納稅組合（準則）

此處に十貫目の荷物を一度に運ぶことは、力强い人と雖、相當に骨が折れる、これを五貫目づゝ二度に運べば、大分樂になる、更にこれを二貫目、三貫目と數度に運ぶなれば子供にも出來る、唯手數が多いだけのことである。

納稅のことも、これと同樣で、租稅に納期を設けて分納を認められた趣旨も慥に此邊に在る、併し夫れでも諸稅の納期が來て、之を一度に納めねばならぬとなれば往々に困難の場合が起る、これにはどうしても、平素から其準備をして置いて納期にまごつかぬ樣にせねばならぬ、此の位の考へは誰でも持つて居るが、其の扨實行が難かしい、又度々に來る令書に對して、一々納稅に出かけることは、相當に時間がかゝる、假りにめいく個人としては、左程の手數がないとしても、之れを全國的に何十萬人、何百萬人と計算するなれば隨分大した時間と費用とがかゝる譯である。

是等納稅の準備や、個人の手數を省く爲めには、どうしても納稅組合を設けて、容易に納稅の出來る樣な仕組にせねばならぬ。

茲に納稅組合に關する一二の準則を揭げて之が設立上の參考にしたいと思ふが、扨かうした施設には其局に當る者が、全く献身的の努力を以て熱誠之に終始するの覺悟がなければ、動もすれば龍頭蛇尾に陷り易い。どうか此點は設立者諸氏が最初から堅い決心を以て、どこまでも目的の達成に努めて欲しい。

納稅組合に對して、人格を認め、法制の上からも、もつと仕事の仕易い樣にとの意見もあり、私も同感であるが、夫れには現在及將來に設立さるゝ組合が、もつともつと發達して社會からも如何にもと認めらるゝ樣になつてから後のことであると思ふ。

納稅組合には、種々の方法がある、其最も理想とするものは、之を貯蓄と結び付けて、納稅貯蓄組合と爲し毎月又は一定の期日に一定の金額を貯蓄して納稅の資に充つるもので、此方法は一は納稅の美風を養ひ、一は勤儉貯蓄の良習を作るものである。其他の納稅組合に在つても各自納稅の手數を省略し、納期失念等の失態もなく、納稅の良俗を養ふには、最も効果の多い施設である。

納税貯金組合規約（例）

第一條　本組合ハ何々納税貯金組合ト稱シ貯蓄ノ方法ニ因リ直接租税ノ納税義務ヲ完フスルヲ以テ目的トス

第二條　本組合ハ何市町村長ノ監督ヲ受ケ何所（組合區域ノ名稱）內ノ納税義務者及納税管理人ヲ以テ組織ス

本組合區域內ニ居住スルモノハ組合ニ加入スルノ義務アルモノトス

第三條　本組合ノ事務所ヲ組合長宅ニ置ク

（本組合ノ事務所ヲ組合長宅ニ置キ又部ヲ支部長宅ニ置ク區域ヲ分割シタル場合ノ例）

第四條　本組合ニ左ノ役員ヲ置ク

組合長　一名

部長（區域ヲ分割シタル場合）何名

委員　何名

第五條　役員ハ組合員總會ニ於テ選擧シ其ノ任期ハ一ヶ年トス但再選ヲ妨ケス

第六條　役員ハ無報酬トス但總會ノ決議ニ因リ報酬ヲ給スル事ヲ得
第七條　組合長ハ組合ニ關スル一切ノ事務ヲ總理シ部長ハ組合長ヲ補佐シ部下ノ委員ヲ統轄ス
委員ハ組合長（又ハ部長）ノ指揮ヲ受ケ貯金ノ取纏メ其他ノ事務ヲ擔當ス
第八條　本組合ノ年度ハ毎年四月一日ニ始リ翌年三月三十一日ヲ以テ終ルモノトス
第九條　組合員總會ハ組合長ノ通知ニ依リ毎年度四月中ニ開催シ役員會ハ必要ノ都度組合長ニ於テ之ヲ召集開催ス
第十條　組合總會ニ於テ議決スヘキ事項概ネ左ノ如シ
一、組合規約ノ變更ニ關スル事
二、役員ノ選擧ニ關スル事
三、組合ノ經費ニ關スル事
四、役員ニ對スル報酬ノ給否及金額ニ關スル件
五、組合員ノ規約違背及背德行爲ニ對シ制裁ヲ加フル事
六、組合ニ加入セサルモノニ對シ制裁ヲ加フル事
七、組合員及役員ノ善行ニ對シ表彰ヲナス事
八、其他重要ナル事項

第十一條 組合員總會及役員會ハ組合長會長トナリ議事ハ出席會員ノ過半數ノ同意ニ因リ決ス但前條第一號、第五號、第六號、第七號ノ場合ハ出席會員三分ノ二以上ノ同意ニ因リ決ス

第十二條 組合長ハ毎年度年度ノ始メニ於テ組合役員及市町村當務吏員ト協議ノ上各組合員ノ其ノ年度内ニ於ケル納稅總額ヲ豫定シ毎月（又ハ毎日）ノ貯金額ヲ決定シテ之ヲ組合員ニ通知ス

前項決定後納稅額ニ著シキ增減ヲ生シタル時ハ役員會ノ決議ニ因リ貯金額ノ變更ヲ爲ス事ヲ得

第十三條 組合員ハ前條ノ金額ヲ毎月何日限（又ハ毎日）貯金通帳ニ添テ所轄委員ニ送付シ委員ハ之ヲ取纏メノ上組合長（部長ノ設アル組合ニアリテハ部長）ニ送付シ（部長ハ所轄委員ヨリ送付ニ係ルモノヲ取纏メテ組合長ニ送付ス）組合長ハ委員（又ハ部長）ヨリ送付ヲ受ケタル現金ヲ直ニ何郵便局（又ハ何銀行若クハ何信用組合）ニ預入スルモノトス

組合員ハ都合ニ依リ數回分ヲ一時ニ前納スル事ヲ得

第十四條 組合長ハ豫メ町村長ト協議シ組合員ノ納稅告知書、徵稅令書及徵稅傳令書ヲ一括シテ送付ヲ受ケ納期日ニ至リ納稅額ニ相當スル貯金ヲ拂戻シテ納稅ノ手續ヲナシ其ノ領收證ノ裏面ニ組合印ヲ押捺シテ組合員ニ交付ス

第十五條 貯金利子及組合員ニ於テ受入ルル奬勵金其他臨時ノ收入ハ組合ノ經費ニ充當シ年度末ニ至リ剩餘アル時ハ貯金殘額ト共ニ組合員ニ分配交付スヘシ但總會ノ決議ニ因リ之ヲ翌年度ニ繰越

ス事ヲ得
第十六條　組合員中貯金ヲ怠リ又ハ貯金ヲ爲ス能ハサルモノアル時ハ役員ニ於テ督勵シ若クハ相當救濟方ニ盡力スルモノトス
第十七條　組合員ハ脱退ノ場合ノ年度半ニ於テ他ノ目的ノ爲メニ貯金ノ拂戻ヲ受クル事ヲ得ス
組合員其組合區域内ニ於テ納稅籍ヲ失ヒタル爲メ組合ヲ脱退スル場合ハ貯金殘額ヲ拂戻スノ外其ノ年度中ニ於ケル利子並ニ組合財產ノ分配ヲ受クル事ヲ得ス
第十七條　組合長ハ納稅貯金臺帳、金錢出納簿ヲ備ヘ一切ノ收支ヲ明瞭ニ記載スヘシ組合員ハ隨時前項ノ帳簿及關係書類ノ閲覽ヲ請求スル事ヲ得
第十八條　組合長ハ一年度中ニ於ケル各組合員ノ收支計算書ヲ作製シ毎年總會ニ於テ組合員ニ報告スヘシ但計算書ハ臺帳ヲ以テ之ニ代フル事ヲ得
第十九條　本組合ノ成立及組合規約ヲ遵奉スル事ヲ證スル爲メ本書二通ヲ作リ一通ヲ市町村長ニ提出シ一通ハ組合長保管ス
附　則
本規約ハ昭和何年何月ヨリ之ヲ實行ス

年　月　日

何市町村大字何々何々
何々納税組合
組合員　何　　某　㊞
同　　　何　　某　㊞

納税貯金臺帳　何　某

	當初決定額	改訂額 何月ヨリ適用	改訂額 何月ヨリ適用
一ケ年納税豫定額			
一回ノ貯金額			

受之部				拂之部					
摘要	領收日附印	摘要	領收日附印	税目	金額	日附印	税目	金額	日附印

現金出納簿

年月日	摘要	受	拂	残 現金	残 預金

昭和何年度分

納税貯金通帳

何某殿

何々納税貯金組合

	當初決定額	改定額 何月分ヨリ適用	改定額 何月分ヨリ適用
一ヶ年豫定額			
一回貯金額			
前年度越何程 （日附印）		、	、
四月分		、	、
五月分		、	、

六月分	、、	、、
、、	、、	、、

○現品納付に因る納税貯金組合

之れは米、麥、果實等の收穫時期に一定の現品を組合へ納めさせ、組合に於ては此現品を適當の時期に賣捌いて得た金で組合員の納税をなすのであり、主として農村等に行はれて居る、そして其の方法は組合長、委員等の役員が年度の初め又は前作度の終りに役場の係員と協議し各組合員の納税額を豫定し、米、麥等產出物の價格を調査して稅金額に相當する納付數を定めて組合員に通知し、組合員は定めた時期迄に其の數量の品物を組合に納めるのである。

納税貯金組合規約（例）

第一條　本組合ハ何々納税貯金組合ト稱シ貯蓄ノ方法ニ因リ直接税ノ納税義務ヲ完フスルヲ以テ目的トス

第二條　本組合ハ市町村長ノ監督ヲ受ケ何所（組合區域ノ名稱）內ノ納税義務者及納税管理人ヲ以

テ組織ス

本組合區域內ニ居住スルモノハ組合ニ加入スル義務アルモノトス

第三條　本組合事務所ヲ何々信用購買販賣組合事務所ニ置ク

第四條　本組合ニ左ノ役員ヲ置ク

組合長　一名

評議員　何名

幹事　何名

第五條　役員ハ總會ニ於テ何々信用購買販賣組合役員中ヨリ選擧シ其ノ任期ハ何々信用購買販賣組合ノ役員任期中トス

第六條　役員ハ無報酬トス但總會ノ決議ニ因リ報酬ヲ給スル事ヲ得

第七條　組合長ハ組合ニ關スル一切ノ事務ヲ總理シ評議員ハ組合長ヲ補佐ス

幹事ハ組合長ノ指揮ヲ受ケテ庶務ニ從事ス

第八條　本組合ノ年度ハ毎年一月一日ニ始リ其年十二月三十一日ヲ以テ終ルモノトス

第九條　組合員總會ハ組合長ノ通知ニ依リ毎年一月中ニ開會ス

第十條　組合員總會ニ於テ議決スヘキ事項概ネ左ノ如シ

一、組合規約ノ變更ニ關スル事
二、役員ノ選擧ニ關スル事
三、組合ノ經費ニ關スル事
四、役員ニ對スル報酬ノ給否及金額ニ關スル件
五、組合員ノ規約違背及背德行爲ニ對シ制裁ヲ加フル事
六、組合ニ加入セサルモノニ對シ制裁ヲ加フル事
七、組合員及役員ノ善行ニ對シ表彰ヲナス事
八、其他重要ナル事項

第十一條　組合員總會ハ組合長會長トナリ議事ハ出席會員ノ過半數ノ同意ニ因リ決ス但前條第一號第五號、第六號、第七號ノ場合ハ出席會員ノ三分ノ二以上ノ同意ニ因リ決ス

第十二條　組合長ハ評議員幹事及市町村長並ニ市町村稅務主任ト協議ノ上前年度末ニ於テ各組合員ノ翌年度納稅總額ヲ豫定シ現金給付數量及給付期限ヲ決定シテ組合員ニ通知ス但決定後稅金著シク增加セル時ハ給付數量ヲ增加シ納付期限ヲ定メテ組合員ニ通知ス

第十三條　組合員ハ前條ノ通知ヲ受ケタル時ハ其ノ期限迄ニ定メラレタル現品ヲ組合事務所ヘ納付スヘキモノトス

第十四條　組合ニ於テ納付セル現品ハ產業組合倉庫ニ藏置シ適當ナル時期ニ於テ賣却シ其ノ代金ヲ產業組合ニ預入スルモノトス

但現品ノ賣却時期及價格ハ役員會ニ於テ決定ス

第十五條　組合長ハ市町村長ト協議シ每納期ノ納稅告知書等ヲ一括シテ送付ヲ受ケ納期限ニ至リ組合貯金ヲ拂出シテ納稅ヲ爲スモノトス

第十六條　組合員組合區域內ニ於ケル納稅籍ヲ失ヒタル爲メ脫退セル時ハ其年中ニ於ケル平均賣却價格ニ脫退會員ノ提供セル現品數量ヲ乘シタル金額ヨリ組合ニ於テ納稅セル金額ヲ差引タル剩餘額ヲ還付ス

第十七條　組合長ハ納付品決算簿、納付品出納簿、預金整理簿ヲ備ヘテ組合ノ計算ヲ明確ニシ尙其ノ年度ヲ終リタル時ハ其ノ年度ノ決算表ヲ作製シテ總會ニ提出スヘキモノトス

第十八條　組合員ノ收支決算ハ現品納付數量ニ其年ニ於ケル現品賣却額ノ平均額ヲ乘シタルモノヲ收入トシ其年內ノ納稅額ヲ支出トス

前項ニ因ル收入額ヨリ支出額ヲ差引タル剩餘金ハ翌年度總會終了後會員ニ還付ス但總會ノ決議ニ因リ翌年度ニ繰越ス事ヲ得ヘシ

附　則

本規約ハ昭和何年何月ヨリ實行ス

本組合ノ成立及組合規約ヲ遵奉スル事ヲ證スル爲本書二通ヲ作リ一通ハ市町村長ニ提出シ一通ハ組合長保管ス

年　月　日

何納稅貯金組合

組合員　何　某

納付品決算簿

組合員氏名					
稅金豫定額	當初決定額	改定額	改定額		
現品給付數					
受入	品名銘柄	數量	受入年月日	賣却價格	

	金額	税目納期	支拂月日	金額	税目納期	支拂月日
支拂						

差引過不足額　　　處分要旨

納付品出納簿

月日	摘要	受	拂	殘

預金整理簿

月日				

○納税取纏めを目的とする納税組合

之れは前の貯金組合よりは幾分幼稚な様であるが、納税者の轉出入の多い場所などでは貯金の方法に因ると色々面倒な手續が必要なわけで、商工業地の様な所又は新開地或は種々雜多の種類の營業者の混住する地方では、此の方法に因ることが最も簡便であると思ふ。そして此の方法は役場から徴稅令書を一括して組合へ送り、組合に於て之を各組合員に配付し納期限の二三日前より納稅者が令書に金を添て役員に納め役員は組合員の全部を取纏めて役場へ送付するのであるが、萬一期限迄に全部纏らなかつた時は役員が未納組合員に注意督勵する事になつて居るのである。

納稅貯金組合規約(例)

第一條　本組合ハ何々納稅組合ト稱シ直接租稅ノ納稅義務ヲ完フスルヲ以テ目的トス

第二條　本組合ハ市町村長ノ監督ヲ受ケ何所(組合區域ノ名稱)内ノ納稅義務者及納稅管理人ヲ以テ組織ス

本組合區域内ニ居住スル納稅義務者及納稅管理人ハ本組合ニ加入スルノ義務アルモノトス

第三條　本組合ノ事務所ヲ組合長宅ニ置ク(本組合ノ事務所ヲ組合長宅ニ置キ支部ヲ部長宅ニ置ク區域ヲ分割シタル場合ノ例)

第四條　本組合ニ左ノ役員ヲ置ク

組合長　一名

部長（區域ヲ分割シタル場合）何名

委員　何名

第五條　役員ハ總會ニ於テ選擧シ其任期ハ一ヶ年トス但再選ヲ妨ケス

第六條　役員ハ無報酬トス但總會ノ決議ニ因リ報酬ヲ給スル事ヲ得

第七條　組合長ハ組合ニ關スル一切ノ事務ヲ總理シ（部長ハ組合長ヲ補佐シ部下ノ委員ノ事務ヲ統轄ス）

委員ハ組合長（部長アル時ハ部長）ノ指揮ヲ受ケ税金ノ取纏其他ノ事務ヲ分擔ス

第八條　本組合ノ年度ハ毎年四月一日ニ始リ翌年三月三十一日ヲ以テ終ル

第九條　組合總會ハ組合長ノ通知ニ因リ毎年度四月中ニ開會シ役員會ハ必要ノ都度組合長ニ於テ召集開會ス

第十條　組合總會ニ於テ議決スヘキ事項概ネ左ノ如シ

一、組合規約ノ變更ニ關スル事

二、役員ノ選擧ニ關スル事

三、組合ノ經費ニ關スル事
四、組合員ノ規約違背及背德行爲ニ對シ制裁ヲ加フル事
五、組合區域內居住者ニシテ組合ニ加入セサルモノニ對シ制裁ヲ加フル事
六、組合員及役員ノ善行ニ對シ表彰スル事
七、其他重要ナル事
第十一條 組合總會及役員會ノ議事ハ出席員ノ過半數ノ同意ニ因リ決ス但前條第一號、第四號、第五號、第六號ノ場合ハ出席員三分ノ二以上ノ同意ニ因リ決ス
第十二條 組合長（又ハ部長）ハ別紙樣式ノ臺帳ヲ備ヘ稅金ノ受授其他取扱ニ係ル一切ノ事項ヲ明瞭ニ記載スヘシ
第十三條 國稅、縣稅、市町村稅ノ納稅告知書、徵稅傳令書、徵稅令書ハ組合ニ於テ一括シテ之ヲ受ケ臺帳ニ記入ノ上各組合員ニ配付シ組合員ハ納期限二日前迄ニ遲滯ナク稅金ヲ添テ委員ニ送付スヘシ
委員ハ所轄組合員ノ納稅ヲ取纒メ組合長ニ（部長アル時ハ部長ニ）送付スヘシ
（部長ハ委員ヨリ稅金ノ送付ヲ受ケタル時ハ臺帳ニ相當記入ノ上所轄組合員全部ノ納稅ヲ取纒メ組合長ニ送付スヘシ）

第十四條　組合長税金全部ノ取纏ヲ終リタル時ハ遅滞ナク之ヲ收入役ニ納付シ其ノ領收書ヲ組合員ニ交付スヘシ

第十五條　組合員中規約ノ日限迄ニ税金ヲ送付セサルモノアル時ハ委員又ハ組合長（又ハ部長）ニ於テ注意督勵シ不在調金困難ナルモノアル時ハ相當救濟ノ方法ヲ講スルモノトス

附則

本組合ハ昭和何年何月ヨリ實行ス

本組合ノ成立ヲ證シ且組合規約ヲ遵奉スヘキ事ヲ證スル爲メ本書二通ヲ作リ各自署名捺印シ其ノ一通ヲ市町村長ニ提出シ他ノ一通ハ組合長ニ於テ保管ス

年　月　日

何々組合

組合員　何　某

税金取纏臺帳　何月末日納期分

令書送達月日　月　日

領收書送達月日　月　日

税金額	令書枚數	税金受入月日及印	收入役へ納付月日	納税者氏名

備考

一、税金額令書枚數納税者氏名ハ役場ヨリ令書ノ送付ヲ受ケタル時ニ記入スルモノトス

昭和五年一月二十日印刷
昭和五年一月廿五日發行
昭和五年一月三十日再版發行

定價一圓八十錢

市町村稅務

著作者　堀内正作

發行者　大阪府豊能郡北豊島村井口堂
石村岩助

印刷者　大阪市西區北堀江上通四丁目三
山崎政一

發行所　大阪稅務監督局内
大阪財務協會
電話土佐堀三三二〇番
振替口座大阪三四三三二番

地方自治法研究復刊大系〔第261巻〕

市町村税務〔昭和5年 再版〕

日本立法資料全集 別巻 1071

2018(平成30)年12月25日　復刻版第1刷発行　7671-8:012-010-005

序　文	松　岡　由　三　郎
著　者	堀　内　正　作
発行者	今　井　　貴 稲　葉　文　子
発行所	株式会社信山社

〒113-0033 東京都文京区本郷6-2-9-102東大正門前
Ⓣ03(3818)1019　Ⓕ03(3818)0344
来栖支店〒309-1625 茨城県笠間市来栖2345-1
Ⓣ0296-71-0215　Ⓕ0296-72-5410
笠間才木支店〒309-1611 笠間市笠間515-3
Ⓣ0296-71-9081　Ⓕ0296-71-9082

印刷所	ワイズ書籍
製本所	カナメブックス
用　紙	七洋紙業

printed in Japan　分類 323.934 g 1071

ISBN978-4-7972-7671-8 C3332 ¥72000E

日本立法資料全集 別巻
地方自治法研究復刊大系

改正 市町村制問答説明 明治44年初版〔明治44年4月発行〕／一木千太郎 編纂
改正 市制町村制〔明治44年4月発行〕／田山宗堯 編輯
旧制対照 改正市町村制 附 改正理由〔明治44年5月発行〕／博文館編輯局 編
改正 市制町村制〔明治44年5月発行〕／石田忠兵衛 編輯
改正 市制町村制詳解〔明治44年5月発行〕／坪谷善四郎 著
改正 市制町村制註釈〔明治44年5月発行〕／中村文城 註釈
改正 市制町村制正解〔明治44年6月発行〕／武知彌三郎 著
改正 市町村制講義〔明治44年6月発行〕／法典研究会 著
新旧対照 改正 市制町村制新釈 明治44年初版〔明治44年6月発行〕／佐藤貞雄 編纂
改正 町村制詳解〔明治44年8月発行〕／長峰安三郎 三浦通太 野田千太郎 著
新旧対照 市制町村制正文〔明治44年8月発行〕自治館編輯局 編纂
地方革新講話〔明治44年9月発行〕西内天行 著
改正 市制町村制釈義〔明治44年9月発行〕／中川健藏 宮内國太郎 他 著
改正 市制町村制正解 附 施行諸規則〔明治44年10月発行〕／福井淳 著
改正 市制町村制講義 附 施行諸規則 及 市町村事務摘要〔明治44年10月発行〕／樋山廣業 著
新旧比照 改正市制町村制註釈 附 改正北海道二級町村制〔明治44年11月発行〕／植田鹽惠 著
改正 市町村制 並 附属法規〔明治44年11月発行〕／楠綾雄 編輯
改正 市制町村制精義 全〔明治44年12月発行〕／平田東助 題字 梶康郎 著述
改正 市制町村制義解〔明治45年1月発行〕／行政法研究会 講述 藤田謙堂 監修
増訂 地方制度之栞 第13版〔明治45年2月発行〕／警眼社編集部 編纂
地方自治 及 振興策〔明治45年3月発行〕／床次竹二郎 著
改正 市制町村制正解 附 施行諸規則 第7版〔明治45年3月発行〕福井淳 著
改正 市制町村制講義 全 第4版〔明治45年3月発行〕秋野沆 著
増訂 農村自治之研究 大正2年第5版〔大正2年6月発行〕／山崎延吉 著
自治之開発訓練〔大正元年6月発行〕／井上友一 著
市制町村制逐條示解〔初版〕第一分冊〔大正元年9月発行〕／五十嵐鑛三郎 他 著
市制町村制逐條示解〔初版〕第二分冊〔大正元年9月発行〕／五十嵐鑛三郎 他 著
改正 市町村制問答説明 附 施行細則 訂正増補3版〔大正元年12月発行〕／平井千太郎 編纂
改正 市制町村制註釈 附 施行諸規則〔大正2年3月発行〕／中村文城 註釈
改正 市町村制正文 附 施行法〔大正2年5月発行〕／林甲子太郎 編輯
増訂 地方制度之栞 第18版〔大正2年6月発行〕／警眼社 編集 編纂
改正 市制町村制詳解 附 関係法規 第13版〔大正2年7月発行〕／坪谷善四郎 著
改正 市制町村制 第5版〔大正2年7月発行〕／修学堂 編
細密調査 市町村便覧 附 分類官公衙公私学校銀行所在地一覧表〔大正2年10月発行〕／白山榮一郎 監修 森田公美 編著
改正 市制 及 町村制 訂正10版〔大正3年7月発行〕／山野金蔵 編輯
市制町村制正義〔第3版〕第一分冊〔大正3年10月発行〕／清水澄 末松偕一郎 他 著
市制町村制正義〔第3版〕第二分冊〔大正3年10月発行〕／清水澄 末松偕一郎 他 著
改正 市制町村制 及 附属法令〔大正3年11月発行〕／市町村雑誌社 編著
以呂波引 町村便覧〔大正4年2月発行〕／田山宗堯 編輯
改正 市制町村制講義 第10版〔大正5年6月発行〕／秋野沆 著
市制町村制実例大全〔第3版〕第一分冊〔大正5年9月発行〕／五十嵐鑛三郎 著
市制町村制実例大全〔第3版〕第二分冊〔大正5年9月発行〕／五十嵐鑛三郎 著
市町村名辞典〔大正5年10月発行〕／杉野耕三郎 編
市町村吏員提要 第3版〔大正6年12月発行〕／田邊好一 著
改正 市制町村制と衆議院議員選挙法〔大正6年2月発行〕／服部喜太郎 編輯
新旧対照 改正 市制町村制新釈 附 施行細則 及 執務條規〔大正6年5月発行〕／佐藤貞雄 編纂
増訂 地方制度之栞 大正6年第44版〔大正6年5月発行〕／警眼社編輯部 編纂
実地応用 町村制問答 第2版〔大正6年7月発行〕／市町村雑誌社 編纂
帝国市町村便覧〔大正6年9月発行〕／大西林五郎 編
地方自治講話〔大正7年12月発行〕／田中四郎左右衛門 編輯
最近検定 市町村名鑑 附 官国幣社及諸学校所在地一覧〔大正7年12月発行〕／藤澤衛彦 著
農村自治之研究 明治41年再版〔明治41年10月発行〕／山崎延吉 著
市制町村制講義〔大正8年1月発行〕／樋山廣業 著
改正 町村制詳解 第13版〔大正8年6月発行〕／長峰安三郎 三浦通太 野田千太郎 著
改正 市町村制註釈〔大正10年6月発行〕／田村浩 編集
大改正 市制 及 町村制 〔大正10年6月発行〕／一書堂書店 編
市制町村制 並 附属法 訂正再版〔大正10年8月発行〕／自治館編集局 編纂
改正 市町村制詳解〔大正10年11月発行〕／相馬昌三 菊池武夫 著
増補訂正 町村制詳解 第15版〔大正10年11月発行〕／長峰安三郎 三浦通太 野田千太郎 著
地方施設改良 訓諭演説集 第6版〔大正10年11月発行〕／鹽川玉江 編輯
戸数割規則正義 大正11年増補四版〔大正11年4月発行〕／田中廣太郎 著 近藤行太郎 著
東京市会先例彙輯〔大正11年6月発行〕／八田五三 編纂
市町村国税事務取扱手続〔大正11年8月発行〕／広島財務研究会 編纂
自治行政資料 斗米遺粒〔大正12年6月発行〕／樫田三郎 著
市町村大字読方名彙 大正12年度版〔大正12年6月発行〕／小川琢治 著
地方自治制要義 全〔大正12年7月発行〕／末松偕一郎 著
北海道市町村財政便覧 大正12年初版〔大正12年8月発行〕／川西輝昌 編纂

信山社

日本立法資料全集 別巻

地方自治法研究復刊大系

国税 地方税 市町村税 滞納処分法問答〔明治23年5月発行〕／竹尾高堅 著
日本之法律 府県制郡制正解〔明治23年5月発行〕／宮川大壽 編輯
府県制郡制註釈〔明治23年6月発行〕／田島彦四郎 註釈
日本法典全書 第一編 府県制郡制註釈〔明治23年6月発行〕／坪谷善四郎 著
府県制郡制義解 全〔明治23年6月発行〕／北野竹次郎 編著
市町村役場実用 完〔明治23年7月発行〕／福井淳 編纂
市町村制実務要書 上巻 再版〔明治24年1月発行〕／田中知邦 編纂
市町村制実務要書 下巻 再版〔明治24年3月発行〕／田中知邦 編纂
米国地方制度 全〔明治32年9月発行〕／板垣退助 序 根本正 纂訳
公民必携 市町村制実用 全 増補第3版〔明治25年3月発行〕／進藤彬 著
訂正増補 議制全書 第3版〔明治25年4月発行〕／岩藤良太 編纂
市町村制実務要書続編 全〔明治25年5月発行〕／田中知邦 著
地方學事法規〔明治25年5月発行〕／鶴鳴社 編
増補 町村制執務備考 全〔明治25年10月発行〕／増澤鐵 國吉拓郎 同輯
町村制執務要録 全〔明治25年12月発行〕／鷹巣清二郎 編輯
府県制郡制便覧 明治27年初版〔明治27年3月発行〕／須田健吉 編輯
郡市町村吏員 収税実務要書〔明治27年11月発行〕／荻野千之助 編纂
改訂増補鼇頭参照 市町村制講義 第9版〔明治28年5月発行〕／蟻川堅治 講述
改正増補 市町村制実務要書 上巻〔明治29年4月発行〕／田中知邦 編纂
市町村制詳解 附 理由書 改正再版〔明治29年5月発行〕／島村文耕 校閲 福井淳 著述
改正増補 市町村制実務要書 下巻〔明治29年7月発行〕／田中知邦 編纂
府県制 郡制 町村制 新税法 公民之友 完〔明治29年8月発行〕／内田安蔵 五十野譲 著述
市制町村制註釈 附 市制町村制理由 第14版〔明治29年11月発行〕／坪谷善四郎 著
府県制郡制註釈〔明治30年9月発行〕／岸本辰雄 校閲 林信重 註釈
市町村新旧対照一覧〔明治30年9月発行〕／中村芳松 編輯
町村至宝〔明治30年9月発行〕／品川彌二郎 題字 元田肇 序文 桂虎次郎 編纂
市制町村制應用大全 完〔明治31年4月発行〕／島田三郎 序 大西多典 編纂
傍訓註釈 市制町村制 並ニ 理由書〔明治31年12月発行〕／筒井時治 著
改正 府県郡制問答講義〔明治32年4月発行〕／木内英雄 編纂
改正 府県制郡制正文〔明治32年4月発行〕／大塚宇三郎 編纂
府県制郡制〔明治32年4月発行〕／徳田文雄 編輯
郡制府県制 完〔明治32年5月発行〕／魚住嘉三郎 編輯
参照比較 市町村制註釈 附 問答理由 第10版〔明治32年6月発行〕／山中兵吉 著述
改正 府県制郡制註釈 第2版〔明治32年6月発行〕／福井淳 著
府県制郡制釈義 全 第3版〔明治32年7月発行〕／栗本勇之助 森惣之祐 同著
改正 府県制郡制註釈 第3版〔明治32年8月発行〕／福井淳 著
地方制度通 全〔明治32年9月発行〕／上山満之進 著
市町村新旧対照一覧 訂正第五版〔明治32年9月発行〕／中村芳松 編輯
改正 府県制郡制 並 関係法規〔明治32年9月発行〕／鷲見金三郎 編纂
改正 府県制郡制釈義 再版〔明治32年11月発行〕／坪谷善四郎 著
改正 府県制郡制釈義 第3版〔明治34年2月発行〕／坪谷善四郎 著
再版 市町村制例規〔明治34年11月発行〕／野元友三郎 編纂
地方制度実例総覧〔明治34年12月発行〕／南浦西郷侯爵 題字 自治館編集局 編纂
傍訓 市制町村制註釈〔明治35年3月発行〕／福井淳 著
地方自治提要 全〔明治35年5月発行〕／木村時義 校閲 吉武則久 編纂
市制町村制釈義〔明治35年6月発行〕／坪谷善四郎 著
帝国議会 府県会 郡会 市町村会 議員必携 附 関係法規 第一分冊〔明治36年5月発行〕／小原新三 口述
帝国議会 府県会 郡会 市町村会 議員必携 附 関係法規 第二分冊〔明治36年5月発行〕／小原新三 口述
地方制度実例総覧〔明治36年8月発行〕／芳川顯正 題字 山脇玄 序文 金田謙 著
市町村是〔明治36年11月発行〕／野田千太郎 編纂
市制町村制釈義 明治37年第4版〔明治37年6月発行〕／坪谷善四郎 著
府県郡市町村 模範治績 附 耕地整理法 産業組合法 附属法例〔明治39年2月発行〕／荻野千之助 編輯
自治之模範〔明治39年6月発行〕／江木翼 編
改正 市制町村制〔明治40年6月発行〕／辻本末吉 編輯
実用 北海道郡区町村案内 全 附 里程表 第7版〔明治40年9月発行〕／廣瀬清澄 著述
自治行政例規 全〔明治40年10月発行〕／市町村雑誌社 編著
改正 府県制郡制要義 第4版〔明治40年12月発行〕／美濃部達吉 著
判例挿入 自治法規全集 全〔明治41年6月発行〕／池田繁太郎 著
市町村執務要覧 全 第一分冊〔明治42年6月発行〕／大成会編輯局 編輯
市町村執務要覧 全 第二分冊〔明治42年6月発行〕／大成会編輯局 編輯比較研究
自治要義 明治43年再版〔明治43年3月発行〕／井上友一 著
自治之精髄〔明治43年4月発行〕／水野錬太郎 著
市制町村制講義 全〔明治43年6月発行〕／秋野沆 著
改正 市制町村制講義 第4版〔明治43年6月発行〕／土清水幸一 著
地方自治の手引〔明治44年3月発行〕／前田宇治郎 著
新旧対照 市制町村制 及 理由 第9版〔明治44年4月発行〕／荒川五郎 著
改正 市制町村制 附 改正要義〔明治44年4月発行〕／田山宗堯 編輯

信山社

日本立法資料全集 別巻

地方自治法研究復刊大系

仏蘭西邑法 和蘭邑法 皇国郡区町村編制法 合巻〔明治11年8月発行〕／箕作麟祥 閲 大井憲太郎 譯／神田孝平 譯
郡区町村編制法 府県会規則 地方税規則 三法綱論〔明治11年9月発行〕／小笠原美治 編輯
郡吏議員必携三新法便覧〔明治12年2月発行〕／太田啓太郎 編輯
郡区町村編制 府県会規則 地方税規則 新法例纂〔明治12年3月発行〕／柳澤武運三 編輯
全国郡区役所位置 郡政必携 全〔明治12年9月発行〕／木村陸一郎 編輯
府県会規則大全 附 裁定録〔明治16年6月発行〕／朝倉達三 閲 若林友之 編輯
区町村会議要覧 全〔明治20年4月発行〕／阪田辨之助 編纂
英国地方制度 及 税法〔明治20年7月発行〕／良保両氏 合著 水野遵 翻訳
鼇頭傍訓 市制町村制註釈 及 理由書〔明治21年1月発行〕／山内正利 註釈
英国地方政治論〔明治21年2月発行〕／久米金彌 翻譯
市制町村制 附 理由書〔明治21年4月発行〕／博聞本社 編
傍訓 市町村制及説明〔明治21年5月発行〕／高木周次 編纂
鼇頭註釈 市町村制俗解 附 理由書 第2版〔明治21年5月発行〕／清水亮三 註解
市制町村制註釈 完 附 市制町村制理由 明治21年初版〔明治21年5月発行〕／山田正賢 著述
市町村制詳解 全 附 市町村制理由〔明治21年5月発行〕／日鼻豊作 著
市制町村制釈義〔明治21年5月発行〕／壁谷可六 上野太一郎 合著
市制町村制詳解 全 附 理由書〔明治21年5月発行〕／杉谷庸 訓點
町村制詳解 附 市制及町村制理由〔明治21年5月発行〕／磯部四郎 校閲 相澤富蔵 編述
傍訓 市制町村制 附 理由〔明治21年5月発行〕／鶴聲社 編
市制町村制 並 理由書〔明治21年7月発行〕／萬字堂 編
市制町村制正解 附 理由〔明治21年6月発行〕／芳川顯正 序文 片貝正晉 註解
市制町村制釈義 附 理由書〔明治21年6月発行〕／清岡公張 題字 樋山廣業 著述
市制町村制釈義 附 理由 第5版〔明治21年6月発行〕／建野郷三 題字 櫻井一久 著
市町村制註解 完〔明治21年6月発行〕／若林市太郎 編輯
市町村制釈義 全 附 市町村制理由〔明治21年7月発行〕／水越成章 著述
市制町村制義解 附 理由〔明治21年7月発行〕／三谷軌秀 馬袋鶴之助 著
傍訓 市制町村制註解 附 理由書〔明治21年8月発行〕／鯰江貞雄 註解
市制町村制註釈 附 市制町村制理由 3版増訂〔明治21年8月発行〕／坪谷善四郎 著
傍訓 市制町村制 附 理由書〔明治21年8月発行〕／同盟館 編
市町村制正解 明治21年第3版〔明治21年8月発行〕／片貝正晉 註釈
市制町村制註釈 完 附 市制町村制理由 第2版〔明治21年9月発行〕／山田正賢 著述
傍訓註釈 日本市制町村制 及 理由書 第4版〔明治21年9月発行〕／柳澤武運三 註解
鼇頭参照 市町村制註解 完 附 理由書及参考諸令〔明治21年9月発行〕／別所富貴 著述
市町村制問答詳解 附 理由書〔明治21年9月発行〕／福井淳 著
市制町村制註釈 附 市制町村制理由 4版増訂〔明治21年9月発行〕／坪谷善四郎 著
市制町村制 並 理由書 附 直接間接税類別 及 実施手続〔明治21年10月発行〕／高崎修助 著述
市町村制釈義 附 理由書 訂正再版〔明治21年10月発行〕／松木堅葉 訂正 福井淳 釈義
増訂 市制町村制註解 全 附 市制町村制理由挿入 第3版〔明治21年10月発行〕／吉井太 註解
鼇頭註釈 市町村制俗解 附 理由書 増補第5版〔明治21年10月発行〕／清水亮三 註解
市町村制施行取扱心得 上巻・下巻 合冊〔明治21年10月・22年2月発行〕／市岡正一 編纂
市制町村制傍訓 完 附 市制町村制理由 第4版〔明治21年10月発行〕／内山正如 著
鼇頭対照 市町村制解釈 附理由書及参考諸布達〔明治21年10月発行〕／伊藤寿 註釈
市制町村制俗解 明治21年第3版〔明治21年10月発行〕／春陽堂 編
市町村制正解 明治21年第４版〔明治21年10月発行〕／片貝正晉 註釈
市制町村制詳解 附 理由 第3版〔明治21年11月発行〕／今村長善 著
町村制実用 完〔明治21年11月発行〕／新田貞橘 鶴田嘉内 合著
町村制精解 完 附 理由書 及 問答録〔明治21年11月発行〕／中目孝太郎 磯谷群爾 註釈
市町村制問答詳解 附 理由 全〔明治22年1月発行〕／福井淳 著述
訂正増補 市町村制問答詳解 附 理由 及 追輯〔明治22年1月発行〕／福井淳 著
市町村制質問録〔明治22年1月発行〕／片貝正晉 編述
傍訓 市町村制 及 説明 第7版〔明治21年11月発行〕／高木周次 編纂
町村制要覧 全〔明治22年1月発行〕／浅井元 校閲 古谷省三郎 編纂
鼇頭 市制町村制 附 理由書〔明治22年1月発行〕／生稲道蔵 略解
鼇頭註釈 町村制 附 理由 全〔明治22年2月発行〕／八乙女盛次 校閲 片野続 編釈
市町村制実解〔明治22年2月発行〕／山田顕義 題字 石黒磐 著
町村制実用 全〔明治22年3月発行〕／小島鋼次郎 岸野武司 河毛三郎 合述
実用詳解 町村制 全〔明治22年3月発行〕／夏目洗蔵 編集
理由挿入 市町村制俗解 第3版増補訂正〔明治22年4月発行〕／上村秀昇 著
町村制市制全書 完〔明治22年4月発行〕／中嶋廣蔵 著
英国市制実見録 全〔明治22年5月発行〕／高橋達 著
実地応用 町村制質疑録〔明治22年5月発行〕／野田籐吉郎 校閲 國吉拓郎 著
実用 町村制市制事務提要〔明治22年5月発行〕／島村文耕 輯解
市町村条例指鍼 完〔明治22年5月発行〕／坪谷善四郎 著
参照比較 市町村制註釈 完 附 問答理由〔明治22年6月発行〕／山中兵吉 著述
市町村議員必携〔明治22年6月発行〕／川瀬周次 田中迪三 合著
参照比較 市町村制註釈 完 附 問答理由 第2版〔明治22年6月発行〕／山中兵吉 著述
自治新制 市町村会法要談 全〔明治22年11月発行〕／高嶋正載 著述 田中重策 著述